utb 4335

W0392337

Eine Arbeitsgemeinschaft der Verlage

Böhlau Verlag · Wien · Köln · Weimar
Verlag Barbara Budrich · Opladen · Toronto
facultas · Wien
Wilhelm Fink · Paderborn
A. Francke Verlag · Tübingen
Haupt Verlag · Bern
Verlag Julius Klinkhardt · Bad Heilbrunn
Mohr Siebeck · Tübingen
Nomos Verlagsgesellschaft · Baden-Baden
Ernst Reinhardt Verlag · München · Basel
Ferdinand Schöningh · Paderborn
Eugen Ulmer Verlag · Stuttgart
UVK Verlagsgesellschaft · Konstanz, mit UVK/Lucius · München
Vandenhoeck & Ruprecht · Göttingen · Bristol
Waxmann · Münster · New York

basics

Christian Tuschhoff

Internationale Beziehungen

UVK Verlagsgesellschaft mbH · Konstanz
mit UVK/Lucius · München

Zum Autor:
Christian Tuschhoff lehrt als Privatdozent Internationale Beziehungen an der Freien Universität Berlin. Zuvor arbeitete er u.a. an der Harvard University (Cambridge, MA), der Emory University (Atlanta, GA), den Universitäten Frankfurt/Main und Mainz sowie als Gastdozent an der Alice-Salomon-Hochschule Berlin, der Waseda University, Tokyo und dem Staatlichen Institut für Internationale Beziehungen (MGIMO) in Moskau.

Online-Angebote oder elektronische Ausgaben sind erhältlich unter www.utb-shop.de.

Bibliografische Information der Deutschen Bibliothek
Die Deutsche Bibliothek verzeichnet diese Publikation in der Deutschen Nationalbibliografie; detaillierte bibliografische Daten sind im Internet über «http://dnb.ddb.de» abrufbar.

Einbandgestaltung: Atelier Reichert, Stuttgart
Einbandmotiv: © JWMD – fotolia / © AndreasBaba – fotolia
Lektorat: Verena Artz, Bonn
Satz und Layout: Claudia Wild, Konstanz
Druck: fgb · freiburger graphische betriebe, Freiburg

UVK Verlagsgesellschaft mbH
Schützenstr. 24 · D-78462 Konstanz
Tel.: 07531-9053-0 · Fax 07531-9053-98
www.uvk.de

UTB-Band Nr. 4335
ISBN 978-3-8252-4335-7

Inhalt

Abbildungs- und Tabellenverzeichnis

Vorwort

Dieses Buch ist das Ergebnis der Erfahrungen aus meiner langjährigen Lehrtätigkeit im Fach Internationale Beziehungen im In- und Ausland. Diese Tätigkeit begann an der Freien Universität Berlin, an der ich bis heute unterrichte. Sie führte aber auch über viele andere Stationen einschließlich der Kennedy School of Government, Harvard University, der Emory University, der Johannes-Gutenberg-Universität Mainz, der Johann-Wolfgang-von-Goethe Universität Frankfurt, der Alice-Salomon-Hochschule Berlin sowie in geringerem Ausmaß der Waseda University Tokio und der MGIMO University in Moskau. Unterrichten – das haben mich diese Erfahrungen gelehrt – ist weit mehr als der Vortrag desselben Lehrstoffes gegebenenfalls in verschiedenen Sprachen. Unterrichten heute bedeutet Kommunikation mit einer außergewöhnlich großen Vielfalt von Studierenden, deren Bedürfnisse sich nicht nur von Land zu Land, sondern auch über Generationen hinweg erheblich unterscheiden können. Unterrichten ist ein dynamischer Prozess, der verlangt, dass der Lehrende sich jeweils rasch auf die unterschiedlichsten Vorkenntnisse, Bedürfnisse, Sichtweisen und Fragen von Studierenden einstellt. Wer als Lehrender einen Unterrichtsraum betritt, sollte sich auf eines gefasst machen: Überraschungen und Unberechenbarkeit. Keine noch so detailliert geplante Vorlesung oder Seminarsitzung verläuft wie erwartet. Die Welt der akademischen Lehre ist wie die Welt der Internationalen Beziehungen: Gerade wenn man sich entspannt zurückgelehnt hat und denkt, alles verläuft in geordneten Bahnen, passiert etwas Unvorhergesehenes und häufig Verstörendes. Der Unterricht einer immer stärker internationalisierten Studentenschaft gleicht der Vielfalt und den Überraschungen, die Internationale Beziehungen als Teildisziplin der Politikwissenschaft einerseits und als gelebte Realität andererseits bereithalten.

Studierende mögen das gelegentlich als verstörend empfinden: Überraschungen und Unberechenbarkeiten untergraben nicht nur unser Wissen, sondern auch unsere Fähigkeit, uns in einer komplexen Welt orientieren, d. h. zurechtfinden zu können. Noch ärgerlicher: wie kann man eigentlich eine gute Klausur oder eine Hausarbeit schreiben, um mit einer guten Note belohnt zu werden, die eine von vielen Voraussetzungen für eine bessere

Zukunft ist? Der bedenklich hohe Anteil von Studienabbrechern in den neuen Studiengängen nach der Bologna-Reform weist darauf hin, dass viele mit dieser Herausforderung nicht zurechtkommen.

Dennoch bleibe ich dabei: Internationale Beziehungen sind wie das Unterrichten in akademischen Einrichtungen – eine Entdeckungsreise. Überraschungen und Unberechenbarkeiten sind zwar sicherlich eine große Herausforderung für alle Beteiligten; sie sind aber gleichzeitig auch eine einzigartige Gelegenheit, Neues zu erfahren sowie sich selbst fortzubilden und weiterzuentwickeln. Herausforderungen und Gelegenheiten halten sich die Waage.

Mir kommt es mit dem vorliegenden Buch darauf an, diese Waage zugunsten von Gelegenheiten zu senken. Seine Leser – seien es Studierende, Lehrende, Journalisten, Experten, politische Praktiker oder andere Interessierte – werden mit auf eine Entdeckungsreise genommen: Was ist das Rätselhafte in Internationalen Beziehungen und wie kann man es auf eine verständliche und nachvollziehbare Weise vermitteln? Mehr noch: Der Leser wird mit einem Rüstzeug befähigt, sich selbst in der komplexen Welt internationaler Beziehungen zu orientieren, Rätsel zu lösen und selbständig auf Überraschendes zu reagieren. Von einem – mit diesem Buch gelegten – soliden Fundament aus können die anstehenden Herausforderungen der akademischen Leistungsüberprüfung einerseits und der selbständigen Forschung im Teilgebiet Internationalen Beziehungen andererseits bewältigt werden. Daher hilft dieses Buch nicht nur beim Erarbeiten von Wissen über Internationale Beziehungen, sondern auch bei der akademischen Reifung und Befähigung.

Eine solche Reifung zum selbständigen Umgang mit den Herausforderungen ist notwendig, weil sich der Gegenstand Internationale Beziehungen selbst dynamisch und rasant fortentwickelt. Früher sahen Politikwissenschaftler vor allem ein Staatensystem, dessen Akteure ihre Beziehungen untereinander regelten. Heute ist dieses System einer Vielfalt von Akteuren gewichen, die ungemein komplexe Beziehungen zueinander pflegen, deren Regieren extrem vielfältig und unübersichtlich geworden ist (→ Kap. 11.2.3). Früher galt das Prinzip der Souveränität, mit dem eine Trennung von Innenpolitik und äußeren Angelegenheiten vereinfacht wurde. Heute heben die neuen Fragen Internationaler Beziehungen wie neue Kriege, Finanzkrisen, Menschenrechte, Umweltschutz, Migration, Religion, Ethnizität, Demokratie oder Recht diese Trennung auf. Früher befassten sich Internationale Beziehungen mit den Spannungen zwischen der Staatenwelt und der stark fragmentierten Welt von Märkten. Heute rücken die Spannungen zwischen Staat und Gesellschaft und Fragen von Autorität und Legitimität internationaler Beziehungen ins Blickfeld (Barnett/ Sikkink 2010; Schimmelfennig 2013: 36–9).

Dieser Unterschied kommt schon im Cover dieses Buches zum Ausdruck: Der Globus im Vordergrund mit seinen Kontinenten verweist auf eine Staatenwelt, deren Grenzen sich jedoch schon so weit aufgelöst haben, dass sie nicht mehr kenntlich sind. Hinter dieser Welt kommen eine ganze Reihe von Problemen zum Vorschein wie Menschenrechte, Entwicklung, Migration, Handel, Finanzen oder bewaffnete Konflikte.

Diese neuen Herausforderungen des Gegenstandes Internationale Beziehungen erfordern auch einen neuen Zugang bei der Vermittlung. Früher wurde danach gestrebt, die Gesamtheit Internationaler Beziehungen – damals Internationale Politik genannt – möglichst umfassend und auf einheitliche Weise zu beschreiben und zu erklären. Dieser Weg ist heute von der ungeheuren Komplexität internationaler Beziehungen verstellt. Daher muss es darum gehen, den gesamten Gegenstand in kleinere Bestandteile zu zerlegen, die der Beschreibung und Erklärung eher zugänglich sind. Diese Bestandteile werden hier »Rätsel« genannt. Jedes Kapitel beschäftigt sich mit einem Rätsel. Es beginnt meistens mit einer Erzählung, die einen aktuellen Bezug herstellen, ein Problem aufzeigen und damit die gesellschaftliche Relevanz des Rätsels unter Beweis stellen soll. Die folgende Auflösung der Rätsel durch Beschreibung und Erklärung folgt einem einheitlichen Schema: Interessen, Institutionen und Interaktionen stehen mit unterschiedlichem Schwerpunkt im Zentrum der Untersuchung. Auf diese Weise durchstößt dieses Buch die auf dem Umschlag abgebildete Weltkugel der alten Staatenwelt und dringt zur systematischen Analyse der sich dahinter verbergenden Probleme moderner internationaler Beziehungen vor. Bei der Wahl dieser Vorgehensweise hat das sehr beliebte und erfolgreiche Buch *World Politics* Pate gestanden (Frieden/Lake/Schultz 2012), das ich in einschlägigen Lehrveranstaltungen in Deutschland benutzt habe. Es stieß bei den Studierenden auf eine derart positive Resonanz, dass ich mich entschloss, mich von diesem Vorbild inspirieren zu lassen.

Selbstverständlich konnten nicht alle Rätsel Internationaler Beziehungen in dieses Buch aufgenommen, geschweige denn erschöpfend behandelt werden. Die getroffene Auswahl ist dennoch nicht zufällig. Sie folgt vielmehr den Kriterien gesellschaftlicher und wissenschaftlicher Relevanz. Bei der gesellschaftlichen Relevanz ließ ich mich von den Erfahrungen leiten, welche einzelnen Fragen Studierende besonders interessieren, d. h. worüber sie gerne Hausarbeiten, B. A.-Arbeiten oder Masterarbeiten schreiben oder Referate halten. Mit Blick auf die wissenschaftliche Relevanz wählte ich die Rätsel aus, die das Fachgebiet in einem weiteren Sinne repräsentieren können. Sie stehen für die breiteren Themen Sicherheit, Wohlfahrt und aktuelle Fragen. Auf die an einigen deutschen Universitäten institutionalisierte Aufteilung Internationaler Beziehungen in Internationale Sicherheit einerseits und Internationale Politische Ökonomie andererseits habe ich bewusst verzichtet. Denn die Theoriedebatte des Faches greift mit unterschiedlicher Schwerpunktsetzung auf beide Teilbereiche zu. Es ist deshalb allein für das Theorieverständnis wichtig, auch Kenntnisse über die empirischen Sachverhalte zu vermitteln, von denen die Theoriebildung mit gespeist wird.

Zusätzlich dienen die einzelnen Kapitel auch der exemplarischen Darstellung rätselübergreifender Probleme Internationaler Beziehungen wie z.B. Verteilungsfragen, kollektives Handeln, Interdependenz oder Nicht-Einhaltung von Vereinbarungen. Wo immer möglich wurde dies bereits in den Kapitelüberschriften deutlich gemacht. Dann bezieht sich der vordere Teil der Kapitelüberschrift auf ein spezifisches empirisches Rätsel, während der hintere Teil anzeigt, welches rätselübergreifende Problem in diesem Kapitel exemplarisch behandelt wird. Damit die kapitelübergreifende Bedeutung dieser Fragen auch im Kontext anderer Kapitel deutlich wird, wurden jeweils Querverweise auf die einschlägigen Kapitel eingefügt, um Redundanz zu vermeiden.

Die verschiedenen Lesergruppen werden von den die gesamte Buchreihe kennzeichnenden Merkmalen profitieren und sich diese zunutze machen können, je nachdem, ob sie das Buch zum Zweck der Wissensbeschaffung oder -vermittlung, der Prüfungsvorbereitung, der Lehrvorbereitung, der schnellen Information oder zum Verschaffen eines Überblickes nutzen wollen. Hierzu sind die Kapitelbeschreibungen, die Zusammenfassungen oder Zwischenfazits, die kompakte Informationsvermittlung oder die sonstige Hervorhebung zentraler Aussagen sowie Abbildungen oder Tabellen besonders geeignet. Überschriften, Marginalien, Querverweise, Glossar (auch im Internet frei zugänglich) und ein ausführlicher Index sind als Leitsystem gedacht, damit Leser sich teils gut und schnell orientieren, teils zeitsparend Information finden und/oder Lernstoff wiederholen können.

Die Lernkontrollfragen dienen nicht ausschließlich der Rekapitulation. Sie sollen vielmehr die Leser zu selbständigem und kritischem Weiterdenken oder sogar zu eigenständigem Forschen anregen. In Seminaren können einige auch zu Übungen und/oder zur Gruppenarbeit genutzt werden. Die weiterführenden Literaturhinweise leisten denjenigen eine erste Hilfestellung, die eigenständig forschen wollen. Hier findet man einerseits Überblicke zu Forschungsständen und andererseits Hinweise auf richtungsweisende Forschungsarbeiten. Einige eignen sich darüber hinaus für kurze Übungen etwa in Kleingruppen während des universitären oder schulischen Unterrichts.

Ich hätte dieses Buch weder geschrieben noch schreiben können, wenn mich nicht zahllose Studenten im In- und Ausland in vielen Lehrveranstaltungen ermutigt oder auch nachdrücklich aufgefordert hätten, ihnen selbst komplexe und schwierige Sachverhalte verständlich und nachvollziehbar zu erläutern. Dafür gebührt ihnen mein großer Dank. Sie haben mir gezeigt, dass sie sich sehr für die Teildisziplin Internationale Beziehungen interessieren, aber einen fachspezifischen Jargon ablehnen und nicht verstehen, warum sie einen solchen erwerben müssen. Ich habe dies als Appell verstanden, dass die moderne Wissenschaftsgesellschaft demokratisiert werden muss, indem neue, kommunikative Möglichkeiten der Beteiligung an wissenschaftlichen Debatten geschaffen werden. Dieser Herausforderung stelle ich mich mit diesem Buch ausdrücklich. Gleichzeitig verbinde ich meinen Versuch, ein verständliches Buch vorzulegen, mit meinem eigenen Appell an die Studierenden und andere Leser: Legen Sie bei der Buchlektüre und Beschäftigung mit Fragen Internationaler Beziehungen Ihre Fähigkeit zu kritischem Selbstzweifel an den Tag. Die Möglichkeit, sich an wissenschaftlichen Debatten zu beteiligen, erfordert auch, sich häufig von vorgefertigten Urteilen und Meinungen zu trennen und sich auf neue Erkenntnisse einzulassen, wenn die Argumente plausibel sind. Diese wichtige Erfahrung machen alle Akademiker jeden Tag.

Viele weitere Personen haben sich um dieses Buch verdient gemacht, denn ich verdanke meinen akademischen Lehrern, Kollegen und Freunden zahllose wissenschaftliche wie didaktische Hinweise und Anregungen, die ich hier verarbeiten konnte. Stellvertretend und besonders herzlich möchte ich mich jedoch bei Sven-Eric Fikentscher bedanken, der sich die Mühe gemacht hat, viele Kapitel sehr detailliert und kritisch zu lesen. Seine Kommentare und Hinweise waren ungemein wertvoll und haben dieses Buch entscheidend verbessert. Alle noch enthaltenen und kritikwürdigen Schwächen habe ich jedoch allein zu verantworten.

Verena Artz ist es zu verdanken, dass ich mich überhaupt entschloss, meine Lehrerfahrung in Internationalen Beziehungen in die Form eines Lehrbuchs zu gießen. Sie hat mich geduldig und anhaltend dazu überredet und mir damit den Plan schmackhaft gemacht. Darüber hinaus nahm sie es auf sich, das gesamte Buch als Lektorin zu betreuen und meine Gemütsschwankungen während des Entstehungsprozesses stoisch zu ertragen. Ihr professioneller Umgang und Ratschlag waren eine große Stütze. Mit überzeugender Akribie hat sie jeden Satz und jedes Wort überprüft und damit Aussagekraft und Verständlichkeit des Buches ganz entscheidend verbessert. Schließlich hat sich Sonja Rothländer von der UVK Verlagsgesellschaft große Verdienste um die Entstehung dieses Buches erworben. Sie hat den gesamten Produktionsprozess fürsorglich und kompetent koordiniert.

Die Anstrengung aller Beteiligten hat sich dann gelohnt, wenn die Leser Nutzen aus diesem Buch ziehen, Kenntnisse gewinnen, Freude am Forschen oder Lehren finden und ihre eigenen Fähigkeiten ausbauen können. Dazu wünsche ich allen jeden erdenklichen und verdienten Erfolg.

Berlin, im November 2014
Christian Tuschhoff

Was sind Internationale Beziehungen? | 1

Inhalt

Dieses Kapitel erläutert die Kernbestandteile der Teildisziplin Internationale Beziehungen. Dazu gehören zum einen insbesondere der Gegenstand; die Betroffenheit aller Bürger; die Unmöglichkeit, viele Probleme internationaler Beziehungen intuitiv zu verstehen und damit die Rätsel dieser politikwissenschaftlichen Teildisziplin; dazu gehören zudem wichtige Konzepte, wie Akteure und Interessen, Prozesse und Interaktionen, Strukturen und Institutionen, sowie die verschiedenen Analyseebenen.

Edward Snowdon, ein amerikanischer Computerspezialist, arbeitete zunächst für die Central Intelligence Agency (CIA) und dann für das Beratungsunternehmen Booz, Allen, Hamilton an Projekten für die amerikanische National Security Agency (NSA). In Zusammenarbeit mit Journalisten verschiedener Medien machte er öffentlich bekannt, in welchem Ausmaß die NSA Kommunikationsdaten von Bürgern aller Länder sammelte, speicherte und bei konkreten Verdachtsmomenten systematisch auswertete. Er beging bewusst Geheimnisverrat in den USA und floh zunächst nach Hongkong, bevor er nach Russland weiterreiste. In verschiedenen Ländern bat er um politisches Asyl. Die meisten Länder, einschließlich westeuropäischer, wiesen seinen Antrag jedoch ab. Bolivien bot Snowden Asyl an. Daraufhin musste der bolivianische Präsident Evo Morales, der zu dieser Zeit gerade in Russland weilte, seinen Heimflug von Moskau in Wien unterbrechen. Verschiedene Länder hatten dem Präsidenten die Überflugerlaubnis verweigert. Sie vermuteten, Morales verhelfe Snowden zur Flucht. Darüber hinaus wurde bekannt, dass auch französische und britische Geheimdienste große

Datenmengen sammelten und speicherten. Im weiteren Verlauf der Ereignisse geriet insbesondere die Bundesregierung in Erklärungsnot. Was wusste sie von der Massenspeicherung von Kommunikationsdaten deutscher Bürger durch einen amerikanischen Nachrichtendienst? Arbeiteten deutsche Behörden gar mit amerikanischen in dieser Sache zusammen? Warum kann die Regierung die Daten ihrer Bürger nicht vor unberechtigtem Zugriff schützen?

1.1 | Der Gegenstand Internationale Beziehungen

Gegenstand

Viele wesentliche Aspekte Internationaler Beziehungen werden von dieser kurzen Episode um Edward Snowden angesprochen: Die wichtigen Akteure in diesen Beziehungen sind Staaten. Sie können miteinander kooperieren, indem sie z. B. Überflugrechte über ihr Territorium verweigern. Viele westeuropäische Staaten sandten damit eine klare Botschaft an Snowden: Versuche nicht über unser Territorium vor den USA zu fliehen. Sie können aber auch Konflikte riskieren, wie hier Bolivien, das Snowden Asyl anbot und dabei den Unmut der mächtigen USA in Kauf nahm. In Internationalen Beziehungen geht es um Sicherheit. Die USA sahen ihre Sicherheit durch den Geheimnisverrats Snowdens erheblich beeinträchtigt. Es geht aber auch um mehr: Im Fall Snowden stand die Frage im Raum, ob ihm das Menschenrecht auf Asyl zuerkannt werden kann oder aufgrund von Menschenrechtsregeln sogar zugestanden werden muss. Noch ein Aspekt kommt hinzu: Die Spionagetätigkeit der Geheimdienste legt nahe, dass Firmen vieler Länder ein wirtschaftlicher Schaden entstanden sein könnte, weil ihre Firmengeheimnisse möglicherweise ausgespäht wurden. Damit sind Firmen oder Einzelpersonen wie Snowden ebenfalls Akteure in internationalen Beziehungen.

Definition

Internationale Beziehungen
Internationale Beziehungen sind eine Teildisziplin der Politikwissenschaft. Sie befasst sich mit der Gesamtheit der Interaktion von Akteuren, die an grenzüberschreitenden Aktivitäten beteiligt sind, und mit den formellen oder informellen Institutionen, die grenzüberschreitende Handlungen regeln. Es ist gebräuchlich, Internationale Beziehungen großzuschreiben, wenn damit die Teildisziplin der Politikwissenschaft gemeint ist, und kleinzuschreiben, wenn der konkrete Gegenstand – Interaktionen und Aktivitäten – angesprochen wird.

An dieser kurzen Episode über Edward Snowden wird außerdem deutlich, in welch hohem Maß alle Bürger von internationalen Beziehungen betroffen sind. Damit sind im weitesten Sinne alle Beziehungen gemeint, die nationale Grenzen überschreiten. Wenn Bürger die globale Bühne betreten, indem sie beispielsweise das Internet nutzen, geben sie unbewusst und ungefragt jede Menge Informationen über sich preis. Sie verlieren damit die Kontrolle über ihre informationelle Identität. Auch Regierungen können den Schutz der Daten ihrer Bürger nur noch ungenügend gewährleisten. Staaten können allein ihr eigenes Territorium kontrollieren und schützen. Bei Problemen außerhalb ihrer Reichweite sind sie auf die Zusammenarbeit anderer Staaten angewiesen. Internationale Beziehungen sind also wichtig, weil alle Bürger heutzutage von ihnen vielfältig betroffen sind. Sie können z.B. Opfer werden von Terroranschlägen, deren Ursache in anderen Ländern oder Regionen zu suchen sind; sie können ihren Arbeitsplatz verlieren, weil die Industrie in andere Länder abwandert und den heimischen Markt von dort aus beliefert, sofern ein Freihandelsabkommen besteht; oder sie können wegen ihrer politischen oder religiösen Anschauungen im Heimatland verfolgt werden und deshalb auswandern. Aufgrund dieser und vielen weiteren Möglichkeiten sind alle Bürger von internationalen Beziehungen betroffen.

Betroffenheit von IB

Information kompakt

Warum studiert man Internationale Beziehungen?

Alle sind gewollt oder ungewollt von internationalen Beziehungen betroffen. Die negativen Seiten – z.B. Krieg, Armut, Menschenrechtsverletzungen – beängstigen. Gleichzeitig kann man die positiven Seiten – z.B. Reisefreiheit, wirtschaftliche Möglichkeiten, Verbesserung der Umwelt – auch zum eigenen Vorteil nutzen. Internationale Beziehungen ermöglichen den Bürgern nicht nur ungeahnte Möglichkeiten zur Verwirklichung ihrer materiellen und immateriellen Bedürfnisse im Ausland, sondern schaffen solche Möglichkeiten auch zu Hause. Das genaue Verständnis von Ursachen und Wirkungen internationaler Beziehungen ermöglicht es, eine bessere Welt zu schaffen.

Die Geschichte von Edward Snowden zeigt aber auch, dass man in Internationalen Beziehungen untersucht, ob und unter welchen Bedingungen Menschen miteinander auskommen, Konflikte austragen oder gar Gewalt anwenden. Die Teildisziplin Internationale Beziehungen hilft damit die komplexe Landschaft jenseits von territorialen Grenzen zu verstehen, in denen einerseits vielfältig kooperiert wird, andererseits Konflikte bis hin zur Gewaltanwendung ausgetragen werden.

Konflikt und Kooperation

1.2 | Rätsel und ihre Lösungen

Diese Einführung in Internationale Beziehungen wendet sich den wichtigsten Rätseln zu, die von der Disziplin behandelt werden. Dabei werden Rätsel definiert als Beobachtungen von Realität, die nicht intuitiv verstanden und/oder erklärt werden können. Es ist z. B. rätselhaft, warum Staaten oder Gruppen von Menschen Krieg führen, obwohl sie dadurch großes Blutvergießen und unvorstellbares Leid verursachen. Warum tragen die Akteure ihre Konflikte nicht auf friedliche Weise aus? Bei anderen Rätseln gilt es zu verstehen, warum es so große Unterschiede in der Welt gibt. In Westeuropa oder Nordamerika herrscht großer Reichtum und Wohlstand. Die dort lebenden Menschen sind weitgehend gesund und können sich selbst verwirklichen. Dagegen leben viele Menschen in Afrika in großer Armut. Ihr Tagesgeschäft ist es, das eigene Leben und das ihrer Familien notdürftig zu sichern. Viele – auch Kinder – verlieren diesen täglichen Kampf, sind krank oder schwach ohne Aussicht auf Besserung. Warum sind derart gravierende Unterschiede zwischen den verschiedenen Gesellschaften möglich, die sich doch einen gemeinsamen Planeten teilen?

Dieses Buch spürt diesen auf den ersten Blick unverständlichen Rätseln Internationaler Beziehungen nach und präsentiert die Erklärungen, die die Politikwissenschaft bislang erarbeitet hat.

Überblick

Die Rätsel dieses Buches

- Warum führen Staaten und/oder gesellschaftliche Gruppen auch noch im 21. Jahrhundert Krieg gegeneinander? (→ Kap. 3)
- Warum führen demokratische Staaten Krieg gegen Diktaturen, aber nicht gegen andere Demokratien? (→ Kap. 4)
- Warum gibt es so viele Handelsschranken zwischen Staaten, obwohl Wirtschaftswissenschaftler ganz überwiegend sagen, dies habe Nachteile für alle? (→ Kap. 5)
- Warum gibt es so häufig Finanzkrisen, in denen viel Wohlstand vernichtet wird, den man zur Bekämpfung gemeinsamer Probleme (Armut, Umweltschutz, Menschenrechte) besser einsetzen könnte? (→ Kap. 6)
- Warum sind manche Gesellschaften so enorm reich, während andere in Armutsproblemen versinken? (→ Kap. 7)
- Warum verstärken Staaten ihre Grenzen gegen den Ansturm von Migranten statt eine weltweite gemeinsame Migrationspolitik zu vereinbaren? (→ Kap. 8)
- Warum halten sich manche Staaten und Gesellschaften an international vereinbarte Menschenrechte, während andere diese universellen Rechte mit Füßen treten? (→ Kap. 9)

- Warum ist es fast unmöglich, gemeinsam die großen internationalen Umweltprobleme zu lösen? (→ Kap. 10)

Die Disziplin Internationale Beziehungen will zunächst natürlich direkt Antworten auf diese Fragen geben. Sie geht aber noch einen entscheidenden Schritt weiter: Sie bietet einen Satz verschiedener Theorien an, mit denen die unterschiedlichen Rätsel gelöst werden könnten. Dies schließt auch solche Rätsel ein, die in diesem Buch aus Platzgründen nicht behandelt werden konnten..

Theorie

Definition

Theorie
Eine Theorie ist ein widerspruchsfreier Satz von Aussagen, mit dem ein interessierendes Phänomen erklärt werden kann. Eine Theorie identifiziert die spezifischen Ursachen, die jene Beobachtungen hervorrufen, die erklärt werden sollen. Sie zeigt außerdem, auf welche Weise verschiedene Ursachen zusammenwirken, um das beobachtete Ergebnis zu erzeugen. Theorien beschreiben, identifizieren Ursache und Wirkung, machen Vorhersagen und bieten Lösungskonzepte an. Zu diesen Zwecken vereinfachen Theorien die extrem komplexe Realität, indem sie den Blick auf das wirklich Wichtige lenken. Es ist deshalb nicht überraschend, dass Theorien nicht für jeden Einzelfall eine Erklärung anbieten können.

1.3 Der Analyserahmen: Interessen, Interaktionen, Institutionen

In den Internationalen Beziehungen werden ähnliche Arten des analytischen Zugriffs benutzt, die jedoch unterschiedlich bezeichnet werden. Frieden/Lake/Schultz (2012) schlugen die Begriffe Interessen, Interaktionen und Institutionen vor.

Definitionen

Interessen, Interaktionen, Institutionen

- **Interessen** stellen diejenigen Ziele dar, die politische Akteure durch politisches Handeln erreichen wollen. Zu deren Ordnung legen sie häufig Rangfolgen politischer Ergebnisse an, die aus ihren Entscheidungen und den Interaktionen mit anderen Akteuren folgen sollen. Diese Rangordnungen werden Präferenzen genannt.
- Unter **Interaktionen** versteht man die möglichen und tatsächlichen Kombinationen der Entscheidungen von zwei oder mehr beteiligten Akteuren, die zu einem politischen Ergebnis führen.
- **Institutionen** sind Regeln im weitesten Sinn, die in einer sozialen Gemeinschaft geteilt werden. Im engeren Sinn umfassen Institutionen auch formale internationale Organisationen. Diese Regeln können explizit niedergeschrieben worden sein oder aber einfach auf Gewohnheit beruhen. Institutionen lenken die Präferenzen der Akteure und beeinflussen ihre Interaktionen, in dem sie diesen eine regelgerechte Richtung geben.

Analytisches Vorgehen

Akteure und Interessen

Prozesse und Interaktionen

Andere Lehrbuchautoren benutzen die grundlegenden Konzepte »Akteure« statt Interessen; »Prozesse« statt Interaktionen und »Strukturen« statt Institutionen. Unabhängig davon, welche begrifflichen Bezeichnungen unterschiedliche Autoren benutzen, ist die gedankliche Vorgehensweise bei der Untersuchung internationaler Beziehungen immer gleich: Im *ersten* Schritt werden die beteiligten Akteure identifiziert. Dabei wird auch ermittelt, welche Interessen diese Akteure verfolgen und in welche Präferenzfolge sie gebracht werden können. Auf diese Weise erkennt man auch die Entscheidungsmöglichkeiten (auch Optionen genannt), über welche die einzelnen Akteure verfügen. Im *zweiten* Schritt werden die verschiedenen Optionen der einzelnen Akteure miteinander kombiniert, so dass mögliche (d.h. denkbare) Interaktionen entstehen, die spezifische politische Ergebnisse hervorbringen. Konflikt, Kooperation und Harmonie (Keohane 1984; 1989) sind die drei prinzipiell möglichen Ergebnisse aus Interaktionen (vgl. Abb. 1.1.).

Definitionen

Konflikt, Kooperation, Harmonie

- **Konflikte** sind eine Interessen- oder Willenskonkurrenz zwischen zwei oder mehreren Akteuren.
- Von **Kooperation** spricht man dann, wenn die beteiligten Akteure jeweils eine Politikanpassung vornehmen, die wechselseitig zu einer höheren Kompatibilität der Interessen führt.
- **Harmonie** besteht, wenn zwischen Akteuren keine Interessens- oder Willenskonkurrenz auftritt oder wenn nicht an Bedingungen gebundene politische Maßnahmen einer Seite zu einer höheren Kompatibilität der Interessen führen (vgl. Abb. 1.1).

Diese denkbaren Interaktionsergebnisse wirken außerdem auf die Entscheidungsauswahl der Akteure zurück, weil Akteure sich bemühen, die Interaktionsergebnisse vorherzusehen (antizipieren) und schon in ihre Prä-

Unterschiede: Harmonie, Kooperation, Konflikt **Abb. 1.1**

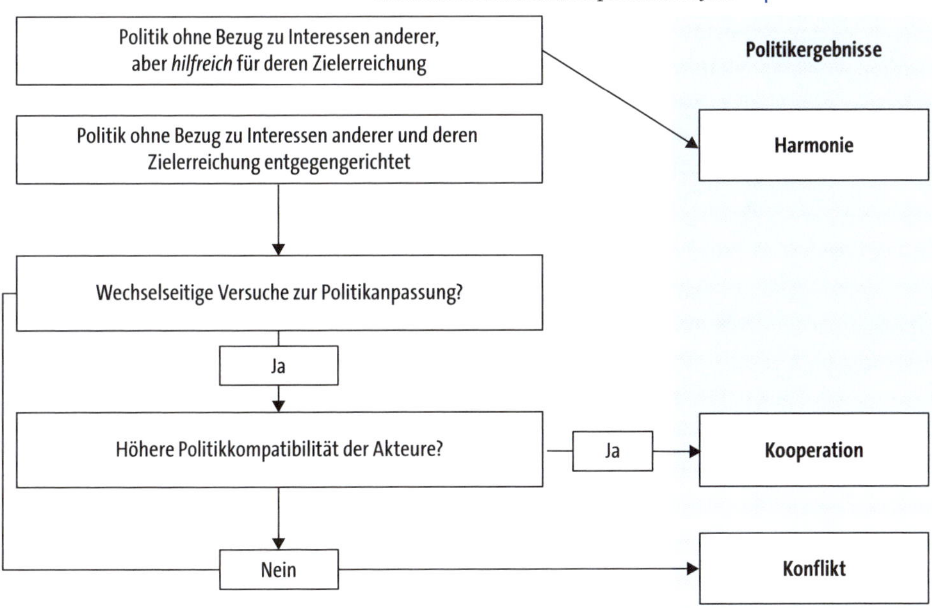

Quelle: Keohane (1984: 53).

ferenzen einfließen lassen, die im ersten Schritt der Untersuchung erfasst wurden. Im *dritten* Schritt wird analysiert, welchen Institutionen sich die beteiligten Akteure verbunden fühlen bzw. unterworfen sind. Die Institutionen können sich erheblich unterscheiden, je nachdem in welchem Politikfeld die Akteure handeln. In einigen Politikfeldern, z. B. Handelspolitik (→ Kap. 5), gibt es engmaschige Regelwerke, denen sich viele Akteure unterworfen haben. Die Welthandelsorganisation (WTO) stellt zusätzlich ein Schiedsgerichtsverfahren bereit für den Fall, dass Regeln gebrochen werden. Dann können Akteure dieses Verfahren nutzen, um die geltenden Normen gegen Regelverletzer durchzusetzen. In anderen Politikfeldern, z. B. Terrorismus oder Bürgerkriegen (→ Kap. 3.4), gibt es zwar auch Normen, z. B. das humanitäre Völkerrecht, aber diese sind weit weniger verbindlich oder präzise als im Bereich der Handelspolitik.[1] Außerdem gibt es kaum wirksame, etablierte Verfahren, mit denen sie gegen Regelverletzer durchgesetzt werden könnten.

Strukturen und Institutionen

Wenn man die Interessen von Akteuren, ihre Interaktionen und die Institutionen identifiziert und mit Blick auf die eigene Forschungsfrage untersucht, sollte man weiter beachten, dass es verschiedene Analyseebenen gibt, auf denen man Akteure, Interaktionen und Institutionen finden kann (Waltz 1954; 1979).

Information kompakt

Analyseebenen im Teilgebiet Internationale Beziehungen

- **System**: erfasst die Eigenschaften des internationalen Systems und die Interessen und Handlungen von Staaten als den Hauptakteuren.
- **Staat und Innenpolitik**: erfasst die Eigenschaften der Staaten (z. B. Demokratie oder Diktatur; parlamentarisches oder präsidentielles Regierungssystem) und die relevanten Akteure in Staat und Gesellschaft sowie alle relevanten innerstaatlichen Institutionen. Solche Akteure sind z. B. politische Parteien oder Interessengruppen.
- **Individuum**: erfasst die Eigenschaften, Interessen und Handlungen relevanter Individuen. Eine Eigenschaft wäre z. B., ob eine Person eher risikobereit oder risikoscheu ist oder ob die Person viele komplexe Informationen verarbeiten kann oder über eine eher eingeschränkte Informationsverarbeitungskapazität verfügt.

Mögliche Erklärungen für nicht intuitiv verstehbare Sachverhalte kann man auf allen drei Ebenen finden.[2] Es lohnt sich deshalb die oben genannten drei Schritte der Untersuchung auf allen drei Analyseebenen durchzuführen.

Zusammenfassung

Die Teildisziplin Internationale Beziehungen beschäftigt sich mit grenzüberschreitenden Interaktionen von Akteuren. Die wissenschaftliche Beschäftigung mit diesen Interaktionen ist wesentlich, weil unsere eigenen Handlungen Wirkung auf andere Akteure ausüben und weil wir selbst von den Handlungen anderer Akteure betroffen sind. Als Ergebnisse von Interaktionen können Harmonie, Kooperation oder Konflikt entstehen. Die Ursachen dieser Ergebnisse findet man auf drei verschiedenen Analyseebenen: dem internationalen System, dem Staat bzw. der Innenpolitik und/oder dem Individuum.

Lernkontrollfragen

1. Was versteht man unter einer Theorie?
2. Wie unterscheiden sich Harmonie, Kooperation und Konflikt?
3. Wie kann man internationale Beziehungen von Innenpolitik abgrenzen, wenn ihre Ursachen teils in der Innenpolitik liegen?
4. Was ist der Unterschied zwischen »internationalen Beziehungen« und »Internationalen Beziehungen«?

Weiterführende Literatur

Carlsnaes, Walter/Risse, Thomas/Simmons, Beth A., Hrsg., (2013), *Handbook of International Relations*, E-Book, London, UK: Sage Publications.

Katzenstein, Peter J./Keohane, Robert O./Krasner, Stephen D. (1998), ›International Organization and the Study of World Politics‹, *International Organization*, 52(4): 645–686.

List, Martin (2006), *Internationale Politik studieren*. Eine Einführung, Wiesbaden: VS Verlag für Sozialwissenschaften.

Reus-Smit, Christian/Snidal, Duncan, Hrsg., (2010), *The Oxford Handbook of International Relations*, Oxford, UK: Oxford University Press.

Schimmelfennig, Frank (2013), *Internationale Politik*, 3. Aufl., E-Book, Paderborn; München; Wien; Zürich: Schöningh.

2 | Großtheorien Internationaler Beziehungen

Inhalt

In diesem Kapitel werden die verschiedenen Großtheorien Internationaler Beziehungen dargestellt. Dabei liegt der Schwerpunkt einerseits auf ihren zentralen Annahmen und andererseits auf den wichtigsten Aussagen zu Konflikt und Kooperation.

In Indien wurde jahrhundertelang geglaubt, ein großer Elefant trage die Erde auf seinem Rücken. Eines Tages kamen junge Brahmanen zum Oberbrahmanen und fragten: »Worauf steht denn eigentlich der Elefant?«. Der Oberbrahmane stutzte und bat seine jungen Schüler am nächsten Tag wiederzukommen, dann werde er ihnen die richtige Antwort geben. Am folgenden Tag versammelten sich die jungen Brahmanen und warteten voller Ungeduld auf den Oberbrahmanen. Der trat gemessenen Schrittes auf, hob beide Arme in die Höhe und verkündete: »Der Elefant, der die Erde trägt, steht auf einer Riesenschildkröte.« Beeindruckt von so viel Weisheit und Kenntnis schlichen die jungen Brahmanen von dannen. Die Frage, worauf steht die Riesenschildkröte, kam ihnen nicht in den Sinn. Der Oberbrahmane hatte ihre Welt wieder in Ordnung gebracht.[3]

Unser Wissen – auch in der Politikwissenschaft – beruht auf Annahmen, die, wie in dem vorstehenden Beispiel, von Zeit zu Zeit kritisch hinterfragt werden. Diese zweifelnde Kritik führt zu neuen Fundamenten in Form einer neuen Großtheorie. Diese gilt so lange, bis zweifelnde Kritik zu ihrer Ablösung und einer neuen Großtheorie führt. Großtheorien sind

Großtheorien

also Sätze von widerspruchsfreien Aussagen, die eine plausible Erklärung für weltliche Phänomene liefern. In der Teildisziplin Internationale Beziehungen hat es trotz wechselseitiger teils heftiger Kritik keine Großtheorie vermocht, die Konkurrenz nachhaltig zu verdrängen. Auf welchen Annahmen Internationale Beziehungen letztendlich beruhen, ist unter Theoretikern höchst umstritten.[4]

Information kompakt

Kernbegriffe der empirischen Analyse

Das Ziel einer empirischen Analyse ist, diejenigen Ursachen zu identifizieren, die mit möglichst hoher Wahrscheinlichkeit die vermutete Wirkung erzeugen.

- **Untersuchung** (Analyse): Dies ist die Aktivität der Forscher, die das Ziel verfolgt, einen Zusammenhang zwischen vermuteten Ursachen und vermuteten Wirkungen herzustellen und nachzuweisen, dass dieser Zusammenhang mit hoher Wahrscheinlichkeit besteht.
- **Ursache**: Darunter versteht man diejenige Vermutung unter mehreren, die sich aufgrund der Untersuchung als allein oder in Kombination mit anderen als eigentlich wirkungsmächtig herausstellt.
- **Wirkung**: Dies ist das beobachtete und beschriebene Ergebnis, das eine oder mehrere Ursachen mit möglichst hoher Wahrscheinlichkeit hervorbringen; die Wirkung soll erklärt werden.
- **Erklärung**: Darunter versteht man den Nachweis, dass eine oder mehrere Ursachen tatsächlich eine Wirkung erzeugen und dass dieser Zusammenhang mit möglichst hoher Wahrscheinlichkeit empirisch belegt werden konnte, d.h.; Änderungen von Ursachen führen tatsächlich zu Änderungen der Wirkungen.

Die beschriebene Vorgehensweise bei der Untersuchung internationaler Beziehungen (→ Kap. 1) – drei Schritte auf drei Analyseebenen – ist sehr allgemein und identifiziert eine Vielfalt möglicher Erklärungen vieler verschiedener Phänomene. Der Forscher muss sich jedoch häufig auf wenige mögliche Ursachen beschränken, die er für besonders wichtig oder wirksam hält. Die Untersuchung aller möglichen Ursachen würde seine Arbeitskraft überfordern. Es ist deshalb sinnvoll, eine Auswahl zu treffen von denkbaren Ursachen, die Phänomene vermutlich besonders gut erklären könnten und daher der vorrangigen Analyse bedürfen. Bei der Frage, welche Ursachen zur Erklärung bestimmter Wirkungen ausgewählt werden sollen, helfen sogenannte Großtheorien der Internationalen Beziehungen. Wie ein Spot-

Auswahl aus Großtheorien

light in einer Disco beleuchten sie wesentliche Ausschnitte der Wirklichkeit und tauchen andere ins Dunkel. Wenn Forscher solche Theorien zur Auswahl wichtiger Ursachen heranziehen, dann schließen sie sich den Annahmen an, die diesen Großtheorien zugrunde liegen. Diese Annahmen sind in der Literatur eingehend beschrieben und müssen nicht mit viel Aufwand wiederholt werden. Notwendig ist nur, dass man darauf hinweist, welchen Ursache man mit welcher Großtheorie in Verbindung bringt.

Die wichtigsten Annahmen und Aussagen der vier Großtheorien Realismus, Institutionalismus, Liberalismus und Konstruktivismus werden im Folgenden knapp zusammengefasst, weil in weiteren Kapiteln darauf Bezug genommen wird.[5] Statt eine dieser Großtheorien zu bevorzugen, wird in diesem Buch die Auffassung vertreten, dass alle einen wichtigen Beitrag zu einem besseren Verständnis von Fragen Internationaler Beziehungen beitragen können.[6] Die Auswahlentscheidung obliegt dem Forscher, der eine Untersuchung durchführt. Die von den Großtheorien identifizierten Ursachen können nur mit einer bestimmten Wahrscheinlichkeit Zusammenhänge in internationalen Beziehungen erklären. Dem Anspruch, eine umfassende Erklärung für *alle* Phänomene Internationaler Beziehungen zu liefern, wird keine Großtheorie gerecht.

2.1 | Neorealismus

Die Ideenwelt des Realismus[7] ist reichhaltig und reicht bis zum Philosophen Thucydides (460–400 AC) in der griechischen Antike zurück. Politisch wurde der Realismus während des Kalten Krieges zur einflussreichsten Denkschule. George Kennan, Hans Morgenthau und Henry Kissinger gelten als die wichtigsten Vertreter. Die moderne Politikwissenschaft entwickelte den klassischen Realismus dieser Autoren fort zum Neorealismus. Dessen herausragende Vertreter sind Kenneth N. Waltz; John J. Mearsheimer, Robert Gilpin, Joseph Grieco oder Joanne Gowa. In Deutschland wird er vor allem von Werner Link und Carlo Masala vertreten.

Anarchie

Die Internationalen Beziehungen verdanken der neorealistischen Theorie zwei Schlüsselannahmen.[8] Die erste lautet: Das internationale System ist von Anarchie gekennzeichnet.

Dieses Merkmal ist der wesentliche Unterschied zwischen internationalen Beziehungen und der Politik innerhalb von Staaten, denn dort herrscht ein Gewaltmonopol, dem sich die Bürger als Akteure unterordnen müssen. Diese Annahme wird mittlerweile von den allermeisten Autoren geteilt, auch wenn sie sich nicht der realistischen Denkschule zurechnen (Lake 2009: 1–2).

Definition

Anarchie in Internationalen Beziehungen
Unter Anarchie wird *nicht* Chaos verstanden, sondern die Abwesenheit einer zentralen Autorität, die es vermag, für alle Akteure bindende Regeln zu setzen und gegen Widerstände durchzusetzen. Anarchie ist das Gegenteil von Hierarchie, denn alle Akteure sind im Prinzip ähnlich und einander gleichgestellt. Ähnlich bedeutet, dass sie alle dieselben Funktionen ausüben.

Staaten als Akteure

Die zweite Annahme lautet: Staaten sind die zentralen oder sogar einzigen Akteure in Internationalen Beziehungen. Alle anderen Arten von Akteuren können bei der Forschung vernachlässigt werden. Staaten werden auch nicht (wie z.B. von den Vertretern des Liberalismus; → Kap. 2.2.3) weiter nach verschiedenen Akteuren untergliedert.

Selbsthilfe

Von der Anarchie als Merkmal des internationalen Systems geht nun eine ganz erhebliche Wirkung aus: Sie legt die Interessen und Interaktionen der Akteure fest. Denn wenn es keine übergeordnete Autorität gibt, die die Akteure – also Staaten – notfalls voreinander schützen wird, dann müssen diese selbst für ihre Sicherheit – im Extremfall für ihr Überleben – sorgen. Da sie sich auf keine Autorität verlassen können, sind sie auf Selbsthilfe angewiesen. Neorealisten bezeichnen das internationale System deshalb auch als »anarchisches Selbsthilfesystem«.

Wenn Staaten sich nicht auf eine übergeordnete Regierung mit Polizei und Justiz, die sie notfalls vor anderen Staaten schützt, verlassen können, rückt die Herstellung von Sicherheit an die erste Stelle der Liste staatlicher Interessen. Kein anderes Interesse ist wichtiger. Alle Staaten müssen sich daher ausreichende Kapazitäten verschaffen, um sich gegen die Angriffe anderer Staaten schützen zu können. Zu diesem Zweck werden sie militärisch aufrüsten. Von diesen Aufrüstungsmaßnahmen werden sich aber andere Staaten zwangsweise bedroht fühlen. Denn diese können nicht wissen, ob ein Staat aufrüstet, um sich selbst zu schützen, oder um sie anzugreifen. Da Staaten die Absichten anderer Staaten nicht bekannt sind, besteht die sogenannte Informationsunsicherheit. In dieser Situation müssen Staaten also von der schlimmeren der beiden genannten Möglichkeiten ausgehen. John Herz (1950) sprach vom sogenannten Sicherheitsdilemma: Die Sicherheit des einen Staates ist die Unsicherheit des anderen Staates. Als Reaktion auf die Aufrüstung des einen Staates werden auch andere zur Selbsthilfe schreiten und aufrüsten. So entsteht ein Rüstungswettlauf zwischen Staaten, den Neorealisten auf die Ursache der Anarchie im internationalen System zurückführen. Konflikte zwischen Staaten sind in Internationalen Beziehungen nahezu unvermeidlich.

Sicherheitsdilemma

Aus diesem Grund halten Neorealisten auch die Möglichkeiten von Kooperationen zwischen Staaten für äußerst begrenzt. Das anarchische Selbsthilfesystem zwingt sie dazu, strikt darauf zu achten, dass Kooperation mit anderen nicht zu einem Nachteil für sie selbst wird. Wenn sie eine Kooperation eingehen, muss der *gemeinsame* Nutzen (Kooperationsgewinn) *gleichmäßig* auf alle beteiligten Staaten verteilt sein. Diese Bedingung nennt man »relative Gewinne« (Grieco 2006; Waltz 1979). In Abbildung 2.1 links ist diese Bedingung erfüllt, denn alle Staaten A bis E gewinnen 20 % aus einer Kooperation miteinander. Ist, wie in Abbildung 2.1 rechts, diese Bedingung nicht erfüllt, d. h. gibt es die Chance, dass ein oder mehr Staaten größeren Nutzen aus der Kooperation ziehen könnten als andere, dann gehen Staaten diese Kooperation gar nicht erst ein.[9] Staaten werden also eher nach Autonomie streben, statt sich in eine Abhängigkeit von anderen Staaten zu begeben. In einem anarchischen Selbsthilfesystem, so die Neorealisten, ist Kooperation sehr schwierig und deshalb selten.

Relative Gewinne

Vertreter der neorealistischen Schule sind sich nun uneins, ob Staaten nur den Status quo ihrer machtpolitischen Position im Staatensystem erhalten (defensive Realisten z. B. Waltz) oder ihre Position im Vergleich zu anderen Staaten dauerhaft verbessern wollen (offensive Neorealisten z. B. Mearsheimer). Konflikte mit gewaltsamen Auseinandersetzungen zwischen Großmächten entstehen vor allem dann, wenn es zwischen ihnen zu erheb-

Abb. 2.1 | *Relative und absolute Verteilung von Kooperationsgewinnen*

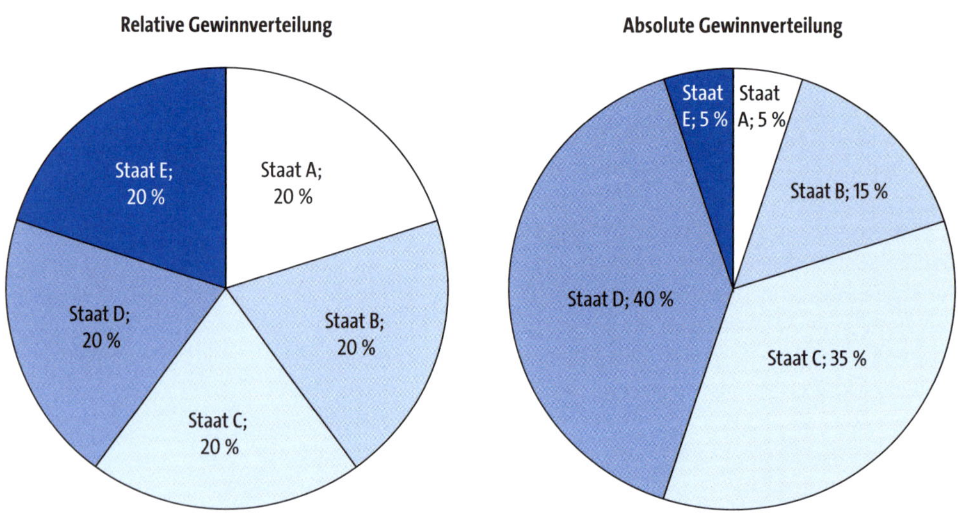

Quelle: eigene Darstellung.

lichen Machtverschiebungen kommt. Eine Möglichkeit ist, dass ein Staat seine Position durch einseitige Aufrüstung erheblich verbessert. Auf diese Weise fordert er den Staat heraus, der bislang eine herausgehobene Stellung eingenommen hat.

Herausforderung von Hegemonen

Definition

Hegemon
Ein Staat, der über sehr viel mehr Macht verfügt als andere und deshalb Regeln setzen und deren Einhaltung erzwingen kann, wird Hegemon genannt.

Ein Krieg kann ausbrechen, entweder wenn ein Hegemon einen aufstrebenden Staat in dessen Schranken weisen und seine eigene hegemoniale Stellung bewahren möchte, oder Krieg bricht aus, weil ein aufsteigender Staat den Hegemon vom Sockel stoßen und selbst Hegemon werden möchte. Das dazu einschlägige Forschungsprogramm wird als Machtübergangstheorie (*power transition theory*) bezeichnet (Levy/Thompson 2010: 44–48). Diese beiden Varianten werden als mögliche Szenarien für die Beziehungen zwischen dem gegenwärtigen Hegemon USA und der aufstrebenden Volksrepublik China gesehen (Wolf 2012; → Kap. 3.1.1).

Für die neorealistische Denkschule steht daher die »Macht« von Staaten im Zentrum der Betrachtung.

Macht

Definition

Macht
Unter Macht versteht man zumindest die Ausübung einer der folgenden Möglichkeiten, eigene Ziele auch gegen Widerstand durchzusetzen (Hart 1976):
- Lenkung von Ressourcen,
- Beherrschung von Akteuren,
- Lenkung von Politikergebnissen.

Die Ausstattung von Staaten mit Macht – insbesondere mit militärischen Fähigkeiten – bestimmt, welche Position sie im internationalen Staatensystem einnehmen. Während Staaten sich also einerseits im Prinzip einander ähnlich sind, weil sie die gleichen Funktionen ausüben (Waltz 1979: 93),

Position im Staatensystem

unterscheiden sie sich andererseits mit Blick auf ihre Machtpotentiale sehr. Mehr noch: die Verteilung von Macht auf Staaten zeigt auch die Konfiguration – Neorealisten sprechen von »Polarität« – des gesamten internationalen Systems an. Gibt es einen Staat, der in der Machtausstattung alle anderen weit überragt, spricht man von Unipolarität. Dies ist die Konfiguration des gegenwärtigen internationalen Systems, weil die USA allen anderen Staaten machtpolitisch haushoch überlegen ist. Gibt es zwei ähnlich starke Staaten, so nennt man dies Bipolarität. So bildeten die USA und die Sowjetunion die beiden machtpolitischen Pole im internationalen System während des Kalten Krieges (1945–1990). Findet man mehr als zwei Staaten, die machtpolitisch ähnlich ausgestattet sind, so spricht man von Multipolarität. Diese Konfiguration bestand z.B. im Europa des 19. Jahrhunderts zwischen Großbritannien, Frankreich, Russland, Österreich-Ungarn und Deutschland (Preußen).

»Polarität«

Hegemone und/oder Großmächte zeichnen sich dadurch aus, dass sie selbst für ihre Sicherheit und ihr Überleben sorgen können. Dazu verfügen sie über ausreichend Ressourcen. Kleinere Staaten – und das ist die ganz überwiegende Zahl – sind auch bei allergrößter Anstrengung nicht in der Lage, ihr Überleben ohne fremde Unterstützung sicherzustellen. Selbsthilfe ist für diese Staaten keine erfolgversprechende Strategie, um ihre Sicherheit zu gewährleisten. Sie müssen deshalb zu einer der Selbsthilfe nachgeordneten Strategie – einer zweiten Präferenz – greifen. Hierzu bieten sich ihnen zwei Möglichkeiten: Erstens können sich viele kleinere Staaten zu einer Allianz zusammenschließen, denn mit dem gemeinsamen Machtpotential aller zusammen sind sie viel eher als jeder einzelne in der Lage, die Macht einer Großmacht/eines Hegemons auszubalancieren. Dieses Verhalten bezeichnet man mit dem englischen Wort *balancing*. Indem sich viele kleine Staaten zu einem Bündnis zusammenschließen, bilden sie einen eigenen machtpolitischen Pol im internationalen System gegen eine oder mehrere Großmächte. Zweitens können sich kleinere Staaten einer Großmacht anschließen und/oder unterordnen, die dann die Sicherheit der Kleinen garantiert. Dieses Verhalten bezeichnet man mit dem englischen Wort als *bandwagoning*.[10] Bei dieser Möglichkeit versprechen sich die kleineren Staaten nicht nur den Schutz durch den Hegemon, sondern sie hoffen auch, dass sie an den Gewinnen des Hegemons in internationalen Beziehungen angemessen beteiligt werden.

Balancing

Bandwagoning

Es ist vergleichsweise einfach, das Machtpotential von Staaten grob zu schätzen, um Unterschiede zwischen Hegemonen, Großmächten und kleinen Staaten zu bestimmen. Bei solchen groben Schätzungen spielen üblicherweise die Größe der Bevölkerung, das Bruttoinlandsprodukt und die Größe des staatlichen Territoriums eine wichtige Rolle. Der herausragende Faktor sind aber vor allem die militärischen Fähigkeiten. Um diese zu bestimmen, prüft man zum einen, ob es sich um Kernwaffenstaaten handelt oder nicht. Zum anderen gilt es, die Höhe der Verteidigungsausgaben sowie die Mannschaftsstärke der Streitkräfte zu ermitteln (Pastor 1999). Diese Kennzahlen kann man entweder auf ihren Anteil an den weltweiten Potentialen beziehen oder zwei oder mehr Staaten einander gegenüberstellen.

Messung von Macht

Das Machtpotential von Staaten genauer zu bestimmen als nur grob zu schätzen (Sullivan 1990), ist dagegen schwierig. Dazu müssten viele verschiedene Faktoren von den militärischen Fähigkeiten über wirtschaftliche Kapazitäten bis hin zur Innovationsfähigkeit erfasst und auf einheitliche Maßstäbe gebracht werden, mit denen man verschiedene Staaten beurteilen und vergleichen kann. Noch schwieriger erweist sich die Messung von »weicher Macht« (Nye 2004). Darunter versteht man die Fähigkeit von Staaten, beispielhaft zu wirken, und zwar in dem Sinne, dass andere Staaten dieses Beispiel nachahmen. Dieser von Konstruktivisten bevorzugte Machtbegriff bezieht auch immaterielle Faktoren (s.u.) ein. Neorealisten lehnen ihn eher ab.

Latente vs. tatsächliche Macht

Mearsheimer (2001: Kap. 3) oder Beckley (2011/12) haben sich zumindest bemüht, die Machtpotentiale von Staaten mit Hilfe von materiellen Maßstäben näher zu bestimmen.[11] Mearsheimer unterschied dabei zwischen latenter Macht (Wohlstand) und tatsächlicher Macht (militärischen Fähigkeiten). Er legte dar, dass die Messung von Wohlstand unterschiedlich ausfallen müsse, je nachdem, in welcher Geschichtsperiode man sich befinde. Für die Bestimmung von Wohlstand seien also periodenspezifische Faktoren ausschlaggebend. Für die Zeit von 1816 bis 1960 zog er den Anteil jedes Staates an der weltweiten Eisen- und Stahlproduktion ebenso heran wie den Anteil am Energieverbrauch. Für die Machtmessung von 1960 bis heute benutzte er den Anteil der Staaten am Weltbruttosozialprodukt.

Zur Messung und den Vergleich der militärischen Stärke von Staaten schlug Mearsheimer drei Schritte vor (Mearsheimer 2001: 135–137). Er räumte jedoch ein, dass dies ebenfalls eine schwierige Unternehmung sei. Daher gäbe es keine Untersuchung, in der die militärische Stärke von Staaten systematisch und über längere Zeiträume gemessen worden wäre. Erstens müssten Größe und Qualität von Landstreitkräften bestimmt werden. Jedoch sei die Bestimmung von Qualität nicht einfach. Zweitens müsste untersucht werden, wie sehr Luftstreitkräfte die Bodentruppen unterstützen könnten. Drittens müsste geprüft werden, in welchem Maß große Distanzen zu Wasser oder in der Luft überwunden werden können, damit Streitkräfte am richtigen Ort zum Einsatz gebracht werden könnten. Dieser letzte Schritt erfasst also die Fähigkeit zur Machtprojektion.

Machtverschiebung über Zeit

Wenn es gelingt, diese Schwierigkeiten bei der Bestimmung von Macht zu überwinden; so kann man die relative Macht von Staaten gegenüber anderen Staaten zu einem bestimmten Zeitpunkt feststellen. Aus der Sicht des Neorealismus ist aber fast noch wichtiger, wie sich diese Machtverhältnisse zwischen Staaten über Zeit verändern. Denn der Aufstieg oder Fall von Großmächten sind jeweils kriegsträchtige Entwicklungen. Es zeigt sich, dass die wissenschaftlichen Debatten über Machtverschiebungen, die z.B. Kennedy (1989) mit seinem Werk über den Aufstieg und Fall von Großmächten zwischen 1500 und 2000 ausgelöst hat, vorwiegend entlang der Frage geführt werden, wie man Macht und Machtveränderung eigentlich bestimmen kann (Nye 1990).

Zusammenfassung

Neorealismus
Staaten sind primäre und einheitliche Akteure Internationaler Beziehungen. Ihr vorrangiges Interesse ist Sicherheit, d.h. das eigene Überleben als Staat. Internationale Beziehungen sind von Anarchie gekennzeichnet. Sie zwingt nach Sicherheit strebende Staaten zur Selbsthilfe. Das Streben nach Sicherheit im anarchischen Selbsthilfesystem führt zum Sicherheitsdilemma. Konflikte sind deshalb die häufigsten Politikergebnisse. Kooperation in internationalen Beziehungen ist selten. Sie ist an die Bedingung relativer Gewinne geknüpft: Nur wenn jeder der beteiligten Staaten denselben Gewinn aus der Kooperation zieht wie alle anderen, werden sie sich darauf einlassen.

Machtausstattung von Staaten und Machtverteilung im internationalen System bestimmen, welche Strategien Staaten zur Herstellung von Sicherheit wählen können. Konflikte aufgrund von Machtverschiebungen zwischen Hegemonen und Aufsteigern werden häufig gewaltsam ausgetragen. Kleinere und weniger mächtige Staaten müssen sich entweder für *balancing* oder *bandwagoning* entscheiden.

2.2 | Institutionalismus

Ideengeschichtlich knüpft der Institutionalismus an die klassische liberale Volkswirtschaftstheorie an. Adam Smith (1723–1790) und John Stuart Mill (1806–1873) können als Vordenker gelten. Der Institutionalismus reicht jedoch über die Teildisziplin Internationaler Beziehungen hinaus, weil auch in anderen politikwissenschaftlichen Teildisziplinen die Wirksamkeit von Institutionen erforscht wird (Hall/Taylor 1996; March/Olsen 1989; North 1990; Steinmo/Thelen/Longstreth 1992). In den modernen Internationalen Beziehungen sind insbesondere Robert O. Keohane, Joseph S. Nye Jr., Lisa Martin, Kenneth Oye und Arthur A. Stein die wichtigsten Vertreter. In Deutschland wird diese Theorie vor allem von der Tübinger Schule um Volker Rittberger, Andreas Hasenclever, Michael Zürn und Bernhard Zangl sowie von Otto Keck vertreten.

Institutionalisten[12] stimmen mit den Neorealisten darin überein, dass Staaten die wichtigsten Akteure in Internationalen Beziehungen sind und dass Anarchie ein wesentliches Merkmal des internationalen Systems ist. Sie teilen jedoch keineswegs die von Neorealisten daraus gezogenen Schlussfolgerungen, dass Staaten vorrangig nach Sicherheit und Überleben streben müssen und dass sie deshalb in einen unauflöslichen Konflikt miteinander geraten. Neben dem Streben nach Sicherheit vereint Staaten aus der Sicht der Institutionalisten auch das Interesse an Wohlstandsmehrung. Es kann vor allem dann erreicht werden, wenn sie miteinander kooperieren. Internationale Beziehungen werden also nicht vorrangig von Konflikten beherrscht, wie Neorealisten behaupten, sondern von einer Mischung aus gemeinsamen und trennenden Interessen. Größerer Wohlstand für alle Staaten ist dann zu erreichen, wenn es zu einer Spezialisierung und Arbeitsteilung zwischen Staaten kommt (→ Kap. 5.1), aus der jeder einen absoluten Gewinn zieht (vgl. Abb. 2.1, rechts). Es muss allerdings sichergestellt werden, dass Staaten fair miteinander umgehen und nicht versuchen, sich gegenseitig zu übervorteilen. Dem stehen jedoch konkrete Kooperationshindernisse im Weg.

Übereinstimmung der Grundannahmen

Interessenmix

Überblick

Kooperationshindernisse

Betrug, Übervorteilung und Sorglosigkeit sind die Haupthindernisse, die Staaten davon abhalten, Vereinbarungen zu treffen und/oder einzuhalten. Um diese zu überwinden, muss sichergestellt sein, dass

- alle Beteiligten einen Nutzen aus einer Kooperation ziehen, d.h. einen absoluten Gewinn (vgl. Abb. 2.1, rechts) erzielen;
- alle Beteiligten die Regeln einhalten; wenn einem Staat aus der Regelverletzung Vorteile entstehen könnten, müssen Vorkehrungen für die Überwachung und nötigenfalls Bestrafung getroffen werden;
- Vereinbarungen nicht dazu genutzt werden, sorglosen Umgang z.B. mit der gemeinsamen Sicherheit zu pflegen, weil die Risiken von den anderen Vereinbarungspartnern mitgetragen werden. Dieses Kooperationshindernis nennt man mit dem englischen Begriff *moral hazard*. Ein Beispiel: Ein Staat geht eine Allianz mit anderen ein, weil er militärischen Schutz gegenüber einem Nachbarstaat sucht. Mit dieser Allianz im Rücken fühlt er sich so sicher, dass er den Nachbarstaat ständig provoziert oder sogar selbst angreift. Seine Alliierten werden dadurch unbeabsichtigt in einen Konflikt hineingezogen.

Kooperationsanreize

Mit Hilfe der Spieltheorie haben Institutionalisten herausgefunden, dass Akteure nur unter bestimmten Voraussetzungen versuchen, sich gegenseitig zu betrügen oder zu übervorteilen (Axelrod 1988; Oye 1986). Eine dieser Voraussetzungen ist, dass Kooperation nur einmalig stattfindet. Wenn Staaten aber mehrfach miteinander kooperieren, sinkt der Anreiz für einen Betrug, weil man damit rechnen muss, auch die andere Seite könnte die Kooperationsbeziehung zum eigenen Vorteil ausnutzen oder sogar ganz beenden. Auf dieses Weise wäre der durch Betrug erzielte Nutzen geringer als der durch mangelnde Kooperation entstandene Schaden. Übervorteilung und Betrug lohnen sich also dann nicht, wenn Staaten langfristig mit einander kooperieren. Über einer unbefristet angelegten Kooperationsbeziehung liegt also der »Schatten der Zukunft«. Die Beziehung ist so wertvoll, dass man sie nicht leichtfertig einem nur kurzfristig durch Betrug erzielbaren Nutzen opfert.

Schatten der Zukunft

Eine weitere Kooperation fördernde Voraussetzung ist, dass Staaten nicht nur in einem Politikfeld zusammenarbeiten, sondern auf vielen. Je vielfältiger und dichter die wechselseitigen Beziehungen werden, d.h. je höher der Verflechtungsgrad steigt, desto schädlicher ist es, einen Betrugsversuch zu unternehmen. Die Verbindung von Interaktionen in verschiedenen Politikfeldern wird mit dem englischen Wort *linkage* bezeichnet. Je mehr *linkage* besteht, desto höher ist die Wahrscheinlichkeit von Kooperation.

Linkage

Die kooperationsfördernde Wirkung von *linkage* kann außerdem dadurch verstärkt werden, dass Staaten eine »wie du mir, so ich dir« Strategie anwenden. Sie besteht darin, dass jede Aktion eines Akteurs mit der gleichen Aktion des anderen Akteurs beantwortet wird. Betrug wird mit Betrug, Kooperation mit Kooperation beantwortet. Auf diese Weise können Staaten lernen, dass Betrug schadet und Kooperation lohnt.

Wirksame Selbstregierung

In ihren bahnbrechenden Studien fand Elinor Ostrom heraus, dass Individuen tatsächlich in der Lage sind, ohne staatliche Hilfe Lösungen zur Überwindung von Kooperationshindernissen zu finden. Bergbauern in der Schweiz verständigten sich beispielsweise gemeinsam auf Regeln, mit denen die Überweidung gemeinschaftlich genutzter Wiesen wirksam verhindert wurde; Fischer verständigten sich auf Übereinkünfte, mit denen die Überfischung von Meeren verhindert und der natürliche Bestand erhalten werden konnten; in Nepal gelang es den Bürgern, wirksame Regeln für den Wasserverbrauch zu vereinbaren, mit denen dem Wassermangel begegnet wurde. Diese und zahlreiche andere Beispiele, die Ostrom erforschte, zeigen, dass die Betroffenen vor Ort häufig in der Lage sind, ihre Kooperationsprobleme durch Übereinkünfte selbst zu lösen (Cox et al. 2009; Ostrom 1999; 2010a; b). Besonders wichtig ist: Sie sind dabei *nicht* auf eine übergeordnete Regierung d.h. einen Staat angewiesen. Gesellschaften können auch ohne Regierung kollektiv handeln. Für ihre Arbeiten erhielt Ostrom zusammen mit Oliver Williamson 2009 den Nobelpreis für Ökonomie.

Kollektiv handeln

Wenn es Bürgern in ihren lokalen Gemeinden gelingt, Kooperationshindernisse durch Selbstregierung wirksam zu überwinden, können Staaten dies in internationalen Beziehungen nicht auf ähnliche Art und Weise erreichen?[13] Wenn dies gelingt, so die institutionalistische Denkschule, stellt Anarchie kein unüberwindliches Hindernis für Kooperation in den internationalen Beziehungen mehr dar. Es kommt lediglich darauf an, den Akteuren dabei zu helfen, die resultierenden Dilemmata zu lösen, d.h. die weiter oben erläuterten Kooperationshindernisse (→ Überblick) zu überwinden.

Dies kann am besten dadurch erreicht werden, dass gemeinsame Regeln vereinbart und eingehalten werden. Solche Regeln werden »Institutionen« genannt. Institutionen bieten erhebliche Vorteile für Akteure. Der wichtigste Vorteil ist, dass die sogenannten Transaktionskosten gesenkt werden.

Institutionen

Exkurs

Transaktionskosten
Transaktionskosten sind ein Begriff aus den Wirtschaftswissenschaften. Sie entstehen, wenn zwei oder mehr Akteure ein Geschäft abschließen. Wer z.B. einen Handyvertrag mit einem Mobilfunkanbieter abschließt, muss glaubhaft machen, dass er die monatlichen Rechnungen bezahlen wird. Der Mobilfunkanbieter überprüft die Kreditwürdigkeit des Handykäufers jedoch nicht selbst, weil das sehr aufwendig wäre. Vielmehr nutzt er dafür z.B. die Schutzgemeinschaft für allgemeine Kreditsicherung (Schufa). Die Schufa sammelt Informationen über die Kreditwürdigkeit nahezu aller Bürger in Deutschland. Ihr Urteil zur Kreditwürdigkeit stellt sie Banken und Firmen gegen Gebühr zur Verfügung.
Diese Gebühren sind wichtige Transaktionskosten beim Abschluss etwa eines Handyvertrages, um zu unserem Beispiel zurückzukommen. Sie sind weitaus geringer, als wenn Mobilfunkanbieter die Kreditwürdigkeit jedes einzelnen Kunden selbst überprüfen müssten. In diesem Fall würden die Kosten für Handyverträge in erheblichem Maße steigen. Viele Bürger könnten sich keine Handys mehr leisten. Transaktionskosten wurden also dadurch gesenkt, dass man die Beurteilung von Kreditwürdigkeit gewissermaßen in eine Hand – die Schufa – gelegt hat. Auf diese Weise werden Handyverträge für weit mehr Kunden bezahlbar als ohne Schufa. Sowohl Handykäufer als auch Mobilfunkanbieter profitieren deshalb davon, dass sehr viel mehr Geschäfte abgeschlossen werden, weil Transaktionskosten gesenkt wurden. Zusammengerechnet bilden diese Vorteile auf beiden Seiten den Wohlfahrtsgewinn aus der Kooperation.
Transaktionskosten fallen natürlich auch in internationalen Beziehungen an. Man denke z.B. daran, dass die eigene Währung umgetauscht werden muss, wenn man im Ausland einkaufen will, weil sie dort nicht als Zah-

lungsmittel für Transaktionen akzeptiert wird. Die Umtauschgebühren stellen also Transaktionskosten dar. Wer sie nicht bezahlen möchte, kann im Ausland nicht einkaufen. Hinzu kommt, dass die Berechnung von Umtauschkursen aufwendig ist. Dies erschwert den Preisvergleich von Waren, die nicht in der eigenen Währung ausgezeichnet sind. Auch diese Mühen können als Transaktionskosten bezeichnet werden. Auch hier gilt: Wenn Bürger die Übernahme von Transaktionskosten scheuen, kommt kein Geschäft zustande. Der Kunde bekommt keine Ware, der Verkäufer kein Geld; weniger Geschäft bedeutet einen Wohlfahrtsverlust für alle.
Die gemeinsame Währung Euro ist z.B. vor allem deshalb wohlstandsfördernd, weil die Transaktionskosten für Geschäfte im gesamten Euroraum erheblich gesenkt werden. Man muss weder Geld in eine andere Währung umtauschen und dafür Gebühren entrichten, noch entsteht ein Aufwand beim Preisvergleich. Vielmehr besteht Preistransparenz.

Internationale Organisationen

In internationalen Beziehungen wird die Überwachung der Regeleinhaltung oftmals in die Hände von internationalen Organisationen gelegt. Sie überwachen, ob Staaten vereinbarte Regeln einhalten oder nicht. So prüft z.B. die Internationale Energieagentur (IAEO), ob Staaten die aus dem Vertrag über die Nicht-Verbreitung von Kernwaffen (Kernwaffensperrvertrag) resultierenden Verpflichtungen erfüllen; das Sekretariat der United Nations Framework Convention on Climate Change (UNFCCC) sammelt und veröffentlicht Informationen, in welchem Maße die Vertragspartner die Auflagen des Kyoto-Protokolls erfüllen; die Europäische Kommission ist beauftragt, die Einhaltung der Verträge durch die Mitgliedstaaten zu überwachen. Dadurch, dass internationale Organisationen mit der Überwachung betraut sind, werden Transaktionskosten erheblich gesenkt, denn andernfalls müssten alle Vertragsstaaten jeden anderen Vertragsstaat selbst überwachen – eine sehr teure Angelegenheit.

Zusammenfassung

Institutionalismus
Institutionen verändern das Verhalten von Staaten in Richtung Kooperation dadurch, dass sie deren Kosten-Nutzen-Kalkül verändern. Die Kosten von Kooperation werden geringer und ihr Nutzen steigt. Auf diese Weise helfen Institutionen Staaten dabei, Kooperationshindernisse zu überwinden. Daher wird die kooperationshemmende Wirkung der Anarchie in internationalen Beziehungen beschränkt. Institutionen wirken jedoch nur kooperationsfördernd, wenn eine Mischung von gemeinsamen und tren-

nenden Interessen besteht. Wenn Staaten keine gemeinsamen Interessen haben, also keine Interessenüberschneidung besteht, spricht man von Nullsummen-Situationen. In diesen Situationen ist der Gewinn eines Akteurs der Verlust eines anderen Akteurs mit gleichem Betrag. Kooperation wird verhindert.

Liberalismus | 2.3

Ideengeschichtlich knüpft der Liberalismus an liberale Philosophen wie John Locke (1632–1704) oder Immanuel Kant (1724–1804) an. In wirtschaftswissenschaftlicher Hinsicht kann auch David Ricardo (1772–1823) als Vordenker gelten. Ungeachtet der einzelnen Varianten des Liberalismus teilen alle liberale Philosophen und Politikwissenschaftler einen Kerngedanken, der sie sowohl vom Neorealismus als auch vom Institutionalismus unterscheidet: Das Verhalten von Staaten hängt maßgeblich von einer Vielzahl innenpolitischer Faktoren ab, ohne deren Berücksichtigung es nicht verstanden werden kann (Peters 2007). Staaten können also nicht – wie Neorealisten und Institutionalisten annehmen – als eine Einheit, als einheitlicher Akteur, verstanden werden. Vielmehr werden Bedürfnisse von Individuen und Gruppen der Gesellschaft in einem Willensbildungsprozess zu Präferenzen eines Staates verarbeitet, die die Regierung dann nach außen vertritt (Moravcsik 2010).

Aber welche innenpolitischen Faktoren kommen dabei in Betracht? Zwei Strömungen des Liberalismus geben darauf eine unterschiedliche Antwort. Die erste folgt Immanuel Kants Schrift »Zum Ewigen Frieden«, die Michael Doyle (1996) wieder aufgegriffen hat. Er gab damit den Anstoß zu einem großen und international weitverzweigten Forschungsprogramm Internationaler Beziehungen. Dessen zentrale Annahme ist, dass das nach außen gerichtete Verhalten von Staaten maßgeblich davon abhängt, ob das politische System eine Demokratie oder eine autoritär regierte Diktatur ist. Daraus wurde die Theorie des demokratischen Friedens entwickelt. Bruce Russett, und John R. Oneal gehören zu den wichtigsten Forschern auf diesem Feld. Für Deutschland sind vor allem die Arbeiten von Ernst O. Czempiel, Anna Geis, Harald Müller oder das Forschungsprojekt zur parlamentarischen Kontrolle von Streitkräften an der Universität Düsseldorf unter der Leitung von Hartwig Hummel und Stefan Marschall zu nennen. Wegen seiner grundsätzlichen Bedeutung für Internationale Beziehungen ist diesem Forschungszweig des Liberalismus ein eigenes Kapitel gewidmet (→ Kap. 4), so dass hier nicht näher darauf eingegangen wird.

Demokratischer Frieden

Die zweite Strömung des Liberalismus wird maßgeblich von der Außenpolitikforschung geprägt (Hudson 2005; 2007). Das außenpolitische Verhalten von Staaten beruht dieser Strömung zufolge weniger auf Merkmalen des politischen Systems, sondern vor allem auf dem Einfluss innenpolitischer Akteure. In den modernen Internationalen Beziehungen vertreten vor allem Andrew Moravcsik, Robert D. Putnam oder Helen V. Milner diese Strömung. In Deutschland sind es insbesondere Helga Haftendorn, Hanns W. Maull und Wolfgang Muno.

Einfluss innenpolitischer Akteure

Liberale Forscher beziehen eine breite Spanne von Akteurstypen in ihre Analysen mit ein. Dazu gehören sowohl staatliche als auch gesellschaftliche Akteure. Die staatlichen Akteure können weiter unterteilt werden in z.B. Exekutive und Legislative, Ministerien, Verwaltungseinrichtungen oder Behörden mit regionaler oder kommunaler Zuständigkeit. Die politischen Parteien und die Medien werden häufig als Akteurstyp begriffen, der zwischen Staat und Gesellschaft steht und beide Bereiche verbindet.

Akteurstypen

Gesellschaftliche Akteure sind in erster Linie Interessengruppen und Lobbyisten, die sich nach Organisationsgrad und Strategiefähigkeit unterscheiden. Der Organisationsgrad gibt an, zu welchem Anteil eine gesellschaftliche Gruppe, z.B. Arbeitnehmer oder Arbeitgeber, in einer Interessengruppe organisiert ist. Strategiefähigkeit beschreibt die Durchsetzungsfähigkeit einer Interessengruppe im politischen Willensbildungsprozess (Streeck 1992; Thelen 2012). Zu den gesellschaftlichen Akteuren gehören zudem weitere Verbände und Vereine, die am Willensbildungsprozess teilnehmen, sowie soziale Bewegungen und schließlich die öffentliche Meinung.

Organisationsgrad und Strategiefähigkeit

Andrew Moravcsik vertrat die These, dass Regierungen in ihrer Außenpolitik jeweils diejenige Position verträten, die sich im innenpolitischen Willensbildungs- und Entscheidungsprozess durchsetzen konnte (Moravcsik 1993; 1997). In seinen empirischen Arbeiten zeigte er, wie die jeweils durchsetzungsfähigsten Interessen die Regierungen der größeren europäischen Staaten dazu brachten, die Europäischen Gemeinschaften zu gründen und die europäische Integration bis hin zur Bildung der Europäischen Union durch Vertragsreformen zu vertiefen (Moravcsik 1991; 1998; Moravcsik/Nicolaidis 1999). Er sah allerdings keine Möglichkeit, diese Durchsetzungsfähigkeit allgemein zu bestimmen. Sie müsse vielmehr für jede außenpolitische Einzelfrage empirisch festgestellt werden.

Willensbildung

Um allgemeine theoretische Aussagen jenseits des Einzelfalls zu ermöglichen, ordnete Robert Putnam (1988) die Positionen von Staaten auf einem gemeinsamen räumlichen Spektrum an. Er wollte zwei Fragen beantworten:

Spektrum von Positionen

1. Kommt zwischen Staaten Kooperation zustande oder nicht?
2. Wenn eine Kooperation zustande kommt, welcher Staat setzt sich mit seinem Standpunkt eher durch?

Distanz als Kooperationshindernis | **Abb. 2.2**

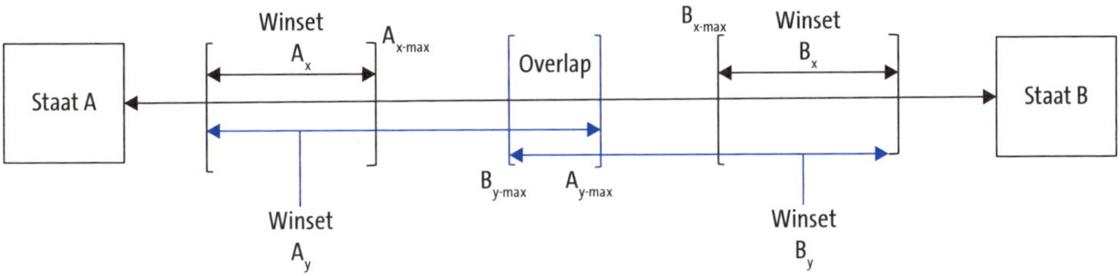

Quelle: Putnam (1988).

In Abbildung 2.2 verhandeln die Staaten A und B miteinander, um eine Kooperationsvereinbarung abzuschließen. Die Distanz zwischen den beiden Idealpositionen von A und B ist das räumliche Spektrum, von dem bereits die Rede war. Regierungen legen fest, wie weit sie bereit sind, der jeweils anderen Seiten entgegenzukommen, d.h. von ihren eigenen Idealvorstellungen abzurücken. Die Spanne der möglichen Konzessionen eines Staates auf diesem Spektrum wird *Winset* genannt. Die maximal möglichen Konzessionen sind durch die eckigen Klammern und die Bezeichnung A_{max} bzw. B_{max} gekennzeichnet. Dabei sind zwei denkbare Möglichkeiten zu unterscheiden: Situation X (schwarze Klammern und Doppelpfeile) und Situation Y (blaue Klammern und Doppelpfeile). In der Situation X sind Staat A und Staat B nur in geringem Umfang konzessionsbereit. Daher verfügen sie nur über ein kleines *Winset* A_x bzw. *Winset* B_x. Beide *Winsets* überschneiden sich nicht. Dies bedeutet, dass zwischen A und B keine Übereinkunft, d.h. keine Kooperation möglich ist, weil ihre Positionen zu weit auseinanderliegen. Diese große Distanz ist das entscheidende Kooperationshindernis. Putnams erste Frage kann in der Situation X mit »nein« beantwortet werden.

Winset und Overlap

Kooperationshindernis Distanz

Definitionen

Winset* und *Overlap

- Unter ***Winset*** versteht man die Spanne der Konzessionen, die ein Staat gegenüber anderen Staaten machen kann. Sie wird begrenzt durch die Notwendigkeit, internationale Übereinkünfte innenpolitisch ratifizieren zu müssen.
- Ein ***Overlap*** ist der Bereich, in dem sich die *Winsets* von Staaten überschneiden. Dieser Bereich bildet die Gesamtmenge gemeinsamer Positionen.

In der Situation Y sind Staat A und Staat B dagegen sehr konzessionsbereit. Sie verfügen über große *Winsets*, die bis zu den Klammern $A_{y\text{-max}}$ und $B_{y\text{-max}}$ reichen. Dabei wird deutlich, dass sich die beiden *Winsets* A_y und B_y in der Zone des *Overlap* überschneiden. In ihr ist eine Übereinkunft – eine Kooperation zwischen A und B – möglich. In der Situation Y lautet die Antwort auf Putnams erste Frage deshalb »ja«. Allgemein kann festgehalten werden: Große *Winsets* erhöhen die Wahrscheinlichkeit von internationaler Kooperation, kleine *Winsets* verringern die Kooperationswahrscheinlichkeit.

Warum sind in internationalen Beziehungen teils Situation X teils Situation Y zu beobachten? Die Antwort des Liberalismus: Die Konzessionsbereitschaft von Regierungen hängt von der Innenpolitik ab. Regierungen sind darauf angewiesen, dass ihre Übereinkünfte mit anderen Staaten »zu Hause« auf Zustimmung stoßen. In Demokratien ist diese Zustimmung oftmals sogar in einem formalen Sinn erforderlich, denn die Legislativen müssen die internationalen Übereinkünfte (Verträge) der Regierungen (Exekutiven) »ratifizieren«, d. h. mit Mehrheit bestätigen. Aber auch in Diktaturen gibt es meistens politische Gremien, die ihre Zustimmung zu internationalen Übereinkünften erteilen müssen. Wenn eine Regierung in den internationalen Verhandlungen zu weitgehende Konzessionen gemacht hat, wird das Verhandlungsergebnis zu Hause nicht ratifiziert. Die Übereinkunft kann nicht in Kraft treten. Aus diesem Grund müssen Regierungen entweder antizipieren oder durch Befragen der Akteure, die der Ratifikation zustimmen müssen, ermitteln, wie konzessionsbereit sie in Verhandlungen sein können. Mit anderen Worten: Die Größe eines *Winsets* wird von denjenigen innenpolitischen Akteuren festgesetzt, deren Zustimmung zur Ratifikation einer internationalen Übereinkunft notwendig ist.

Ratifikation

Damit kann auch die zweite Frage von Putnam beantwortet werden: Kommt es zwischen Staaten zu Überschneidungen der *Winsets*, so wird sich derjenige Staat überwiegend mit seiner Position durchsetzen, der das kleinere *Winset* hat. Staaten mit großen *Winsets* müssen dagegen weiter gehende Konzessionen machen als Staaten mit kleinen *Winsets*. In diesem Fall sind die *Winsets* unterschiedlich breit. Wenn sie jedoch gleich breit sind, so setzt sich keine Seite stärker durch als die andere.

Stärke kleiner Winsets

Um die Größe der *Winsets* genau bestimmen zu können, benutzen liberale Denker die Theorie der minimal notwendigen Mehrheitskoalition von William Riker (Riker 1962). Sie besagt, dass Akteure Koalitionen bilden, die aus der Anzahl von Akteuren besteht, die minimal notwendig ist, um eine Mehrheit zu bilden.[14] Diese Theorie wird auf die Darstellung in Abbildung 2.2 übertragen, indem man die Akteure gemäß ihrer Konzessionsbereitschaft auf dem räumlichen Spektrum anordnet. Der konzessionsbereiteste Akteur des Staates A wird am nahesten zu Staat B platziert, der zweit-konzessionsbereiteste links daneben usw. Hat man alle Akteure

Minimale Mehrheitskoalition

gemäß ihrer Konzessionsbereitschaft auf diesem Spektrum eingetragen, so kann man denjenigen Akteur ermitteln, dessen Zustimmung gerade noch erforderlich ist, damit eine notwendige Mehrheit für die vereinbarte Übereinkunft zustande kommt. Dieser Akteur verfügt über die zur minimalen Mehrheitsbildung letzte notwendige Stimme und ist daher der Dreh- und Angelpunkt (englisch: *pivot*). Seine Position auf dem Spektrum entspricht genau der Position A_{max} des *Winsets* von Staat A. Links von A_{max} kommen zwar weitere Mehrheiten zustande, die jedoch nicht mehr nur minimal, sondern größer als unbedingt erforderlich sind. Dasselbe Verfahren zur *Winset*-Bestimmung kann man für Staat B benutzen.

Dreh- und Angelpunkt

Aufgrund dieser Überlegungen kann man die Antwort auf Putnams zweite Frage weiter präzisieren: Wenn zwischen den *Winsets* ein *Overlap* besteht, so wird sich derjenige Akteur mit seiner Position durchsetzen, der den Dreh- und Angelpunkt bildet, weil seine Stimme den Ausschlag dafür gibt, dass eine Mehrheit zustande kommt (Milner 1997).

Können sich also Regierungen (Exekutiven) mit ihren eigenen Positionen gar nicht durchsetzen, sondern sind vollkommen abhängig vom Akteur des Dreh- und Angelpunktes? Die Antwort ist »nein«. Regierungen führen die Verhandlungen mit anderen Staaten und entscheiden, ob sie eine Übereinkunft abschließen wollen oder nicht. Dies bedeutet: Auch die Exekutive muss der Größe und der Platzierung des *Winsets* auf dem Spektrum von Abbildung 2.2 zustimmen und kann deshalb zum Dreh- und Angelpunkt werden, denn auch ihre Zustimmung ist erforderlich, damit die Ratifizierung erfolgt. Ist die Konzessionsbereitschaft der minimalen Mehrheitskoalition der Legislative größer als die der Exekutive, so bildet die Position der Exekutive den Dreh- und Angelpunkt. In diesem Fall setzt sich die Position der Exekutive durch, wenn eine Kooperation zustande kommt. Die konzessionsbereitere Legislative kann keinen Einfluss auf die zwischenstaatliche Übereinkunft mehr ausüben. Dies bedeutet, dass die minimale Mehrheitskoalition der Legislative nur dann Einfluss auf die Übereinkunft zwischen Staaten ausübt, wenn sie weniger kooperationsbereit ist als die Exekutive (Meunier 2000; Milner 1997).

Einfluss der Exekutiven

Helen V. Milner und Peter Rosendorff (Milner 1997) haben diese Modellbildung des Liberalismus weiter verfeinert. Sie weisen noch auf die Bedeutung von Interessengruppen hin sowie auf das, was passiert, wenn nicht alle beteiligten Akteure über das gleiche Maß an Informationen verfügen. Diese sehr wichtigen Überlegungen können hier jedoch nicht weiter ausgeführt werden.

Zusammenfassung

Liberalismus

Staaten sind keine einheitlichen Akteure. Ihre Außenpolitik hängt maßgeblich davon ab, welche Bedürfnisse von Individuen und Gruppen in der Gesellschaft vertreten werden. Diese Bedürfnisse werden durch einen Willensbildungsprozess zu staatlichen Präferenzen verarbeitet. Die Regierung vertritt diese Präferenzen nach außen. Ob es zwischen Staaten zu Kooperation oder Konflikt kommt, hängt deshalb davon ab, wie groß die Distanz zwischen den staatlichen Präferenzen ist und ob diese sich überschneiden oder nicht. Große *Winsets* erhöhen die Wahrscheinlichkeit internationaler Kooperation, kleine *Winsets* verringern diese Wahrscheinlichkeit.

Wenn eine Kooperation zustande kommt, setzen sich Staaten mit kleinen *Winsets* gegen Staaten mit großen *Winsets* durch. Größe und Lage der *Winsets* auf einem Spektrum hängen von demjenigen Akteur ab, dessen Zustimmung zu einer notwendigen Mehrheit gerade noch notwendig ist. Dieser Akteur bildet den Dreh- und Angelpunkt auf dem Spektrum. Seine Position bestimmt maßgeblich den Inhalt einer zwischenstaatlichen Übereinkunft.

2.4 | Konstruktivismus

»Der Konstruktivismus befasst sich mit dem menschlichen Bewusstsein und seiner Rolle im internationalen Leben« schreibt John G. Ruggie (1998: 856, Übersetzung ChT). Es seien deshalb nicht die materiellen Faktoren, die über Konflikt oder Kooperation entscheiden, sondern immaterielle, insbesondere die Vorstellungswelten von Menschen und sozialen Gruppen.

Ideengeschichtlich wurzelt der Konstruktivismus in den Schriften zweier Spanier, des Theologen Francisco de Vitoria (ca. 1483–1546) und des Juristen Fernando Vasques (1512–1569), sowie in denen des niederländischen Philosophen Hugo Grotius (1583–1645). Letzterer hat die Sozialidee in die Internationale Beziehungen eingeführt, die den verbindenden Kern zwischen den verschiedenen Varianten des Konstruktivismus bildet. Über dem Staat erkannte Grotius eine »übernationale Verbundenheit der Menschen [...] als die umfassendste Gemeinschaft, für die gewisse grundlegende, Völker wie Fürsten bindende Sätze des Naturrechtes Gültigkeit besitzen [...]«. In dieser Gemeinschaft gelte ein »auf Vereinbarungen, Herkommen und überlieferte Staatenpraxis gestütztes, auf dem ›consensus gentium‹ beruhendes Recht« (Meyers 1979: 140–141).

Sozialidee

Moderne Konstruktivisten wie Nicholas Onuf, Alexander Wendt, Emanuel Adler, Peter J. Katzenstein oder John G. Ruggie griffen diese Grundgedanken auf und entwickelten ihn weiter. Sie zogen dabei Verbindungen vor allem zur Soziologie. In Deutschland wird der Konstruktivismus vor allem von Friedrich Kratochwil, Thomas Risse oder Christopher Daase vertreten. Der Konstruktivismus hat aber auch eine große Zahl junger Politikwissenschaftler angezogen, die Theorie und empirische Forschung systematisch vorantreiben.

Die Theorie des Konstruktivismus und ihre Auseinandersetzung mit anderen Theorien setzt auf einer höheren Abstraktionsebene an, als die bisher betrachteten IB-Theorien (vgl. Abb. 2.3). Der Konstruktivismus argumentiert zunächst auf der Ebene einer Sozialtheorie und korrespondiert deshalb mit dem Rationalismus. Sozialtheorien machen Aussagen über das Wesen des sozialen Lebens und den sozialen Wandel. Sie machen aber *keine* Aussagen über die Bedeutung sozialer Strukturen, das Wesen von Akteuren oder Politikergebnisse wie Konflikt und Kooperation. Der Rationalismus behauptet, das Wesen sozialen Lebens bestehe aus dem materialistischen Gewinnstreben. Der Konstruktivismus hält dagegen, immaterielle Vorstellungen von »richtig« und »falsch« oder »gut« und »böse« prägten die soziale Welt.

Sozialtheorie

Konkrete Aussagen zum Verhalten von Akteuren in internationalen Beziehungen sowie deren Ursache und Wirkung erfordern die Formulierung von konstruktivistischen IB-Theorien, die – wie Realismus, Institutionalismus, Liberalismus – eine Abstraktionsstufe tiefer angesiedelt sind. Hier

Abstraktionsebenen von Theoriedebatten **Abb. 2.3**

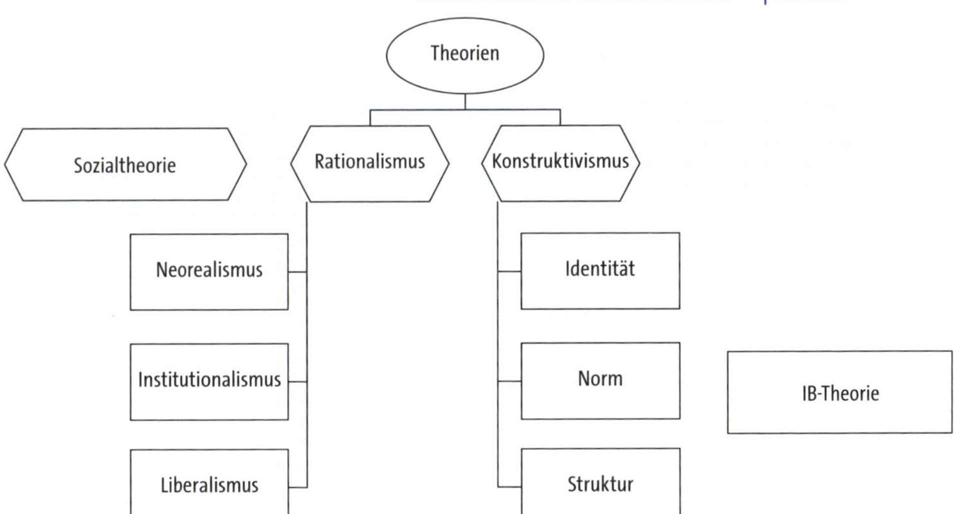

Quelle: eigene Darstellung.

Varianten

Akteur und Struktur

gibt es viele verschiedene Varianten konstruktivistischer Theorie, die an dieser Stelle nicht im Einzelnen, sondern nur beispielhaft behandelt werden können. In seiner detaillierten Auseinandersetzung mit dem Realismus nach Kenneth Waltz argumentierte Alexander Wendt (Wendt 1999; 1992), dass Anarchie kein gleichermaßen naturgegebenes Merkmal der Struktur Internationaler Beziehungen sei. Vielmehr sei dieses Merkmal zustande gekommen, weil Staaten als Akteure es durch ihr Verhalten sozial »konstruiert« hätten. Insofern sei es Teil der Vorstellungswelt von Akteuren und könnte von denen auch wieder geändert werden. Denn Strukturen und Akteure beeinflussten sich gegenseitig: Akteure schafften Strukturen, die wiederum auf das Verhalten von Akteuren zurückwirkten und ihnen Akteursqualität verliehen (Wendt 1999; 1987).

Identität

Eine weitere wichtige Frage konstruktivistischer Theoriebildung ist, wie Akteure wissen können, was »richtig« oder »falsch«, was »gut« oder »böse« ist. Die Antwort liegt in der Identität der Akteure. Wendt (1999) unterschied zwischen Typ-Identität und Rollen-Identität. Typ-Identität beziehe sich auf typische Merkmale von Staaten als Akteure. Dazu gehöre z.B., ob es sich um Demokratien oder Diktaturen, parlamentarische oder präsidentiale Systeme, theokratische oder säkularisierte Systeme handle. Die Vorstellung von richtigem und falschem Verhalten werde sich maßgeblich an diesen Akteursmerkmalen ausrichten. Rollen-Identitäten seien dagegen das Ergebnis von Beziehungen zu einem anderen Akteur. So empfänden Staaten andere Staaten als Freund, Wettbewerber, Rivale oder sogar als Feind. Dies ermögliche es, dass die USA z.B. fünf Kernsprengköpfe Nordkoreas als äußerst bedrohlich einstuften, die bis zu 200 Nuklearwaffen Israels jedoch für ungefährlich hielten (Finnemore/Sikkink 2001; Wendt 1999).

Sozial konstruierte Interaktion

Angemessenheit

Von den rationalistischen Theorieschulen des Realismus, Institutionalismus und Liberalismus unterscheidet sich der Konstruktivismus also wesentlich durch die Auffassung, dass Interessen von Akteuren *nicht* vereinfachend als vorwiegend ökonomische Kosten-Nutzen-Kalküle aufgefasst werden können. Vielmehr werden Interessen durch die soziale Interaktion zwischen Akteuren erst »konstruiert«. Damit verfügen Akteure über ein weitaus reichhaltigeres Repertoire möglicher Handlungen und Verhaltensformen, weil sie sich nicht nur an Kosten-Nutzen-Kalkülen ausrichten müssen. Wie sie sich entscheiden und verhalten, hängt nicht nur von der Überlegung ab, welche materiellen Folgen ihr Verhalten hat (Logik der Konsequenz), sondern auch davon, ob und in welchem Maß andere Mitglieder der Gemeinschaft dieses Verhalten positiv beurteilen (Logik der Angemessenheit) (March/Olsen 1998).. Verhalten beruht nicht nur auf der Erwartung, Gewinne zu erzielen, sondern auch darauf, was als »richtig« oder »angemessen« betrachtet wird. Während eine Gewinnerwartung individuell und ohne Bezug zum sozialen Umfeld ermittelt werden kann, beruht die Beurteilung von richtigem oder falschem Verhalten auch auf dem Urteil anderer Akteure. Daher gewinnt das soziale Umfeld von Akteuren maßgeblich Einfluss darauf, was als Interesse angenommen wird.

Umfeld und Interesse

Definitionen

Die Logiken der Konsequenz und Angemessenheit
Akteure können in ihrem Verhalten entweder der Logik der Konsequenz oder der Logik der Angemessenheit folgen. Die rationalistische Logik der Konsequenz bedeutet, dass Akteure ihr Verhalten an der materialistischen Kosten-Nutzen-Erwartung ausrichten. Die konstruktivistische Logik der Konsequenz bedeutet, dass Akteure ihr Verhalten an sozialen Normen über »richtig» und »falsch« orientieren. Diese Normen gelten in sozialen Gemeinschaften als verbindlich. Es sind solche sozialen Normen, mit denen die Akteure sich identifizieren.

Hinzu kommt, dass auf diese Weise sozial konstruierte Interessen nicht wie wirtschaftliche Gewinnerwartungen ewige Gültigkeit beanspruchen können. Vielmehr erlaubt der stetige Prozess sozialer Interaktion, dass sich Vorstellungen von »richtig« oder »falsch« im Laufe der Zeit ändern oder sich sogar ins Gegenteil verkehren.[15]

Dynamik von Wertewandel

Allerdings werden die Vorstellungen davon, was richtig oder angemessen ist, nicht von allen Menschen geteilt. Es gibt kaum universell gültige Werte. Akteure bilden vielmehr Gemeinschaften, die u. a. auf gemeinsamen Werten beruhen, mit denen sich Gemeinschaften jedoch auch gegen andere Gemeinschaften abgrenzen. Zwischen dem »Wir« und den »Anderen« entsteht durch Gemeinschaftsbildung eine unsichtbare Grenze. Sie beruht maßgeblich darauf, dass Mitglieder einer Gemeinschaft nicht nur gemeinsame Werte – Vorstellungen von »gut «und »böse« von »richtig« und »falsch« – teilen, sondern auch darauf, dass sie diese Vorstellungen durch gelebte Praxis immer wieder neu als gemeinschaftsbildend erneuern. Teil dieser gelebten Praxis ist dabei auch die Abgrenzung zu anderen Gemeinschaften, indem man weder deren Werte noch deren gemeinschaftsbildende Praktiken akzeptiert oder gar selbst praktiziert.

Identität und Abgrenzung

Diese Selbstidentifikation von Akteuren mit Gemeinschaften fördert das Denken und Handeln nach Vorstellungen von »Freund« und »Feind«. Samuel Huntington zog daraus den Schluss, dass die modernen internationalen Beziehungen in einer Konfrontation von Zivilisationen (d. h. Wertegemeinschaften) mündeten (Huntington 1996) (→ Kap. 11). Peter Katzenstein hielt dagegen, dass eine solche Konfrontation sich verhindern ließe, wenn man

Zivilisationskampf oder ...

... globale Ökumene

die alle Gemeinschaften verbindenden Elemente – Menschenrechte und Wohlfahrt – beachte und diese Gemeinschaften in eine globale Ökumene einbette (Katzenstein 2010b). Unter Ökumene versteht Katzenstein ein universales System von Wissen und Praktiken, das zivilisatorische Einheit fördert, statt wie das bestehende kompetitive Staatensystem nur die Abgrenzungen zwischen Zivilisationen zu reproduzieren (Katzenstein 2010b: 12). In dieser Ökumene müssten die verschiedenen Gemeinschaften sich begegnen (*encounter*) und miteinander Verbindungen eingehen (*engagement*).

Völkerrecht

Es ist also durchaus denkbar, dass Staaten als Akteure ihr Verhalten in internationalen Beziehungen an gemeinsamen Normen und Regeln[16] ausrichten. Die Vorstellungen von »richtig« und »falsch«, »gut« und »böse« beruhen zu einem guten Teil auf solchen gemeinschaftlichen Normen. Im Bereich der internationalen Beziehungen ist das Völkerrecht das augenfälligste Beispiel. Darunter fallen nicht nur alle schriftlich niedergelegten Übereinkünfte, sondern auch die weitverbreiteten und praktizierten Gewohnheiten im Leben internationaler Beziehungen. Die spannende Frage ist deshalb, wie solche Normen entstehen, wenn es in internationalen Beziehungen keine Autorität gibt, die verbindlich Gesetze verabschieden kann.

Normentstehung

Überredungskunst

In Abbildung 2.4 ist vereinfacht dargestellt, wie internationale Normen entstehen (Finnemore/Sikkink 1998). Dieser Prozess kann in drei Phasen eingeteilt werden: In der ersten Phase muss sich ein sogenannter Normunternehmer aufschwingen, die Bildung einer neuen Norm anzustoßen. Zu diesem Zweck wird er auf ein Problem hinweisen und dessen Dringlichkeit unterstreichen. Sein herausragendes Ziel ist, eine öffentliche Resonanz zu erzeugen und möglichst viel zustimmende Unterstützung für seinen Normvorschlag zu sammeln. Dabei wird er häufig auf Widerstand treffen. Dieser Widerstand wird meist auf bestehende Normen gründen. Der Normunternehmer muss deshalb aufzeigen, dass die alten Normen falsch oder illegitim sind und/oder Probleme schaffen. Mit viel Überredungskunst und Überzeugungskraft muss er die Überlegenheit seiner neuen Norm nachweisen, so dass er breite Unterstützung erhält. Dabei kann er auch Strategien wählen, die von gezieltem »unangemessenem« Handeln bis zum organisierten zivilen Widerstand reichen.

Abb. 2.4

Lebenszyklus von Normen

Quelle: Finnemore/Sikkink (1998, Übersetzung ChT).

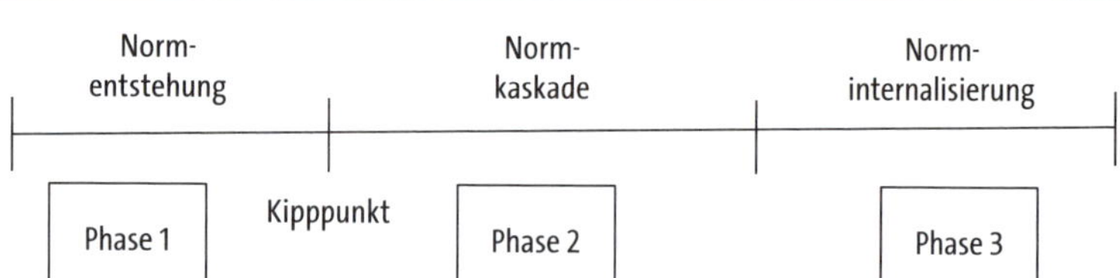

Die Bemühungen des Normunternehmers in Phase eins erfordern einen langen Atem, denn diese Phase kann sehr lange dauern. Der sogenannte Kipppunkt ist erreicht, wenn ungefähr ein Drittel der relevanten Akteure – Staaten in internationalen Beziehungen – der neuen Norm des Normunternehmers zustimmen. Es folgt die Phase zwei, die Normkaskade. In dieser sehr viel kürzeren Phase akzeptieren immer mehr Staaten die neue Norm, ohne dass sie dazu unter innenpolitischen Druck gesetzt werden müssen. Staaten wollen andere nachahmen oder werden von deren Verhaltensweisen nach der neuen Norm »angesteckt«. Sie werden gemäß der neuen Norm in der Staatengemeinschaft neu sozialisiert: Um nach wie vor zur Gemeinschaft zu gehören und um ihre Legitimität als Mitglied zu bewahren, werden sie sich der neuen Norm anschließen und unterwerfen. Normunterstützer machen sich dabei auch den sogenannten Bumerang-Effekt (→ Kap. 9.2) zunutze: Sie benutzen grenzüberschreitende gesellschaftliche Netzwerke, indem sie an eine ähnlich gesinnte Gruppe in einem anderen Land appellieren, Druck auf deren Regierung auszuüben, damit diese Einfluss auf die eigene Regierung ausübt, sich der neuen Norm anzuschließen (Keck/Sikkink 1998).

Kipppunkt

Normkaskade

Die dritte Phase ist die sogenannte Norminternalisierung. Dies bedeutet, dass die neue Norm zu einer gewohnheitsmäßigen Selbstverständlichkeit wird. Akteure richten sich nach ihr, ohne über die Gründe oder Alternativen nachzudenken. Damit ist die Norm tief in das Unterbewusstsein eingedrungen. Sie gibt an, was das »richtige« Verhalten ist. Zusammen mit einer internationalen Forschungsgruppe hat Thomas Risse (Risse/Ropp/Sikkink 1999; 2013) dieses einfache Modell zum sogenannten »Spiralmodell« weiter verfeinert (→ Kap. 9.2).

Norminternalisierung

Zusammenfassung

Konstruktivismus

Der Konstruktivismus konzentriert sich auf die Frage, wie menschliches Bewusstsein und soziale Vorstellungswelten politisches Handeln beeinflussen. Wie wirken sich Vorstellungen von »richtig« oder »falsch«, »gut« oder »böse« auf Handeln aus? In Abgrenzung vom Rationalismus werden immaterielle Ursachen in die Analyse Internationaler Beziehungen eingeführt. Was Menschen als »richtig« oder »falsch« betrachten, folgt aus ihrer sozialen Identität. Diese Identität ist geprägt von der Identifikation des Einzelnen mit sozialen Gruppen, die eine Gemeinschaft mit einem »Wir«-Gefühl bilden und sich damit gleichzeitig von anderen Gruppen abgrenzen. Gemeinschaften beruhen vor allem auf praktizierten Normen, die sich im Zuge eines zyklischen Normbildungsprozesses herausgeschält haben.

Lernkontrollfragen

1. Warum benutzen Forscher Theorien Internationaler Beziehungen? Wozu dienen diese Theorien; warum sind sie zweckmäßig?
2. Was ist der wichtigste Unterschied zwischen internationalen Beziehungen einerseits und Innenpolitik andererseits?
3. Worin liegen die Schwierigkeiten bei der Messung des Machtpotentials von Staaten?
4. Aus welchen Gründen halten Institutionalisten das Zustandekommen von Kooperation in internationalen Beziehungen für wahrscheinlicher als Neorealisten?
5. Warum führt die Senkung von Transaktionskosten in internationalen Beziehungen zu Kooperation?
6. Welche Eigenschaften von *Winsets* beeinflussen die Kooperationswahrscheinlichkeit in internationalen Beziehungen?
7. Woher wissen Akteure, was »richtig« oder» falsch ist, wer »Freund« oder Feind« ist?
8. Worin unterscheiden sich die Logik der Angemessenheit und die Logik der Konsequenz?

Weiterführende Literatur

Krell, Gert (2009), *Weltbilder und Weltordnung. Einführung in die Theorie internationaler Beziehungen*, 4. Aufl., Baden-Baden: Nomos Verlagsgesellschaft.

Meyers, Reinhard (1979), *Weltpolitik in Grundbegriffen. Ein lehr- und ideengeschichtlicher Grundriß*, Düsseldorf: Droste Verlag.

Reus-Smit, Christian/Snidal, Duncan, Hrsg., (2010), *The Oxford Handbook of International Relations*, Oxford, UK: Oxford University Press.

Schieder, Siegfried/Spindler, Manuela, Hrsg., (2006), *Theorien der Internationalen Beziehungen*, 2. Aufl., Opladen/Farmington Hills: Verlag Barbara Budrich.

Krieg und Frieden – Verteilungskonkurrenz und -konflikt

3

Inhalt

Kriege sind wichtige Phänomene Internationaler Beziehungen. In diesem Kapitel werden die Formen von Krieg sowie ihre Hauptursachen erläutert. Dabei wird zwischen zwischenstaatlichen Kriegen und anderen bewaffneten Konflikten unterschieden. Zu Letzteren gehören insbesondere Bürgerkriege und Terrorismus. Schließlich wird erläutert, wie Kriege verhindert oder beendet werden können.

In den frühen Morgenstunden des 4. September 2009 erteilte der kommandierende Offizier des deutschen Feldlagers in Kunduz, Afghanistan, Oberst Georg Klein, zwei amerikanischen Jagdbomberpiloten den Befehl, zwei Bomben auf zwei Tanklastzüge abzuwerfen, die in einer Furt in einem Fluss stecken geblieben waren. Oberst Klein sah in den beiden Tanklastzügen, die von Rebellen entführt worden waren, eine Bedrohung des in nur kurzer Entfernung liegenden deutschen Feldlagers und seiner Soldaten. Ihm war nicht bekannt, dass es sich bei den Menschen, die um die Lastwagen herumstanden, um unbeteiligte Zivilisten handelte, die Benzin abließen. Daher trafen die beiden Bomben nicht nur die Entführer und Rebellen, von denen die Bedrohung ausging, sondern auch eine hohe Anzahl unschuldige Zivilisten (Demmer et al. 2010)

In Deutschland löste dieser Angriff großes Entsetzen aus. Wie in einem Brennglas führte diese Episode den Deutschen vor Augen, dass sich ihr Land in einem schrecklichen Krieg befand, in dem auf einen deutschen Befehl hin unschuldige Zivilisten zu Tode kamen. Krieg und Frieden standen wieder auf der Tagesordnung politischer Debatten. Die Frage war nicht nur, warum auch im 21. Jahrhundert noch Kriege z. T. weit ab der Heimat geführt wurden, sondern auch, warum heutzutage vor allem Zivilisten zu den Opfern zählen.

3.1 | Friedliche Streitbeilegung oder Krieg?

Zweck von Kriegen

Einen Krieg zu führen ist von wenigen Ausnahmen abgesehen[17] (→ Kap. 3.4) kein Selbstzweck. Es werden vielmehr übergeordnete Zielen verfolgt. Krieg ist mit vielen Opfern, Entbehrungen und Kosten verbunden. Die übergeordneten Ziele müssen deshalb so wertvoll sein, dass die Beteiligten bereit sind, Opfer zu bringen und Kosten zu tragen. Sie müssen zu dem Schluss gekommen sein, dass Verhandlungen – die Alternative zum Krieg – nicht zum gewünschten Ziel führt.

Definition

Krieg oder bewaffnete Konflikte
Unter Krieg oder bewaffnetem Konflikt versteht man die Anwendung organisierter Gewalt zwischen zwei oder mehr Akteuren. Das Ausmaß der Gewaltanwendung muss eine bestimmte Minimalschwelle überschreiten. Dabei gehen Forscher von sehr verschiedenen Schwellen aus. Skandinavische Politikwissenschaftler legen den Schwellenwert bei 25 Toten pro Jahr, amerikanische bei 1000 Toten pro Jahr fest. Akteure sind entweder Staaten oder organisierte bewaffnete Gruppen unter einem Kommando. Diese Gruppen können gegen eine Regierung, andere Gruppen oder grenzüberschreitend kämpfen (Rudolf 2010).[18]

Es müssen allerdings noch zwei weitere Bedingungen erfüllt sein: Erstens muss der Nutzen des Krieges größer sein als die zu erbringenden Opfer und die Kosten, die er verursacht; und zweitens müssen Opfer und Kosten geringer sein als der Nutzen aus der Differenz zwischen Kriegserfolg und Verhandlungserfolg (dazu etwas weiter unten mehr). Nur wenn alle beteiligten Parteien diese beiden Bedingungen erfüllt sehen, werden sie sich dafür entscheiden, einen Konflikt durch Krieg und nicht durch Verhandlung lösen zu wollen (Frieden/Lake/Schultz 2012: 84–86).

Politikwissenschaftler bedienen sich sogenannter räumlicher Modelle (Laver 2014), um herauszufinden, wann sich Krieg für die Akteure »lohnt«,

Krieg vs. Verhandlung | **Abb. 3.1**

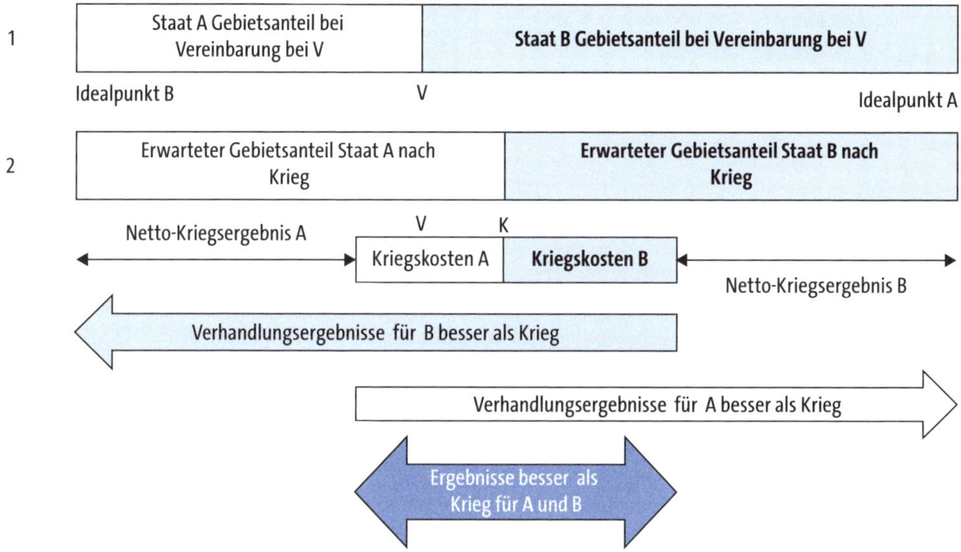

Quelle: eigene Darstellung nach Frieden/Lake/Schultz (2012: 90).

weil Verhandlungen zu einem nachteiligeren Ergebnis führen würden (Frieden/Lake/Schultz 2012: 88–92; Levy 2013: 585–587). Diese vermitteln daher eine Vorstellung davon, unter welchen Bedingungen Akteure Kriege führen oder nicht. Abbildung 3.1 ist ein solches räumliches Modell. In ihm stehen sich zwei Staaten A und B in einem Konflikt über Territorium gegenüber. Dieses räumliche Spektrum zeigt alle möglichen Verteilungen des umstrittenen Gebietes auf die beiden Staaten. In dem mit der Ziffer 1 bezeichneten Szenarium steht ganz links Idealpunkt B und ganz rechts Idealpunkt A. Diese beiden Punkte zeigen an, dass beide Staaten idealerweise das umstrittene Gebiet jeweils selbst erhalten. Es ist jedoch sehr unwahrscheinlich, dass sich in Verhandlungen nur eine der beiden Seiten mit seiner Idealvorstellung durchsetzen kann und das gesamte Gebiet bekommt. Wahrscheinlicher ist ein Kompromiss z.B. an der Trennlinie V (Verhandlungsergebnis). Danach erhält A den weißen Gebietsanteil und B den blauen Anteil.

Räumliche Modelle

Das mit der Ziffer 2 gekennzeichnete Szenarium zeigt, welchen Gebietsanteil A erwarten kann, wenn der Konflikt durch Krieg ausgetragen wird (Trennlinie K). Der Vergleich mit Szenarium 1 verdeutlicht, dass im Falle eines Krieges A einen größeren und B einen kleineren Anteil am umstrittenen Gebiet erwarten kann als im Falle von Verhandlungen. Für diesen grö-

Kosten-Nutzen-Kalkulation

ßeren Gebietsgewinn gegenüber dem Verhandlungsergebnis (V) muss A jedoch erhebliche Kriegskosten und Risiken übernehmen. Und auch auf Staat B kommen diese zu. Wenn man die Kosten vom Gebietsgewinn für A abzieht, ergibt sich ein Netto-Kriegsergebnis (schwarzer Doppelpfeil) für A, das schlechter ist als das Verhandlungsergebnis (V) aus Szenarium 1. Das Netto-Kriegsergebnis von B ist noch weitaus schlechter als das Verhandlungsergebnis.

Aus dieser Kalkulation ergibt sich, dass Krieg sich weder für A noch für B »lohnt« und dass Verhandlungsergebnisse für beide günstiger sind als Krieg. Der hellblaue Pfeil zeigt an, in welchem Raum Verhandlungen für B lohnender sind als Krieg. Darin sind alle Verhandlungslösungen für B eingeschlossen, die besser sind als das Netto-Kriegsergebnis. Der weiße Pfeil zeigt an, in welchem Raum Verhandlungen für A lohnender sind als Krieg. Darin sind alle Verhandlungslösungen für A eingeschlossen, die besser sind als das Netto-Kriegsergebnis. Der dunkelblaue Doppelpfeil umfasst den Raum, indem für beide – Staat A und B – Verhandlungskompromisse besser sind als Krieg. Zum Krieg käme es nur dann, wenn das Verhandlungsergebnis V links oder rechts des dunkelblauen Doppelpfeils läge. Nur unter dieser Bedingung führt Krieg für zumindest einen Staat zu einem besseren Ergebnis als eine Verhandlungslösung.

3.1.1 Verteilungskonflikte als Kriegsursache

Gesamt- vs. Partikularinteresse

Von diesen Überlegungen ausgehend kommt zumindest die Schule des Institutionalismus (→ Kap. 2.2) zu dem Schluss, dass Krieg immer aus einer Mischung von gemeinsamen Interessen und Einzel- oder sogenannten Partikularinteressen der Akteure hervorgeht. Die gemeinsamen Interessen aller Akteure liegen in der Vermeidung von Opfern, Entbehrungen und Kosten. Die Einzel- oder Partikularinteressen bestehen darin, für sich selbst einen möglichst großen Anteil an einem zu verteilenden Gut (im Beispiel das zu verteilende Territorium) zu erhalten. Krieg kommt nur zustande, wenn die Partikularinteressen das gemeinsame Interesse an der Vermeidung von Opfern und Kosten, die ein Krieg zwangsläufig mit sich bringt, übersteigen. Zur Kriegsvermeidung ist es deshalb ratsam, die gemeinsamen Interessen groß und die Partikularinteressen klein zu halten (→ Kap. 3.3).

Verteilungsgüter

Einen möglichst großen Anteil an einem zu verteilenden Gut zu bekommen, ist das übergeordnete Ziel, für das Akteure u. U. Krieg riskieren. Dieses Gut kann sehr verschiedene Formen annehmen, z. B.: Territorium im Sinne von Nutzfläche, rohstoffreiche Gebiete oder solche, die unter militärischen Gesichtspunkten wertvolle geographische Stellungen zur Verteidigung sind (z. B. die sogenannten Golanhöhen an der Grenze zwischen Israel und

Syrien), oder Stätten mit besonderer Bedeutung für bestimmte Gruppen (z.B. Jerusalem, die heiligen Stätten des Islam in Saudi Arabien oder das Kosovo als »Wiege der serbischen Nation«).

Neben solchen territorialen Gütern können auch bestimmte wertbasierte Politiken ein Gut darstellen, für dessen Verteilungsfolgen Krieg geführt wird. Ein Beispiel für solch eine Politik ist die Diskriminierung bestimmter Minderheiten in einem Land (→ Kap. 2.4, Kap. 9). Häufig bekämpfen diese Minderheiten selbst die Diskriminierung oder werden von auswärtigen Staaten oder nichtstaatlichen Akteuren dabei unterstützt. Ebenso kann die Nicht-Einhaltung von international vereinbarten Regeln dazu führen, dass Sanktionen bis hin zur militärischen Gewaltanwendung ausgeführt werden.

Und schließlich kann die Möglichkeit, die internationale Ordnung auch in der Zukunft selbst bestimmen zu wollen, ein wichtiges Gut sein, für das Akteure bereit sind, die Kosten von Krieg zu tragen. In diesem Fall spricht man von sogenannten hegemonialen Kriegen.

Information kompakt

Hegemonialer Krieg

Ein Hegemon ist eine anderen Staaten weit überlegene Macht. Sie legt die Ordnung in internationalen Beziehungen fest, setzt sie ggf. gegen Widerstand durch und trägt die Kosten ihrer Erhaltung. In unregelmäßigen Abständen können jedoch durch Machtgewinn Herausforderer von Hegemonen heranwachsen, die dem internationalen System ihre eigene Ordnung geben wollen. Eine Möglichkeit ist, dass sie versuchen, den bisherigen Hegemon im Krieg zu besiegen und dadurch vom Sockel zu stoßen und selbst Hegemon zu werden. Eine andere Möglichkeit ist, dass der Hegemon seine überlegenen Militärpotentiale nutzt, um einen möglichen Herausforderer zu besiegen, bevor dieser die eigene hegemoniale Stellung ernsthaft bedroht. In beiden Fällen spricht man von hegemonialen Kriegen (Gilpin 1981; Kennedy 1989; Levy 2013: 584).

Gegenwärtig sind die USA nahezu unbestritten der Hegemon im internationalen System. Jedoch verweisen einige Autoren sowohl auf eine große Wahrscheinlichkeit als auch einzelne Anzeichen, dass die Volksrepublik China sich anschickt, die USA herauszufordern und in Zukunft selbst Hegemon zu werden (Mearsheimer 2010; Wolf 2012). Sie erwarten daher einen Hegemonialkrieg zwischen den beiden Kontrahenten zunächst um die regionale Vorherrschaft in Asien und möglicherweise später in der Welt. Andere Autoren bestreiten, dass die Volksrepublik China auf absehbare Zeit das Machtpotential besitzt, die hegemoniale Stellung der USA regional oder sogar global herauszufordern (Brooks 2013; Brooks/Wohlforth 2008; 2011;

Wohlforth 1999; 2008). Ein hegemonialer Krieg sei deshalb unwahrscheinlich. Über diese Frage wird in Fachzeitschriften Internationaler Beziehungen eine sehr intensive Debatte ausgetragen (Bromley 2011; Glaser 2011; Kupchan 2011; Legro 2011; Schweller 2011; Simms 2011; Voeten 2011). Da hegemoniale Konflikte machtpolitischer Natur sind, befassen sich vor allem Vertreter des Neorealismus (→ Kap. 2.1) mit dieser Kriegsform.[19]

Unteilbarkeit von Gütern

Es sind also zunächst Interessen sowie Kosten-Nutzen-Kalküle der Akteure, die Kriege verursachen. Es gibt aber weitere Ursachen, warum Kriege ausbrechen. Dazu gehört das Problem, ob ein zwischen den Akteuren umstrittenes Gut im Zuge einer Verhandlungslösung überhaupt aufgeteilt werden kann. Manche Güter können aus Sicht der Konfliktparteien nicht einfach geteilt werden, wie man aus den oben angeführten, abstrakten Überlegungen schließen könnte. In solchen Fällen kann es daher schwierig sein, einen für die Betroffenen annehmbaren Kompromiss zu finden (Goddard 2006; Young 1995). Solche Güter sind z.B. die Golanhöhen an der Grenze zwischen Israel und Syrien. Beide Länder stehen auf dem Standpunkt, dass das gesamte Gebiet der Golanhöhen zur Gewährleistung der nationalen Sicherheit unverzichtbar ist. Deshalb geht es in diesem Streit aus Sicht der Beteiligten um alles oder nichts – einen Mittelweg (Aufteilung) gibt es für sie nicht. Andere Beispiele für unteilbare Güter sind vor allem religiös bedeutsame Stätten wie z.B. Jerusalem, das von drei verschiedenen Religionen beansprucht wird. Anhänger dieser Religionen möchten die Herrschaft über diese Stätten nicht anderen überlassen, sondern selbst ausüben. Deshalb sind solche Konflikte nur sehr schwer durch Kompromissfindung auf dem Verhandlungsweg zu lösen. Wie sie friedlich ausgetragen werden könnten, wird in → Kap. 3.3 erläutert.

3.1.2 | Interaktionsprobleme als Kriegsursache

Fehlkalkulation

Neben der Verteilung von Gütern können bestimmte Interaktionsprobleme bei Verhandlungen Kriege auslösen. Ein erstes kann daraus resultieren, dass die Akteure bestrebt sind, in Verhandlungen das bestmögliche Ergebnis für sich herauszuschlagen. Zu diesem Zweck werden sie sowohl die Fähigkeiten der beteiligten Akteure (→ Kap. 2.1) als auch deren Entschlossenheit und Risikobereitschaft im Falle eines drohenden Krieges abzuschätzen suchen. Es kann deshalb passieren, dass Akteure sich in Verhandlungen verkalkulieren. Denn sie sehen sich widersprüchlichen Anreizen ausgesetzt. Der Anreiz, das bestmögliche Verhandlungsergebnis zu erzielen widerspricht dem

Anreiz, keine übermäßigen Kriegsrisiken einzugehen. Ein Beispiel für Krieg als Folge von Fehlkalkulation war die Besetzung Kuwaits durch den Irak im Jahr 1990. Der damalige irakische Herrscher Saddam Hussein rechnete nicht mit den Entschlossenheit einer breiten Koalition von Staaten, die in Verhandlungen die Forderung nach einem vollständigen Rückzug des Irak aus Kuwait stellten. Hussein war dazu nicht bereit und die Staatenkoalition wollte ihm Kuwait nicht überlassen. Es kam zum Golfkrieg, weil das Dilemma zwischen Verhandlungsergebnis und Kriegsrisiko nicht aufgelöst werden konnte (Frieden/Lake/Schultz 2012: 93–96).

Glaubwürdigkeit von Drohung

Ein zweites Interaktionsproblem ist, dass die Akteure nie ganz sicher sein können, wie ernst die Botschaften der anderen Seite zu nehmen sind, die in Verhandlungen ausgetauscht werden. Fehlkalkulationen können also nicht nur wie oben dargestellt eine Folge von Fehlern bei der Abschätzung der Entschlossenheit und Risikobereitschaft sein, sondern auch eine Folge mangelnder oder zweideutiger Kommunikation. Wenn eine Seite z.B. ein Ultimatum aufstellt und/oder mit Krieg droht, meint sie das dann ernst? Ist sie bereit, diese Drohung wahr zu machen, oder ist sie ein Bluff? Im Fall einer ernst gemeinten Drohung sollte die andere Seite eine Konzession machen, im Fall eines Bluffs sollte sie standhaft bleiben. Um der anderen Seite die Aufgabe der Kalkulation zu vereinfachen und dadurch Fehlkalkulation zu vermeiden, sollte ein Akteur deshalb möglichst unzweideutige Botschaften aussenden.

Akteure müssen also die Glaubwürdigkeit von in Verhandlungen ausgesprochenen Drohungen einschätzen und nutzen dazu die genannten Maßstäbe (→ Information kompakt). Aber deren Anwendung schützt nicht vollständig vor einer Fehleinschätzung. Im genannten Beispiel des Golfkrieges hat der große und für jedermann im Fernsehen sichtbare militärische Auf-

Information kompakt

Wie beurteilen Akteure die Glaubwürdigkeit von Drohungen?

Auf der Grundlage von Erfahrungen haben Akteure die folgenden Maßstäbe herausgebildet, um zu beurteilen, ob die Gegenseite droht oder blufft:

- Wird eine Drohung nur verbal geäußert oder durch konkrete und kostenintensive Maßnahmen unterstrichen? Steigern diese Maßnahmen die Fähigkeit, die Drohung wahrzumachen oder nicht?
- In welchem Maß verliert die drohende Seite die Möglichkeit, den weiteren Verlauf einer Krise zu steuern, wenn sie eine Drohung ausstößt?
- In welchem Maß würde die drohende Seite innenpolitisch ihr Gesicht verlieren, wenn die Drohung sich nur als Bluff herausstellt? In welchem Maß bindet sich die drohende Seite also selbst? Man spricht hier von Selbstfesselung.

marsch der alliierten Koalition Saddam Hussein nicht davon überzeugen können, das Ultimatum ernst zu nehmen und die Besetzung Kuwaits zu beenden. Offenbar hielt er die Drohung mit Krieg für einen Bluff. Derartige Fehleinschätzungen sind eine wichtige Kriegsursache (Frieden/Lake/Schultz 2012: 99–105).

Selbstfesselung

Das dritte Interaktionsproblem entsteht dadurch, dass in Verhandlungen gemachte Drohungen nicht ohne Gesichtsverlust zurückgenommen werden können. Vielmehr fesseln sie die Hände der drohenden Seite. Auf diese Weise verringern Drohungen auch die Möglichkeit, den Konflikt auf friedliche Weise zu beenden, denn es werden Erwartungen auch im eigenen Lager geweckt. So kann es sein, dass man die Geister, die man rief, nicht mehr loswird. In diesem Fall spricht man von einem unbeabsichtigten Krieg, weil er aus einer oder sogar einer Serie von Interaktionen heraus entstand, deren Ergebnis – Krieg – nicht beabsichtigt war. Als Beispiel für einen solchen unbeabsichtigten Krieg wird zumeist der Erste Weltkrieg genannt (Clark 2013; Münkler 2013). Aber auch im hier benutzten Beispiel Golfkrieg wird deutlich, dass diese Interaktionsdynamik wirksam war. Denn schon früh hatten sich die britische Premierministerin Margret Thatcher und der amerikanische Präsident George H. Bush öffentlich darauf festgelegt, dass Iraks Besetzung von Kuwait »keinen Bestand haben werde«. Sowohl in den USA als auch in Großbritannien wurden dadurch erhebliche Erwartungen geweckt, dass beide Länder Kuwait militärisch befreien würden, sollte Irak nicht friedlich abziehen. Der Spielraum für einen auszuhandelnden Kompromiss war sehr beschränkt. Zusätzlich stand auch die Glaubwürdigkeit der USA und Großbritanniens in anderen Ländern auf dem Spiel. Wäre die Drohung nur ein Bluff gewesen, wer hätte spätere Drohungen dieser beiden Länder noch ernst genommen?

Bestand von Friedensabkommen

Das vierte Interaktionsproblem entsteht aus der Unsicherheit, ob alle Beteiligten sich an eine ausgehandelte Verhandlungslösung halten werden oder nicht. Denn nur dann können diese Kriege wirksam verhindern. Allein schon die Befürchtung, dass eine Seite eine Vereinbarung mit dem Hintergedanken schließen könnte, sich nicht daran zu halten, verringert die Möglichkeit, dass eine Übereinkunft überhaupt zustande kommt. Die beteiligten Akteure versuchen also einschätzen, ob alle Seiten sich an eine getroffene Vereinbarung halten werden oder nicht. Wenn sie zu dem Schluss kommen, dass eine oder mehr Seiten dies nicht tun werden, steigt die Wahrscheinlichkeit, dass es statt zu einer friedlichen Lösung zu Krieg kommt (Frieden/Lake/Schultz 2012: 105; Levy 2013: 592).

Nicht-Einhaltung

Das fünfte und letzte Interaktionsproblem entspringt der Möglichkeit, dass die Konfliktparteien zwar ein Abkommen zur friedlichen Konfliktlösung schließen, aber zumindest eine Seite das Abkommen nicht erfüllt oder einhält. Wenn es nicht gelingt, die Einhaltung geschlossener Abkommen sicherzustellen, steigt die Wahrscheinlichkeit einer kriegerischen Auseinandersetzung. Die Nicht-Einhaltung internationaler Vereinbarungen selbst kann auf unterschiedlichen Ursachen beruhen (→ Information kompakt).

Information kompakt

Unter welchen Umständen werden Vereinbarungen nicht eingehalten?

- Die Vereinbarung beeinträchtigt die militärischen Fähigkeiten der Beteiligten asymmetrisch. In diesem Fall ist der Anreiz zum Bruch hoch.
- Die Vereinbarung ist fragil, wenn sie selbst oder die absehbaren Entwicklungen eine Seite begünstigt, z.B. wenn sie einer Seite die Beschaffung militärischer Fähigkeiten ermöglicht, gegen die die Gegenseite sich nicht wirksam schützen kann. Dieser »Schatten der Zukunft« kann destabilisierend wirken, schafft Anreize, die Vereinbarung später zu brechen.
- Die Vereinbarung ist fragil, wenn durch sie erlaubte Technologie einen starken Anreiz zu einem militärischen Erstschlag setzt. Wenn zugelassene Waffensysteme einem Angreifer entscheidende Vorteile gegenüber dem Verteidiger verschaffen, sinkt der Anreiz für beide Seiten, einen verabredeten Frieden oder Waffenstillstand einzuhalten.
- Die Vereinbarung ist in der Umsetzung kompliziert und überfordert die Möglichkeiten einer Konfliktpartei.
- Einer Konfliktpartei ist es nicht möglich, alle nachgeordneten Akteure wirksam zu kontrollieren und die Einhaltung intern durchzusetzen.

Zwischenfazit

Interaktionsprobleme als Kriegsursachen

Die folgenden Interaktionsprobleme können zu Krieg führen:

- Fehleinschätzung der gegnerischen Machtpotentiale, Entschlossenheit und Risikobereitschaft;
- Zweideutigkeit oder Unklarheit der ausgesandten Botschaften oder Drohungen;
- Selbstfesselung durch ausgestoßene Drohungen, die nicht ohne Glaubwürdigkeitsverlust zurückgenommen werden können;
- Zweifel der Konfliktparteien, dass sich die jeweils andere Seite an die getroffene Vereinbarung halten wird;
- Nicht-Einhaltung von geschlossenen Vereinbarungen.

3.1.3 | Mangelnde Glaubwürdigkeit und Nicht-Einhaltung als Kriegsursachen

Wenn eine Seite eine getroffene Vereinbarung nicht einhält oder zumindest im Verdacht steht, ein Abkommen nicht einhalten zu wollen oder zu können, spricht man von Glaubwürdigkeits- und Verpflichtungsproblemen, aus denen Kriege entstehen können. Das gegenseitig gegebene Versprechen, in der Zukunft zur Konfliktbeilegung keine Gewalt anzuwenden, muss deshalb auf seine Glaubwürdigkeit geprüft werden. Dies gilt insbesondere dann, wenn keine neutrale sogenannte dritte Seite bereit oder fähig ist, die Einhaltung des Versprechens wirksam zu garantieren.[20] Hierfür sind die zahlreichen Vereinbarungen für Waffenstillstände in Bosnien-Herzegovina ein wichtiges Beispiel. Es gelang den Vereinten Nationen zwar immer wieder, die Konfliktparteien dazu zu bewegen, einem Waffenstillstand zuzustimmen; aber die militärisch schwachen UN-Blauhelmtruppen waren nicht in der Lage, dessen Einhaltung durchzusetzen. Oftmals wurden die Kampfhandlungen nur wenige Stunden nach Abschluss der Vereinbarung fortgesetzt. Es stellt sich also die Frage, unter welchen Bedingungen Konfliktparteien einen hohen Anreiz spüren, getroffene Vereinbarungen zu brechen. Unter solchen Bedingungen sind geschlossene Abkommen dann weder glaubwürdig noch tragfähig.

Zukünftige Machtverteilung

Auf dem Weg zur friedlichen Konfliktregelung muss häufig über Gegenstände verhandelt werden, die sich auf die zukünftige Stärke oder Schwäche der Konfliktparteien auswirken werden. Um bei dieser Art von Verhandlungsgegenständen einvernehmliche Abkommen schließen zu können, müssen die Konfliktparteien ein hohes Maß an Glaubwürdigkeit und gegenseitigem Vertrauen aufbringen, dass die getroffene Vereinbarung sich in der Zukunft nicht schleichend gegen eine Partei richten wird. Oder es muss sichergestellt werden, dass Parteien aus geschlossenen Abkommen keine einseitigen Vorteile ziehen werden. Auch dazu ist hohes wechselseitiges Vertrauen notwendig, das Konfliktparteien nicht problemlos aufbringen werden. Ein geschlossenes Abkommen kann z.B. vorsehen, dass eine Seite auf den Besitz und den Erwerb bestimmter Waffensysteme verzichtet. Im Gegenzug muss die andere Seite Konzessionen versprechen. Was aber passiert mit diesem Geschäft auf Gegenseitigkeit, nachdem die eine Seite ihre Waffen abgegeben oder vernichtet und somit ihren Teil der Vereinbarung erfüllt hat? Was hält die andere Seite noch davon ab, die Vereinbarung zu brechen und ihren Teil des Geschäfts nicht zu erfüllen? Die Befürchtung von Konfliktparteien, dass ein Abkommen sich in der Zukunft nachteilig auf die Möglichkeit auswirkt, die Gegenseite zur Einhaltung ihrer Konzessionsleistung zu zwingen, ist eine sehr häufige Ursache dafür, dass Konflikte nicht friedlich beigelegt werden können (Frieden/Lake/Schultz 2012: 106–

110). Insbesondere die friedliche Beendigung von Bürgerkriegen scheitert maßgeblich an diesem großen Problem (→ Kap. 3.4.1).

Die Überlegung, wie sich internationale Abkommen oder die wirtschaftliche und technologische Entwicklung auf die Machtverhältnisse von Konfliktparteien auswirken werden, spielt bei der Frage des geeigneten Zeitpunkts für einen Krieg eine weitere wesentliche Rolle. So überlegen Staaten, die sich in Hegemonialkonflikten befinden (→ Information kompakt: Hegemonialer Krieg), wann der beste Zeitpunkt für eine kriegerische Auseinandersetzung ist. Nehmen wir wieder das Beispiel USA vs. China. Sehen die USA heute, dass China sich ähnlich dem deutschen Kaiserreich am Ende des 19. Jahrhunderts[21] von den wirtschaftlichen und technologischen Trends erheblich mehr profitiert als sie selbst, so geraten sie in die Versuchung, eher früher als später einen Präventivkrieg zu führen (Levy 2013: 583). Für China gilt umgekehrt, einen solchen Krieg möglichst lange hinauszuzögern, um noch lange von den ungleichen Entwicklungstrends profitieren zu können. In diesem konkreten Fall ist aber auch zu berücksichtigen, dass die Tatsache, dass beide über erhebliche Kernwaffenpotentiale verfügen, eine erhebliche Abschreckungswirkung ausübt (→ Kap. 3.3).

Präventivkrieg

Definition

Präventivkrieg

Präventivkrieg ist ein bewaffneter Konflikt, der in der Absicht geführt wird, die Gegenseite daran zu hindern, stärker zu werden und diese Stärke zu einem späteren Zeitpunkt zum eigenen Vorteil zu nutzen (Frieden/Lake/Schultz 2012: 111).

Beispiele

Es gibt jüngere Beispiele für Präventivkriege: Israel bombardierte im Jahr 1981 den irakischen Nuklearreaktor Osirak, weil es befürchtete, dass Irak in Zukunft Kernwaffen in diesem Reaktor produzieren könnte (Braut-Hegghammer 2011).[22] Derartige Waffensysteme würden für Israel in der Zukunft zu einem Existenzrisiko werden. Die USA und ihre »Koalition der Willigen« rechtfertigten den Krieg gegen Irak im Jahr 2003 mit der – tatsachenwidrigen – Befürchtung, der Irak verfüge über Massenvernichtungswaffen, die vor den UN-Inspektoren versteckt worden seien.[23] Die (zumindest vermuteten) Bemühungen des Iran oder Nordkoreas, sich Kernwaffen anzueignen, lösten Überlegungen und Planungen verschiedener Staaten zu einem Präventivkrieg aus. Wenn es nicht gelingt, diese Befürchtungen durch friedliche Streitbeilegung auszuräumen, wie sie derzeit zwischen Iran und einer P5+1[24] genannten Staatengruppe versucht werden, muss mit einem Präventivkrieg gerechnet werden.

Präemptivkrieg

Schließlich kann die Vereinbarung eines kriegsverhindernden Abkommens daran scheitern, dass die Konfliktparteien sich durch einen Angriff schnell große militärische Vorteile verschaffen könnten. Hohe Anreize zu einem Angriff oder Erstschlag bestehen dann, wenn die Militärtechnik, Strategien oder geographische Gegebenheiten (z.B. die bereits erwähnten Golanhöhen) der angreifenden Seite (kriegs-)entscheidende Vorteile verschaffen. Spitzt sich ein politischer Konflikt unter diesen Bedingungen zu, ist die Wahrscheinlichkeit hoch, dass Konfliktparteien den Streit nicht friedlich beilegen, sondern einen Präemptivkrieg führen. Der Sechstagekrieg Israels im Jahr 1967 gegen seine Nachbarstaaten ist ein klassisches Beispiel für einen solchen Präemptivkrieg.

Definition

Präemptivkrieg
Ein Präemptivkrieg wird in der Erwartung geführt, dass ein Angriff der Gegenseite unmittelbar bevorsteht. Man will dem Gegner durch einen eigenen Angriff zuvorkommen, weil die Offensive gegenüber der Defensive entscheidende Vorteile verspricht (Frieden/Lake/Schultz 2012: 113). Diese Vorteile entstammen der Militärtechnik, der Militärstrategie oder geographischen Gegebenheiten.

Offensive vs. defensive

In der Fachliteratur ist die Frage, welche Vorteile im Sinne von Siegchancen offensive Waffensysteme und Militärstrategien im Verhältnis zu defensiven Waffensystemen und Militärstrategien haben, ausführlich erörtert worden. Während des Kalten Krieges, in dem sich Ost und West militärisch hochgerüstet gegenüberstanden, wurde stark darauf geachtet, dass keine Seite sich durch einen Angriff einen entscheidenden Vorteil verschaffen konnte. Zu diesem Zweck entwickelten z.B. Kernwaffenstaaten die sogenannte Zweitschlagsfähigkeit. Sie bedeutete, dass eine Seite nie in der Lage war, mit einem Angriff das gesamte Kernwaffenarsenal der anderen Seite wirksam zu vernichten. Vielmehr verblieben der verteidigenden Seite nach einem Angriff immer genügend Waffensysteme, um Vergeltung zu üben. Somit verhinderte die Zweitschlagsfähigkeit, dass ein nuklearer Präemptivkrieg einer Seite entscheidende Vorteile verschaffte.

Kriseninstabilität

Politische Krisen geraten dann schnell außer Kontrolle, wenn eine Seite vor der Entscheidung steht, ihre Waffen entweder einzusetzen oder diese durch den Angriff der Gegenseite zu verlieren. In dieser Situation besteht ein hoher Anreiz, einen Präemptivkrieg zu führen. Man bezeichnet diese Situation auch als Kriseninstabilität. Die empirische Forschung hat allerdings ergeben, dass die Zahl der Präemptivkriege gering ist. Seit 1816 können nur drei Kriege diesem Typ zugeordnet werden: Der Erste Weltkrieg, die chinesische Intervention in den Koreakrieg sowie der schon genannte Sechstagekrieg Israels gegen seine Nachbarstaaten (Reiter 1995).

Zwischenfazit

Glaubwürdigkeitsprobleme, Nichteinhaltung und Offensivanreize als Kriegsursache

Kriege können dadurch entstehen, dass Akteure befürchten, sie würden durch die friedliche Lösung eines Konfliktes in der Zukunft benachteiligt, weil sie nicht mehr in der Lage sein werden, die Gegenseite zur Einhaltung der Vereinbarung zu bringen, nachdem sie ihren Teil erfüllt haben. Weiterhin besteht ein Anreiz zur Kriegführung, wenn die wirtschaftliche und/oder technologische Entwicklung eine Seite längerfristig begünstigt. Die angreifende Seite verspürt dann einen hohen Anreiz zum Präventivkrieg. Schließlich kann eine Konfliktpartei sich zum Krieg entschließen, wenn sie sich im Zuge eines sich zuspitzenden Konfliktes einen entscheidenden militärischen Vorteil vom Angriff verspricht. In diesem Fall spricht man von Präemptivkrieg.

3.2 Geographische Verteilung von Kriegen

Die räumliche Verteilung von Kriegen auf die einzelnen Kontinente ist sehr unausgewogen. Dies geht aus Abbildung 3.2 hervor.

Zwischen 1946 und 2008 fanden die meisten Kriege in Asien und Afrika statt. An dritter Stelle liegt der Mittlere Osten. Die Zahlen kriegerischer Konflikte in Nord- und Südamerika sowie in Europa sind dagegen vergleichsweise gering. In Amerika war ein signifikanter Anstieg von 1970 bis 1990 zu verzeichnen, seither hat die Zahl der Konflikte jedoch stetig abgenommen. In Europa bewirkte das Ende des Kalten Krieges einen erheblichen Anstieg der Kriegstätigkeit in den 1990er Jahren. Doch seither ist auch hier die Anzahl der Kriege erheblich zurückgegangen.

Zusammenwirken von Faktoren

Die Forschung hat ergeben, dass in Asien und (Sub-Sahara-)Afrika mehrere Faktoren zusammenwirken, die zu einer erhöhten Kriegsgefahr führen. Staatliche Institutionen sind schwach ausgeprägt; es gibt große wirtschaftliche und soziale Ungleichheit; die Gesellschaften sind häufig ethnisch und/oder religiös fragmentiert und die gute Verfügbarkeit großer Mengen leicht abbaubarer Rohstoffe ermöglicht die Finanzierung militärischer Gewalt (Rittberger/Kruck/Romund 2010: 377).

Abb. 3.2 | *Kriege nach Region*

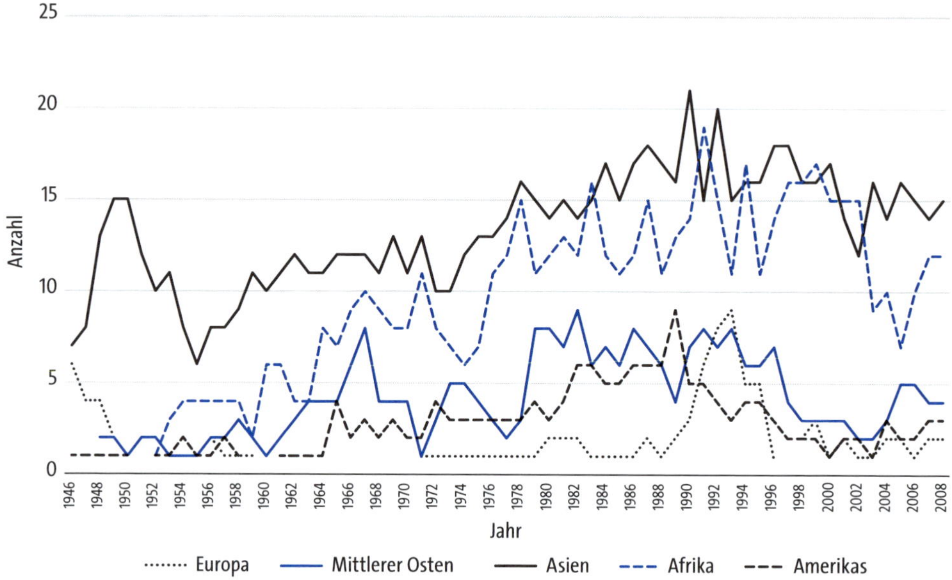

Quelle: eigene Darstellung nach Gleditsch et al. (2002); Uppsala Conflict Data Program (UCDP)/ International Peace Research Institute Oslo (PRIO) (2009); Harbom (2009).

3.3 | Kriegsverhinderung und friedliche Konfliktregelung

Abschreckung

Wenn man die Ursachen für Kriege kennt, kann man ihnen entgegenwirken und auf diese Weise die friedliche Beilegung von Konflikten begünstigen. Wenn Krieg kein Selbstzweck ist, sondern einem übergeordneten Ziel dient und zugleich nur eine Alternative zu einer friedlichen Streitbeilegung durch Verhandlungen darstellt, werden die Konfliktparteien Kosten und Nutzen sorgfältig abwägen. Konfliktparteien können dann dadurch von einem Krieg abgeschreckt werden, dass man dessen Kosten möglichst weit hochschraubt (Frieden/Lake/Schultz 2012: 118). Denn so erscheinen Kompromisse durch Verhandlungen weit attraktiver als Krieg.

Zweitschlagsfähigkeit

Während des Kalten Krieges wurde ausgehend von dieser Überlegung den Kernwaffen eine pazifizierende Wirkung zugeschrieben. Die Drohung mit der sogenannten gegenseitigen gesicherten Zerstörung, die durch die Zweitschlagfähigkeit sichergestellt wurde, veranlasste die Entscheidungsträger in Ost und West (Bundy 1988) zu extrem vorsichtigem Verhalten in dem anhaltenden Konflikt (Gaddis 2005; Link 1988). John L. Gaddis argumentierte, dass der sogenannte lange Frieden maßgeblich darauf beruht habe, dass ein Krieg zwischen den beiden Supermächten Sowjetunion und USA auf beiden Seiten inakzeptable Kosten verursacht hätte (Gaddis 1986; 1987). Diese Einsicht sei dem Kristallkugeleffekt von Kernwaffen entsprungen: Wie beim Blick in der Kristallkugel könne unzweideutig festgestellt werden, welch zerstörerische Wirkung von diesen Waffen ausgehe (Carnesale et al. 1983).

Langer Friede

Definition

Abschreckung
Die grundsätzliche Überlegung, die Kosten eines Krieges so hoch und seinen Nutzen so gering wie möglich zu machen, wird als Abschreckung bezeichnet. Beruht die Steigerung der Kosten auf Kernwaffen, spricht man von nuklearer Abschreckung.

Die Veränderung der Kosten-Nutzen-Kalkulation zugunsten einer friedlichen Streitbeilegung ist jedoch nicht nur durch die drastischen Maßnahmen militärischer Abschreckung möglich, die zudem das Risiko in sich birgt, dass – wie im Ersten Weltkrieg – die handelnden Entscheidungsträger die Kontrolle über die Ereignisse verlieren (Clark 2013; Münkler 2013). Vielmehr kann die arbeitsteilig organisierte Weltwirtschaft eine erhebliche Rolle in der Konfliktvermeidung spielen (→ Kap. 5). Durch sie ist es möglich, den Nutzen der friedlichen Streitbeilegung so weit hoch zu schrauben, dass die Kosten-Nutzen-Kalkulation der Konfliktparteien eindeutig gegen Krieg spricht. Die dank wirtschaftlicher Spezialisierung und Arbeitsteilung stark miteinander verflochtenen Akteure können ihren Wohlstand und Lebensstandard nur dann bewahren, wenn sie diese wechselseitige Abhängigkeit nicht durch einen Krieg zerstören. Entsprechend ist der Anreiz für sie hoch, Kriege zu vermeiden (Levy 2013: 591–592).

Internationale Verflechtung

Aus diesem Grund werden Freihandel und freier Kapitalverkehr (→ Kap. 5, Kap. 6) als friedensfördernde Maßnahmen verstanden. In dem Maße wie internationale Abkommen z. B. über Freihandelszonen oder regionale und globale Integration zu wechselseitigen Abhängigkeiten führen, handle es sich auch im Friedensprojekte. Man spricht vom sogenannten »liberalen Frieden« (Anderton/Carter 2001; Barbieri/Levy 1999; Liberman 1993; Morrow 1999; O'Neal/Russett 1999; Rosecrance/Thompson 2003).[25] Gerade die Europäische Union gilt als herausragendes Beispiel für eine friedensstiftende Organisation, weil sie durch Spezialisierung und Arbeitsteilung die wechsel-

Liberaler Friede

seitige Abhängigkeit der Mitglieder verstärkt. Mit einer Entscheidung für einen Krieg würde ein derart extremer Schaden an Wohlfahrt und Lebensstandard entstehen, dass diese Option keine attraktive Alternative zur friedlichen Streitbeilegung bietet.[26]

Gegen diese optimistische Sicht der friedensstiftenden Wirkung wechselseitiger wirtschaftlicher Abhängigkeit ist jedoch eingewandt worden, dass es nicht allein auf die Kosten-Nutzen-Kalkulation im Sinne des Gemeinwohls – also für eine Gesellschaft insgesamt – ankomme. Konfliktparteien richteten ihre Entscheidungen nicht ausschließlich an diesem aus. Vielmehr gebe es Beispiele, in denen es Koalitionen aus Trägern von Partikularinteressen gelungen sei, ihre Positionen gegen die Interessen der überwältigenden Mehrheit durchzusetzen (Müller 2002: 59). Dies bedeutet, dass die Kosten-Nutzen-Kalkulationen eines Gemeinwesens erheblich von denen einzelner Gruppen abweichen können. Unter diesen Bedingungen ist es möglich, dass sich der Nutzen wirtschaftlicher Verflechtung sehr verschieden auf partikulare Interessengruppen auswirkt. Daher sprechen wir heute z.B. von Globalisierungs- oder Verflechtungsgewinnern und Globalisierungs- oder Verflechtungsverlierern. Krieg wird dann selbst bei hoher internationaler Verflechtung wahrscheinlich, wenn Verflechtungsverlierer durch ihn ihre Position durchsetzen können und/oder die Kosten einer Kriegführung hauptsächlich von den ursprünglichen Verflechtungsgewinnern getragen werden müssten.

Verflechtungsgewinner und -verlierer

Einige Historiker vertraten die These, dass im deutschen Kaiserreich am Vorabend des Ersten Weltkrieges genau dieser ursächliche Zusammenhang wirksam gewesen sei. Eine Koalition aus ostelbischen adligen Landbesitzern einerseits und Industriellen der Stahlindustrie andererseits hätte sich als Verflechtungsverlierer gesehen (Conrad 2006; Puhle 1975; Torp 2010; Wehler 1976; 1985; 1994).[27] Unter ihrem Druck sei das Kaiserreich in einen verheerenden Krieg gezogen, dessen Hauptkosten jedoch anderen Gruppen aufgebürdet worden seien (Geiss 1985). Diese Interpretation der Ursachen des Ersten Weltkrieges ist zwar mittlerweile erheblich in Zweifel gezogen und relativiert worden (Münkler 2013: 94–96; Neitzel 2002), sie gehört aber dennoch in die Liste von möglichen Kriegsursachen nicht nur des Ersten Weltkrieges.[28]

Beispiel Erster Weltkrieg

Die geschichtswissenschaftliche Fachdebatte sowie neue Gesamtdarstellungen (Clark 2013; Münkler 2013) zu den Ursachen des Ersten Weltkrieges zeigen vor allem eines: Kriege sind ähnlich wie Flugzeugabstürze meist das Ergebnis einer *Kette* von einzelnen Ursachen,[29] von denen jede einzelne für sich genommen nicht zum Krieg geführt hätte. Diese wichtige Erkenntnis kann mit quantitativen Methoden der Forschung, auf denen eine Vielzahl von politikwissenschaftlichen Studien zur Kriegsursachenforschung beruht, nicht so einfach gewonnen werden.

Ursachenkette

Das neben Abschreckung und Verflechtung dritte Instrument zur Verhinderung von Kriegen ist die Verbesserung der Transparenz in den internationalen Beziehungen. Es zielt vor allem auf die Lösung der Interaktions- und Glaubwürdigkeitsprobleme (Frieden/Lake/Schultz 2012: 118–119). Transparenzfördernde Maßnahmen können in einseitige und wechselseitige unterteilt werden. Einseitige Maßnahmen zur Verhinderung von Fehlkalkulationen, z.B. der militärischen Stärke des Gegners, sind technische Aufklärung und Überwachung etwa durch Satellitentechnologie. Es gehören aber auch Spionage oder Kommunikationsüberwachung dazu, selbst wenn sie moralisch und rechtsstaatlich höchst problematisch sind.

Transparenz

Ferner gilt, dass offene Gesellschaften mit freien Medien auch für gegnerische Konfliktparteien transparenter sind als autoritäre Regime. Hinzu kommen Nichtregierungsorganisationen wie das Londoner International Institute for Strategic Studies (IISS) oder das Stockholm International Peace Research Institute (SIPRI), die systematisch Informationen über militärische Fähigkeiten von Staaten sammeln und regelmäßig auf den neuesten Stand bringen (International Institute for Strategic Studies 2014; Stockholm International Peace Research Institute 2013). Auf diese Weise helfen sie, Transparenz herzustellen und das Risiko von Fehlkalkulationen zu verringern. Ähnliches gilt für die International Crisis Group, die Krisen- und Konfliktherde überwacht und durch Studien zur Transparenz beiträgt. Allerdings ist nicht auszuschließen, dass einseitige Maßnahmen für mehr Transparenz einer Seite einen Vorteil durch Informationsvorsprung verschaffen. Dies ist der Fall, wenn die erhobenen Informationen nicht frei zugänglich gemacht, sondern geheim gehalten werden. Sie wirken dann eher destabilisierend als stabilisierend.

Nichtregierungsorganisationen (NGOs)

Neben den einseitigen gibt es, wie bereits erwähnt, die wechselseitigen Maßnahmen. Ein Beispiel ist der Austausch militärischer Fachleute zwischen zwei oder mehreren Ländern; diese sammeln Informationen über militärische Fähigkeiten und schaffen so auf kooperativem Wege Transparenz. Internationale Organisationen entsenden häufig Beobachter zur Einschätzung militärischer Kräfteverhältnisse, die unter den beteiligten Mitgliedstaaten transparent gemacht werden. Die auf diese Weise geschaffene gegenseitige Transparenz ist insbesondere zwischen NATO-Mitgliedstaaten stark institutionalisiert und trägt maßgeblich zur wechselseitigen Vertrauensbildung bei (Tuschhoff 2003; 2014).

Wechselseitige Maßnahmen

Schließlich wird Transparenz auch dadurch erzielt, dass die Konfliktparteien im Zuge von Vereinbarungen Gremien schaffen, deren Mitglieder im Falle von Unstimmigkeiten bei der Anwendung der Vereinbarung tagen, um Informationen auszutauschen, Missverständnisse auszuräumen oder praktische Lösungen für konkrete Probleme zu finden. Die sogenannte *Standing Consultative Commission* (SCC) zwischen den USA und der Sowjetunion

Ständige Vertrauensbildung

gilt als wichtigstes Beispiel für eine stetige Verbesserung von bilateralen Rüstungskontrollvereinbarungen (Caldwell 1985; Graybeal/Krepon 1985).

Das vierte Instrument zur Kriegsverhinderung zielt auf die Verringerung von Interaktions- und Glaubwürdigkeitsproblemen in Verhandlungsprozessen. Es soll den Konfliktparteien ermöglichen, Abkommen zu schließen, auf deren wechselseitige Einhaltung sie vertrauen können. Dies wird häufig durch die Hilfe einer neutralen dritten Partei erreicht (Frieden/Lake/Schultz 2012; Rittberger/Zangl/Kruck 2013: 119–120). Die Arbeit der sogenannten UN-Blauhelmtruppen ist das wichtigste, wenn auch nicht einzige Beispiel für eine unparteiische dritte Kraft zur Friedenssicherung.

Unparteiische Dritte

UN-Friedensmissionen

Die Forschung hat gezeigt, dass UN-Friedensmissionen erheblich zur Befriedung beitragen. Die Wahrscheinlichkeit, dass vereinbarte Waffenstill-

Information kompakt

UN-Blauhelmtruppen

Die Blauhelmtruppen der Vereinten Nationen dienen der Friedenssicherung und werden seit dem Ende des Kalten Krieges immer häufiger eingesetzt. Zudem ist ihr Aufgabenspektrum schrittweise erweitert worden, weil die Erfahrungen gezeigt haben, dass ihre Zuständigkeiten und Eingreifmöglichkeiten bei einem Aufflammen von Feindseligkeiten oft unzureichend waren.

Blauhelmtruppen der sogenannten *ersten* Generation beschränkten sich darauf, zu überwachen, ob getroffene Vereinbarungen von den Konfliktparteien eingehalten wurden. Sie berichteten dem UN-Generalsekretär und dem Sicherheitsrat, wer wann welche Regelverletzung begangen hatte, konnten jedoch selbst nicht eingreifen.

Die Blauhelmtruppen der *zweiten* Generation sollten zusätzlich die Schaffung von Friedensbedingungen unterstützen und absichern. Dazu gehörte insbesondere die Entwaffnung und Demobilisierung von Militäreinheiten der Konfliktparteien.

Die UN-Friedenstruppen der *dritten* Generation kamen auch dann zum Einsatz, wenn kein Abkommen der Konfliktparteien für eine Waffenruhe oder einen nachhaltigen Frieden vorlag. Ausgestattet mit einem »robusten« Mandat sollten sie zunächst ein sicheres Umfeld schaffen, in dem sich Frieden herstellen ließ. Zu diesem Zweck waren sie ermächtigt, robust – mit Waffengewalt – gegen Konfliktparteien vorzugehen.

Bei Friedensmissionen der *vierten* Generation sind schließlich Aufgaben des Wiederaufbaus von Staat, Gesellschaft, Wirtschaft und Infrastruktur zu den sicherheitspolitischen hinzugekommen (Rittberger/Kruck/Romund 2010: 390–393; Rittberger/Zangl/Kruck 2013: 155–158).

stände nach zwischenstaatlichen Kriegen gebrochen wurden, sank um 85 Prozent, wenn UN-Blauhelme eingesetzt wurden. Das Risiko, dass nach Waffenstillständen in innerstaatlichen Konflikten Gewalt wieder ausbricht, sank um 60 Prozent (Fortna 2004a; b; 2008; Fortna/Howard 2008).

Teilbarkeit umstrittener Güter

Das weiter oben dargelegte Problem der Unteilbarkeit von Gütern kann auf verschiedene Arten und Weisen gelöst werden, so dass es der friedlichen Streitbeilegung nicht grundsätzlich im Weg steht. Die Konfliktparteien können eine gemeinsame oder geteilte Autorität über das strittige Gut vereinbaren, z.B. die gemeinsame Verwaltung von Jerusalem. Wenn dies nicht praktikabel erscheint, bietet sich an, die Autorität bei einer Konfliktpartei zu belassen und der anderen Konfliktpartei dafür Konzessionen an anderer Stelle zu machen, so dass ein Paket geschnürt wird. Schließlich ist es möglich, wie bei Ehescheidungen einen finanziellen Ausgleich für die Konfliktpartei zu schaffen, die ein umstrittenes Gut nicht erhält.

Der aus Abbildung 3.2 ablesbare Rückgang von Kriegen in Amerika und Europa wird vor allem darauf zurückgeführt, dass hier die genannten friedensstiftenden Mechanismen wirken (Rittberger/Kruck/Romund 2010: 372–376). Eine weitere Erklärung wird im sogenannten demokratischen Frieden (→ Kap. 5) gesehen.

Zwischenfazit

Maßnahmen der Kriegsverhinderung und Friedenssicherung
Die genannten Kriegsursachen können durch Einwirkung auf das Kosten-Nutzen-Kalkül der Konfliktparteien eingedämmt werden, so dass eine friedliche Streitbeilegung zustande kommt, die anschließend gesichert werden kann. Dazu sind folgende Maßnahmen hilfreich:

- Abschreckung,
- internationale Verflechtung,
- transparenzfördernde Maßnahmen,
- Schlichtung oder Durchsetzung durch unparteiische Dritte,
- gemeinsame Kontrolle unteilbarer Güter oder Kompensation für Verzicht.

3.4 »Alte« und »neue« Kriegsformen

In der Alltagssprache wurde unter Krieg lange Zeit vor allem der bewaffnete Konflikt zwischen zwei oder mehr Staaten verstanden (Levy 2013). Diese Form des zwischenstaatlichen Konfliktes – »alter« Krieg – ist jedoch mittlerweile eher selten, wie Abbildung 3.3 zeigt. Die häufigste Form ist

Abb. 3.3 | *Typen bewaffneter Konflikte*

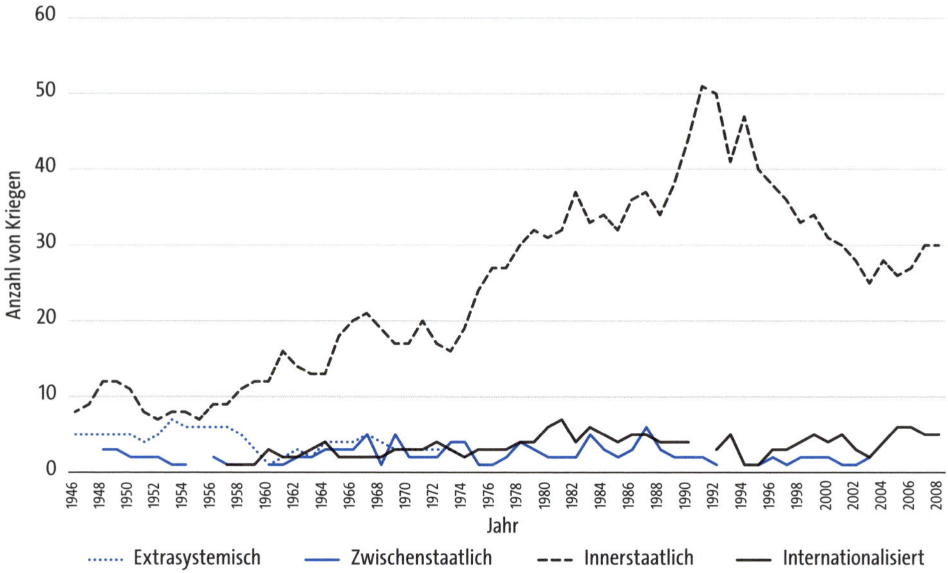

Quelle: eigene Darstellung nach Gleditsch et al. (2002); Uppsala Conflict Data Program (UCDP)/ International Peace Research Institute Oslo (PRIO) (2009); Harbom (2009).

Neue Kriege

heute der innerstaatliche Konflikt oder Bürgerkrieg. Dies ist ein bewaffneter Konflikt zwischen der Regierung einerseits und einer oder mehreren nichtstaatlichen bewaffneten Gruppen andererseits. An solchen Konflikten sind nur Akteure beteiligt, die aus dem Staat oder Land selbst stammen. Die bewaffnete Konfrontation zwischen der Regierung der Ukraine und gesellschaftlichen Oppositionsgruppen im Osten im Jahr 2014 ist ein Beispiel für diese Kriegsform. Ihre Zahl erreichte Mitte der 1990er Jahre weltweit ihren Höhepunkt und ist seither etwas zurückgegangen.

Ein Krieg wird als internationalisiert bezeichnet, wenn ein innerstaatlicher bewaffneter Konflikt auch mit äußerer Beteiligung ausgetragen wird. Dies trifft z. B. auf den Krieg in Syrien oder den Krieg in Afghanistan zu, aus dem die einleitende Geschichte stammt. Schließlich gibt es noch den extrasystemischen Krieg; er ist ein bewaffneter Konflikt, bei dem sich ein Staat oder eine Regierung und nichtstaatliche Akteure außerhalb des eigenen Territoriums bekämpfen. Konflikte ohne staatliche bzw. Regierungsbeteiligung sind nicht Bestandteil des Datensatzes in Abbildung 3.3. Die dort gezeigten extrasystemischen, innerstaatlichen und internationalisierten Kriege werden unter dem Begriff »neue« Kriege zusammengefasst.

In der politikwissenschaftlichen Forschung ist allerdings umstritten, ob die genannten Merkmale (→ Information kompakt) es rechtfertigen, von einer neuen Form des Krieges zu sprechen. Befürworter des Konzeptes »neue Kriege« verweisen auf diese Merkmale und das Problem, dass diese Formen der Gewalt im (Kriegs-)Völkerrecht (Arndt 2010) nicht angemessen geregelt sind. Die privaten Gewaltakteure würden sich überdies nicht an bestehende Rechtsnormen halten (Daase 1999; Kaldor 2001; Münkler 2009). Kritiker des Konzeptes »neue Kriege« haben eingewendet, dass die genannten Merkmale keineswegs neu seien, sondern schon in früheren Perioden zu beobachten seien (Chojnacki 2004; Kahl/Teusch 2004). Diese Kritik hat Herfried Münkler (2004) mit dem Hinweis zurückgewiesen, dass die neue Qualität darin liege, dass die genannten Merkmale nicht nur einzeln, sondern in Kombination miteinander aufträten. Allerdings gibt es nur wenig Studien, die empirisch den Nachweis führen, dass innerstaatliche Kriege heutzutage von den genannten Merkmalen geprägt werden, dies während des Kalten Krieges jedoch nicht der Fall war (Heupel/Zangl 2004). Daher kann der Befund von »neuen« Kriegen nur vorläufig gelten, bis weitere Studien erstellt werden.

Kritik

Information kompakt

Merkmale neuer Kriege

Neue Kriege sind durch folgende Merkmale gekennzeichnet (Rittberger/Kruck/Romund 2010: 380):

- **Entstaatlichung und Privatisierung**: Der Staat verfügt nicht mehr über das Gewaltmonopol, sondern muss es mit privaten Akteuren teilen. Staaten sind daher schwach, gescheitert oder im Zerfallsprozess.
- **Asymmetrische Gewaltanwendung**: Militärisch unterlegene Akteure nutzen unkonventionelle Methoden wie Guerilla- und Partisanenkrieg oder Terrorismus. Gewalt wird auch gezielt gegen die Zivilbevölkerung ausgeübt.
- **Kommerzialisierung**: Krieg wird zum Mittel wirtschaftlicher Betätigung und Vermögensbildung. Akteure haben ein wirtschaftliches Interesse an der Fortsetzung des Krieges. Kriege werden durch Produktion und Handel mit Drogen oder Bodenschätzen etc. finanziert. Es entstehen daher lukrative Kriegsökonomien.
- **Gewaltdiffusion**: Es gibt keine Kriegserklärung und häufig auch kein formales Ende von Krieg. Weiterhin gibt es keinen klaren Frontverlauf. Kriege sind weder zeitlich noch räumlich klar begrenzt. Die Unterscheidung zwischen Kombattanten und Zivilbevölkerung verschwimmt.

3.4.1 | Innerstaatliche oder Bürgerkriege

Weitaus besser als der Typus »neue Kriege« sind innerstaatliche oder Bürgerkriege erforscht, die eine Unterform bilden.

Information kompakt

Merkmale von innerstaatlichen oder Bürgerkriegen
In Bürgerkriegen entstehen hohe Kosten:

- wirtschaftliche durch die Zerstörung von Humankapital und Infrastruktur, die zu geringer Produktivität und Wachstum führt;
- politische durch die Schwächung von Staat und Regierung sowie die Zersplitterung der Gesellschaft in unterschiedliche ethnische Gruppen, Religionen usw.;
- soziale durch die Verbreitung von Krankheiten auch über die Kriegsbeendigung hinaus.

Zusätzlich entstehen häufig auch in Nachbarländern Kosten, z.B. durch Flüchtlingsströme oder den Import gewaltsamer Konfliktlösung.
Bürgerkriege sind nur schwer zu beenden. Sie dauern durchschnittlich viel länger als zwischenstaatliche Kriege und enden meist nicht durch Verhandlungen, sondern durch den Sieg einer Seite über die andere. Und schließlich besteht die starke Tendenz, dass Bürgerkriege nach einem Waffenstillstand wieder ausbrechen (Walter 2013).

Unzufriedenheit

Gier

Es sind vor allem zwei Motive, aus denen Konfliktparteien Bürgerkriege auslösen: Erstens Unzufriedenheit (englisch: *grievance*) mit den politischen, wirtschaftlichen und sozialen Verhältnissen, die mit friedlichen Mitteln nicht nachhaltig verbessert werden können. Dazu gehören auch vielfältige Formen von Diskriminierung. Zweitens Gier (englisch: *greed*) nach Verbesserung der eigenen wirtschaftlichen Situation, die durch gewaltsame Übernahme von Gebieten mit Bodenschätzen, Plünderung, Drogenhandel, Waffenhandel usw. erreicht werden kann (Collier/Hoeffler 2004; Collier/Sambanis 2005a; b). Besonders die mit dem Motiv Gier verbundene Privatisierung und Kommerzialisierung von Krieg weist darauf hin, dass Krieg selbst zu einem einträglichen Geschäft werden kann, an dessen Beendigung die Profiteure kein Interesse haben. Dies mag teilweise erklären, warum Bürgerkriege länger dauern als zwischenstaatliche, häufig nicht auf dem Verhandlungsweg beendet werden und auch immer wieder aufflammen.

Die Forschung konnte aber auch zeigen, dass die oben erläuterten Interaktions- und Glaubwürdigkeitsprobleme in Bürgerkriegen besonders ausgeprägt sind und daher erhebliche Hürden für Verhandlungslösungen darstellen (Walter 2009; 2013). Die Einschätzung der militärischen Stärke von Konfliktparteien ist besonders schwierig, weil die Information darüber nicht transparent ist. Dies macht es kompliziert, in Verhandlungen die Kosten-Nutzen-Kalküle zu bestimmen, die Verhandlungen nach Abbildung 3.1 ermöglichen. Hinzu kommt, dass eine Regierung, die sich mit einer Rebellengruppe friedlich verständigt, damit rechnen muss, von einer anderen Rebellengruppe bekämpft zu werden, weil sie als Schwächling dasteht. Dieser Schatten der Zukunft wirkt deutlich gegen Verhandlungslösungen.

Hürden für Verhandlungslösungen

Das Glaubwürdigkeitsproblem spielt vor allem eine Rolle, wenn Konfliktparteien vereinbaren, dass im Gegenzug für die Erfüllung konkreter Forderungen Waffen abgegeben werden müssen. Ohne eine solche Vereinbarung zur Entwaffnung sind Konzessionen in Verhandlungen höchst einseitig und daher unwahrscheinlich. Wenn aber Konfliktparteien ihre Waffen erst einmal abgegeben und Kämpfer demobilisiert haben, wird sich dann die andere Seite an ihre Seite der Vereinbarung halten und die gegebenen Zusagen einlösen? Wenn nicht, verfügt die entwaffnete Seite über weitaus geringere Möglichkeiten, die Einhaltung des Abkommens durchzusetzen. Daher bleibt die Entwaffnung von Konfliktparteien das komplizierteste Problem bei der friedlichen Beendigung von Bürgerkriegen durch Verhandlungen. Ohne Garantien von unparteiischen Dritten, die ihr Engagement glaubhaft machen, ist dieses Problem kaum zu lösen.

Entwaffnung

3.4.2 Terrorismus

Die Zahl terroristischer Anschläge stieg ab Beginn der 1990er Jahre weltweit erheblich an und erreichte 2012 einen Höhepunkt. Gleichzeitig nahm auch die Zahl der Todesopfer terroristischer Attacken zu. Die regionalen Schwerpunkte terroristischer Angriffe liegen wiederum in Asien gefolgt vom Mittleren Osten einschließlich Nordafrika und Sub-Sahara Afrika (National Consortium for the Study of Terrorism and the Responses to Terrorism n.y.; Rand Corporation 2010).

Regionale Schwerpunkte

Definition

Terrorismus
Terrorismus ist eine Taktik, die nichtstaatliche Akteure anwenden. Sie nutzen Gewalt, um politische, wirtschaftliche, soziale oder religiöse Ziele durchzusetzen. Der Zweck des Einsatzes von oder die Drohung mit Gewalt ist, breite Teile der Bevölkerung in Angst und Schrecken zu versetzen, damit sie die Forderungen von Terroristen erfüllen oder sich ihnen zumindest

nicht widersetzen (Bueno de Mesquita 2013). Jedoch überschreiten nicht alle terroristischen Aktivitäten die in der Kriegsdefinition (→ Kap. 3.1) genannten Schwellen.

Schwäche bestimmt Taktik

Terroristische Organisationen sind im Verhältnis zu ihren Gegnern und ihren Zielen schwach. Diese Schwäche versuchen sie auszugleichen, indem sie die Taktik benutzen, Furcht einzuflößen und Schrecken zu verbreiten. Damit wollen sie erreichen, dass sich die Bevölkerung schutz- und wehrlos fühlt und deshalb konzessionsbereit wird. Die relative Schwäche der terroristischen Organisationen und Netzwerke bewirkt außerdem, dass sie sogenannte weiche Angriffsziele wählen. Damit sind solche Orte gemeint, die sich nur sehr schwer schützen lassen. Um Gegenmaßnahmen zu erschweren, formen Terroristen meist nur sehr kleine, unabhängige Gruppen, die lose miteinander vernetzt sind. Diese Gruppen stehen nicht ständig in Kontakt, um ihre Entdeckung zu erschweren, und kooperieren nur, sofern dies für einen Angriff unvermeidlich ist (Frieden/Lake/Schultz 2012: 242–248).

Hindernisse für Verhandlungen

Die Möglichkeiten, Konflikte mit Terroristen friedlich auszutragen, sind sehr begrenzt. Meist fehlt es allein schon an einem Gesprächs- und Verhandlungspartner, weil Terroristen sich nur im Untergrund bewegen. Das erschwert die Kommunikation erheblich. Aber selbst wenn es gelänge, Verhandlungen zustande zu bringen, um den Konflikt gemäß Abbildung 3.1 friedlich zu beenden, treten weitere Hürden auf. Die Einschätzung der Stärke von Terrorgruppen, die die Grundlage für Kosten-Nutzen-Kalküle bildet, ist kompliziert, weil die notwendige Transparenz fehlt. Terrorgruppen haben sogar einen Anreiz, Anschläge auszuführen, um dem Gegner einen Grad an Stärke und Entschlossenheit zu signalisieren, der möglichst über den tatsächlichen hinausgeht (Kydd/Walter 2006). Es kommt hinzu, dass lose organisierte Terrorgruppen kaum garantieren könnten, dass sich alle Mitglieder und Zellen an ein eventuell geschlossenes Abkommen zur Gewaltanwendung gebunden fühlen, weil sie sehr unabhängig sind. Damit sind ausgehandelte Vereinbarungen mit Terroristen wenig glaubwürdig (Frieden/Lake/Schultz 2012: 248–252).

Aber auch Abschreckung ist kaum ein geeignetes Mittel, um Terrorismus zu beenden. Terroristen sind sehr schwer aufzuspüren, festzunehmen oder zu bekämpfen. Sie leben entweder im Untergrund oder im Schutz der Zivilbevölkerung. Gegen Terroristen gerichtete Angriffe richten ein inakzeptables Maß an Kollateralschäden an. Sie entfremden die Zivilbevölkerung ihrer Regierung oder treiben sie sogar in die Arme von Terroristen, die auf diese Weise Nachwuchs rekrutieren können. Heftige Gegenangriffe gegen Terroristen bewirken zudem häufig, dass diese nur noch entschlossener kämpfen, weil der Gegner seine Gefährlichkeit erneut unter Beweis gestellt hat. Auf diese Weise wird die Ausgangsüberlegung von Terroristen – »wir müssen einen gefährlichen Feind gewaltsam bekämpfen« – zu einer sich selbst erfüllenden Prophezeiung (Frieden/Lake/Schultz 2012: 256–258).

Gegenstrategien

Die nach den Terrorangriffen vom 11. September 2001 vorherrschende Gegenstrategie westlicher Sicherheitsexperten zielte darauf, den Terroristen die territoriale Basis, die Rückzugsräume und die Infrastruktur zu entziehen. Staaten sollten in ihrem Gebiet Terroristen bekämpfen oder zumindest vertreiben und auf diese Weise Terrorismus eliminieren. Sofern Staaten sich dieser Forderung verweigerten oder sich zur Umsetzung nicht im Stande sahen, wurde mit massiven militärischen Mitteln von außen versucht, Terrorismus auszuschalten. Damit wurde der bewaffnete Konflikt mit Terroristen in vom Westen weit entfernte Länder getragen und die Gefahr terroristischer Angriffe für die heimische Bevölkerung verringert. Es gelang jedoch nicht, den Terrorismus weitgehend zu unterbinden. Zudem standen Aufwand und Ertrag des Krieges gegen den Terrorismus in einem ungünstigen Verhältnis (Belasco 2009). Deshalb wurde die Strategie geändert. Statt des massiven Einsatzes militärischer Verbände zur Beherrschung von Territorien liegt der Schwerpunkt der Gegenmaßnahmen heute auf Überwachung und Entdeckung einerseits und gezielten Gegenangriffen z. B. mit Hilfe von Drohnen anderseits (Billitteri 2010). Gegen diese neue Strategie ist jedoch erhebliche völkerrechtliche und ethische Kritik vorgebracht worden (Rudolf/Schaller 2012; Stanford International Human Rights and Conflict Resolution Clinic/Global Justic Clinic NYU School of Law 2012).

Schutz vor Terrorismus

Über diese rein militärischen Gegenmaßnahmen hinaus werden auch andere Möglichkeiten genutzt, die Bevölkerung vor Terrorismus zu schützen. Dazu gehören insbesondere Schutzmaßnahmen für besonders gefährdete Personen, Gebäude oder Einrichtungen. Gleichzeitig sind Regierungen bemüht, Terrorverdächtige zu überwachen, zu verfolgen und bei konkreten Anhaltspunkten für bevorstehende Anschläge in Gewahrsam zu nehmen. Außerdem wird soweit wie möglich die Finanzierung von Terrorgruppen unterbunden, indem sie von grenzüberschreitenden Geldtransfers abgeschnitten werden. Insgesamt bleibt jedoch festzuhalten, dass Terroristen selten ihre wirtschaftlichen, sozialen oder politischen Ziele tatsächlich erreichen (Abrahms 2006). Zugleich weist das hohe Ausmaß der Anschläge darauf hin, dass Terrorismus trotz des erheblichen Aufwandes für Gegenmaßnahmen nicht vollständig ausgeschaltet werden kann. Allerdings gibt es Regionen und Länder wie Amerika und Europa, die weitaus weniger gefährdet sind als andere.

Zusammenfassung

Ein Krieg entsteht zum einen, wenn sein Nutzen die Kosten übersteigt. Zum anderen können Interaktions- und Glaubwürdigkeitsprobleme Bemühungen um eine friedliche Streitbeilegung zunichtemachen und Krieg auslösen. Kriege können jedoch durch Abschreckung, internationale Verflechtung, Transparenz und Streitbeilegung mit Hilfe unparteiischer Dritter verhindert oder zumindest beendet werden.

Zwischenstaatliche Kriege sind heute selten, extrasystemische, innerstaatliche und internationalisierte Kriege dafür häufiger geworden. Diese Formen werden als »neue Kriege« bezeichnet. Sie dauern länger als »alte« Kriege und können nur selten friedlich beendet werden. Die bekannten friedensstiftenden Maßnahmen erweisen sich bei »neuen« Kriegen und bei Terrorismus als weitgehend unwirksam.

Lernkontrollfragen

1. Versuchen Sie das Kosten-Nutzen-Kalkül von Russland und der Ukraine in der Krimkrise 2014 nachzuvollziehen. Nutzen Sie dafür Abbildung 3.1 Was wäre notwendig gewesen, um Russland von einer Annexion der Krim abzuhalten?
2. Worin sind die gemeinsamen, worin die trennenden Interessen von Konfliktparteien an Kriegführung zu sehen?
3. Was versteht man unter Interaktionsproblemen und wie können sie Krieg verursachen?
4. Erläutern Sie, wie mangelnde Glaubwürdigkeit oder geringes Vertrauen in die Einhaltung von Friedensabkommen zum Wiederausbruch eines Krieges führen kann.
5. Versuchen Sie, die verschiedenen Vorschläge zur friedlichen Konfliktregelung einzelnen Kriegsursachen zuzuordnen. Welcher Vorschlag eignet sich zur Verhinderung welcher Kriegsursache?
6. Was ist das »Neue« an den sogenannten neuen Kriegen?
7. Warum ist es besonders schwierig, Konflikte mit Terroristen politisch statt militärisch zu regeln?

Weiterführende Literatur

Boyer, Yves/Lindley-French, Julian, Hrsg. (2012), *The Oxford Handbook of War*, Oxford, UK; New York, NY: Oxford University Press.

Cashman, Greg (2013), *What Causes War? An Introduction to Theories of International Conflict*, New York, NY: Lexington Books.

Cederman, Lars-Erik/Gleditsch, Kristian Skede/Buhaug, Halvard (2013), *Inequality, Grievances, and War*, Cambridge, UK: Cambridge University Press.

Fearon, James D. (1998), ›Bargaining, Enforcement, and International Cooperation‹, *International Organization*, 52(2): 269–305.

Levy, Jack S. (1998), ›The Causes of War and the Conditions of Peace‹, *Annual Review of Political Science*, 1: 139–165.

Levy, Jack S./Thompson, William R. (2010), *Causes of War*, Chichester, UK: Wiley-Blackwill.

Plate, Bernhard von/Baringhorst, Sigrid/Bredow, Wilfried von/Gareis, Sven Bernhard/Geiger, Gebhard/Hirschmann, Kai/Messner, Dirk/Schild, Georg/Schmidt, Peter/Thränert, Oliver/Timmermann, Heinz (2006), *Sicherheitspolitik im 21. Jahrhundert*, Bonn: Bundeszentrale für Politische Bildung.

Sonderheft der Zeitschrift Journal of Interdisciplinary History(1988), Vol. 18, No 4 (Spring).

Valentino, Benjamin A. (2014), ›Why We Kill: The Political Science of Political Violence against Civilians‹, *Annual Review of Political Science*, 17(1): 89–103.

Wimmer, Andreas (2014), ›War‹, *Annual Review of Sociology*, 40(1): 173–197.

4 | Der demokratische Frieden – ein Januskopf

Inhalt

Dieses Kapitel erläutert die Grundlagen und die Entstehung der Theorie des demokratischen Friedens in seiner dyadischen und monadischen Variante. Es wird gezeigt, wie die Präzisierung der Kernkonzepte »Krieg« und »Demokratie« zu einer Schärfung der theoretischen Aussagekraft und der empirischen Befunde geführt hat. Die wesentliche Debatte unter den Wissenschaftlern betrifft jedoch die Frage, wie die empirischen Befunde erklärt werden können: Worin genau besteht die Friedfertigkeit, die Demokratien innezuwohnen scheint? In diese Debatte wird eingeführt, indem zunächst die Kausalmechanismen herausgearbeitet werden, mit denen der Zusammenhang zwischen Frieden und Demokratie erklärt wird. Anschließend wird gezeigt, welche kritischen Einwände gegen diese Erklärungen vorgebracht wurden. Am Schluss geht es um die Frage, ob die Theorie des demokratischen Friedens eine einfache politische Handlungsanleitung liefert, mit der weltweit friedliche Beziehungen gestiftet werden könnten.

Ursprünge der Theorie

Immanuel Kant veröffentlichte 1795 seine bahnbrechende Schrift *Zum ewigen Frieden* (Kant 1795). Darin zeigte er, dass als »Republiken« – heute nennen wir dies Demokratien – verfasste Staaten friedfertig sind und ihre internationalen Konflikte ohne Waffengewalt austragen. Knapp 200 Jahre später veröffentlichte Michael Doyle einen zweiteiligen Artikel in der Zeitschrift *Philosophy and Public Affairs* (Doyle 1996), mit dem er ein riesiges Forschungsprogramm zum sogenannten demokratischen Frieden in Internationalen Beziehungen auslöste; mittlerweile beteiligt sich eine unüberschaubare Zahl an Forschern an diesem Programm.[30] Doyle erläuterte auf der Grundlage der Idee von Kant, dass Staaten, die an liberalen (d. h. demokratischen) Prinzipien festhielten, untereinander einen Separatfrieden genössen. Gleichzeitig scheuten sie aber keinen bewaffneten Konflikt gegen nichtliberale Staaten. Diese zweiseitige Praxis liberaler Staaten in internationalen Beziehungen sei Folge der liberalen (d. h. demokratischen) Prinzipien.

Information kompakt

Liberalismus nach Michael Doyle

Unter Liberalismus versteht Doyle sowohl eine Ideologie als auch einen Satz von Institutionen – also Regelwerken. In beider Zentrum steht die Freiheit des Individuums.

Drei Grundrechte bilden die Grundlage der Ideologie:

- die Freiheit von Willkürherrschaft einschließlich Meinungsfreiheit, Gewissensfreiheit und Eigentumsrechte,
- soziale und wirtschaftliche Rechte einschließlich Gleichheit in Bereichen wie Bildung, Gesundheit und Beschäftigung,
- das Recht der Teilnahme am demokratischen Prozess sowie die Repräsentanz bei der politischen Willensbildung.

Diese Ideologie wird durch vier Institutionen umgesetzt und garantiert:

- Gleichheit vor dem Gesetz sowie Religions- und Pressefreiheit,
- Herrschaftsausübung durch repräsentative Gesetzgebungsorgane,
- Schutz des Privateigentums,
- Marktwirtschaft, die auf Angebot und Nachfrage beruht.

In internationalen Beziehungen bewirken diese liberalen Ideen und Institutionen, dass liberale Staaten sich nicht in die inneren Angelegenheiten anderer liberaler Staaten einmischen. Sie respektieren vielmehr das gegenseitige Recht auf Unabhängigkeit. Daher ist ein Krieg zwischen ihnen zwar nicht vollkommen ausgeschlossen, jedoch ausgesprochen unwahrscheinlich. In der liberalen Zone des Friedens wird nicht einmal mit Krieg gedroht. Wirtschaftliche Konflikte legen liberale Staaten friedlich bei und im Fall von Kriegen kämpfen sie auf derselben Seite (Doyle 1996; Lynn-Jones 1996).

Friedfertigkeit

In Abgrenzung zu anderen Theoretikern Internationaler Beziehungen (»liberaler Friede«, → Kap. 3.3) argumentierte Doyle, dass Friede nicht die Folge von Machtausübung der Öffentlichkeit in der Außenpolitik oder von wirtschaftlicher Verflechtung sei. Er folgte stattdessen Kant und führte die Friedfertigkeit im gegenseitigen Umgang auf die Eigenheiten der Demokratie zurück. Liberale Staaten würden nur aus liberalen Gründen kämpfen. Kriege gegen andere Demokratien seien nicht zu rechtfertigen. Gleichzeitig liefere der Liberalismus aber Begründungen und Rechtfertigungen dafür, gegen Diktaturen in den Krieg zu ziehen. Es gelinge Demokratien häufig nicht, Konflikte mit autoritären Staaten friedlich beizulegen. Wenn dann Krieg ausbräche, würde er häufig als Kreuzzug zur Verbreitung liberaler Werte geführt. Tragisch sei dabei, dass derartige Interventionen in andere Staaten trotz guter Absichten die Lebensbedingungen dort verschlechterten statt verbesserten.

Diese von Doyle formulierten Argumente aus der Schrift von Kant zogen eine kaum noch überschaubare Menge von Forschungsarbeiten nach sich (Geis 2001: 282). Sie sind teils theoretischer Natur und beschäftigen sich mit der Frage, welche Eigenschaften demokratischer Staaten denn tatsächlich auf welche konkrete Art und Weise internationale Friedfertigkeit bewirken.

Theoriezweige

Zu unterscheiden sind ein institutionell-struktureller (rationalistisch-institutionalistische Theorie) und ein normativ-kultureller (konstruktivistische Theorie) Zweig. Institutionalisten (→ Kap. 2.2) heben die Wirkung demokratischer Herrschaftsorganisation hervor und zeigen, wie etwa Gewaltenteilung oder demokratische Teilhabe Friedfertigkeit begünstigt. Konstruktivisten (→ Kap. 2.4) betonen dagegen die Bedeutung von Identität sowie demokratischer oder liberaler Normen und Ideen. Sie zeigen z.B., wie die »Logik der Angemessenheit« (s.u.) friedlicher Streitbeilegung bewaffnete Konflikte verhindert, die nicht im Einklang mit liberalen Ideen der Nichteinmischung und des wechselseitigen Respekts stehen. Waffengänge seien somit mit dem Repertoire liberaler, demokratischer Normen und Ideen nicht zur rechtfertigen, sondern seien tabu.

Neben diesen eher theoretischen Arbeiten findet man eine Vielzahl empirischer Studien. Sie fragen, ob Demokratien sich in der Realität tatsächlich friedlicher verhalten als Diktaturen und, wenn ja, auf welche Ursachen dieses Verhalten zurückzuführen ist.

Information kompakt

Varianten des demokratischen Friedens

Es gibt zwei Varianten der theoretischen und empirischen Forschung zum demokratischen Frieden: die dyadische und die monadische:

- Die **dyadische Variante** besagt, dass Staatenpaarungen aus zwei Demokratien friedfertiger sind als Paarungen aus zwei Diktaturen bzw. einer Diktatur und einer Demokratie. Die Forschung überprüft, ob diese Aussage zutrifft und auf welchen Ursachen diese höhere Friedfertigkeit zwischen Demokratien beruht. Krieg und Frieden sind damit Folgen von Interaktionen (→ Kap. 1.3) zwischen Staaten.

- Die **monadische Variante** geht davon aus, dass die Ursachen der Friedfertigkeit liberaler Staaten nicht auf die Beziehungen oder Interaktionen zwischen Demokratien, die miteinander in einer friedlichen Teilzone der Welt leben, begrenzt sein können. Diese Ursachen müssen vielmehr eine allgemeine Friedfertigkeit bewirken, so dass Demokratien auch keine Kriege zur Verbreitung liberaler Werte führen dürfen.

Alle Untersuchungen zu beiden Varianten teilen jedoch die Sichtweise, dass Politikergebnisse auf der Analyseebene (→ Kap. 1.3) des internationalen Systems – Krieg oder Frieden – mit Hilfe von Faktoren auf der Analyseebene des Staates erklärt werden.

Es gelang der empirischen Forschung zur dyadischen Variante vor allem mit Hilfe quantitativer Analysen zu zeigen, dass Paare demokratischer Staaten tatsächlich keine Kriege gegeneinander führten. Dieses Ergebnis war umso robuster, je strenger die Maßstäbe waren, mit denen die Kernkonzepte »Demokratie« und »Krieg« definiert wurden (s. u.). Es gibt keinen anderen politikwissenschaftlichen Sachverhalt, der sich als ähnlich eindeutig erweist, wie dieser empirische Befund. Insofern wird der auf die dyadische Variante beschränkte demokratische Friede auch als das einzige empirische Gesetz der Sozialwissenschaften bezeichnet (Geis 2001: 282; Levy 1988: 662; Müller 2002: 48; Nielebock 1993), das eine ähnliche Gültigkeit wie physikalische Gesetze, z. B. die Schwerkraft, beanspruchen könne. Dies verdeutlicht, warum der demokratische Frieden für die Sozialwissenschaften eine derart große Bedeutung hat und warum er auf ein derart großes Interesse bei den Forschern gestoßen ist.

Empirisches Gesetz

4.1 Die Klärung der konzeptionellen Grundlagen: Demokratie und Krieg

Insbesondere in der frühen Phase der Forschung zum demokratischen Frieden wurde gegen diese Theorie eingewandt, dass es zumindest einzelne Fälle gegeben habe, in denen Demokratien gegeneinander Krieg geführt hätten. Häufig genannte Beispiele waren der Krieg zwischen Großbritannien und den USA 1812, der amerikanische Bürgerkrieg (1861–1865), der spanisch-amerikanische Krieg (1898) oder auch der Erste Weltkrieg (1914–1918). Ein zweiter Einwand betraf die Frage, ob das Konzept Krieg auf zwischenstaatliche bewaffnete Konflikte beschränkt werden könne oder ob nicht auch Kolonialkriege mit Beteiligung von Demokratien einbezogen

Zweifelsfälle

Kriegskonzept

werden müssten, von denen viele Ende des 19. Jahrhunderts ausgetragen wurden (Faber/Gowa 1996; Layne 1996; Spiro 1996).

Beide Kritikpunkte erzwangen, dass geklärt werden musste, was man unter Demokratie und Krieg verstand und wie die genannten Grenzfälle gemäß allgemein akzeptierten Definitionen dieser beiden Konzepte beurteilt werden könnten. In der Frage, was Krieg ist, schloss sich Bruce Russett dem Vorschlag von Melvin Small und J. David Singer (Small/Singer 1982) an: »Krieg bedeutet eine großangelegte Anwendung institutionell organisierter tödlicher Gewalt.« (Russett 1996a: 69, Übersetzung ChT). »Großangelegt« sei die Gewaltanwendung dann, wenn pro Jahr 1000 Personen als Folge der Kriegshandlungen stürben. Diese Definition liegt auch dem Datensatz *Correlates of War* zugrunde. Russett schränkte seine Definition weiter auf zwischenstaatliche Kriege ein und grenzte daher Kolonialkriege aus (Russett 1996a: 71). Für die weitere Forschung zum demokratischen Frieden wurde diese Definition allgemein akzeptiert (Levy/Thompson 2010: 106).[31]

Demokratie

Bei der Definition von Demokratie folgten die Forscher zunächst dem Konzept von Robert A. Dahl (Dahl 1971) und identifizierten eine Reihe von konstitutiven Elementen (Levy/Thompson 2010: 106; Russett 1996a: 72–74):[32]

1. regelmäßige, freie und geheime Wahlen unter Beteiligung von Oppositionsparteien,
2. Wahlrecht für einen großen Anteil der Bürger, die entweder eine Exekutive oder ein Parlament wählen, dem die Exekutive verantwortlich ist,
3. mindestens ein friedlicher, verfassungsgemäßer Machtwechsel,
4. eine Mindestdauer demokratischen Bestehens, damit sich eine Kultur von Demokratie herausbilden kann.

Mit Hilfe dieser konzeptionellen Präzisierungen gelang es, die oben genannten Grenzfälle auszusortieren, weil sie entweder der Definition von Krieg oder der von Demokratie nicht entsprachen. Die Zahl der zum Ausgang des 19. Jahrhunderts existierenden Staaten, die man als Demokratien bezeichnen konnte, sank daher auf zwölf. Diese Zahl verdoppelte sich in der ersten Hälfte des 20 Jahrhunderts und stieg auf ungefähr 60 in den 1980er Jahren an (Russett 1996a: 74–79).

Gewaltbereitschaft

Wie Tabelle 4.1 zeigt, ist die Gewaltbereitschaft demokratischer Dyaden auf allen Konfliktstufen deutlich geringer als bei anderen Dyaden. Und wie die Theorie des demokratischen Friedens vorhersagt, wurde keiner der 32 Kriege im Untersuchungszeitraum zwischen Demokratien geführt.[33]

Einige Autoren, die die Theorie kritisch sahen, argumentierten zunächst, dass es sich bei diesem Befund um einen Zufall handele (Spiro 1996). Und selbst wenn Demokratien keine oder nur selten Kriege gegeneinander führen, sei es keineswegs ausgemacht, dass das Wesen von Demokratien die Ursache für diese Friedfertigkeit bilde. Es wurde eine Reihe alternativer Erklärungen für Friedfertigkeit angeboten, wie relative Macht, Allianzen,

Alternative Erklärungen

Höchste Konfliktstufe	Beide Demokratie	Eine oder beide Nicht-Demokratie	Gesamt
Kein Konflikt	3.864	24.503	28.367
Gewaltandrohung	2	39	41
Gewaltdemonstration	4	116	120
Gewaltanwendung	8	513	521
Krieg	0	32	32
Gesamt	3.878	25.203	29.081

Tab. 4.1

Konfliktverhalten politisch relevanter Dyaden zwischen Staaten, 1946–1986

Quelle: Russett (1996a: 80, Übersetzung ChT).

der liberale Frieden (→ Kap. 3.3) oder geographische Nähe (Faber/Gowa 1996; Geis 2001: 291–293; Layne 1996; Levy/Thompson 2010: 108). Nach einem längeren Austausch von Argumenten zwischen den Vertretern und den Kritikern der Theorie (Brown/Lynn-Jones/Miller 1996) schälte sich jedoch als herrschende Meinung heraus, dass die Ursache der Abwesenheit von Krieg zwischen Demokratien ganz überwiegend im Wesen dieser Regierungsform zu suchen ist. Bruce Russett hatte gewissermaßen im Ausschlussverfahren gezeigt, dass andere denkbare Ursachen das Phänomen des demokratischen Friedens nicht plausibel erklären konnten (Russett 1996b: 84–90). Die Diskussion wandte sich deshalb der Frage zu, welche Wesensmerkmale von Demokratien tatsächlich diese Friedfertigkeit verursachen.

Herrschende Meinung

4.2 Erklärungen für die dyadische Variante

Um zu erklären, wie Demokratie Friedfertigkeit gegenüber anderen Demokratien bewirkt, müssen theoretische Konstrukte gebildet werden, die eine plausible Ursache-Wirkung-Beziehung herstellen. Solche Konstrukte nennt man Kausalmechanismen (Müller 2002; Owen 1996: 117). Die Wesensmerkmale von Demokratie, die Friedfertigkeit erklären, kann man in strukturell-institutionelle und normativ-kulturelle Faktoren unterteilen. Erstere sind eher der rationalistischen und institutionalistischen Schule zuzuordnen, Letztere dem Sozialkonstruktivismus (→ Kap. 2).

Kausalmechanismen

4.2.1 Rationalistische und institutionalistische Erklärungen

Ein erster Kausalmechanismus der rationalistisch-institutionalistischen Forschung sieht die wichtigste Ursache in den Präferenzen der Bürger. Im Falle von Krieg sind die Bürger diejenigen, die die wesentlichen Kosten zu tragen haben. Diese Kosten reichen von erheblichen Wohlstandsverlusten bis zum Verlust an Menschenleben, sei es auf dem Schlachtfeld oder in der Zivilbe-

Präferenzen der Bürger

völkerung. Man spricht auch von Opfersensibilität (Reiter/Stam 2008; Sauer/Schörnig 2012; Schörnig 2007). Der Nutzen der Kriegsvermeidung zwischen Demokratien hängt darüber hinaus – dies sehen die Anhänger des Konzepts des liberalen Friedens ähnlich (→ Kap. 3.3) – mit der wechselseitigen Verflechtung und dem wirtschaftlichen Austausch (→ Kap. 6.2.1), die zu Effizienzgewinnen führen, zusammen (O'Neal/Russett 1999). Diese Gewinne gingen im Krieg verloren. Insofern ist die Präferenz der Bürger eindeutig: Sie sind dem Krieg abgeneigt und ziehen Wohlstandsziele vor. Nur im Verteidigungsfall sind sie bereit, von dieser Präferenz abzuweichen (Müller 2002: 53).

Mitwirkungsmöglichkeiten

Anders als in Diktaturen kommt diese Präferenz der Bürger in Demokratien bei den Entscheidungen über Krieg und Frieden maßgeblich zum Tragen (Russett 1996b: 100). Denn die verfassungsmäßig verankerten Mitwirkungsmöglichkeiten der Bürger – die demokratischen Institutionen – erfordern beim Zustandekommen wichtiger politischer Entscheidungen, dass deren Kosten-Nutzen-Kalküle, sprich Präferenzen, beachtet werden. Somit wirkt die *Verbindung* von Präferenzen und Strukturen kausal auf das Politikergebnis, indem sie es von Kriegführung zu Friedfertigkeit verschieben (Geis 2001: 287).

Gegen die These von der uneingeschränkte Wirkungsweise dieser Verbindung von Präferenzen und Strukturen als einer Ursache für Friedfertigkeit wurde eingewandt, dass Kosten-Nutzen-Kalkulationen der Bürger nicht immer eindeutig zur Friedfertigkeit führen, sondern unter Umständen auch Kriege ermöglichen könnten. Diese Umstände bestehen wenn (Geis 2001: 287):

1. die Kriegskosten nur von einer kleinen Minderheit der Gesellschaft getragen werden müssen (→ Kap. 3.3), weil es z. B. eine Berufsarmee gibt, so dass die überwiegende Mehrheit der Gesellschaft verschont bleibt (Czempiel 1996; Müller/Risse-Kappen 1990);
2. die absehbaren Kosten sehr gering ausfallen, z. B. weil die eigene Seite militärisch hoch überlegen ist;
3. die Bevölkerung sich manipulieren lässt und z. B. eher patriotischen Gefühlen statt nüchternen Kosten-Nutzen-Kalkülen folgt (Rousseou et al. 1996).

Institutionengefüge

Ein zweiter Kausalmechanismus sieht die Ursache von Friedfertigkeit vor allem im Institutionengefüge von Demokratien (Müller 2002: 53–54; Russett 1996b: 102–103; Siverson 1995). Demokratien sind in der einen oder anderen Weise gewaltenteilig organisiert. Exekutive, Legislative und Judikative sind institutionell voneinander getrennt. Sie überwachen und kontrollieren sich wechselseitig. Auf diese Weise kann nicht nur eine Gewalt eine andere in ihren Handlungen behindern und ausgleichen (*checks and balance*), sondern auch die Bürger haben die Möglichkeit, sich an eine Gewalt zu wenden, wenn sie mit der Entscheidung einer anderen Gewalt nicht einverstanden sind (Schüttemeyer 2010). Anders als in Diktaturen müssen in Demokratien verschiedene Akteure zusammenwirken, d.h. an einem Strang ziehen, damit eine politische Entscheidung getroffen wird.[34] Eine zum Krieg neigende Exekutive benötigt zumindest die passive Unterstützung der anderen Gewalten und Veto-Spieler. Sie muss deshalb eine Koalition bilden, in der die konstitutionell notwendige Mehrheit (Riker 1962) ihre Politik unterstützt. Dies ist ein mühsamer, schwerfälliger und zeitraubender Prozess.

Unterstützung von Veto-Spielern

Die Wahrscheinlichkeit, dass eine hinreichend große Koalition zustande kommt, in der alle Veto-Spieler mitwirken, ist deutlich geringer als in Diktaturen. Dort ist nur eine vergleichsweise kleine Gruppe/Koalition notwendig, um Entscheidungen herbeizuführen. Der längere Zeitraum, der in Demokratien nötig ist, um eine Koalition für einen Krieg zu bilden, kann überdies genutzt werden, um auf internationalem Verhandlungsweg und durch Einschaltung von Vermittlern den Waffengang noch zu verhindern. Die Schwerfälligkeit, Komplexität und geringe Geschwindigkeit demokratischer Entscheidungsprozesse tragen so erheblich zur Friedfertigkeit bei (Maoz/Russett 1993). Diese Ursachen für Friedfertigkeit sind die Folge von demokratischen Institutionen. Präferenzen spielen in diesem Kausalmechanismus keine Rolle.

Institutionelle Trägheit

Gegen diesen Kausalmechanismus wurde vorgebracht, dass schwerfällige Institutionen und die Beschränkung der Autonomie von Entscheidungsträgern kein ausschließliches Merkmal von Demokratien seien. Es müsste zwischen »starken« Staaten mit hoher Machtkonzentration und »schwachen« Staaten mit geringer Machtkonzentration unterschieden werden (Faber/Gowa 1996: 244; Risse-Kappen 1994: 374).

Kalküle von Entscheidungsträgern

Einen dritten Kausalmechanismus identifizierten Bruce Bueno de Mesquita und seine Koautoren, indem sie die Präferenzen der zentralen Entscheidungsträger statt der Bürger ins Zentrum der Betrachtung rückten (Bueno de Mesquita et al. 1999; Bueno de Mesquita et al. 2003). Diese Akteure seien vor allem am eigenen Machterhalt interessiert. Darin unterschieden sich Demokratien und Diktaturen nicht. Der wesentliche Unterschied läge darin, wessen politische Unterstützung für den Machterhalt notwendig ist. Um diese Gruppe zu identifizieren, entwickelten die Autoren das Modell des Selektorats, das in Abbildung 4.1 dargestellt ist.

Selektorat

In diesem Modell wird die Gruppe des nominalen Selektorats von allen Akteuren gebildet, die im Prinzip politischen Einfluss ausüben und damit über den Machterhalt des Führungspersonals bestimmen könnten. In Demokratien sind dies alle Abstimmungsberechtigten. Das reale Selektorat besteht aus der Teilgruppe des nominalen Selektorats, die tatsächlich ihren Einfluss ausüben. In Demokratien sind dies z.B. die Wähler, weil sie von ihrem Wahlrecht Gebrauch machen. Die Gewinnerkoalition ist schließlich die Teilgruppe des realen Selektorats, deren Unterstützung ein Entschei-

Abb. 4.1

Das Modell des Selektorats

Quelle: eigene Darstellung nach Bueno de Mesquita (2003: 381–382; Bueno de Mesquita et al. (2003).

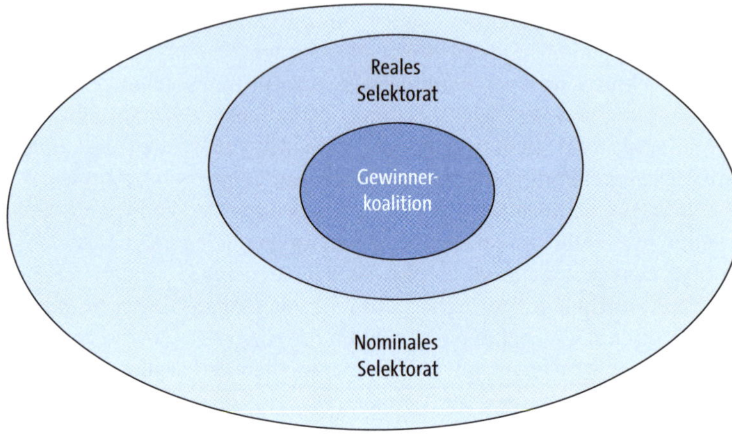

dungsträger zum Machterhalt tatsächlich benötigt. In Demokratien ist dies der Teil der Wähler der zur Mehrheitsbildung und -entscheidung notwendig ist.

Verteilung privater Güter

Wenn Entscheidungsträger ihre Handlungen nicht so sehr am Gemeinwohl ausrichten, sondern eher am eigenen Machterhalt, rückt die dafür notwendige Gewinnerkoalition ins Zentrum der Betrachtung. Die Mitglieder dieser Koalition müssen durch Zuwendungen zufriedengestellt werden, damit sie loyal zum Entscheidungsträger stehen. Die restliche Gesellschaft kommt nicht in den Genuss solcher Privilegien oder Zuwendungen. In Diktaturen ist die Gruppe der Zuwendungsempfänger und loyalen Unterstützer meist sehr klein. Daher gewinnen Entscheidungsträger deren Unterstützung durch Verteilung von Privatgütern und Privilegien. In Demokratien ist dagegen auch die Gruppe der Gewinnerkoalition zu groß, als dass man deren Unterstützung durch private Zuwendungen sichern könnte. Entscheidungsträger in Demokratien nutzen deshalb die Verteilung öffentliche Güter, um ihren Machterhalt zu sichern. Da aber niemand vom Genuss öffentlicher Güter ausgenommen werden kann, kommt diese Zuwendung nicht nur der Gewinnerkoalition, sondern der ganzen Gesellschaft zugute. Entscheidungsträger in Demokratien haben einen sehr viel größeren Anreiz als Diktatoren, durch öffentliche Güter »gute« (am Gemeinwohl orientierte) Politik zu machen. Verlorene Kriege sind für demokratische Machthaber daher auch ein größeres Risiko als für Diktatoren. (Bueno de Mesquita et al. 2003; Frieden/Lake/Schultz 2012: 157; Levy/Thompson 2010: 111–112).

Verteilung öffentlicher Güter

Bei diesem Kausalmechanismus unterscheiden sich vor allem die Präferenzen der Akteure in den jeweiligen politischen Systemen sowie die Größe

Information kompakt

Private vs. öffentliche Güter

In den Sozialwissenschaften werden private und öffentliche Güter unterschieden. Öffentliche (oder kollektive) Güter sind durch zwei Merkmale gekennzeichnet, die private Güter nicht aufweisen:

- Nicht-Ausschließbarkeit: d.h., dass niemand vom Genuss öffentlicher Güter ausgeschlossen werden kann;
- Nicht-Rivalität: d.h., dass die Benutzung eines öffentlichen Gutes durch eine Person nicht zur Folge hat, dass eine andere Person dieses Gut nicht im selben Maß benutzen könnte.

Akteure kommen auch ohne einen eigenen Beitrag zur Produktion öffentlicher Güter in den Genuss öffentlicher Güter. Ein Beispiel ist ein Leuchtturm: Schiffskapitäne können die Lichtsignale eines Leuchtturms zur Navigation nutzen (Nicht-Ausschließbarkeit), unabhängig davon, ob sie einen Beitrag zu diesem öffentlichen Gut geleistet haben oder nicht. Die Tatsache, dass ein Schiff das Leuchtsignal benutzt, hindert andere Schiffe nicht daran, es ebenfalls zu benutzen (Nicht-Rivalität). Die Nutzer haben einen ständigen Anreiz, zum »Trittbrettfahren«. Ein weiteres Beispiel ist der über Funkwellen verbreitete öffentliche Rundfunk. Wenn öffentliche Güter das Merkmal der Nicht-Ausschließbarkeit, aber nicht das der Nicht-Rivalität erfüllen, spricht man von der sogenannten Allmende. Beispiele für Allmende sind Fischbestände in internationalen Gewässern, das Klima oder Gemeinschaftsweiden.

Risiko des Machtverlusts

der Selektorate. Die Institutionen der Demokratie üben keine ursächliche Wirkung auf die Friedfertigkeit aus. Weil aber ein verlorener Krieg für demokratische Entscheidungsträger ein hohes Risiko für den Machterhalt darstellt, werden sie alle Anstrengungen unternehmen, einen Krieg zu gewinnen. Diese theoretische Erwartung entspricht der empirischen Beobachtung, dass Demokratien ihre Kriege meist gewinnen statt zu verlieren (Desch 2008; Downes 2009; Reiter/Stam 2002). Wenn aber alle Demokratien mit höchstmöglichem Einsatz Kriege zu gewinnen suchen, sind die Risiken von Kriegen zwischen Demokratien für den Machterhalt der Entscheidungsträger weitaus höher als bei anderen Kriegen. Deren Wille zum Machterhalt verhindert daher, dass Demokratien Krieg gegeneinander führen, weil beide Seiten dabei unerbittlich wären und extrem hohe Kosten verursachen würden.

Während die ersten beiden Kausalmechanismen ihre Wirkung auch in der monadischen Variante ausüben müssten, kann der dritte Kausalmechanismus erklären, warum Demokratien nur untereinander keine Kriege führen, aber gegenüber Diktaturen weitaus weniger friedfertig sind. Daher wird an ihm kaum Kritik geübt.

4.2.2 | Konstruktivistische Erklärungen

Wertvorstellungen und Praktiken

Nahezu allen Versuchen, die Friedfertigkeit von Demokratien zu erklären, liegt die Annahme zugrunde, dass Demokratien sich von autoritären Regimen maßgeblich in ihren Wertvorstellungen und politischen Praktiken unterscheiden. Insbesondere innergesellschaftliche Konflikte würden gewaltfrei und friedlich gelöst. Demokratien verfügen über Praktiken des friedlichen Konfliktmanagements und der Kompromissfindung (Levy/Thompson 2010: 109; Owen 1996; 1997; Russett 1996b: 90–99; Russett/Oneal 2001). Diese Praktiken ermöglichen allen gesellschaftlichen Gruppen Teilhabe und angemessene Berücksichtigung von Interessen. Im Ergebnis entsteht eine hohe gesellschaftliche Akzeptanz gefundener Problemlösungen insbesondere auch dann, wenn diese Lösungen nicht allen ursprünglich geltend gemachten Forderungen genügen oder sogar zu einschneidenden Nachteilen Einzelner oder bestimmter Gruppen führen. Dass in solchen Fällen auch die Demokratie selbst nicht in Frage gestellt wird, hat seinen Grund darin, dass in demokratischen Staaten wesentliche Werte und Prinzipien gelten, die meist konstitutionell verankert sind.[35] Dazu gehören z.B. (Geis 2001: 289; Müller 2002: 53):

- die Achtung von Gesetzen, die Menschenwürde und die Gleichheit vor dem Gesetz,
- faire Partizipationschancen und Mehrheitsentscheidungen,
- Achtung und Schutz von Minderheiten,
- die Ermöglichung von Opposition,
- die Ermöglichung von Machtwechseln.

Externalisierung

Bürger und Eliten in Demokratien schätzen diese liberalen bzw. demokratischen Werte und Praktiken und haben sie verinnerlicht. Daher nutzen sie diese gewissermaßen instinktiv im Umgang innerhalb der Gesellschaft. Gleichzeitig versuchen sie aber auch, diese Werte und Praktiken in den internationalen Beziehungen zu leben – man spricht von Externalisierung (Müller 2002: 55) – obwohl dort die Voraussetzungen prinzipiell nicht so günstig sind (→ Kap. 2) wie innerhalb der Gesellschaft (Geis 2001: 289). In den Beziehungen zu anderen Demokratien sind die Voraussetzung für eine friedfertige Wirkung dieser externalisierten Werte und Praktiken aber relativ hoch, weil sie auf beiden Seiten internalisiert sind. Wie innergesellschaftliche Beziehungen auch sind die Beziehungen zwischen Demokratien nicht vollkommen konfliktfrei (vgl. Tab. 4.1). Aber die Kriegführung als äußerte Form der Konfliktregelung wird doch vermieden (Kegley/Hermann

1996; Kegley/Hermann 1997; Nielebock 1993). Werte und Praktiken sind somit der erste Kausalmechanismus sozialkonstruktivistischer Forschung zur Erklärung der Friedfertigkeit von Demokratien.

Grenzen der Externalisierung

Weil Diktaturen demokratische Werte und Praktiken nicht teilen und schon gar nicht verinnerlicht haben, können diese in den Beziehungen zwischen Demokratien und Diktaturen ihre friedensstiftende Wirkung nicht entfalten. Ihre Externalisierung stößt darüber hinaus an eine weitere Grenze: Denn auch autoritäre Regime sind bemüht, ihre nichtdemokratischen Werte und Praktiken zu externalisieren. Demokratien müssen deshalb in dieser Dyade befürchten, übervorteilt und ausgenutzt zu werden, wenn sie *a priori* auf Krieg als Mittel der Konfliktregelung verzichten (Levy/Thompson 2010: 109; Maoz/Russett 1993: 625). Sie vermeiden dies dadurch, dass sie sich gegenüber Nicht-Demokratien grundlegend anders verhalten als gegenüber anderen Demokratien. Werte und Praktiken sind insoweit gute Kausalmechanismen, um den empirischen Doppelbefund zu erklären: Untereinander sind Demokratien eher friedlich, in Beziehungen zu autoritären Regimen dagegen nicht (Owen 1996).

Bedeutungszuschreibung

Konstruktivistische Autoren gehen jedoch über die Analyse demokratischer Werte und Praktiken als Ursache von Friedfertigkeit hinaus. Denn für diese Theorieschule ist ja vor allem maßgebend, wie Akteure ihre Umwelt einschließlich anderer Akteure wahrnehmen, indem sie ihnen Bedeutungen zuschreiben (→ Kap. 2.4). Dabei macht es einen großen Unterschied, ob einem anderen Akteur die Etiketten »Demokratie«, »Freund« und »Mitglied meiner Welt/Gruppe« oder die Etiketten »Diktatur«, »Feind« und »Mitglied einer anderen Welt/Gruppe« aufgeklebt werden. Demokratien erwarten deshalb voneinander dieselben Verhaltensmuster in internationalen Beziehungen, z.B.:

- Zügelung und Beschränkung des Instrumentariums zur Konfliktaustragung auf friedliche Mittel,
- Kompromissbereitschaft,
- Rücksichtnahme statt Ausnutzung der Schwächen der anderen Seite,
- Berechenbarkeit und Verlässlichkeit in dem Sinne, dass eigene Erwartungen auch tatsächlich eintreffen,
- Transparenz interner politischer Willensbildungs- und Entscheidungsprozesse.

Ausgrenzung

Diese Verhaltensmuster werden Nicht-Demokratien nicht unterstellt und daher von ihnen nicht erwartet. Auf diese Art und Weise konstruieren Demokratien eine Gruppe von Gleichgesinnten (*ingroup*) untereinander. Nicht-Demokratien können nicht Mitglied dieser Gruppe werden, sondern bilden gegebenenfalls eine konkurrierende Gruppe (*outgroup*). Die soziale Konstruktion von solchen Gruppen ist ein wichtiges Beispiel für die Bildung kollektiver Identitäten in internationalen Beziehungen (Risse-Kappen

1995). Diese Identitäten werden nicht nur herausgebildet, sondern durch alltägliche (kognitive) Nutzung ständig reproduziert. Die Entwicklung und Nutzung von Freund- und Feindbildern (Hermann/Kegley 1995) ermöglicht und verstärkt die Bildung von Sicherheitsgemeinschaften (Deutsch 1954; 1957; Risse-Kappen 1996). Deren Mitglieder führen keinen Krieg gegeneinander, sondern tragen Konflikte unterhalb der Schwelle bewaffneter Gewalt aus (James/II 1995; Levy/Thompson 2010: 109–110). Die wechselseitige Wahrnehmung, die Ausbildung von Identität und Gemeinschaft ist somit der zweite wichtige Kausalmechanismus, mit dem Konstruktivisten die Friedfertigkeit von Demokratien untereinander erklären.

Fehlwahrnehmungen

Allerdings ist gegen diese Erklärung eingewandt worden, dass Demokratien ebenso wie Nicht-Demokratien von Fehlwahrnehmungen geleitet werden können (Geis 2001: 290; Henderson 1999). Deshalb könne die größere Friedfertigkeit von Demokratien nicht mit Hilfe von wechselseitiger Wahrnehmung erklärt werden. Diesem Einwand ist aus konstruktivistischer Sicht jedoch entgegenzuhalten, dass es Fehlwahrnehmungen nur geben könnte, wenn es möglich wäre, »richtige« von »falschen« Wahrnehmungen zu unterscheiden. Dies würde voraussetzen, dass man soziale Realität wie Natur »objektiv« beobachten kann. Diese sogenannte positivistische Sichtweise auf Erkenntnisgewinnung teilen die allermeisten Sozialkonstruktivisten aber nicht. Für sie ist Realität nicht objektiv beobachtbar, zumal der Beobachter immer auch Teil der zu beobachtenden Realität ist. Auch wissenschaftliche Beobachtungen sind daher soziale Konstruktionen (Meyers 1979: 77–92; Wendt 1999).

Zwischenfazit

Kausalmechanismen für den Doppelbefund

Rationalistische bzw. institutionalistische Ursachen:

1. Die kriegsaversen Präferenzen der Bürger können sich im politischen Entscheidungsprozess durchsetzen, weil Demokratien politische Teilhabe ermöglichen.
2. Die gewaltenteilige Organisation von Demokratien führt zu wechselseitiger Kontrolle der Gewalten, Schwerfälligkeit von Entscheidungsprozessen und zeitlichen Verzögerungen, die zusammengenommen Friedfertigkeit begünstigen.
3. Am eigenen Machterhalt interessierte politische Entscheidungsträger können in Demokratien die vielfältigen Bedürfnisse eines großen Selektorats nur durch Bereitstellung öffentlicher Güter wie Frieden befriedigen.

Konstruktivistische Ursachen:

1. Bürger und Entscheidungsträger haben liberale bzw. demokratische Werte und Praktiken verinnerlicht. Sie leiten das bevorzugte Verhalten der Konfliktaustragung an. Demokratien externalisieren diese innenpolitisch erfolgreichen und friedlichen Verhaltensweisen der Konfliktbearbeitung.
2. Aufgrund ihrer besonderen, durch liberale Werte geprägten Identität nehmen Demokratien andere Demokratien als Freunde und Nicht-Demokratien als Feinde wahr. Zwischen Freunden werden Konflikte friedlich bewältigt, mit Feinden werden sie notfalls auch gewaltsam ausgetragen.

4.3 Die Debatte über die monadische Variante

Die politikwissenschaftliche Debatte über die monadische Variante des demokratischen Friedens nahm ihren Ausgang von denjenigen der genannten Erklärungsversuche der dyadischen Variante, die Friedfertigkeit mit den Merkmalen demokratischer Institutionen oder mit liberalen Ideen zu untermauern suchen. Je höher der Grad an gesellschaftlicher Mitbestimmung in einem Staat sei, desto geringer sei auch dessen Neigung zur Gewaltanwendung in internationalen Beziehungen. Krieg höre in dem Moment auf, in dem diejenigen über ihn beschließen, die auch unter ihm zu leiden hätten (Czempiel (1996: 79–80).

Vorbildfunktion

In Ergänzung der Interpretationen von Kants Schrift *Zum ewigen Frieden* haben Czempiel (1996) und Hurrell (1990) noch auf eine weitere Friedensursache hingewiesen: Eine Demokratie wirke gewissermaßen als Vorbild. Andere Staaten würden angeregt, ihr eigenes Herrschaftssystem an diesem Vorbild auszurichten. Die erste Demokratie bilde eine Art Brennpunkt, an dem sich andere ausrichten. Zusätzlich schlössen sie sich zu einem Friedensbund zusammen (Czempiel 1996: 95). Kant habe sich seinen Friedensbund jedoch nicht als eine große internationale Organisation vorgestellt, wie z.B. der Völkerbund oder die Vereinten Nationen, sondern als eine eher lose Verbindung zwischen Staaten. Sein alleiniger Zweck sei, Krieg abzuschaffen, wie Hurrell (1990) herausgearbeitet hat. Dieses Ziel werde erreicht, indem die im Friedensbund zusammengeschlossenen Staaten einen institutionalisierten Kontakt pflegen und auf diese Weise wechselseitiges Vertrauen in den verabredeten Gewaltverzicht schaffen. Dort, wo ein solcher Friedensbund bestünde, z.B. OECD oder in der Europäische Union, könne der Frieden als gesichert gelten (Czempiel 1996: 96).[36]

Friedensbund

Diese Deutungen wurden kritisiert, weil sie den bereits dargelegten empirischen Doppelbefund nicht plausibel erklären können: Demokratien führen keine Kriege untereinander, aber sehr wohl sehr viele Kriege gegen Nicht-Demokratien. Der monadischen Variante zufolge müssten Demokratien allgemein und nicht nur in Interaktionen untereinander friedfertiger auftreten (Czempiel 1986). Weil die Empirie deutlich gegen die Annahmen der monadischen Variante sprach – Demokratien sind keineswegs friedfertiger als Diktaturen – widmete die politikwissenschaftliche Forschung ihr weitaus weniger Aufmerksamkeit als der dyadischen. Dennoch gingen einzelne Forscher der Frage nach, warum sich die Einsichten und Erwartungen von Immanuel Kant nicht bewahrheitet haben.

Demokratiedefizite

Ernst-Otto Czempiel (1996: 86–93) erläuterte, dass die bestehenden Demokratien unserer Zeit noch deutliche Defizite aufwiesen, so dass die von Kant identifizierten Mechanismen der Friedfertigkeit nicht zum Tragen kommen könnten. Seine Analyse beruht weniger auf der Beurteilung von konstitutionellen Voraussetzungen für Demokratie, die zumeist den Datensätzen der quantitativen Forschung zugrunde liegen, sondern auf der Einschätzung, ob die friedensstiftenden Merkmale von Demokratien ihre Wirkung tatsächlich entfalten können.

Information kompakt

Wie entfalten Merkmale von Demokratien ihre friedensstiftende Wirkung?

1. Enge Verkoppelung von Entscheidungskompetenz und Kostenbelastung: beide müssen beim selben Akteur, dem Bürger, liegen;
2. angemessene und gleiche politische Mitbestimmung und Mitwirkung der Bürger;
3. aufmerksame und rational agierende Bürger;
4. uneingeschränkte Umsetzung der gesellschaftlichen Ziele in politische Entscheidungen;
5. gesellschaftliche Möglichkeiten zur Unterbindung oder Sanktionierung einer kriegerischen Außenpolitik;
6. funktionierende Gewaltenteilung und Kontrolle der Exekutive;
7. enge Beziehung zwischen Legislative und Gesellschaft, zwischen denen Parteien und Medien eine Brücke bilden (Czempiel 1996: 86–93).

Czempiel sieht die notwendigen Bedingungen für die friedensstiftende Wirkung von Demokratie in den westlichen Industriestaaten nicht vollständig erfüllt und führt folgende Defizite an:

Defizite von Demokratien

1. Die Möglichkeiten der gesellschaftlichen Mitbestimmung durch die Bürger seien eingeschränkt, weil partikulare Interessengruppen über privilegierte Möglichkeiten der Mitsprache verfügten.
2. Unsere Demokratien ähnelten den feudal-monarchistischen politischen Systemen, weil die Macht zentralisiert und die Einflussnahme auf Entscheidungen ähnlich abgestuft sei.
3. Die Ziele und Interessen der Bürger würden häufig nicht ohne wesentliche Veränderungen oder Verzerrungen politisch umgesetzt.
4. Die Bürger verfügten nicht über hinreichende Möglichkeiten, die Entscheidungsträger für solche Verzerrungen zur Verantwortung zu ziehen.
5. Die Bürger seien auf Information durch Regierung und Medien angewiesen, würden aber nicht immer angemessen unterrichtet, um rationale Entscheidungen treffen zu können.
6. Regierungen gingen Verpflichtungen ein, die zu einem späteren Zeitpunkt zu Handlungszwängen gegen die Interessen der Bürger werden könnten.
7. Die Sachverhalte und Konflikte seien meist komplex und unüberschaubar. Bürger fänden es schwierig, sich ein hinreichendes Bild für eine informierte Entscheidung zu machen und brächten der Außenpolitik auch nicht die erforderliche Aufmerksamkeit entgegen.
8. In manchen Demokratien seien die Entscheidungskompetenz und die Kostenbelastung nicht bei allen Bürgern angesiedelt, sondern aufgeteilt. Alle seien zwar an den Entscheidungen beteiligt, aber nur eine kleine Zahl von Bürgern trüge die Kriegslasten, weil die Wehrpflichtarmeen heutzutage durch Freiwilligenstreitkräfte ersetzt worden seien. Damit sei die wichtige Verkopplung von Entscheidung und kostenscheuenden Interessen in ein und demselben Akteur, die bei Kant die ausschlaggebende Rolle gespielt habe (Czempiel 1999: 86–93), zerschnitten worden.

Zusammengenommen argumentiert Czempiel, dass der dyadische Befund nicht eine vorrangige Folge von Demokratie sei, sondern des bei Kant zweitrangigen Friedensbundes. Es sei eher ein EU- oder OECD-Frieden als ein demokratischer Frieden (Geis 2001: 292). Die demokratischen Defizite der bestehenden Demokratien erklärten, warum die von Kant identifizierten Mechanismen ihre friedensstiftende Wirkung nicht entfalten könnten. Daher seien auch heutige Demokratien kriegerisch.

OECD-Frieden

4.4 | Politische Praxis und Antinomien des demokratischen Friedens

Die Forschung zum demokratischen Frieden blieb Entscheidungsträgern nicht verborgen. U.S.-Präsident Clinton forderte z.B. in seiner Rede zur Lage der Nation 1994 eine Politik der Demokratieförderung und begründete dies mit der demokratischen Friedfertigkeit (Levy/Thompson 2010: 116). Andere zogen noch weitreichendere Schlüsse und befürworteten sogar Kriegführung zum Zweck der Demokratisierung und damit zur langfristigen Friedenssicherung. Einige Forscher wandten sich jedoch schon früh gegen eine solche Zweckentfremdung ihrer Untersuchungsergebnisse zur politischen Legitimation einer von ihnen nicht empfohlenen Politik. Einige wandten sogar ein, dass Demokratien im Übergang besonders kriegerisch seien. Demokratisierung würde deshalb zu Krieg statt zu Frieden führen (Lynn-Jones 1996: xxv–xxvi; Mansfield/Snyder 1996; 2002; 2009).

Zweckentfremdung

Weitere Untersuchungen förderten die Erkenntnis zutage, dass einige Demokratien wie insbesondere USA, Großbritannien, Australien, Indien, Israel oder Frankreich sehr häufig Kriege führten, während andere Demokratien weitaus zurückhaltender agierten (Geis/Müller 2013: 5; Geis/Müller/Schörnig 2010). Dieser Befund unterschiedlicher Verhaltensweisen demokratischer Staaten lässt sich nicht einfach mit den genannten Kausalmechanismen erklären, denn diesen zufolge müssten sich alle Demokratien ähnlich und nicht unterschiedlich verhalten.

Verhaltensvarianz

Deutsche Friedensforscher wandten sich deshalb schon früh gegen den grassierenden Optimismus, welcher der Theorie des demokratischen Friedens innewohnt. Sie zeigten auf, dass die Theorie auch ihre »Schattenseiten« hat – also janusköpfig ausgeprägt ist (Geis/Müller/Wagner 2007). Ein übersteigertes Selbstbewusstsein von Demokratien könnte z.B. zu einem missionarischen Eifer führen, aus dem heraus dann Kriege gegen Nicht-Demokratien geführt würden. Und die wechselseitige Identifikation als friedliebende Demokratien fördere abschottende Gruppenbildung und die Ausbildung ausgeprägter Feindbilder.

Schattenseiten

Um solche Schattenseiten herauszuarbeiten, führte Harald Müller (2002) den Begriff der Antinomie in die Debatte ein. Damit soll ausgedrückt werden, dass dieselben ursächlichen Zusammenhänge zu höchst unterschiedlichen Politikergebnissen führen könne. Anders ausgedrückt: Der Theorie des demokratischen Friedens wohnt gleichzeitig eine Theorie des demokratischen Krieges inne. Müller nennt drei verschiedene Typen von Antinomien und erläutert die ersten beiden theoretisch und illustriert sie mit Beispielen (Müller 2002: 56):[37]

Antinomie

1. Eine theoretisch identifizierte Ursache erzwinge nicht die vorhergesagte Wirkung, sondern ermögliche auch unterwartete Folgen bis hin zum

Gegenteil. Müller nennt folgendes Beispiel: Es ist die Präferenz der Bürger in Demokratien, die Kosten von Kriegen zu scheuen und keine Opferbereitschaft zu zeigen. Dies muss aber nicht zwingend zur Friedfertigkeit führen. Es ist auch denkbar, dass der Wunsch nach Kosteneinsparung zu mehr Verteidigungs- und Rüstungspotentialen führt, weil mit höheren Stückzahlen eine gesteigerte Effizienz erzielt werden kann. Das Bestreben, menschliche Opfer zu vermeiden, begünstigt darüber hinaus den Einsatz modernster Technik und Waffensysteme. Und schließlich kann der Wunsch nach Kostensenkung und Opfervermeidung zu einer hohen Bereitschaft führen, die Vorteile zu nutzen, die ein Präemptivkrieg (→ Kap. 3.1.3) der angreifenden Seite eröffnet (Müller 2002: 57).

Zweischneidigkeit von Präferenzen

2. Von den genannten Kausalmechanismen könnten zwei oder mehr in Widerspruch zueinander geraten. Müller beschreibt folgendes Szenario: Der eine Kausalmechanismus, die Präferenz der Bürger, wirkt wie angenommen friedensfördernd, weil die mehrheitlich dem Krieg abgeneigten Bürger sich durch politische Teilnahme am Entscheidungsprozess für eine friedliche Außenpolitik einsetzen. Der andere Kausalmechanismus, die Schwerfälligkeit demokratischer Institutionen in der Entscheidungsfindung, soll, so wird angenommen, ebenfalls die Friedfertigkeit begünstigen. Müller (2002: 61) gibt jedoch zu bedenken, dass diese institutionelle Schwerfälligkeit möglicherweise gut organisierte Minderheiten begünstigt, die von Kriegen profitieren und sich u. U. gegen die gesellschaftliche Mehrheit durchsetzen (→ Kap. 3.3).

Kausale Widersprüchlichkeit

3. Es ist möglich, dass zwei Kausalmechanismen miteinander interagieren, so dass das Ergebnis nicht dem entspricht, das jeder einzelne Mechanismus für sich genommen erzielt hätte. Diese Möglichkeit hat Müller nicht weiter untersucht.

Müllers Kritik und der Vorwurf von »Schattenseiten« richtet sich ausdrücklich gegen beide Varianten der Theorie des demokratischen Friedens. Der Grund liegt darin, dass die dyadische Variante ohne die Kausalmechanismen der monadischen Variante nicht auskommt. Müller weist der Annahme, dass der dyadische Frieden im Wesentlichen das Ergebnis von Interaktionen zwischen Demokratien ist, lediglich den Status einer Randbedingung (Müller 2002: 66) statt den einer eigenständigen Ursache zu. Allerdings räumt er ein: »Im Verhältnis der Demokratien zueinander sind Antinomien schwächer [als in der monadischen Variante, ChT] ausgeprägt, aber vorhanden« (Müller 2002: 76).

Die Forschergruppe der Hessischen Stiftung für Friedens- und Konfliktforschung hat außerdem den Versuch unternommen, die Schattenseiten und Antinomien der Theorie des demokratischen Friedens bis zur Urschrift von Immanuel Kant (1795) zurückzuverfolgen (Geis/Müller/Schörnig 2013). Sie sind dabei auf folgende Zusammenhänge gestoßen (Geis/Müller 2013):

Bürger, die ihren Entscheidungen Normen des demokratischen Friedens zugrunde legen, können zu höchst unterschiedlichen Schlussfolgerungen gelangen. Sie können entweder eine pazifistische Haltung einnehmen – kompromisslose Verhinderung von Krieg – oder Krieg befürworten, um anderen Gesellschaften zum Systemwechsel zu verhelfen, damit im Anschluss keine Kriege mehr geführt werden (Geis/Müller 2013: 11). Anders als von der rationalistischen oder institutionalistischen Forschung oder von Doyle angenommen seien die Normen des demokratischen Friedens nicht »von außen« vorgegeben, sondern würden jeweils von den Bürgern selbst sozial konstruiert. Damit wird deutlich, dass dieselben Normen höchst unterschiedlich aufgefasst werden können. Ihre Bedeutung ist nicht eindeutig festgelegt, sondern ambivalent (Geis/Müller 2013: 9).

Norminterpretationen

Diese Ambivalenz trifft auch für den von Kant angestrebten Friedensbund zu. Man kann ihn als eine Ordnung verstehen, die Krieg verhindern soll. Aber man kann ihn ebenso als eine Ermächtigung sehen, mit kriegerischen Mitteln eine solche Ordnung erst zu schaffen oder gegen andere regionale oder internationale Ordnungen durchzusetzen oder zu verteidigen. Man könne, so Geis/Müller (2013: 12) Kants Überlegungen zusätzlich als Rechtfertigung dafür auslegen, durch militärische Interventionen Menschenrechte und demokratische Ordnungen weltweit durchzusetzen.

Ambivalenz des Friedensbundes

Bei der Bestimmung, wer Freund und wer Feind ist, ging Kant zudem von einem sozial-konstruktivistischen Prozess aus. In seiner *Grundlegung der Metaphysik der Sitten* kennzeichnet er den Feind als jemanden, dessen öffentlich bekundeter Wille eine Maxime darstelle, die jede Voraussetzung für Frieden zwischen Nationen zunichtemache, wenn sie zu einer universalen Regel erhoben werde. Damit verlange Kant, so Geis/Müller (2013: 13), dass Akteure anderen diese Unfriedlichkeit zuschrieben, sie also entsprechend konstruktivistisch etikettierten (→ Kap. 2.4). Nicht Kants Norm lege fest, wer Freund und wer Feind sei, sondern die Etikettierung der Akteure. Daher sei die Norm ambivalent.

Freund-Feind-Bestimmung

Und schließlich ist nicht eindeutig festgelegt, welche Autoritäten entscheiden dürfen, dass eine Ausnahme vom generellen Gewaltverbot der UN-Charta (Artikel 2, Absatz 4) gerechtfertigt ist. In der Charta selbst werden nur Selbstverteidigung und Beschlüsse des UN-Sicherheitsrats als Ausnahmen zugelassen. Die Theorie des demokratischen Friedens liefert jedoch eine Rechtfertigung, nach der auch andere Entscheidungsorgane als der UN-Sicherheitsrat Ausnahmen vom Gewaltverbot autorisieren könnten (Geis/Müller 2013: 14). Da die UN-Charta ein Kompromiss zwischen Demokratien und Nicht-Demokratien ist und im Sicherheitsrat auch Nicht-Demokratien zustimmen müssen, wenn Ausnahmen gestattet werden sollen, verfügt der Sicherheitsrat nicht über die höchste demokratische Legitimität. Nur aus Demokratien bestehende internationale Organisatio-

Legitimierte Autoritäten

nen können eine solche Legitimität beanspruchen, weil nur in ihnen der freie Wille der Bürger zum Ausdruck komme (Daalder/Lindsay 2007). Dieser Lesart zufolge sind vor allem internationale Organisationen mit ausschließlich demokratischen Mitgliedern ermächtigt, Ausnahmen vom allgemeinen Gewaltverbot zu erlauben. Und wenn man Demokratie als Volksherrschaft versteht, könnte man sogar zu dem Schluss kommen, dass nur Regierungen oder Legislativen demokratischer Staaten ermächtigt sind, derartige Ausnahmegenehmigungen vom Gewaltverbot zu erteilen. Dies gilt insbesondere dann, wenn es zwischen nationalen und internationalen Regeln ein Spannungsverhältnis gibt (Geis/Müller 2013: 14–15). Zusammengenommen ermöglichen diese Ambivalenzen und Spielräume bei der Auslegung von Normen des demokratischen Friedens, Krieg zu rechtfertigen und zu führen.

Legitimität internationaler Organisationen

Nach dieser sehr grundlegenden Kritik an der Theorie des demokratischen Friedens kann man festhalten, dass zwar die empirischen Befunde insbesondere der dyadischen Variante nicht bestritten worden sind. Jedoch fehlt nach wie vor eine über jeden Zweifel erhabene, plausible Erklärung für die Friedfertigkeit zwischen Demokratien. Die einzelnen Kausalmechanismen sind ein erster und wichtiger Schritt auf dem Weg zu einer überzeugenden Erklärung. Ihnen wohnt jedoch eine gewisse Widersprüchlichkeit und Ambivalenz inne, die ihre Aussagekraft vermindern. Dabei muss vor allem auf vor einer politischen Anwendung der Theorie gewarnt werden, bei der diese Ambivalenzen nicht hinreichend gewürdigt werden. Der demokratische Frieden sollte eher als eine Selbstvergewisserung begriffen statt als Rechtfertigung für eine weltweite Demokratisierung missverstanden werden.

Plausible Erklärung?

Zusammenfassung

Demokratien führen vielfältige Kriege, aber nicht gegeneinander. Für diesen Doppelbefund werden teils rationalistisch-institutionalistische, teils normativ- konstruktivistische Erklärungen angeführt. Es gibt jedoch erhebliche Einwände gegen die These, dass Friedfertigkeit eine unmittelbare Folge der Demokratie, d. h. ihrer konstitutiven Merkmale selbst ist. Einerseits bestehen erhebliche Zweifel an der uneingeschränkten demokratischen Qualität der westlichen Industriestaaten unserer Zeit. Andererseits sind die theoretischen Aussagen und die angeführten Kausalmechanismen teils widersprüchlich und ambivalent. Sie können keine vollständig überzeugende Erklärung für den Doppelbefund liefern. In manchen steckt zudem ein nutzbares Rechtfertigungsrepertoire, mit dem Kriege von Demokratien legitimiert werden können.

Lernkontrollfragen

1. Welche Theoriezweige und Varianten können beim demokratischen Frieden unterschieden werden?
2. Wie ist es gelungen, die herrschende Meinung zu bilden, dass es ein empirisches Gesetz zum demokratischen Frieden gibt? Welche Hindernisse mussten dabei überwunden werden?
3. Wie wird aus rationalistisch-institutioneller Sicht einerseits und konstruktivistischer Sicht andererseits die Friedfertigkeit von Demokratien begründet? Arbeiten Sie die wesentlichen Unterschiede heraus.
4. Erläutern Sie das Konzept des Selektorats. Wie kann man es nutzen, um den demokratischen Frieden zu erklären? Welche zusätzliche empirische Beobachtung kann damit ebenso erklärt werden?
5. Warum sind Demokratien nicht generell, sondern nur untereinander friedfertig?
6. Was ist die Kehrseite oder die Schattenseite des demokratischen Friedens?

Weiterführende Literatur

Brown, Michael E./Lynn-Jones, Sean M./Miller, Steven E., Hrsg., (1996), *Debating the Democratic Peace*, Cambridge, MA; London, UK: MIT Press.

Geis, Anna/Müller, Harald/Wagner, Wolfgang, Hrsg., (2007), *Schattenseiten des demokratischen Friedens. Zur Kritik einer Theorie liberaler Außen- und Sicherheitspolitik*, Frankfurt/Main: Campus-Verlag.

Hasenclever, Andreas (2003), ›Liberale Ansätze zum »demokratischen Frieden«‹ in: Siegfried Schieder/Spindler, Manuela (Hrsg.), *Theorien der Internationalen Beziehungen*, 2. Aufl., Opladen: Verlag Barbara Budrich, 199–225.

Peters, Dirk/Wagner, Wolfgang (2010), ›Parlamentsvorbehalt oder Exekutivprivileg? Ursachen unterschiedlicher Entscheidungsverfahren beim Einsatz von Streitkräften‹, *Zeitschrift für Internationale Beziehungen*, 17(2): 203–234.

Internationale Handelspolitik – Wohlstand durch Effizienzgewinn

5

Inhalt

In diesem Kapitel wird erläutert, warum internationaler Freihandel zu Wohlstandsgewinnen führt und warum diese Politik dennoch politisch so umstritten ist. Der Gegenwind bläst aus teils internationaler, teils innenpolitischer Richtung. Um den Bedenken der Kritiker Rechnung zu tragen, wird Freihandel meist selektiv statt umfassend vereinbart.

Drei Europaabgeordnete von Bündnis 90/Die Grünen, Sven Giegold, Rebecca Harms und Ska Keller, veröffentlichten im März 2014 im Internet einen bislang geheimen Beschluss des EU-Ministerrats vom 13. Juli 2013 zu den Verhandlungen der Europäischen Union mit den USA über eine transatlantische Freihandelszone (Rat der Europäischen Union 2013). Die drei Abgeordneten gaben an, dass sie für Öffentlichkeit und Transparenz der Verhandlungen sorgen wollten. Sie halten ein transatlantisches Freihandelsabkommen aus folgenden Gründen für schädlich (Giegold/Harms/Keller 2014):

- Durch das Abkommen erhielte die wirtschaftliche Wettbewerbsfähigkeit einen nicht gerechtfertigten Vorrang vor sozialen und ökologischen Werten und Zielen.
- Daseinsvorsorge und öffentliche Dienstleistungen würden liberalisiert. Sie würden nur noch angeboten werden, wenn sie rentabel seien.

- Der angestrebte Investitionsschutz ermögliche großen Firmen, gegen Regierungen zu klagen; dies unterminiere Gesundheits-, Verbraucher- oder Umweltschutz.
- Es bestehe die Gefahr, dass gentechnisch veränderte Pflanzen oder mit Chlor oder Hormonen belastetes Fleisch in Europa verkauft werden dürften.
- Durch noch zu vereinbarende Institutionen erhielten Lobbygruppen intransparenten und massiven Einfluss auf die weitere Handelspolitik.
- Das Abkommen ermögliche den USA umweltschädliche Fördermethoden wie Fracking lukrativ werden zu lassen, zumal die so gewonnenen Rohstoffe auch nach Europa exportiert werden dürften.
- Urheberrechte und Rechte auf intellektuelles Eigentum würden weiter beschnitten.

Diese Kritik zeigt, wie weit internationale Handelsabkommen in eine Vielzahl unterschiedlicher Lebensbereiche der Bürger eingreifen können. Internationale Handelspolitik betrifft deshalb viele verschiedene Interessen, die miteinander konkurrieren können. Sie wirft aber auch die Frage auf, warum Regierungen trotz dieser angeblich so schädlichen und sozial unverträglichen Wirkung in hohem Maße Freihandelsabkommen vereinbaren? Und schließlich muss geklärt werden, welche Interessengruppen sich mit ihren Wünschen und Positionen durchsetzen, wenn internationale Handelspolitik betrieben wird.

5.1 | Freihandel: Wohlstandsgewinn durch Arbeitsteilung und Austausch

Moderne Gesellschaften und Staaten streben nicht nur nach Sicherheit und Frieden (→ Kap. 3, Kap. 4), sondern nach möglichst großem Wohlstand (Gilpin 1987: 26–31; Strange 1988: 1–6).[38] Somit stellt sich die Frage, wie man möglichst großen Wohlstand erzeugen kann. Wirtschaftswissenschaftler sind sich seit Adam Smith (1723–1790) weitestgehend darin einig, dass dazu Spezialisierung und Arbeitsteilung innerhalb einer Gesellschaft notwendig ist. Jeder tut nur das, was er am besten kann. Auf diese Weise stellt er mehr von einem Produkt oder einer Dienstleistung her, als er für sich selbst benötigt. Diesen Überschuss tauscht er gegen den Überschuss von Produkten oder Dienstleistungen, die andere erzeugt haben. Arbeitsteilung, Spezialisierung und Austausch in einer Wirtschaft erzeugen größtmögliche Effizienz. Eine Wirtschaft, die nicht auf Arbeitsteilung, sondern auf der Selbstversorgung des einzelnen beruht, kann nur geringen gesamtgesellschaftlichen Wohlstand erwirtschaften (Frieden/Lake/Schultz 2012: 268; Smith 1976).

Wohlstandgewinn durch Arbeitsteilung

Effizienz

Diese in den Wirtschaftswissenschaften nahezu unbestrittene Erkenntnis wird auch in Internationalen Beziehungen weitestgehend akzeptiert: Internationale Arbeitsteilung, Spezialisierung und Austausch – in Internationalen Beziehungen spricht man von Handel – führen zu Wohlstandsgewinnen der Teilnehmer. Internationale Grenzen stellen jedoch große Hindernisse dafür dar, dieses binnenwirtschaftliche Erfolgsrezept auf internationale Beziehungen zu übertragen. Sie behindern den Austausch von Waren und Dienstleistungen zwischen Staaten, d.h. den freien Handel.

Grenzen als Handelshindernis

Information kompakt

Grundbegriffe internationaler Handelspolitik

- **Internationaler Handel**: wechselseitiger Austausch von Waren und Dienstleistungen über nationale Grenzen hinweg.
- **Komparativer Vorteil**: Fähigkeit eines Landes oder eines anderen Akteurs ein Produkt oder eine Dienstleistung effizienter herzustellen als andere Produkte oder Dienstleitungen. Wesentlich ist dabei, dass die Effizienz wirtschaftlicher Tätigkeiten (Produkte bzw. Dienstleistungen) verglichen wird. Komparativer Vorteil bezieht sich *nicht* auf einen Vergleich der Effizienz verschiedener Ländern oder Firmen.
- **Absoluter Vorteil**: Fähigkeit eines Landes oder einer Firma, mit demselben Aufwand mehr und/oder bessere Waren bzw. Dienstleistungen zu erzeugen als andere Länder oder Firmen.
- **Export**: Ausfuhr von Waren und Dienstleistungen in ein anderes Land.
- **Import**: Einfuhr von Waren und Dienstleistungen aus einem anderen Land.

Das Geheimnis von Wohlstandsgewinnen liegt darin, dass die konsequente Nutzung komparativer Vorteile zu höherer Effizienz und damit Wohlstand führt (Milner 2013). Diese Gewinne lassen sich dem Konzept zufolge auch von Staaten erzielen, die keine hoch entwickelten Industriegesellschaften sind. Zwei Länder können sich die komparativen Vorteile zunutze machen, indem jedes sich auf die Herstellung derjenigen Waren und Dienstleistungen konzentriert, die es am effizientesten erzeugen kann. Auf diese Weise entstehen in jedem Land mehr Güter und Dienstleistungen als jeweils verbraucht werden. Allerdings fehlen die Güter und Dienstleistungen, die nicht besonders effizient erzeugt werden können. Es ist daher sinnvoll, den Überschuss an effizient erzeugten Produkten in das andere Land zu exportieren und von dort die fehlenden Produkte zu importieren. Die Voraussetzung dafür ist, dass internationale Grenzen diesen freien Austausch von Waren – nicht

Nutzung komparativer Vorteile

Export und Import

behindern. Wenn sich viele oder sogar alle Länder an diesem internationalen Austausch, dem internationalen Freihandel, beteiligen, entsteht für alle beteiligten wirtschaftlichen Akteure ein großer Anreiz, möglichst effizient und damit auch ressourcenschonend zu produzieren. Je intensiver der internationale Handel ist, desto mehr Wohlstand entsteht für alle teilnehmenden Länder. An dieser Sichtweise wurde in letzter Zeit Kritik geübt.[39]

Diese wichtige Erkenntnis der Wirtschaftswissenschaften steht im Widerspruch zur politischen Alltagsrhetorik insbesondere in der Bundesrepublik. In politischen Debatten wird behauptet, dass nur Exporte »nützlich« seien, weil dadurch Arbeitsplätze geschaffen würden. Der wirtschaftliche Erfolg und der Wohlstand der Bundesrepublik hingen deshalb davon ab, dass Deutschland »Exportweltmeister« bleibe. Durch Importe gingen dagegen heimische Arbeitsplätze verloren. Die wirtschaftswissenschaftliche Logik argumentiert im Gegensatz dazu aber, dass gerade die Importe die Gewinne des Freihandels seien, denn Bürger gelangten so günstig an hochwertige Waren und Dienstleistungen, die sie selbst nicht ähnlich effizient herstellen können. Exporte sind die Kosten des Freihandels, weil nun Bürger anderer Länder in den Genuss dieser Waren bzw. Dienstleistungen gelangen (Frieden/Lake/Schultz 2012: 269). Es gilt also, den Nutzen von Freihandel nicht allein an Arbeitsplätzen und nicht nur an den Gewinnen für das eigene Land zu bemessen. Der Nutzen erstreckt sich auf die gesamte Gesellschaft und auf alle Länder. Von diesem Nutzen machen Staaten allerdings in unterschiedlicher Weise Gebrauch.

Exporte und BIP

Abbildung 5.1 zeigt, dass die USA seit 1990 nur zwischen 10 und 15 Prozent ihrer Wirtschaftsleistung durch Exporte erzielen. Bei der Bundesrepublik waren es Anfang der 1990er Jahre etwa 25 Prozent. Heute werden mehr als 50 Prozent der deutschen Wirtschaftsleistung durch Exporte erwirtschaftet. Ein ähnlicher Trend ist in der Europäischen Union auszumachen. China erwirtschaftet knapp 30 Prozent seines Bruttoinlandsproduktes (BIP) durch Exporte; Mitte des vergangenen Jahrzehnts waren es noch 40 Prozent gewesen. Jordanien erwirtschaftete 1990 etwa 60 Prozent seines BIP durch Exporte. Heute sind es nur noch etwa 45 Prozent. Es zeigen sich daher unterschiedliche Grade wirtschaftlicher Verflechtung, d.h. auch Abhängigkeiten von Exporten, und deren Entwicklung über die Zeit.

5.2 | Worauf spezialisieren sich einzelne Länder?

Konzept komparativer Vorteile

Das Konzept komparativer Vorteile erfordert, dass Länder sich auf die Herstellung von Produkten und Dienstleistungen spezialisieren, die sie am effizientesten produzieren. Es lässt aber offen, welche Produkte dies sind oder wie man sie findet. Daher haben die schwedischen Wirtschaftswissen-

Anteil des Exports an der wirtschaftlichen Gesamtleistung ausgewählter Länder (% des BIP) | **Abb. 5.1**

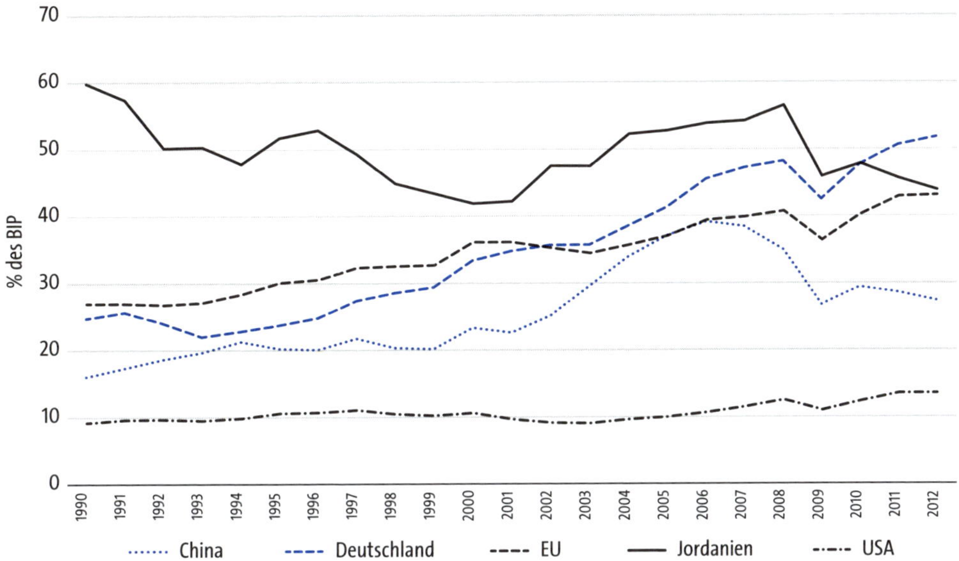

Quelle: eigene Darstellung nach Daten der Weltbank (The World Bank o. J.)

schaftler Eli Heckscher und Bertil Ohlin eine Theorie entwickelt, mit deren Hilfe die Stärken einer Volkswirtschaft identifiziert werden können.

Länder bzw. nationale Volkswirtschaften unterscheiden sich ganz erheblich darin, mit welchen der genannten Produktionsfaktoren (→ Information kompakt: Heckscher-Ohlin-Theorie) sie vornehmlich ausgestattet sind. Kleine Staaten wie Luxemburg oder Singapur verfügen über nur kleine Territorien, aber

Ausstattung mit Produktionsfaktoren

Information kompakt

Heckscher-Ohlin-Theorie

Länder exportieren solche Güter, deren Erzeugung auf Produktionsfaktoren beruht, die im Überfluss vorhanden sind. Umgekehrt importieren Länder solche Güter, deren Erzeugung auf Produktionsfaktoren beruht, die im Land kaum oder gar nicht vorhanden sind. Dabei werden vor allem Land, Arbeit und Kapital als Produktionsfaktoren unterschieden. Neuerdings wird auch Humankapital als Produktionsfaktor genannt. Mit diesem Begriff werden die Arbeitskräfte erfasst, die sich durch Investition in Ausbildung und/oder praktische Erfahrung besondere Fähigkeiten erworben haben. (Frieden/Lake/Schultz 2012: 270) über erhebliche Finanzkraft (Kapital). Einige große Staaten wie Indien oder Russland haben große Territorien, aber kaum Kapital. Bevölkerungsreiche Länder wie China oder Indien sind mit vielen Arbeitskräften ausgestattet, aber nicht alle sind gut ausgebildet.

Die Anwendung der Heckscher-Ohlin-Theorie bedeutet, dass Länder das Beste aus ihrer spezifischen Ausstattung mit Produktionsfaktoren machen sollen (Milner 2013):

- Länder mit großen Territorien eignen sich in besonderer Weise zur Produktion von landwirtschaftlichen Erzeugnisse und Nahrungsmitteln.
- Länder mit vielen, aber wenig ausgebildeten Arbeitskräften können besonders gut Massenprodukte wie Textilien, Unterhaltungselektronik usw. fertigen.
- Länder mit gut ausgebildeten Arbeitskräften eignen sich zur Erfindung neuer Produkte und zur Herstellung von hochtechnisierten Waren wie Flugzeuge, Züge usw.
- Länder mit hoher Finanzkraft können besonders gut Waren anbieten, die hohe Investitionen in Maschinen und Ausrüstung erfordern wie der Maschinenbau oder die Autoherstellung.

Die Ausstattung einer Volkswirtschaft mit einzelnen Produktionsfaktoren oder einer Kombination von ihnen weist also in welche Richtung die Spezialisierung vorgenommen werden sollte, um anschließend durch internationale Handelsbeziehungen Effizienzgewinne zu erwirtschaften. Allgemein gilt, dass Industrieländer vor allem über viel Kapital verfügen. Dazu wird auch die Ausstattung mit Investitionsgütern wie Maschinen, Ausrüstung oder Produktionsstätten gerechnet. Ärmere Entwicklungs- oder Schwellenländer sind dagegen vor allem mit Land und/oder Arbeitskräften ausgestattet.

Zwischenfazit

Vorteile des Freihandels

Freihandel führt zu wechselseitigen Wohlstandsgewinnen. Diese werden dadurch erzielt, dass wirtschaftliche Akteure sich auf Waren und Dienstleistungen spezialisieren, die sie besonders effizient herstellen können. Die Art der Spezialisierung hängt maßgeblich von der Ausstattung mit Produktionsfaktoren ab. Aufgrund von Arbeitsteilung und Spezialisierung ist der Austausch über nationale Grenzen hinweg unvermeidbar.

Hürden für den internationalen Freihandel | 5.3

Obwohl die Theorie und der weitgehende Konsens zwischen Wirtschaftswissenschaftlern auf die großen Vorteile des Freihandels für alle verweisen, erweist sich die Umsetzung in die politische Praxis als schwierig. Es müssen erhebliche Hindernisse überwunden werden. Die Hindernisse lassen sich in internationale und innenpolitische unterteilen (Milner 2013). Beide Arten führen dazu, dass Handelsbeziehungen meist nicht vollständig frei sind. Die den Freihandel behindernden Schutzmaßnahmen werden auch Protektionismus genannt.

Information kompakt

Protektionismus
Unter Protektionismus versteht man die Errichtung von Hürden, die den Import von Waren und Dienstleistungen beschränken (Andersen 2010c). Die am meisten genutzten Hürden sind:

- **Zölle**: Steuer, die an der Grenze auf Importe erhoben wird.
- **Quota**: Quantitative Beschränkung der Menge einer bestimmten ausländischen Ware, die in einem bestimmten Zeitraum maximal eingeführt werden darf.
- **Nichttarifäre Handelshemmnisse**: Importbeschränkungen, die nicht durch Zölle erzeugt werden. Meist sind solche Handelshemmnisse gesetzliche Regeln, die heimische Erzeugnisse gegenüber Importen privilegieren. Sie legen entweder Merkmale fest, die ein Produkt aufweisen muss (Produktstandards), indem sie z.B. bestimmte Sicherheitseinrichtungen vorschreiben; oder sie enthalten Bestimmungen zum Produktionsprozess (Produktionsstandards), etwa dass eingeführte Waren nicht mit Hilfe von Kinderarbeit erzeugt werden dürfen (Frieden/Lake/Schultz 2012: 273–274; Scharpf 1996: 116).

Sicherheitspolitische Hindernisse | 5.3.1

Die internationalen Hindernisse für den Freihandel sind zum Teil sicherheitspolitischer Natur. Verfeindete Länder pflegen üblicherweise kaum Handel miteinander. Sie befürchten, dass der Gegner aus wechselseitigen Handelsbeziehungen einen höheren Nutzen ziehen könnte, als sie selbst. Dieser größere Nutzen könnte zu einer militärischen Überlegenheit führen, die sich in der Zukunft gegen die eigene Seite richten könnte. An dieser Stelle zeigt sich, dass das Konzept relativer Gewinne (→ Kap. 2.1), nachdem der

Feindschaft

Nutzen einer Kooperation gleichmäßig auf alle beteiligten Staaten verteilt sein muss, kooperationsbehindernd wirkt.

Hinzu kommt, dass Staaten nicht in Abhängigkeit von politischen Gegnern geraten wollen. Eine solche Abhängigkeit entsteht jedoch, wenn die Arbeitsteilung und Spezialisierung von Volkswirtschaften fortschreitet. Eine enge wirtschaftliche Verflechtung bedeutet den Verlust der Fähigkeit, bestimmte Waren und Dienstleistungen selbst herzustellen. Aus sicherheitspolitischen Überlegungen tritt deshalb das Ziel nationaler Selbstversorgung in Konkurrenz zum Ziel der Wohlstandsmehrung durch höhere Effizienz (Strange 1988). Aber auch Geschäftsleute, die Waren importieren oder exportieren, tragen ein höheres Risiko, wenn sie mit Ländern Handel treiben, die potentiell zu Feinden werden können. Denn wenn Feindseligkeiten ausbrechen sollten, laufen sie Gefahr, Investitionen, zumindest aber ausländische Partner oder Geschäftsfelder zu verlieren. Beides beutet erhebliche Verluste.

Ziel nationaler Selbstversorgung

Die Handelsbeziehungen zwischen befreundeten oder verbündeten Staaten sind deshalb deutlich intensiver als zwischen potentiellen Gegnern. Hier kommen die Effizienzgewinne aus dem Freihandel Freunden und Verbündeten zugute. Diese werden sich im Fall von bewaffneten Konflikten voraussichtlich auf die eigene Seite schlagen. Daher führen wirtschaftliche Gewinne durch Freihandel mit befreundeten Staaten auch zu einer verstärkten Sicherheit. Darüber hinaus sind die Risiken für Geschäftsleute beim Handel mit befreundeten Staaten sehr viel geringer als beim Handel mit potentiellen Gegnern.

Freihandel mit Freunden

Sobald also nicht nur rein wirtschaftliche Überlegungen Handelsbeziehungen prägen, sondern auch sicherheitspolitische Erwägungen eine wesentliche Rolle spielen, wird das Konzept des Freihandels nicht konsequent umgesetzt werden. Politikwissenschaftler der neorealistischen Schule (→ Kap. 2.1), die sich vorwiegend mit Sicherheit beschäftigen, argumentieren deshalb, dass Handelsbeziehungen »der Flagge« folgen (Gilpin 1987: 180–183; Gowa 1994; Milner 2013: 732). Dies bedeutet, dass vor allem sicherheitspolitische Überlegungen Handelsbeziehungen steuern.

Freihandel folgt Flagge

5.3.2 | Innenpolitische Hindernisse

In einem Staat spielt nicht nur die Frage eine Rolle, ob Freihandel oder Protektionismus dem Gemeinwohl nützt bzw. schadet, sondern auch die Frage, welche Gruppen von der Öffnung oder Schließung von Grenzen profitieren. Die *Verteilung* von Gewinnen bzw. Verlusten der Handelspolitik auf partikulare Interessengruppen rückt daher ins Zentrum der innenpolitischen Betrachtung (Rogowski 1989; 2000).

Gesellschaftliche Gewinnverteilung

In jedem Land gibt es Interessengruppen, die sich zumindest selektiv gegen Freihandel wehren (Milner 2013: 724). Dies bedeutet, dass sie die Beschränkung von Importen für bestimmte Waren oder Warengruppen fordern. Industriestaaten beschränken vor allem die Einfuhr landwirtschaftlicher Erzeugnisse und schützen auf diese Weise ihre Landwirtschaft vor Konkurrenz. Entwicklungsländer begrenzen eher die Einfuhr von Industriegütern (Frieden/Lake/Schultz 2012: 275). Wenn durch Handelsbeschränkungen unliebsame ausländische Konkurrenz ferngehalten oder eingeschränkt wird, profitieren die inländischen Erzeuger der jeweiligen Waren, weil sie im heimischen Markt höhere Preise erzielen können. Außerdem bleiben in den entsprechenden Wirtschaftszweigen Arbeitsplätze erhalten, die ansonsten verloren gehen könnten. Die geschützten Wirtschaftszweige profitieren somit unmittelbar von Protektionismus. Es ist deshalb nicht überraschend, dass sie sich politisch dafür einsetzen.

Schutz vor Konkurrenz

Manche Gruppen machen geltend, dass ausländische Importprodukte nur deshalb so billig produziert werden können, weil Arbeitnehmer im Ausland ausgebeutet würden. Geringe Löhne, schlechte Arbeitsbedingungen und gravierende Verletzungen von Menschenrechten seien die Ursache für billige Importwaren. Auch werde bei der Herstellung vieler Produkte der Umweltschutz vernachlässigt. Die importierten Waren könnten zudem gesundheitsschädlich sein. Die eingangs erzählte Geschichte ist ein Beispiel für diesen Sachverhalt. Die Forderung nach Protektionismus folgt daher nicht allein aus den wirtschaftlichen Interessen der heimischen Erzeuger und Arbeitnehmer, sondern es gibt für sie auch ethische, soziale und politische Begründungen sowie solche, die auf den Verbraucherschutz zielen.[40] Die eingangs aufgeführte Kritik an den laufenden Verhandlungen zu einem transatlantischen Freihandelsabkommen weist in diese Richtung.

Soziale, politische Gründe

Andere Gruppen müssen dagegen befürchten, dass ihnen durch eine protektionistische Politik Nachteile entstehen. In erster Linie gilt dies für die Verbraucher. Konkurrenzfähige Importprodukte würden die Preise senken. Werden sie vom Markt ausgeschlossen, steigen die Preise, die die Verbraucher bezahlen müssen. Der Groß- und Einzelhandel wird ebenfalls benachteiligt, Auch für die Exporteure hat Protektionismus Nachteile. Sie müssen befürchten, dass andere Staaten als Reaktion auf die Beschränkung ihrer Exporte in ein Land die Importe aus diesem Land einschränken. Exporteure verlieren somit Marktzugangschancen und Marktanteile im Ausland aus Gründen der Vergeltung.

Verbraucherinteressen

Exportinteressen

Sowohl Freihandel als auch Protektionismus schaffen also innenpolitisch Gewinner und Verlierer und sind deshalb höchst umstritten und politisch umkämpft. Dies erklärt, warum Regierungen Freihandel selektiv beschränken und warum die Art der Beschränkung unterschiedlich ausfällt. Beides hängt davon ab, wie stark Gewinner und Verlierer im politischen Willensbildungsprozess auftreten und ihre Position durchsetzen können (Frieden/Lake/Schultz 2012: 276–279).

Die beiden Wirtschaftswissenschaftler Wolfgang F. Stolper und Paul A. Samuelson haben die Theorie von Heckscher und Ohlin weiter entwickelt, um zu zeigen, welche Interessengruppen vom Freihandel und welche vom Protektionismus profitieren. Die Einteilung in Gewinnen und Verlierer hänge maßgeblich von der Ausstattung eines Landes mit Produktionsfaktoren ab.

Information kompakt

Stolper-Samuelson Theorem
Protektionismus, d.h. der Schutz vor Importen, begünstigt Produzenten, die Mangelfaktoren besitzen und zur Warenherstellung nutzen. Der großen Nachfrage steht ein knappes Angebot entgegen. Damit steigen die Preise. Diese Produzenten sind Gewinner von Protektionismus und Verlierer von Freihandel. Freihandel begünstigt Hersteller, die Überflussfaktoren besitzen und zur Warenherstellung nutzen. Auf dem heimischen Absatzmarkt übersteigt das Angebot die Nachfrage, weshalb sie ihre Ware nur in kleineren Stückzahlen und/oder zu niedrigeren Preisen verkaufen können. Im Ausland können sie ihre Produkte dagegen zu besseren Preisen verkaufen und zugleich den Absatz steigern. Diese Produzenten sind Gewinner des Freihandels und Verlierer des Protektionismus (Rogowski 1989; 2000).

Beispiel Bundesrepublik

Produktionsfaktor Kapital

Dieses Theorem soll am Beispiel der Bundesrepublik Deutschland veranschaulicht werden. In Deutschland sind Maschinenbau und Autohersteller führende Industriezweige. Die Eigentümer haben große Fabriken und Montagestraßen errichtet. Dazu mussten sie viel Kapital in diese Anlagen investieren. Sie produzieren mit dem Produktionsfaktor Kapital, der in Deutschland reichlich vorhanden ist. Damit sie möglichst viel Gewinn erzielen, möchten sie mit ihren Fabriken möglichst viele Autos bzw. Maschinen herstellen und verkaufen. Auf dem verhältnismäßig kleinen deutschen Markt könnten sie jedoch nicht alle Produkte zu einem angemessen Preis absetzen. Es sind nicht genügend Käufer da, d.h. einem großen Angebot stünde nur eine begrenzte Nachfrage gegenüber. Damit würde der Preis des Produktes stark sinken. Es fielen kaum Gewinne an. Die deutsche Auto- und Maschinenbauindustrie ist deshalb auf Freihandel angewiesen, weil sie ihre Produkte auch im Ausland zu angemessenen Preisen verkaufen muss. Der Zugang zu ausländischen Märkten ist für diese Hersteller unverzichtbar. Nur auf diese Weise können sie aus dem in Deutschland im Überfluss vorhanden Produktionsfaktor Kapital den erwarteten Gewinn erwirtschaften.

Ganz anders stellt sich die Situation für die Landwirtschaft dar: Im Vergleich mit Ländern in Asien, Afrika oder Südamerika ist die landwirtschaftliche Nutzfläche in Deutschland gering.[41] Daher ist Land ein Mangelfaktor für die Produktion. Deutsche Landwirte erzeugen zwar Nahrungsmittel, können aber nur begrenzte Stückzahlen herstellen, weil ihnen für weitere Produkte nicht genügend Land zur Verfügung steht. Angesichts des knappen Angebotes können sie beim Verkauf gute Preise erzielen. Dies würde sich jedoch schlagartig ändern, wenn ausländische Konkurrenten ihre Produkte unbegrenzt in Deutschland verkaufen dürften. Sie könnten Nahrungsmittel zu sehr günstigen Preisen anbieten. Die deutschen Landwirte hätten keine Chance in diesem Konkurrenzkampf zu bestehen, denn es ist ihnen nicht möglich noch effizienter zu produzieren, weil ihnen landwirtschaftliche Nutzfläche – der Mangelfaktor – fehlt. Ihre wirtschaftliche Existenz hängt vom Protektionismus ab.

Es wird also deutlich: Weil die Auto- und Maschinenbauindustrie vorwiegend mit dem in Deutschland reichlich vorhandenen Produktionsfaktor Kapital wirtschaftet, ist sie auf Exporte angewiesen und deshalb Befürworter von Freihandel. Weil die deutsche Landwirtschaft mit dem nur begrenzt vorhandenen Produktionsfaktor Land wirtschaftet, muss sie ausländische Konkurrenz fürchten, die effizienter produzieren kann. Deshalb ist sie entschiedener Befürworter und Gewinner von Protektionismus. Auto- und Maschinenbauer einerseits und Landwirte andererseits vertreten diametral entgegengesetzte Interessen, wenn es um die Frage Freihandel oder Protektionismus geht.

Zwischenfazit

Sicherheitspolitische und innenpolitische Hindernisse
Den Vorteilen des Freihandels stehen erhebliche Nachteile entgegen. Da ist zum einen das Problem, dass ein potentiell feindlicher Staat stärker vom Freihandel profitieren könnte als der eigene Staat. Dies beeinträchtigt mittelbar die Sicherheit. Der Handel zwischen befreundeten Staaten ist deshalb stärker ausgeprägt als zwischen Staaten, zwischen denen Spannungen bestehen. Innenpolitisch rückt häufig die Frage ins Zentrum der Debatte, wie die aus dem Freihandel resultierenden Gewinne und ggf. Kosten auf die einzelnen sozialen Gruppen verteilt sind. Freihandelsverlierer werden sich politisch gegen die Vereinbarung entsprechender Abkommen wehren.

5.3.2.1 Innenpolitische Institutionen und Handelspolitik

Nationale Regierungen sehen sich mit entgegengesetzten Wünschen oder Forderungen verschiedener Interessengruppen konfrontiert. Die einen profitieren vom Freihandel und erwarten deshalb, dass die eigene Regierung mit der anderer Länder entsprechende Vereinbarungen – sogenannte Freihandelsabkommen – schließt. Die anderen fürchten ausländische Konkurrenz und verlangen von der Regierung, die Grenzen für Importe zu schließen. Die Regierung wird ihre Politik teils an den verschiedenen Interessengruppen ausrichten,[42] teils aber auch das Gemeinwohl berücksichtigen, das eher für Freihandel statt Protektionismus spricht. In jedem Fall aber wird deutlich, dass die Regierung keine »Alles-oder-nichts«-Entscheidung treffen wird, d. h. sie wird sich weder nur für Freihandel noch nur für Protektionismus entscheiden. Vielmehr wird sie einen Kompromiss anstreben, der irgendwo zwischen diesen beiden Extrempositionen zu finden ist (Milner 2013: 727–729). Das bedeutet, dass Regierungen nicht danach streben, Außenwirtschaftsgrenzen vollständig zu beseitigen, sondern selektive Maßnahmen vorziehen. Die Grenzen werden löchrig und durchlässig, aber nicht aufgehoben. Welche Löcher »gebohrt« werden, hängt maßgeblich davon ab, welche Interessengruppen sich in welchem Maße innenpolitisch durchsetzen können.

Gemeinwohl vs. Partikularinteressen

5.3.2.2 Durchsetzungskraft von Interessengruppen

Welche Interessengruppe sich mit ihren Forderungen innenpolitisch wirksamer durchsetzt als die Konkurrenz, muss im empirischen Einzelfall untersucht werden. Es gibt jedoch einige Anhaltspunkte, die es erlauben zu bestimmen, welche Art von Interessengruppen wahrscheinlich durchsetzungsfähiger ist als andere. Dafür spielt zunächst die Größe einer Gruppe eine wichtige Rolle. Kleinere Gruppen sind leichter zu organisieren als größere und sie sprechen eher mit einer als mit vielen Stimmen. Im Zusammenhang mit Handelspolitik bedeutet dies, dass die große Gruppe der Verbraucher nur sehr schwer zu einer politisch durchsetzungsfähigen Organisation geformt werden kann, die mit einer Stimme spricht. Die sehr viel kleinere Zahl der Produzenten einzelner Waren oder Warengruppen ist dagegen vergleichsweise einfach zu organisieren. Es ist deshalb nicht unwahrscheinlich, dass kleine aber durchsetzungsfähige Interessengruppen ihre Ziele erfolgreicher vertreten als große Gruppen, die eigentlich über eine weitaus breitere Mehrheit verfügen (→ Kap. 2.3).

Gruppengröße

Auch die Art und Weise wie sich Interessengruppen organisieren, bewirkt eine höhere oder geringere Durchsetzungskraft. Wolfgang Streeck (1992) hat zwischen der »Logik der Strategie« und der »Logik der Mitgliedschaft« unterschieden. Eine Interessengruppe mag primär das Ziel verfolgen, eine heterogen zusammengesetzte Mitgliedschaft möglichst zusammenzu-

Logik der Mitgliedschaft

führen. Zu diesem Zweck muss sie den Mitgliedern viel Raum zur Beteiligung und Beratung einräumen, so dass möglichst viele ihre Ideen einbringen können. Auf diese Weise wird der innere Zusammenhalt der Gruppe gepflegt. Es findet keine Ausgrenzung statt. Widersprüche werden nicht ausgetragen und entschieden. Die Mitglieder sehen die Gruppe als ihre Vertretung an. Die Leitung der Organisation ist entweder schwach oder ebenfalls sehr heterogen zusammengesetzt. Die Organisation ist dezentral strukturiert. Der Vorteil der Logik der Mitgliedschaft ist der innere Zusammenhalt der Gruppe, ihr Nachteil ist, dass die Gruppe vielstimmig ist und sich nicht auf eine Position verständigen kann. Eine solche Interessengruppe vertritt Positionen des kleinsten gemeinsamen Nenners ihrer Mitglieder.

Logik der Strategie

Eine gemäß der Logik der Strategie organisierte Interessengruppe verfolgt nicht primär das Ziel des inneren Zusammenhalts, sondern der politischen Durchsetzungsfähigkeit. Dies verlangt eine zentrale Spitze der Organisation, die eine widerspruchsfreie, erfolgversprechende Politikstrategie entwirft und konsistent umsetzt. Die Strategie wird nicht auf die Zustimmung aller Mitglieder stoßen, sondern nur auf die einer Mehrheit bzw. besonders einflussreicher Mitglieder. Minderheiten werden nur sehr begrenzt berücksichtigt oder sogar latent ausgegrenzt. Der Vorteil dieser Logik ist, dass durchsetzungsfähige Strategien formuliert und umgesetzt werden. Der Nachteil ist, dass der Zusammenhalt der Gruppe latent gefährdet ist, weil nicht alle Positionen von Mitgliedern Eingang in die Strategie finden können, ohne dass Widersprüche entstehen. Dafür vertritt die Gruppe Positionen über den kleinsten gemeinsamen Nenner hinaus. Im politischen System wird sich eher die Gruppe durchsetzen, die auf der Logik der Strategie beruht. Die Gruppe, die gemäß der Logik der Mitgliedschaft organisiert ist, verfügt über weniger Durchsetzungskraft.

Politisches System

Wie und wo Interessengruppen ihre Ziele am ehesten durchsetzen können oder dies zumindest versuchen, hängt schließlich auch von den Regeln des politischen Systems – den Institutionen – ab. In präsidentiellen Systemen wird der Präsident direkt vom Volk gewählt. Daher orientiert er sich eher am Gemeinwohl statt an partikularen Interessen. Die Legislative ist dagegen sehr zugänglich für partikulare Interessenvertreter insbesondere, wenn deren Positionen die Wiederwahlchancen der Abgeordneten in den lokalen oder regionalen Wahlkreisen begünstigen. In präsidentiellen Systemen sind die Akteure der Legislative die bevorzugten Ansprechpartner für Interessengruppen. Die Interessenvertreter können ihre Forderungen als partikulare Anliegen kommunizieren und versuchen, dafür Mehrheiten in der Legislative zu finden.

In parlamentarischen Systemen rücken die Regierung und die sie tragenden Parteien besonders ins Blickfeld von Interessengruppen. Oppositionsparteien sind für Interessenvertreter von untergeordneter Bedeutung.

Sowohl die Regierung als auch die Regierungsparteien sind eher am Gemeinwohl orientiert als dies in präsidentiellen Systemen der Fall ist, vor allem wenn die Sitze im Parlament nach dem Verhältniswahlrecht[43] vergeben werden. Dieses Wahlverfahren bindet Parlamentarier an das gesamte Wahlvolk. In präsidentiellen Systemen bindet das Wahlverfahren die Delegierten dagegen nur an die Wähler des entsprechenden Wahlkreises. Interessengruppen haben es schwerer als in präsidentiellen Systemen, eigene Mehrheiten zu bilden, wenn sie ihre Ziele als Partikularinteresse kommunizieren. Daher sind Interessengruppen besonders durchsetzungsfähig, wenn sich die Positionen verschiedener Gruppen gut zur Deckung bringen lassen und der Politik deshalb wie das Gemeinwohl erscheinen. Wenn z.B. eine Industriegewerkschaft eine ähnliche Position bezieht wie der Arbeitgeberverband dieses Industriezweiges, verstärkt sich die Durchsetzungskraft beider Gruppen erheblich. Gerade in der Handelspolitik ist dieses Zusammenwirken von Gewerkschaft und Industrie häufig zu beobachten (Frieden/Lake/Schultz 2012: 280–281). Vertreten wichtige Interessengruppen aber gegensätzliche Positionen, sinkt ihre Durchsetzungskraft erheblich. Regierung und Regierungsparteien können sich eher am Gemeinwohl als an den partikularen Interessen orientieren, wenn diese sich gegenseitig neutralisieren. Dies schafft einen großen Anreiz für Interessengruppen, ihre Positionen gruppenübergreifend abzustimmen, um ihre Durchsetzungskraft durch Gemeinsamkeit zu stärken.

Kompatibilität vs. Konkurrenz von Interessen

Die Durchsetzung von partikularen Interessen erfolgt nicht allein darüber, eine Regierung zur Übernahme eigener Positionen zu veranlassen. Sie kann auch erreicht werden, indem eine für die eigene Gruppe nachteilige Politik verhindert wird. In diesem Fall werden die Pläne konkurrierender Interessengruppen vereitelt, indem verhindert wird, dass in der Legislative dafür eine ausreichende Mehrheit zustande kommt. In der Politikwissenschaft wird dies unter dem Begriff der »Veto-Spieler« erforscht (Tsebelis 1995; 2002; Tsebelis/Money 1997). Helen Milner (1997) konnte zeigen, unter welchen innenpolitischen Konstellationen internationale Freihandelsverträge zustande kamen und welcher Akteur sich mit seiner Politik unter welchen konkreten Bedingungen durchzusetzen vermochte. Die Möglichkeiten, international kooperative Freihandelsabkommen zu vereinbaren, würden insgesamt betrachtet überschätzt, so ihre Erkenntnis. Denn mächtige innenpolitische Akteure durchkreuzten häufig diese Versuche (→ Kap. 2.3). Sophie Meunier und Kalypso Nicolaidis konnten diesen Befund auch für die Europäische Union bestätigen (Meunier/Nicolaidis 1999; Meunier 2000; Meunier/Nikolaidis 2006).

Verhinderung von Nachteilen

Wenn die notwendigen Mehrheiten für ein Freihandelsabkommen an der Durchsetzungskraft von Veto-Spielern scheitern können, bleibt nur die Möglichkeit, diesen Veto-Spielern Anreize zu bieten, ihren Widerstand aufzugeben. Zu diesem Zweck werden Kompensationen – sogenannte *side-payments* – für aus internationalen Abkommen resultierende Verluste angeboten (Frieden/Lake/Schultz 2012: 285–287; Putnam 1988). Dies bedeutet, dass die Gewinner von Freihandelsabkommen bereit sind, einen Teil ihrer Gewinne mit den Verlierern zu teilen. In der Praxis wird diesen Gruppen zugesagt, dass sie per Gesetz in den Genuss von Steuervergünstigungen oder Subventionen kommen, wenn sie Freihandelsabkommen nicht weiter blockieren.

Kompensationen für Verluste

Zwischenfazit

Durchsetzungskraft von Interessengruppen
In innenpolitischen Konflikten setzt sich nicht immer die Gruppe durch, die über die breiteste Mehrheit verfügt. Auch kleine Gruppen erweisen sich als durchsetzungsstark. Die Durchsetzungskraft von Interessengruppen hängt ab von der Logik ihrer Organisation, von den Regeln des politischen Systems und von den Möglichkeiten, die Verlierer von Abkommen durch Kompensationen zu entschädigen.

5.4 Strategische Interaktion von Staaten

Da eine Vielfalt mehr oder weniger durchsetzungskräftiger Interessengruppen auf nationale Regierungen einwirkt, ist es nicht überraschend, dass diese sehr verschiedene Ziele verfolgen, wenn sie mit anderen Regierungen über Handelsabkommen verhandeln. Hinzu kommt ein anderes Problem: Selbst wenn Abkommen vereinbart werden konnten, besteht der Anreiz fort, die einzelnen Bestimmungen im Sinne eigener Interessen bzw. der betroffenen nationalen Interessengruppen zu interpretieren. Dies können die anderen Vertragspartner als Versuch sehen, das Abkommen zum Zweck des eigenen Vorteils teilweise nicht mehr einzuhalten; mit anderen Worten: zu betrügen (Frieden/Lake/Schultz 2012: 288–290). Auf dieses grundlegende Kooperationsproblem internationaler Beziehungen wurde bereits hingewiesen (→ Kap. 2.2). Es taucht in Handelsbeziehungen wieder auf. Ein gängiges Verfahren, aus Abkommen einseitigen Nutzen zu ziehen, ist das sogenannte Dumping.

Kooperationshindernis Betrug

Definition

Dumping
Unter Dumping wird der Verkauf von Waren oder Dienstleistungen im Ausland zu Preisen unterhalb der Herstellungskosten verstanden (Frieden/Lake/Schultz 2012: 290). Damit wird das Ziel verfolgt, Konkurrenten aus

dem Markt zu drängen, eine Monopolstellung zu erringen und später Preise diktieren zu können. Sofern Freihandelsabkommen Dumping nicht ausdrücklich verbieten, verletzt diese Praxis zumindest den Geist solcher Vereinbarungen.

Gegenmaßnahmen

Staaten und Regierungen nutzen die bereits in den vorangehenden Kapiteln allgemein vorgestellten Methoden (→ Kap. 2.2, Kap. 3.3), um solchen Betrugsversuchen auf die Spur zu kommen, sie möglichst schon im Vorfeld zu verhindern oder notfalls mit Gegenmaßnahmen zu bekämpfen.

Gegenseitige Überwachung

Die gegenseitige Überwachung von Vertragspartnern ist ein unerlässliches Instrument, um Betrugsversuche zu erkennen. Es liegt auf der Hand, dass diese Überwachung umso einfacher ist, je weniger Staaten an einem Abkommen beteiligt sind. In der international wichtigsten Organisation, der Welthandelsorganisation (WTO), sind jedoch viele Staaten zusammen geschlossen.

Information kompakt

Welthandelsorganisation (WTO)

Die Welthandelsorganisation (World Trade Organization, WTO) hat 159 Mitglieder (Stand 2013). Ihr Sitz ist Genf (Schweiz). Dort ist das Sekretariat mit Generaldirektor Roberto Azevêdo ansässig. Es hat über 640 Mitarbeiter und verfügt über ein Budget von ungefähr 200 Mio. Schweizer Franken. Die WTO:

- stellt ein Forum für Verhandlungen bereit,
- achtet auf die Einhaltung der geschlossenen Verträge,
- bearbeitet Handelskonflikte zwischen ihren Mitgliedern und
- überwacht die Handelspolitiken ihrer Mitglieder (World Trade Organization 2014b).

Die Organisation beruht auf dem Prinzip der Meistbegünstigung. Es besagt, dass Handelspartner sich gegenseitig die gleichen Handelsbedingungen einräumen, wie dem (meistbegünstigsten) Land, dem sie jeweils die größten Privilegien eingeräumt haben (Andersen 2010b). Zweck dieses Prinzips ist es, Diskriminierungen von Handelspartnern zu verhindern. Allerdings ist der Abschluss von regionalen oder entwicklungspolitischen Zielen dienenden Handelsabkommen zulässig. Der Binnenmarkt der EU oder die handelspolitische Bevorzugung ehemaliger europäischer Kolonien sind oder waren Beispiele für solche Ausnahmen. Damit wird das Meistbegünstigungsprinzip in seiner Wirkung erheblich eingeschränkt (Bieling 2011: 114, 22–24).

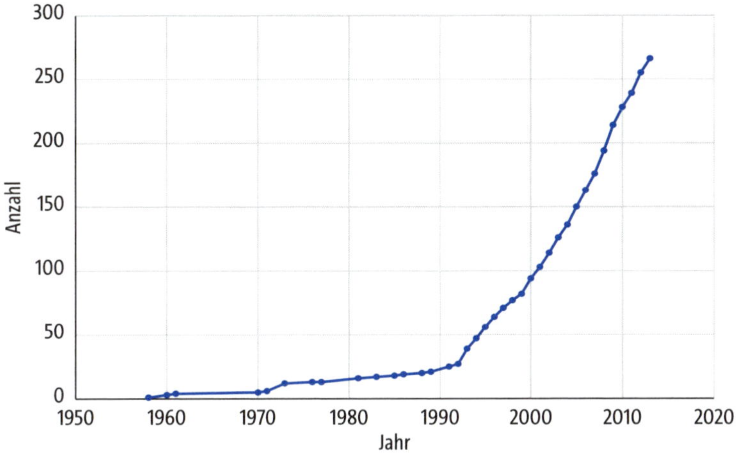

Abb. 5.2

Anzahl der existierenden regionalen Freihandelsabkommen

Quelle: eigene Darstellung nach Daten der World Trade Organization (2014a).

Eine Möglichkeit, die Wahrscheinlichkeit eines Betruges klein zu halten, ist deshalb, separate Abkommen mit einer nur kleinen Anzahl von Mitgliedern zu schließen. Die Zahl dieser sogenannten regionalen Freihandelsabkommen ist seit den 1990er Jahren erheblich angestiegen, wie Abbildung 5.2 zeigt.

Regionale Abkommen

Gleichzeitig verschaffen regionale Freihandelsabkommen ihren Mitgliedern die Möglichkeit, das Prinzip der Meistbegünstigung zu unterlaufen und sich gegenseitig Privilegien jenseits dieses Prinzips einzuräumen. Zwar müssen die Abkommen von der WTO genehmigt werden, aber die WTO sieht darin eine Förderung des internationalen Freihandels, da regionale Abkommen Meilensteile auf dem Weg zur weltweiten Verwirklichung dieses Ziels seien.

Die Tatsache, dass die Zahl separater Freihandelsabkommen seit 1990 eklatant zugenommen hat (vgl. Abb. 5.2), ist für internationale Beziehungen von ganz grundlegender Bedeutung: Sie zeigt, dass vermehrt (Wirtschafts-) Grenzen gezogen werden, mit denen Privilegien, Wohlstand und Lebensweisen geschützt werden sollen. Diese Grenzziehungen sind kaum vereinbar mit der Vorstellung, die man in den heutigen Internationalen Beziehungen von Globalisierung hat (Hirst/Thompson 2002; Scholte 2000). Wirtschaftliche und weitere Grenzziehungen sowie die Bildung anderer regionaler Organisationen weisen vielmehr auf internationale Beziehungen als einer »Welt der Regionen« hin, die miteinander im Wettbewerb stehen (Katzenstein 1993a; b; 2005; → Kap. 11.2.1).

Zunahme von Wirtschaftsgrenzen

Aber zurück zum Ausgangsproblem: Eine weitere Möglichkeit, die Wahrscheinlichkeit von Betrug zu verringern, ist, ein möglichst engmaschi-

Netzwerk verschiedener Abkommen

ges Netzwerk verschiedener Abkommen mit denselben Partnern zu schließen. Auf diese Weise sinkt der Anreiz zum Betrug. Denn ein Staat muss damit rechnen, dass die anderen Partner sich ebenfalls nicht an Vereinbarungen halten werden und dass dies genau diejenigen betreffen könnte, die ihm selbst am meisten nutzen. Wiederholte Interaktion und Verflechtung wirken sich so betrugsmindernd aus.

Wechselseitiger Informationsaustausch

Und schließlich kann wechselseitiger Informationsaustauch verhindern, dass eine Seite die andere übervorteilt. Jede Regierung kennt die Bedingungen im eigenen Land – insbesondere die geltenden Produkt- und Produktionsbestimmungen – besser als die anderen Vertragspartner. Dies kann sich eine Regierung zunutze machen, indem sie die Vertragspartner nicht umfassend über solche Bedingungen informiert. Die heimische Konkurrenz verfügt dann über einen Informationsvorsprung und Konkurrenzvorteil gegenüber dem Importeur, der die Bestimmungen ebenfalls einhalten muss. Beides kann beseitigt werden, wenn alle Seiten Informationen transparent und vollständig austauschen.

Schiedsgerichtsverfahren

Schließlich können Schiedsgerichtsverfahren vereinbart werden. Wenn ein Staat einen anderen Vertragspartner des Betruges verdächtigt, kann er seine Beschwere an ein Schiedsgericht richten. Die WTO hat ein derartiges Schiedsgericht eingerichtet, das durchaus von verschiedenen Seiten in Anspruch genommen wird (Milner 2013: 734). Im Zivilrecht sind außergerichtliche Einigungen zwischen Parteien als »Vergleiche« bekannt. Dabei werden neue Vereinbarungen unmittelbar zwischen den Konfliktparteien ausgehandelt. Schiedsgerichte erhöhen den Anreiz zu solchen außergerichtlichen Vergleichen dadurch, dass die Konfliktparteien das Risiko eingehen, vom Schiedsgericht verurteilt zu werden, wenn sie verklagt werden. Um diesem Risiko zu entgehen, ist es oft sicherer, sich mit der anderen Seite gütlich zu einigen. Auf diese Weise behält man die Kontrolle über das Ergebnis der Streitschlichtung und kann vor allem die (wirtschaftlichen) Folgen überschaubar halten.

Anreiz zu Vergleichen

Zwischenfazit

Strategische Interaktion in der Handelspolitik

Auch auf dem Feld der Handelspolitik müssen Staaten damit rechnen, dass getroffene Vereinbarungen nicht eingehalten werden (→ Kap. 3.1.3). Die Gefahr eines Betruges lässt sich durch folgende Maßnahmen eindämmen:

- die Verkleinerung der Gruppe der Kooperationspartner, weil dies die gegenseitige Überwachung erleichtert;
- die Vernetzung verschiedener Abkommen, weil dies den Anreiz zur vertragskonformen Kooperation erhöht;

- wechselseitiger Informationsaustausch und Transparenz, weil dadurch die Vertragstreue kostengünstiger überprüft werden kann;
- die Nutzung von Streitschlichtung durch unparteiische Dritte, z.B. Schiedsgerichte, weil ein Vertragsbruch dann offiziell festgestellt wird und Sanktionen autorisiert werden können.

Zusammenfassung

Freihandel dient der Wohlstandsmehrung. Dazu bedient er sich der grenzüberschreitenden Spezialisierung und Arbeitsteilung der Wirtschaft. Der wohlstandsmehrende Nutzen von Freihandel muss jedoch gegenüber den sicherheitspolitischen und verteilungspolitischen Nachteilen abgewogen werden. Dabei ist zu berücksichtigen, dass sich gut organisierte, nach der Logik der Strategie aufgestellte Interessengruppen häufig besser durchsetzen können als schlecht organisierte, die gemäß der Logik der Mitgliedschaft handeln. Nicht immer steht das Gemeinwohl vorrangig im Zentrum des politischen Blickfeldes. International sind Freihandelsabkommen vor allem dann erfolgreich, wenn es gelingt sicherzustellen, dass sie eingehalten werden. Dazu sind Maßnahmen wie die Beschränkung auf eine kleine Zahl von Mitgliedern, Vernetzung von Abkommen, Herstellung von Transparenz und Etablierung von Streitschlichtungsmechanismen zweckmäßig.

Lernkontrollfragen

1. Warum gilt Freihandel als wohlstandsfördernd?
2. Welche Hindernisse stehen der Wohlstandsmehrung durch Vereinbarung von Freihandel im Weg?
3. Warum setzt sich innenpolitisch nicht immer die Interessengruppe durch, die über die breiteste Mehrheit verfügt?
4. Wie kann verhindert werden, dass ein Staat sich nicht an ein Freihandelsabkommen hält und daraus einen einseitigen Nutzen auf Kosten der Vertragspartner zieht?
5. Erstellen Sie eine Typologie in Form einer Tabelle, bei der die »Logik der Mitgliedschaft« der »Logik der Strategie« gegenübergestellt wird. Wichtig ist dabei, dass sie in der ersten Spalte der Tabelle Vergleichsdimensionen bilden, mit denen sie beide Logiken vergleichen können.
6. Im Text dieses Kapitels ist eine rudimentäre Diskursanalyse versteckt. Sie weist auf eine Änderung des Rechtfertigungsdiskurses für Freihandel hin. Suchen Sie diesen Hinweis. Wie hat sich die Rechtfertigung verändert?

Weiterführende Literaturhinweise

Bieling, Hans-Jürgen (2011), *Internationale Politische Ökonomie*. Eine Einführung, 2. Aufl., Wiesbaden: VS Verlag für Sozialwissenschaften.

Hoppen, Dieter (2014), *Internationale Wirtschaft. Theorie und Praxis der internationalen Wirtschaftsbeziehungen*, Stuttgart: Kohlhammer.

Kruber, Klaus-Peter/Mees, Anna Lena/Meyer, Christian (2008), *Internationale Wirtschaftsbeziehungen*, Bonn: Bundeszentrale für politische Bildung.

Krugman, Paul R./Obstfeld, Maurice/Melitz, Marc J. (2012), *Internationale Wirtschaft. Theorie und Politik der Außenwirtschaft*, 9. Aufl., München: Pearson.

Mayda, Anna Maria/Rodrik, Dani (2005), ›Why are some people (and countries) more protectionist than others?‹, *European Economic Review*, 49(6): 1393–1430.

Milner, Helen V./Kubota, Keiko (2005), ›Why the Move to Free Trade? Democracy and Trade Policy in the Developing Countries‹, *International Organization*, 59(01).

Schirm, Stefan A. (2013), *Internationale Politische Ökonomie*, 3. Aufl., Baden-Baden: Nomos Verlagsgesellschaft.

Weeber, Joachim (2011), *Internationale Wirtschaft*, 2. Aufl., München: Oldenbourg Verlag.

Internationale Finanzbeziehungen und Interdependenz | 6

Inhalt

In diesem Kapitel werden internationale Finanzbeziehungen als Probleme internationaler Kooperation dargestellt. Gemeinsame Interessen stehen konkurrierenden Partikularinteressen gegenüber. Es wird gezeigt, wie internationale Interdependenz die Gemeinsamkeiten prägt. Gruppen- oder Partikularinteressen beruhen dagegen auf Verteilungskonflikten. Weiter wird erläutert, wie der Internationale Währungsfonds (IWF) das internationale Finanzsystem funktionsfähig halten soll. Schließlich werden die wichtigsten Verhaltensweisen von Akteuren ermittelt, die internationale Finanzkrisen verursachen. An drei Krisen wird zudem beispielhaft gezeigt, wie Krisenmanagement solchen Verhaltensweisen entgegenwirkt.

Geld gilt als das »Schmiermittel« der Wirtschaft. Wer wirtschaftlich Erfolg haben möchte, benötigt einen verlässlichen Zugang zu Finanzmitteln. Geld dient daher sowohl dem Zweck des individuellen, wirtschaftlichen Erfolges als auch dem des Allgemeinwohls (Andersen 2010a). Insbesondere in arbeitsteilig organisierten Volkswirtschaften (→ Kap. 5.1) erfüllt Geld drei wesentliche Funktionen (Deutsche Bundesbank 2012: 10):

Funktionen des Geldes

- Es ist ein Tauschmittel, das den Austausch von Waren und Dienstleistungen erheblich vereinfacht. Es wird aber auch benutzt, um Kredite zu gewähren und Schulden zu begleichen. Insoweit dient es für Finanztransaktionen als Zahlungsmittel. Dabei beruht es auf dem Vertrauen der Nutzer, dass es werthaltig ist.[44]
- Es ist eine Recheneinheit, durch die sich Güter, Dienstleitungen oder Vermögenswerte in einer von allen Akteuren akzeptierten Bezugsgröße

ausdrücken lassen. Auf diese Weise können die Werte unterschiedlichster Wirtschaftsgüter miteinander in Beziehung gesetzt und verglichen werden.

- Es ist eine Art »Speicher«, der es ermöglicht, Werte über eine gewisse Zeit aufzubewahren. Diese Funktion ist umso wirksamer, je stabiler der Wert des Geldes im Verhältnis zu Waren, Dienstleistungen oder Vermögen über die Zeit bleibt.

6.1 | Internationale Finanzbeziehungen als Kooperation

Barrierefreier Zugang

Auch in internationalen Beziehungen spielt Geld eine herausragende Rolle. Je spezialisierter und arbeitsteiliger diese Beziehungen ausgestaltet sind (→ Kap. 5.2), desto mehr sind die am Wirtschaftsleben beteiligten Akteure auf einen barrierefreien Zugang zum »Schmiermittel« Geld angewiesen. Nationale Grenzen sind jedoch Hürden, mit denen der freie Fluss von Feld in internationalen Beziehungen beschränkt werden kann.

Information kompakt

Grundbegriffe der Finanzbeziehungen
Ein **Gläubiger** ist eine private oder juristische Person, die gegenüber einer anderen Person (Schuldner) einen Anspruch oder eine Forderung geltend macht, weil sie dem Schuldner zuvor eine Leistung erbracht hat. Ein **Schuldner** steht zu einem Gläubiger in einem Schuldverhältnis, das ihn verpflichtet, dem Gläubiger gegenüber die vereinbarte Forderung zu erfüllen. Handelt es sich bei dem Schuldverhältnis um einen Kredit, wird der Gläubiger auch als Kreditgeber, der Schuldner als Kreditnehmer bezeichnet. Ist der Schuldner keine Person, sondern eine Regierung, die bei einem Geldgeber einen Kredit aufnimmt, heißt das Schuldenverhältnis **Staatsschuld**.

Als **Investor** bezeichnet man einen Anleger, der Geld in ein Unternehmen investiert und dadurch ganz oder teilweise zum Eigentümer dieses Unternehmens wird. Wenn diese Investition unmittelbar in den Kauf oder Bau von Produktionsstätten fließt, spricht man von Direktinvestition. In diesem Fall übt der Investor Kontrolle über die Geschäftstätigkeit des Unternehmens aus. Investiert ein Investor nicht in seinem Heimatland, sondern im Ausland, nennt man das **ausländische Direktinvestition**.

Investoren können aber auch nur Anteile von Unternehmen erwerben. Dies geschieht üblicherweise durch den Kauf von Aktien, Anteilsscheinen oder Wertpapieren an den Börsen – dem Marktplatz für solche Finanzprodukte. In diesem Fall spricht man nicht von Direktinvestition, sondern von

Portfolioinvestition. Bei dieser Art der Investition übt der Investor keine ständige Kontrolle über die Geschäftstätigkeit des Unternehmens aus, sondern bleibt passiver Eigentümer (Frieden/Lake/Schultz 2012: 316).

Gesellschaftliche Akteure wie Gläubiger, Schuldner oder Investoren verbindet ein wichtiges Interesse: Sie alle wollen Geld verdienen und dadurch ihren Wohlstand mehren. Diesem gemeinsamen Ziel kommen sie näher, indem sie miteinander kooperieren. Ein Unternehmer benötigt das Kapital eines Investors, um Produkte herzustellen, die er mit Gewinn verkaufen kann. Einen Teil dieses Gewinns muss er an den Investor weitergeben, für den seine Investition damit eine Rendite abwirft. Die Rendite ist der meist auf ein Jahr bezogener Prozentwert, mit dem sich das Verhältnis von Einzahlung (hier Investitionen) zur Auszahlung verändert hat. Von einer Zusammenarbeit profitieren somit alle Beteiligten, weshalb sie ein gemeinsames Interesse an der gegenseitigen Kooperation haben.

Kooperation

6.1.1 Konflikte über die Verteilung der Kooperationsgewinne

Gleichzeitig möchte aber jeder der Beteiligten einen möglichst großen Anteil von dem Gewinn erhalten, der aus dieser Kooperation stammt. Das heißt, dass ein Unternehmer als Kreditnehmer möglichst wenig Zinsen an den Kreditgeber zahlen möchte, weil dies seinen Gewinn schmälert. Umgekehrt möchte ein Kreditgeber möglichst hohe Zinszahlungen für den gewährten Kredit bekommen. Ein Unternehmer möchte auch dem Investor einen möglichst geringen Anteil am Unternehmensgewinn auszahlen, während der Investor einen möglichst hohen Anteil erwartet. Es zeigt sich also, dass das gemeinsame Interesse der Beteiligten an einer Kooperation in dem Moment endet, in dem die Gewinnverteilung ansteht. Denn dabei vertreten alle konkurrierende Interessen; sie stehen in Konflikt mit einander.

Partikularinteressen

In Finanzbeziehungen bestehen also gemeinsame neben konkurrierenden Interessen (Frieden/Lake/Schultz 2012: 319–320). Wenn gemeinsame Interessen gleichzeitig mit konkurrierenden Interessen bestehen, nennt man dies auch eine Beziehung aufgrund von gemischten Motiven. Die Erwirtschaftung eines Gewinns ist das gemeinsame, die Verteilung des Gewinns das konfligierende Interesse.[45] Der Konflikt über die Gewinnverteilung wird üblicherweise zum Zeitpunkt der Vereinbarung der Kooperation vertraglich geregelt. In z. T. sehr komplizierten Verträgen wird vereinbart, wie ein Gewinn verteilt wird, wer welches Risiko trägt oder was passiert, wenn eine Seite sich nicht an den Vertrag hält bzw. halten kann. Die offenkundige Tat-

Gemischte Motive

sache, dass derartige Kooperationsvereinbarungen tagtäglich und überall geschlossen werden, zeigt deutlich, dass die konfligierenden Interessen bezüglich der Gewinnverteilung kein unüberwindliches Hindernis für Kooperationen im Finanzbereich darstellen.

6.1.2 | Direktinvestitionen im Ausland

Aus Abbildung 6.1 geht hervor, dass das Volumen von Direktinvestitionen im Ausland besonders seit den 1990er Jahren erheblich zugenommen hat. Vor allem Investoren aus Industrieländern investierten allein im Jahr 2012 18,7 Trillionen US-Dollar im Ausland. Aus den Entwicklungsländern flossen weit weniger aber immerhin noch 4,45 Trillionen US-Dollar in ausländische Direktinvestitionen. Dabei sind die hohen Portfolioinvestitionen noch nicht mitgerechnet.

Höhere Gewinne

Investoren nutzen die Möglichkeit, im Ausland zu investieren, deshalb, weil sie dort höhere Gewinne erwirtschaften können als zu Hause. Diese Erklärung für den rasanten Anstieg von Direktinvestitionen folgt der Heckscher-Ohlin-Theorie (→ Kap. 5.2). Ihr zufolge suchen Investoren aus Ländern mit hoher Kapitalausstattung (Industrieländer) nach Anlagemöglichkeiten in Ländern mit geringer Kapitalausstattung, weil dort angesichts der Knapp-

Abb. 6.1 | *Ausländische Direktinvestitionen von Industrie- und Entwicklungsländern 1980–2012 (in Mio. US$)*

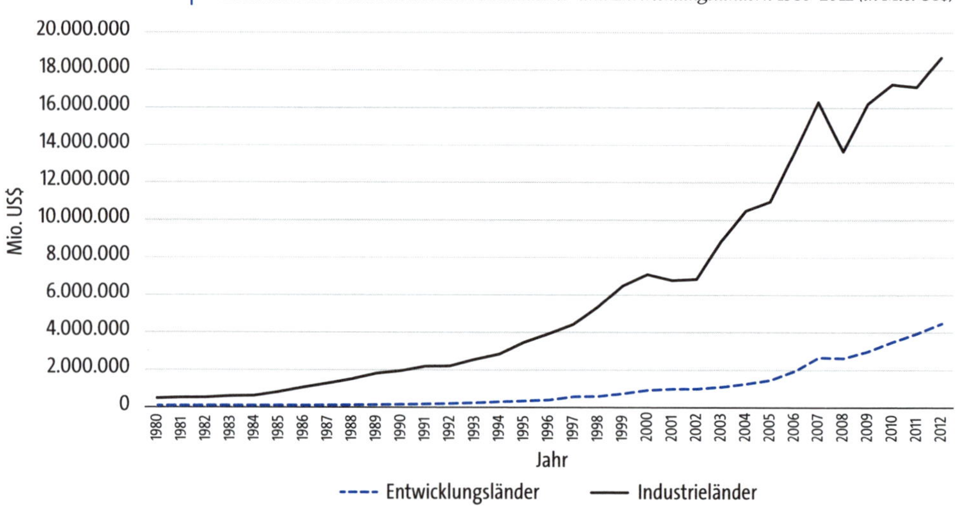

Quelle: United Nations Conference on Trade and Development (2014); Angaben in konstanten Preisen und festen Wechselkursen (zur Kaufkraftparität → Kap 7.1).

heit von Kapital ein hoher »Preis« für Kapital bezahlt wird. Dieser »Preis« sind Zinsen oder Renditen für Kapital. Gemäß der Heckscher-Ohlin-Theorie müssten die Länder mit dem größten Kapitalmangel (d.h. Entwicklungsländer) auch die höchsten Zinsen bezahlen. Es wäre deshalb zu erwarten, dass ausländische Direktinvestitionen vor allem in diese Länder fließen.

Information kompakt

Warum investieren multinationale Konzerne im Ausland?

Vor allem multinationale Konzerne nutzen die Möglichkeit von Direktinvestitionen im Ausland. Sie werden dabei insbesondere von folgenden Motiven geleitet (Frieden/Lake/Schultz 2012: 327–338):

1. Sie erhalten Zugang zu ausländischen Märkten, die durch Protektionismus geschützt sind, und können dort ihre Produkte verkaufen.
2. Sie erlangen Zugang zu Ressourcen, die für die Produktion wichtig sind, die in der Heimat aber nicht zur Verfügung stehen.
3. Sie nutzen die besonderen Fähigkeiten und Möglichkeiten eines Landes, um Bestandteile ihrer Produkte besonders günstig oder gut fertigen zu können; zu Hause werden diese dann zu den Endprodukten zusammengefügt. Auf diese Weise werden internationale Produktionsnetzwerke geschaffen.

Eine genauere Betrachtung der Finanzströme zeigt jedoch, dass Investoren bevorzugt in anderen Industriestaaten investieren (Hamilton/Quinlan 2004; 2011; Lane/Milesi-Ferretti 2007), obwohl dort weitaus geringere Gewinne zu erwarten sind.[46] Das heißt, dass die Erklärung der Ströme von ausländischen Direktinvestitionen, die die Heckscher-Ohlin-Theorie anbietet, nur bedingt zutrifft: Sie hilft zu verstehen, warum Investoren ins Ausland ziehen, aber nicht, warum sie nicht im erwarteten Maß in Entwicklungsländer investieren. Die Entscheidung von Investoren, welche Länder sie für ihre Direktinvestitionen auswählen, vermag die der Heckscher-Ohlin-Theorie entstammende Hypothese nicht zu erklären; sie führt hier eher in die Irre.

Risiko

Der Grund dafür liegt im besonderen Risiko, das mit Auslandsinvestitionen verbunden ist: Fremde Regierungen könnten z.B. Maßnahmen ergreifen, die den Wert der Investitionen erheblich verringern oder sogar zu einem Totalverlust führen.[47] Zu diesen Maßnahmen gehört auch, Zins und Tilgung von Staatsschulden auszusetzen, wenn ein Staat bankrott ist. Investoren schätzen die Risiken der ganz oder teilweisen Entwertung ihrer Einlagen oder Investitionen in Entwicklungs- oder Schwellenländern viel höher ein als in Industrieländern. Ihre Bereitschaft, in Entwicklungsländer zu investieren oder Kredite dorthin zu vergeben, ist daher geringer als sie es bei

Schwellen- oder natürlich Industrieländern ist (Frieden/Lake/Schultz 2012: 317–319). Investoren sehen somit grob drei Stufen ihres Risikos. Entwicklungsländer stellen das höchste, Industrieländer das geringste Risiko dar. Diese Abstufung der Risiken erklärt, warum die Finanzströme vor allem zwischen Industrieländern und weniger in Schwellen- oder gar Entwicklungsländer fließen.[48] Sogenannte Investitionsschutzabkommen mögen die Differenz zwischen den Risiken einer Investition in einem Industrieland und einer Investition in einem Entwicklungsland zwar verringern, vollkommen beseitigen lässt sie sich aber nicht.

Für die Entscheidung, wo Investoren im Ausland investieren, spielen also sowohl Gewinnerwartung als auch Risikoeinschätzung eine wesentliche Rolle (Tille/van Wincoop 2010). Industrieländer gelten bei Investoren als risikoarm, weil sie wirtschaftlich und politisch stabil sind und über eine Tradition verfügen, ausländische Investoren und Kreditgeber gut zu behandeln. Diese Tradition untermauert das historisch gewachsene Vertrauen von Investoren in die Verlässlichkeit von Regierungen und Geschäftspartnern in Industrieländern. Sie ist ein Beispiel dafür, dass transnationale Geschäftsbeziehungen nicht nur auf rein rationalen Kosten-Nutzen-Kalkülen beruhen. Vielmehr fließen auch die von den Konstruktivisten (→ Kap. 2.4) identifizierten immateriellen Elemente wie Tradition, Vertrauen oder Verlässlichkeit in die Überlegungen ein, wenn Akteure Länder und Geschäftspartner für transnationale Zusammenarbeit auswählen.

Stabilität der Industrieländer

Schließlich sind Investoren bemüht, protektionistische Hürden für den Freihandel (→ Kap. 5.3) dadurch zu umgehen, dass sie im Ausland investieren und produzieren. Wenn Protektionismus den Export in ein anderes Land verhindert, kann dort direkt produziert und Handelsschranken damit umgangen werden (Scherpenberg 2008). Durch die Produktion vor Ort erhalten Direktinvestoren für ihre Produkte Zugang zum sehr attraktiven Absatzmarkt anderer Industriestaaten. Auch dies erklärt teilweise, warum Investoren vorwiegend in anderen Industriestaaten und nicht Entwicklungsländern investieren.

Um auch Entwicklungsländern den Zugang zu dringend benötigtem Kapital zu ermöglichen, wurden internationale Entwicklungsbanken gegründet.[49] Die international bedeutsamste ist die Weltbank. Sie vergibt Kredite an Entwicklungsländer, damit diese wichtige Entwicklungsprojekte finanzieren können. Die Kredite werden zu Bedingungen und Zinsraten vergeben, die für die Entwicklungsländer günstiger sind als die Bedingungen und Zinsen am freien internationalen Kapitalmarkt. Aufgrund dieser Vergünstigungen sind die Kredite der Entwicklungsbanken politisch weit weniger umstritten als die anderen internationalen Finanzbeziehungen.

Konflikte in internationalen Finanzbeziehungen | 6.2

Staatsschulden

Die politisch brisantesten Konflikte brechen auf, wenn sich ausländische Regierungen bei privaten Kreditgebern verschulden. Im Prinzip spricht nichts dagegen, dass Regierungen sich im Ausland Geld leihen, um in die heimische Wirtschaft zu investieren. Wenn dadurch ein höheres Wachstum erzeugt wird, nimmt die Regierung höhere Steuern ein, die sie zum Teil dazu verwendet, Zinsen zu bezahlen und den Kredit zu tilgen. Zinszahlung und Tilgung zusammen bilden den sogenannten Schuldendienst.

Definitionen

Ausgewählte finanzpolitische Grundbegriffe

Zins ist der zwischen Gläubiger und Schuldner vereinbarte prozentuale Anteil an der Schuld, den der Schuldner in einem bestimmten Zeitabschnitt an den Gläubiger zu zahlen hat.

Tilgung ist die vollständige oder teilweise Rückzahlung der Schuld.

Schuldendienst ist die häufig mit Fristen versehene Vereinbarung zur Zahlung von Zins und Tilgung.

Kreditausfall (*default*) ist die teilweise oder vollständige Einstellung von Zahlungen, die der Schuldner gemäß der Verpflichtung aus dem Schuldendienst an den Gläubiger leisten müsste.

Kapitalverkehrskontrollen sind Hürden, mit denen Staaten den grenzüberschreitenden Kapitalverkehr steuern. Wenn diese Kontrollen weitgehend abgeschafft sind, spricht man von Kapitalverkehrsliberalisierung.

Insbesondere Länder mit geringerer Kapitalausstattung (→ Kap. 5.2) können sich nicht bei der heimischen Bevölkerung verschulden,[50] weil diese nicht über große Vermögen verfügt. Sie sind auf Kredite aus dem Ausland angewiesen, wenn sie in die heimische Wirtschaft investieren wollen. Abbildung 6.2 zeigt, in welchen Ländergruppen inländische Banken viele bzw. hohe Kredite vergeben und in welchen Ländergruppen ein Mangel an Krediten herrscht. Dieser Indikator ist ein Maßstab für die innere Kapitalausstattung von Staaten.

Ungleicher Kapitalzugang

In der gesamten Welt werden durchschnittlich 170 Prozent der Wirtschaftsleistung als Kredite vergeben. Der Zugang zu diesem Kapital ist jedoch sehr ungleich auf Länder und Ländergruppen verteilt. Die Mitgliedstaaten der Organization for Economic Co-operation and Development (OECD)[51] haben sehr leichten Zugang zu Kapital. Auch in den Mitgliedstaaten der Europäischen Union und den Entwicklungsländern Ostasiens und des Pazifik gewähren Banken hinreichend Kredite für die Wirtschaft. Dage-

Abb. 6.2 | *Inländische Bankkredite ausgewählter Ländergruppen 2012 (in % BIP)*

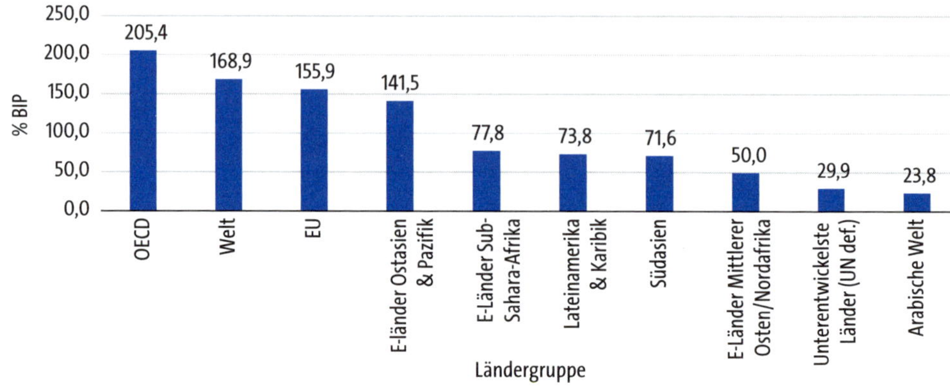

Quelle: eigene Darstellung nach Daten der Weltbank (The World Bank 2014c).

gen kann in der arabischen Welt und den gemäß UN-Definition unterentwickeltsten Ländern von einer regelrechten Kreditklemme gesprochen werden. Auch die Wirtschaften in anderen Entwicklungsländern sowie in Südasien oder Lateinamerika haben nicht ausreichend Zugang zu einheimischen Bankkrediten und damit Kapital.

6.2.1 | Internationale Interdependenz

Die grenzüberschreitende Vergabe von Krediten stößt jedoch auf das von den Internationalen Beziehungen als Anarchie (→ Kap. 2.1) beschriebene Hindernis, dass es keine den Staaten übergeordnete Weltregierung gibt. Im Inland kann sich ein Gläubiger an die Institutionen des Rechtsstaates wenden, wenn ein Schuldner seinen Schuldendienst nicht leistet. Bei grenzüberschreitenden Krediten besteht diese Möglichkeit nicht. Daher ist es erstaunlich, dass Kreditgeber überhaupt Geld an ausländische Kreditnehmer verleihen. Umgekehrt ist überraschend, dass Schuldner ihren Schuldendienst sehr häufig zuverlässig leisten, obwohl der Gläubiger sie dazu nicht zwingen kann. Das Vertrauensverhältnis zwischen Schuldner und Gläubiger muss also auf anderen Mechanismen als dem Zwang des Rechtsstaates beruhen. Die Tatsache, dass internationale Kredite in hoher Zahl und in ganz erheblichem Umfang gewährt und bedient werden, spricht dafür, dass dieses Vertrauensverhältnis üblicherweise besteht. Es beruht darauf, dass einerseits Kreditgeber Schuldner vom Zugang zu internationalem Kapital in der Zukunft abschneiden können. Sie können also mit

Vertrauen als Kooperationsgrundlage

zukünftigem und erheblichem Schaden drohen. Darüber hinaus ist es im Einzelfall möglich, Einlagen des Schuldners auf ausländischen Konten einzufrieren oder auf dessen ausländisches Eigentum zuzugreifen. Andererseits hat das Vertrauen seine Basis darin, dass der Schuldner über die Möglichkeit verfügt, dem Gläubiger mit Kreditausfall zu drohen oder den Schuldendienst sogar ganz einzustellen (Frieden/Lake/Schultz 2009: 274).

Da sowohl Gläubiger den Schuldnern als auch Schuldner den Gläubigern erheblichen Schaden zufügen können, sind beide aufeinander angewiesen. Man spricht von wechselseitiger Abhängigkeit oder Interdependenz.

Information kompakt

Das Konzept der Interdependenz[52]

Wechselseitige Abhängigkeit oder Interdependenz bedeutet, dass Akteure gegenseitig voneinander abhängig sind. Keohane/Nye (1989: 12–13) unterscheiden zwei Formen von internationaler Interdependenz: Empfindlichkeit und Verwundbarkeit.

- **Empfindlichkeit** betrifft die Geschwindigkeit, mit der Veränderungen in einem Land Veränderungen in einem anderen Land bewirken, und die Kosten, die dem anderen Land dadurch entstehen. Unter Kosten werden alle sozialen, wirtschaftlichen und politischen Belastungen verstanden, die entstehen, *bevor* politische Gegenmaßnahmen ergriffen werden.
- **Verwundbarkeit** meint die sozialen, wirtschaftlichen und politischen Belastungen eines Landes, die von äußeren Veränderungen bewirkt wurden *und* fortbestehen, auch nachdem Gegenmaßnahmen ergriffen wurden.

Empfindlichkeit bezeichnet demnach die eher kurzfristigen Auswirkungen internationaler Veränderungen auf ein Land, Verwundbarkeit dagegen die längerfristigen und unabänderlichen Folgen. Für die Betrachtung der Machtverhältnisse zwischen den Akteuren ist deshalb Empfindlichkeit weniger bedeutsam als Verwundbarkeit. Denn Empfindlichkeit sagt nichts darüber aus, wie teuer die Gegenmaßnahmen sind, die man ergreifen muss, um die Wirkungen internationaler Veränderungen zu begrenzen. Verwundbarkeit zeigt dagegen, welche Kosten durch Gegenmaßnahmen entstehen und welche Kosten internationaler Veränderungen auch durch Gegenmaßnahmen nicht gemindert werden können (Wirksamkeit von Gegenmaßnahmen).

Symmetrie und Asymmetrie

Obwohl die Abhängigkeit von Gläubigern und Schuldnern wechselseitig ist, weil beide gegenüber Verhaltensänderungen des anderen »empfindlich« sind, besteht nicht unbedingt eine symmetrische Interdependenz. Symmetrie besteht nur dann, wenn Kosten und Wirksamkeit von Gegenmaßnahmen gegen das Verhalten der anderen Seite für beide gleich sind, d.h. die Verwundbarkeit gleich ist. Interdependenz ist asymmetrisch, wenn die Verwundbarkeit von Schuldner und Gläubiger ungleich ist. Die verwundbarere Seite ist machtpolitisch im Nachteil. Diese ungleiche Machtverteilung wirkt sich auch auf das Ergebnis von Verhandlungen aus, mit denen Konflikte zwischen Gläubigern und Schuldnern geregelt werden.

Konfliktursachen

Solange Staaten Kredite erhalten und ihren Schuldendienst leisten, sind die internationalen Finanzbeziehungen für alle Beteiligten förderlich. Konflikte entstehen dann, wenn verschuldete Regierungen ihren Schuldendienst nicht mehr leisten können. Sie geraten damit in Verzug oder stellen sogar die Rückzahlung der Kredite teilweise oder ganz ein. Es besteht Kreditausfall. Die Verantwortung für derartige Probleme kann beim Kreditnehmer liegen; selbstverschuldet sind sie z.B., wenn die Verschuldung und Investition in die heimische Wirtschaft nicht genügend Steuermehreinnahmen erwirtschaftet, um den Schuldendienst zu bedienen.

Definitionen

Ausgewählte wirtschaftspolitische Grundbegriffe

- **Rezession** ist der Rückgang der Wirtschaftsleistung (negatives Wachstum) einer Volkswirtschaft in zwei aufeinanderfolgenden Quartalen
- **Depression** ist ein länger anhaltender Rückgang der Wirtschaftsleistung in einer oder mehr Volkswirtschaften, der erheblich über die Rezession hinausgeht.
- **Austerität** bedeutet Disziplin, Strenge und Sparsamkeit. Politisch wird sie von Regierungen erzeugt, die Staatseinnahmen steigern (Steuer- oder Gebührenerhöhung) und Leistungen kürzen und damit den Verbrauch verringern. Den Bürgern wird eine erhebliche Last aufgebürdet.

Aber auch Veränderungen im Ausland oder in internationalen Beziehungen können die Ursache für die beschriebenen »Kreditereignisse« sein. Wenn z.B. kein fester, sondern ein variabler Kreditzins vereinbart wurde, wirken sich steigende Zinsen im Ausland unmittelbar auf die Höhe des Schuldendiensts aus. Erhöht die Zentralbank eines Kreditgebers die Leitzinsen, z.B. um Inflation zu bekämpfen, hat dies ebenfalls Auswirkungen auf den Schuldendienst des Kreditnehmers. Auch die internationalen Wechselkurse können diesen beeinflussen. Internationale Kredite sind meist in frei wechselbaren Währungen – sogenannten »harten« Währungen – festgeschrieben. Wenn der Kurs der Währung des Kreditnehmers gegenüber harten Währungen sinkt, erhöht sich automatisch der Schuldendienst.[53] Eine solche Erhöhung kann auch die Konsequenz weltweiter Rezessionen oder sogar Depressionen sein. Denn dadurch sinken Nachfrage und Preise für Produkte auf den Weltmärkten und die verminderten Exporteinnahmen führen zu geringeren Staateinnahmen, was zur Konsequenz haben könnte, dass diese nicht mehr ausreichen, um den Schuldendienst zu bedienen.

Austerität

Die kreditnehmenden Regierungen sind in diesen unverschuldeten Situationen gezwungen, Maßnahmen zu ergreifen, die sie in die Lage versetzen, den Schuldendienst dennoch zu leisten. Zu solchen Austerität genannten Maßnahmen gehören Kürzungen von Leistungen an die Bürger oder Steuererhöhungen, um mehr Geld für den Schuldendienst zur Verfügung zu haben. Darüber hinaus können Regierungen Zinsen erhöhen, damit die Bürger mehr sparen und weniger verbrauchen und zusätzlich ausländisches Geld ins Land gelockt wird. Gleichzeitig führen diese Maßnahmen zu höheren Exporten und zu geringeren Importen. Aber das Problem ist, dass mit solchen Maßnahmen zum einen die wirtschaftliche Aktivität im Land verringert wird. Dies kann sogar zu einem Teufelskreis führen, weil eine schrumpfende Wirtschaft noch weniger in der Lage ist, die Einnahmen zu generieren, die nötig sind, um steigende Schuldendienste zu leisten. Zum anderen leiden die Bürger in hohem Maß unter den drastischen Maßnahmen. Es kommt zur Spaltung der Gesellschaft in verschiedene Gruppen, die unterschiedliche Interessen geltend machen.

Partikulare Gruppeninteressen

Die eine Gruppe besteht aus Bürgern, die besonders unter der Austerität zu leiden haben. Sie appelliert an die Regierung, den Schuldendienst auszusetzen oder sogar einzustellen. Bei einem solchen Kreditausfall lägen die Kosten zum größten Teil oder sogar vollständig beim Kreditgeber. Die Regierung hätte ihre Schulden erheblich verringert oder wäre gar schuldenfrei und müsste keinen Schuldendienst mehr leisten. Sie müsste auch den Bürgern keine drastischen Maßnahmen zumuten. Jedoch würde auf absehbare Zeit kein Kreditgeber diesem Land mehr Geld leihen, weil das Risiko des Kreditausfalls viel zu hoch geworden ist. Diesen Weg zu gehen, ist für Länder mit geringer Kapitalausstattung eine ausgesprochen schwierige Entscheidung, weil dann künftig Investitionen für wirtschaftliches Wachstum und Wohlstand ausbleiben werden.

Die andere Gruppe setzt sich aus jenen Bürgern und Institutionen zusammen, die – wie Banken, Versicherungen oder Unternehmen – für ihren wirtschaftlichen Erfolg erheblich auf nachhaltigen Zugang zu den internationalen Kapitalmärkten angewiesen sind. Sie fordern die Regierung auf, den Schuldendienst zumindest teilweise weiter zu bedienen und die schmerzhaften innenpolitischen Maßnahmen fortzuführen (Frieden/Lake/Schultz 2012: 322–325).

6.2.2 Innenpolitische Verteilungskonflikte

Konfliktkonfiguration

In einem so komplexen Konflikt stehen sich also zum einen verschiedene innenpolitische Interessengruppen mit ihren Partikularinteressen gegenüber. Zum anderen steht die Regierung als Schuldner im Konflikt mit ihren Gläubigern. In diesem zweiten – internationalen – Konflikt verfolgt der Schuldner das Ziel eines ganz oder teilweisen Schuldenerlass ohne Reputationsverlust. Der Gläubiger[54] verfolgt das Ziel, einen möglichst großen Teil seiner Ansprüche aus dem Kreditverhältnis zu erhalten und vor allem einen Totalverlust zu vermeiden. Obwohl diese Interessen auf den ersten Blick als unvereinbar erscheinen, gilt, dass alle Seiten bei einer ausgehandelten und vereinbarten Lösung meist besser dastehen, als wenn es mangels Einigung zu einem totalen Kreditausfall kommt. Daher besteht das Hauptproblem der Konfliktlösung zunächst darin, einen für alle innerstaatlichen und internationalen Beteiligten tragfähigen Kompromiss auszuhandeln, der keine Seite übervorteilt.

Kompromissfindung

Ein solcher Kompromiss liegt zwischen den beiden Extrempunkten totaler Kreditausfall einerseits und uneingeschränktem Fortbestand des ursprünglichen Kreditgeschäfts andererseits. Wenn Gläubiger und Schuldner einen Ausweg ausgehandelt haben, muss zusätzlich sichergestellt werden, dass sich alle Beteiligten daran halten. Dazu muss eine Regierung vor allem dafür sorgen, dass die Interessengruppen in ihrem Land bereit sind, die Lasten eines Kompromisses zu tragen. Das Ergebnis von Verhandlungen über eine einvernehmliche Lösung eines Kreditkonflikts spiegelt üblicherweise die Machtverhältnisse zwischen den beteiligten Parteien wider (→ Information kompakt: Interdependenz). Die verwundbarere Seite wird höhere Belastungen aus einer Vereinbarung übernehmen müssen als die weniger verwundbare Seite.

6.2.3 Internationales Krisenmanagement und der IWF

In den Prozessen zur Aushandlung von Kompromisslösungen zwischen Schuldnern und Gläubigern spielt der Internationale Währungsfonds (IWF) meist eine sehr wichtige Rolle. Er kommt aus drei wesentlichen Gründen ins Spiel.

Kreditgeber letzter Instanz

Erstens verfügt der IWF über Finanzquellen, um Staaten zu helfen, die in Zahlungsschwierigkeiten geraten sind. Solche Staaten könnten an den internationalen Kapitalmärkten keine Kredite zu erfüllbaren Bedingungen mehr bekommen. Daher kann der IWF als »Kreditgeber der letzten Instanz« einspringen.[55] Er macht es auf diese Weise möglich, dass Schuldner ihren Schuldendienst ganz oder zumindest teilweise bedienen können. Damit wird die Kompromissfindung zwischen Gläubigern und Schuldnern erleichtert.

Information kompakt

Internationaler Währungsfonds (IWF)
Der Internationale Währungsfonds (IWF) ist eine internationale Organisation zur Sicherung der Stabilität internationaler Finanzbeziehungen. In ihm sind 188 Staaten Mitglied (Stand 2014). Die Stabilität ist dann gewährleistet, wenn Finanzakteure ohne Bedenken miteinander Geschäfte machen. Um diese Bedingung herzustellen, erfüllt der IWF vorrangig die präventive Aufgabe der Überwachung und Früherkennung von Problemen. Zu diesem Zweck erstellt und veröffentlicht er Berichte zur Lage der Weltwirtschaft und der globalen Finanzstabilität. Außerdem werden Berichte über alle Mitgliedstaaten erstellt. Diese wirtschaftliche und finanzielle Beurteilung von Staaten ähnelt der Tätigkeit der Schutzgemeinschaft für allgemeine Kreditsicherung (Schufa) in Deutschland. Sieht der IWF Probleme heraufziehen, kann er frühzeitig Gegenmaßnahmen empfehlen. Wenn Mitglieder in Zahlungsschwierigkeiten geraten, kann er als »Kreditgeber der letzten Instanz« einspringen. Er verfügt über eine Reihe von Instrumenten (sogenannte Fazilitäten), mit denen Zahlungsschwierigkeiten bekämpft werden können. Diese Hilfen werden jedoch an Bedingungen geknüpft, deren Einhaltung der IWF ständig überprüft.

Der Einfluss der einzelnen Mitglieder auf die Organisation und ihre Entscheidungen richtet sich nach der Höhe ihrer Einlagen in den Fonds. Die komplizierten Entscheidungsregeln legen fest, dass die USA als größter Anteilseigner faktisch über ein Vetorecht verfügen. Studien über den IWF ergaben, dass mit den USA enger verbundene Mitglieder vom IWF besser behandelt werden als andere. Zudem bezogen Schuldner bei amerikanischen Banken höhere Kredite vom IWF als Schuldner anderer Finanzinstitute. Neben der dominanten Position der USA innerhalb des IWF wird häufig kritisiert, dass die Bedingungen für die Kreditvergabe (Deregulierung, Privatisierung, Liberalisierung, fiskalische Disziplin) zu harsch seien. Sie verletzten staatliche Souveränität, vergrößerten Armut und schafften soziale Spannung und Ungleichheit in den betroffenen Ländern. Insgesamt dienten sie einseitig den Interessen der Industrieländer zu Lasten der Entwicklungsländer. Insbesondere asiatische Schwellenländer haben sich deshalb nach der Asienkrise 1997 entschlossen, eigene regionale Organisationen zu schaffen, um nicht mehr auf den IWF angewiesen zu sein und sich so dessen Einfluss zu entziehen (Broz/Hawes 2006; Deutsche Bundesbank 2012; Dreher/Gassebener 2012; Hamilton-Hart 2006; International Monetary Fund 2014a; Thacker 1999; Volz 2012).

Verhinderung von Ansteckung

Zweitens ist der IWF bestrebt zu verhindern, dass die Zahlungsschwierigkeiten eines Mitgliedstaates auf andere Mitgliedstaaten oder sogar das internationale Finanzsystem insgesamt durchschlagen. Er muss also die Ausbreitung einer Krise abwenden. Denn der schlimmste anzunehmende Fall ist, dass Kreditausfälle sich häufen und die internationalen Finanzgeschäfte insgesamt zum Erliegen kommen, d.h. keine Geschäfte mehr getätigt oder erfüllt werden. Dies bezeichnet man auch als »Marktversagen«. Ohne Geschäftstätigkeit können arbeitsteilig organisierte Wirtschaften keinen Wohlstand erzeugen. Davon wären alle Menschen in allen Ländern unmittelbar und massiv betroffen. Diesem Marktversagen muss der IWF sich mit aller Kraft widersetzen und die Stabilität des internationalen Finanzsystems sicherstellen.

Überwachung und Transparenz

Drittens unterstützt der IWF die Einhaltung von Abkommen zwischen Schuldnern und Gläubigern, indem er die Durchführung von Auflagen in regelmäßigen Abständen überprüft und die Ergebnisse der Überprüfung veröffentlicht. Er übt also gewissermaßen die Aufsicht über ein Schuldnerland aus, was auf den ersten Blick oberlehrerhaft oder sogar entwürdigend für Gesellschaft und Regierung dieses Landes erscheinen mag. Dies gilt besonders, wenn es unverschuldet in Zahlungsnot geraten ist. Die Aufsicht des IWF ermöglicht dem betroffenen Staat allerdings auch, seine Gutwilligkeit unter Beweis zu stellen, Vertrauen zurückzugewinnen und schließlich wieder Kreditwürdigkeit zu erlangen. Insofern ebnet sie ihm einen Weg zurück in die Gemeinschaft der finanziell stabilen Länder. Damit wird wieder der Zugang zu notwendigem Kapital geöffnet. In der Vergangenheit hat sich gezeigt, dass Staaten, die Unterstützung vom IWF erhielten und seine Auflagen erfüllten auch an internationalen Kapitalmärkten wieder kreditwürdig wurden. Dabei wirkte der IWF wie ein Katalysator. Susanne Lütz (2014) hat jüngst nachgewiesen, dass der IWF seine Politik nach der Finanzkrise geändert hat und nicht mehr in dem Maße wie zuvor Austerität von Staaten einfordert, die in Zahlungsschwierigkeiten geraten sind und daher der Unterstützung bedürfen.

Definition

Kontrafaktische Frage
Eine kontrafaktische Frage benutzt die Überlegung einer »Was-wäre-wenn-Frage«, um die Wirkung eines tatsächlich bestehenden Sachverhalts zu ermitteln. Insoweit dient diese Frage der Kausalanalyse. Sie nutzt ein gedankliches Experiment, bei dem eine bestehende Tatsache aus dem insgesamt denkbaren Ursachenbündel herausgelöst und dann überlegt wird, welche Folgen dies voraussichtlich hätte (Nohlen 2010e).

Der Sinn und Nutzen des IWF erschließt sich bei der Beantwortung der kontrafaktischen Frage, wie das Wohlstandsniveau und die Lebensverhältnisse aller Menschen aussähen, wenn es den IWF oder eine ähnlich funktionierende Einrichtung nicht gäbe. Es ist unschwer zu erkennen, dass dann die Wirtschaftstätigkeit erheblich geringer und damit der Wohlstand für alle erheblich geringer wäre. Es müsste mit weltweit erheblich geringerem Vertrauen, weniger ausgeprägten Finanzbeziehungen und häufigeren Krisen gerechnet werden. Ob allerdings dann der insgesamt geringere Wohlstand auf die einzelnen Länder anders verteilt wäre, ist eine Frage, die sich nicht einfach beantworten lässt. Sinn und Nutzen

Beispiele internationaler Finanz- und Schuldenkrisen | 6.3

Obwohl Gläubiger und Schuldner einen großen Anreiz haben, bestehende Kreditvereinbarung einzuhalten und obwohl der IWF sowohl präventiv vorsorgend als auch unmittelbar im Fall von Zahlungsschwierigkeiten eingreifen kann, kommt es immer wieder zu internationalen Finanz- und Schuldenkrisen. Die nachteiligen Folgen solcher Krisen können sich sehr rasch auch auf Länder auswirken, die zunächst nicht in Zahlungsschwierigkeiten geraten sind.

Schuldenkrise in Lateinamerika | 6.3.1

Dies geschah z. B. 1982 als die Regierung Mexikos ihren Schuldendienst nicht mehr bediente. Krisenauslöser Daraufhin stellten Gläubiger nicht nur die Kreditvergabe an Mexiko, sondern auch an Regierungen anderer Entwicklungsländer ein. Denn die Gläubiger befürchteten, dass auch andere Länder ihren Schuldendienst nicht mehr leisten würden. Da sie vom Zugang zu dringend notwendigem Kapital abgeschnitten waren, blieb diesen Ländern nichts anderes übrig, als ebenfalls die Zahlung von Zins und Tilgung an die Gläubiger auszusetzen. Dies bestärkte wiederum die schlimmsten Befürchtungen der Gläubiger, die ihre Kreditvergaben weiter verringerten. Sowohl Schuldner als auch Gläubiger steckten in einem Teufelskreis. Teufelskreis 1983 mussten bereits 34 Entwicklungsländer über Umschuldungen verhandeln. Einige Staaten in Lateinamerika mussten etwa die Hälfte ihres Einkommens aus Exporten für den Schuldendienst aufwenden. Ihnen verblieben kaum noch Mittel zur Finanzierung dringend benötigter Importe. Die Folgen waren erheblich und bis etwa 1990 anhaltende Verluste an Wachstum und Wohlstand:

- Das Pro-Kopf-Einkommen Lateinamerikas sank in den 1980er Jahren um zehn Prozent.

- Die Reallöhne sanken um mindestens 30 Prozent.
- Die Inflation erreichte in einigen Staaten über 1000 Prozent pro Jahr.

Die 1980er Jahren gelten als die »verlorene Dekade« in Lateinamerika. Die betroffenen Schuldenstaaten wurden zu Umschuldungsvereinbarungen mit harscher Austeritätspolitik und Wirtschaftsreformen gezwungen. Die Gläubiger mussten akzeptieren, dass ein Teil ihrer Ansprüche aus den Kreditvereinbarungen verloren waren (Frieden/Lake/Schultz 2012: 322–323; Rodrik 1996). Sowohl Gläubiger als auch Schuldner erlitten erhebliche Verluste. Die Vereinbarung von Umschuldungsabkommen verhinderte lediglich, dass die Folgen für beide Gruppen noch gravierender ausfielen.

Austeritätspolitik

6.3.2 | Finanzkrise in Südostasien

Nur kurz nachdem sich Lateinamerika durch sehr schmerzhafte Entbehrungen von der Krise erholt hatte, wurde die Welt von einer weiteren Finanz- und Schuldenkrise – diesmal in Südostasien – erschüttert. Bis dahin hatten insbesondere vier Länder – Thailand, Indonesien, Malaysia und Südkorea – die Welt durch hohe Wachstumsraten beeindruckt. Weil deren Regierungen den Zugang zu internationalem Kapital liberalisiert hatten, witterten Gläubiger eine gute Gelegenheit, hohe Renditen für Kredite und Investitionen zu erzielen. Sie verliehen deshalb Geld nicht vorrangig an Regierungen, sondern an die Geschäftswelt. In der Folge wuchsen diese Volkswirtschaften mit etwa acht bis neun Prozent pro Jahr sehr viel schneller als andere Entwicklungsländer, deren jährliche Wachstumsrate etwa vier Prozent betrug.

Kapitalmarktliberalisierung

1997 jedoch wendete sich das Blatt. Investoren und Gläubiger ließen sich nicht mehr länger nur von diesen eindrucksvollen Wachstumsraten leiten, sondern sorgten sich immer mehr um zwei Probleme, die den Wert ihrer Investitionen gefährden konnten. Dies war erstens die Stabilität der Währungen dieser asiatischen Länder. Denn wenn Investoren harte Währungen wie den US-Dollar in lokale Währungen der asiatischen Länder tauschten, um dort investieren zu können, gingen sie ein Wechselkursrisiko ein. Es bestand darin, dass die lokalen Währungen gegenüber den harten Währungen an Wert verlieren, d.h. die Wechselkurse sich verschlechtern könnten. Damit würde sich automatisch auch der Wert der Investitionen verringern. Zweitens beunruhigte die internationalen Investoren, dass asiatische Regierungen möglicherweise stark in die Wirtschaft eingriffen. Einige hatten versprochen, einheimische Banken zu retten, wenn diese in finanzielle Schwierigkeiten geraten sollten. Einige Banken befanden sich sogar im Besitz der Regierungen. Die Investoren befürchteten deshalb, dass die mit derartigem Rückhalt ausgestatteten Banken keinen Grund mehr hätten,

Furcht vor Währungsinstabilität

Hohe Risikobereitschaft

Risiken zu scheuen, und Kredite auch an Schuldner vergäben, deren Kreditwürdigkeit gering war, weil wenig Aussicht bestand, dass sie ihren Schuldendienst würden leisten können.

Diese Sorgen der internationalen Investoren erreichten im Frühjahr 1997 den Zustand einer Panik, als eine thailändische Bank zahlungsunfähig wurde. Der Beweis schien erbracht, dass die bislang diffusen Sorgen tatsächlich berechtigt waren. Die Zahlungsunfähigkeit (Insolvenz) einer Bank konnte schnell zur Zahlungsunfähigkeit anderer Banken führen. Die in Panik geratenen Investoren ergriffen deshalb die Flucht: Ausländische Banken weigerten sich, weitere Kredite zu vergeben; ausländische Investoren verkauften ihre asiatischen Aktien oder Firmen und tauschten die Erlöse zurück in harte Währungen. Die Kooperation zerbrach, weil die beteiligten Akteure zu einseitigen Maßnahmen griffen, statt einen gemeinsamen Weg aus der Krise zu suchen. Obwohl sie auf diese Weise Verluste machten, entschieden sich die Investoren dazu, weil sie noch viel schlimmere Verluste befürchteten. Außerdem gelang es nicht, die krisenhafte Zuspitzung auf Thailand zu beschränken. Vielmehr glaubten Investoren, dass es zu ähnlichen Entwicklungen auch in anderen asiatischen Ländern kommen könnte, und zogen deshalb vorsichtshalber ihre Investitionen auch aus diesen zurück. Weil die Probleme in Thailand sich auf andere Staaten ausbreiteten, sprach man von einem »Ansteckungseffekt«.

Bankinsolvenz als »Beweis«

»Ansteckungseffekt«

Von dem Kapitalabfluss wurden Thailand, Indonesien, Malaysia und Südkorea am härtesten getroffen. Aber auch die Philippinen, Hongkong, Taiwan und sogar Japan bekamen die »Ansteckung« zu spüren: Der Wert der asiatischen Währungen sank im Verhältnis zu harten Währungen und der asiatische Aktienmarkt brach unter dem massiven Kapitalabfluss zusammen: Aktienverkäufer fanden an den Börsen keine Käufer mehr. Der Markt versagte. In den 1990er Jahren waren jährlich 50 Mrd. US-Dollar ausländisches Kapital in diesen Ländern investiert worden. Zwischen 1997 und 1999 flossen 230 Mrd. US-Dollar wieder ab. Die Volkswirtschaft Indonesiens schrumpfte innerhalb weniger Monate um 15, die Thailands um 12 und die Malaysia um acht Prozent. Von den Folgen erholten sich diese Länder erst nach mehreren Jahren wieder.

Hilfe nationaler Regierungen

Der IWF versuchte, sich diesen sowie den in Argentinien, Russland und Brasilien folgenden Krisen machtvoll entgegenzustemmen. Es zeigte sich aber, dass die Finanzmittel, die ihm, dem »Kreditgeber der letzten Instanz«, zur Verfügung standen, dafür bei weitem nicht ausreichten. Er konnte diese Aufgabe nicht ohne die Unterstützung von Staaten erfüllen. Mexiko musste mit 50 Mrd US Dollar, Indonesien, Süd Korea und Thailand mit 120 Mrd US Dollar und Russland sowie Brasilien mit 70 Mrd US Dollar gestützt werden (Frieden 2006: 385–391; Frieden/Lake/Schultz 2009: 278–280).

Gemeinsamkeiten der Finanzkrisen

Sucht man nach Gemeinsamkeiten der Finanzkrisen, so zeigt sich, dass internationale Kooperation zusammenbricht, wenn die beteiligten Akteure sich von den gewinnbringenden gemeinsamen Interessen ab- und den konfligierenden verlustbringenden Partikularinteressen zuwenden. Damit es zu einer solchen Umkehr von Kooperation zu Konflikt kommt, sind zumindest zwei Bedingungen notwendig, wie die Beispiele zeigen: Erstens muss das Vertrauen der Akteure, dass die Partner ihren Teil der Kooperationsvereinbarung erfüllen werden, kontinuierlich abnehmen. Zweitens muss ein konkretes Ereignis eintreten, das Akteure als »Beweis« für die Berechtigung des Vertrauensverlustes deuten können. Wenn ein Akteur durch einseitiges Verhalten, das im Widerspruch zur Vereinbarung steht, die Kooperation abbricht, ist es wahrscheinlich, dass andere seinem Beispiel folgen und die Kooperation ebenfalls einstellen. Diese Interaktionen der Akteure führen zu Teufelskreisen, die nur sehr schwer zu durchbrechen oder zu beenden sind. Vor allem sind sie für alle Beteiligten teuer.

6.3.3 | Weltfinanzkrise

Diese einen Konflikt auslösenden Bedingungen konnte man auch in der Weltfinanzkrise, die von der Insolvenz der amerikanischen Bank Lehman Brothers im September 2008 ausgelöst wurde, beobachten. Die Ursachen der Krise sind jedoch schon weit vorher zu finden.[56]

Verschuldung der USA

Zwischen 2001 und 2007 liehen sich der amerikanische Staat und seine Bürger jährlich zwischen einer halben und einer ganzen Billion US-Dollar von ausländischen Kreditgebern. Der Staat finanzierte damit seine Haushaltsdefizite, die Bürger kauften vor allem Immobilien. Für Staat und Bürger waren diese Kredite günstig, weil die amerikanische Zentralbank die Zinsen niedrig hielt. Ausländer legten ihr Geld in den USA an, weil sie diese Anlagen für sicher, d.h. risikoarm und gleichzeitig profitabel hielten.

Die Kredite, mit denen insbesondere Bürger ihre Eigenheime finanzierten, beruhten jedoch auf der unrealistischen Erwartung, dass die Preise für diese Immobilien immer weiter steigen würden (Weeber 2011: 194). Wenn der Wert solcher Anlagen steigt, können sie fortgesetzt beliehen werden und finanzieren sich quasi selbst. Die Kreditnehmer leisteten kaum noch Schuldendienst, sondern bezahlten alte mit neuen Krediten. Auf diese Weise konnten auch Bürger, die nicht kreditwürdig waren, Eigenheime finanzieren. Aber im Ergebnis war dies ein hochriskantes Spiel zwischen Kreditgebern und Kreditnehmern.

Immobilienkrise

Dies wurde in dem Moment deutlich, als die Immobilienpreise stagnierten, damit der Wert von Eigenheimen nicht mehr stieg und somit der Weg versperrt war, über einen solchen Wertzuwachs neue Kredite zu finanzieren. Viele Kreditnehmer, die plötzlich aus eigener Kraft Schuldendienst leisten sollten, waren dazu nicht in der Lage (Weeber 2011: 195). Wenn sie versuchten, ihre Häuser zu verkaufen, um Schulden bezahlen zu können, waren die Verkaufserlöse gering, weil sehr viele Immobilien gleichzeitig angeboten wurden. Viele Eigenheime waren überhaupt nicht zu verkaufen. Die Kreditnehmer waren zahlungsunfähig und mussten deshalb Privatinsolvenz anmelden. Da sie den Schuldendienst nicht mehr leisten konnten, erlitten auch die Kreditgeber massive Verluste. Sie erhielten weder Zinsen noch Tilgung. Sie konnten zwar die Eigenheime übernehmen, weil die Kredite mit Hypotheken gesichert waren; sie waren allerdings kaum noch etwas wert, weil niemand sie kaufen wollte. Der Immobilienmarkt war zusammengebrochen.

Bankenkrise

Im nächsten Schritt sprang die Immobilienkrise auf die Banken über, die zu den Kreditgebern gehörten. Sie hatten darauf gesetzt, ihre Zahlungsfähigkeit stabil zu halten, indem Immobilienkreditnehmer ihren Schuldendienst leisteten. Als dieser jedoch ausfiel, gerieten viele Banken in eine Schieflage. Ihre Versuche, sich von anderen Banken weiter Geld zu leihen, schlug fehl, weil niemand bereit war, einer Bank Geld zu borgen, der die Zahlungsunfähigkeit drohte. Nach dem Immobilienmarkt drohte auch der Finanzmarkt zusammenzubrechen. Die folgende Insolvenz von Lehman Brothers, bis dahin eine der größten und renommiertesten Banken der USA, verwandelte die Furcht vieler Akteure am Finanzmarkt in blanke Panik. Schnell sprang die Krise durch den Ansteckungseffekt von einem Schuldner auf einen anderen Schuldner und von dem auf Kreditgeber über.

Internationalisierung

Längst waren nicht mehr nur amerikanische Bürger und Banken betroffen, sondern zahllose Banken im Ausland und deren Kunden, die ihre Ersparnisse in betroffenen Wertpapieren angelegt hatten. Hätten sie alle versucht, ihre Wertpapiere kurzfristig und trotz immenser Verluste zu verkaufen, wäre der internationale Finanzmarkt, also das gesamte Finanzsystem, zusammengebrochen. Die Folgen wären gravierend gewesen, bis hin zu einer Rückkehr zum geldfreien Tauschhandel, der Barter genannt wird. Auf dem Höhepunkt der Krise sahen sich Bundeskanzlerin Angela Merkel und Finanzminister Peer Steinbrück gezwungen, deutschen Anlegern einen ungedeckten Blankoscheck auszustellen: Sie versicherten in einer legendären Pressekonferenz, dass die Einlagen der Sparer in deutschen Banken sicher seien, weil die Bundesregierung dafür einstehe (ssu/dpa 2008; Weeber 2011: 193). Vermutlich im Vertrauen auf dieses Garantieversprechen verzichteten die deutschen Anleger darauf, ihre Wertpapiere zu verkaufen. Ähnlich nervenstark oder besonnen verhielten sich Anleger anderer Länder. Dadurch wurde der Einsturz des internationalen Finanzsystems abgewendet.

Verlustverteilung

Doch der Gesamtschaden war enorm und die Verluste trafen alle beteiligten Gruppen und Ländern, auch solche, die sich nicht an den das ganze

Desaster verursachenden Spekulationen beteiligt hatten. Die Weltwirtschaft erfuhr ihre schlimmste Krise seit den 1930er Jahren. Damit das internationale Finanzsystem nicht einstürzte – der größte anzunehmende Unfall –, mussten auch die nationalen Regierungen eingreifen, denn das Ausmaß der Krise überstieg bei weitem die Möglichkeiten des IWF als »Kreditgeber der letzten Instanz«. Sie legten massive Rettungs- und Ausgabenprogramme auf, um in Schieflage geratene Finanzinstitute zu retten, das Vertrauen in das Funktionieren des Finanzmarkts zu erhalten und die Wirtschaften anzukurbeln. (Weeber 2011: 196, 200–202). Steuerzahler in aller Welt wurden zur Rettung des internationalen Finanzsystems gezwungen.

Es ist daher keineswegs überraschend, dass überall politischer Streit darüber ausbrach, ob diese Rettungsmaßnahmen tatsächlich notwendig waren und ob die Verteilung der Rettungskosten auf die verschiedenen gesellschaftlichen Gruppen gerecht war. Die Interessen der Steuerzahler standen dabei gegen die Interessen der Akteure im Finanzsystem. Verteilungskonflikte traten aber auch zwischen den einzelnen sozialen Schichten der Gesellschaften auf. In diesen Debatten gerieten häufig zwei wesentliche Sachverhalte aus dem Blick:

Interessendivergenz

Übersehene Sachverhalte

1. Wäre das internationale Finanzsystem tatsächlich zusammengebrochen, wären alle Menschen in noch weit höherem Maße belastet worden als dies ohnehin der Fall war. Alle gesellschaftlichen Gruppen und Staaten teilten deshalb ein gemeinsames Interesse an der Erhaltung und Stabilisierung des internationalen Finanzsystems.
2. Viele Schuldzuweisungen und politische Argumente, die darauf zielten, die Kostenbelastungen auf andere Gruppen abzuwälzen, beruhten auf der Verkennung der Tatsache, dass durch die nationalen und internationalen Finanzbeziehungen alle Gruppen und Länder in hohem Maßen in einer wechselseitigen Abhängigkeit verstrickt sind; d. h., es ist keine Problemlösung denkbar oder möglich, bei der z. B. ausschließlich die (vermeintlichen) Verursacher von Krisen für die Kosten haften, ohne dass die Empfindlichkeit oder Verwundbarkeit anderer Gruppen betroffen wäre. Vielmehr wirkt die Kostenbelastung einer Gruppe über Interdependenz auf die Empfindlichkeit und Verwundbarkeit anderer Gruppen ein.

Interdependenz durch Euro

In der Euro-Zone wurde den Bürgern dieser grundlegende Sachverhalt der Interdependenz jedoch durch die krisenhafte Zuspitzung der Verschuldung von Griechenland, Spanien, Portugal, Irland und Zypern deutlich. Denn die gemeinsame Währung des Euro steigerte Empfindlichkeit und Verwundbarkeit jedes Mitgliedstaates, weil Finanzkrisen in einem Land sich schnell auf andere Länder auswirkten. In einer derart komplexen Situation war es unmöglich, Kosten und Nutzen einzelner Verhandlungsvorschläge für Schuldner- und Gläubigerstaaten oder sogar für deren einzelne soziale Gruppen zu veranschlagen. Dazu müssten Empfindlichkeiten und Verwundbarkeiten bekannt und transparent sein. Sie erschließen sich jedoch häufig erst, wenn eine Konfliktlösung umgesetzt wird.

Folgen für Entwicklungsländer

Im dem Maße, wie die internationale Finanzkrise die westlichen Industrieländer beschäftigte und die Rettungsmaßnahmen internationales Kapital in Anspruch nahmen, litten insbesondere die Entwicklungsländer unter den Folgen. Für die Lösung der spezifischen Probleme in diesen Ländern (→ Kap. 7) standen kaum noch Finanzmittel zur Verfügung. Weil besorgte Anleger nach werthaltigen Gütern Ausschau hielten, um ihr Vermögen zu sichern, gerieten Rohstoffe und Nahrungsmittel in den Blick. Da in kurzer Zeit viel Geld in entsprechende Anlagen floss, verteuerten sich diese und verschlechterten massiv die Lebenssituation insbesondere der armen Bevölkerung in der Welt. Auch dies zeigt, wie hoch die internationale Interdependenz tatsächlich ist.

Ähnliche Verlaufsmuster

In dieser Finanzkrise waren zusammenfassend ähnliche Verlaufsmuster zu beobachten wie in der Schuldenkrise Lateinamerikas und der Finanzkrise in Ostasien. Sowohl Schuldner als auch Gläubiger traten in schneller Folge aus der Kooperation aus. Damit räumten sie ihren konkurrierenden Interessen höheres Gewicht ein als den gemeinsamen. Diesem plötzlichen Umschwung ging ein stetig steigender Vertrauensverlust voraus. Die Insolvenz von Lehman Brothers war das Ereignis, das viele als Beweis dafür ansahen, dass das bisherige Vertrauen in den Kooperationspartner und in das gemeinsame Kooperationsverhältnis nicht mehr gerechtfertigt war. Die folgende Kettenreaktion von Kooperationsaustritten war kaum beherrschbar. Sie drohte das gesamte internationale Finanzsystem zu zerstören, mit katastrophalen Folgen für alle Menschen weltweit. Das Ausmaß der Krise überstieg bei weitem die Möglichkeiten des IWF, den internationalen Zahlungsverkehr zu stabilisieren. Nur die Intervention von Regierungen verhinderte den Zusammenbruch des Finanzsystems. Dazu waren Finanzmittel in einer bisher nicht bekannten Größenordnung erforderlich. Die darauffolgenden politischen Debatten konzentrierten sich auf die Fragen, wer die Verantwortung für die Krise trug und ob die Verteilung der Kosten für das Risikomanagement auf die verschiedenen sozialen Gruppen und Länder gerecht war.

Zusammenfassung

In internationalen Finanzbeziehungen stehen gemeinsame Interessen verschiedener Akteure neben konkurrierenden Partikularinteressen derselben Akteure. Die gemeinsamen Interessen bestehen zum einen in der Erzielung von Kooperationsgewinnen und beruhen zum anderen auf der Interdependenz, die das Interesse an Systemerhaltung fördert. Die Partikularinteressen zeigen sich einerseits bei der Verteilung von Kooperationsgewinnen und andererseits bei der Verteilung von Kosten, wenn die Kooperation zerbricht. Finanzkrisen entstehen, wenn das Zerbrechen von Kooperationen zu Kettenreaktionen führen. Dazu bedarf es erstens einer stetigen Abnahme des Vertrauens in den Kooperationspartner und das Kooperationsverhältnis. Zweitens muss es ein einschneidendes Ereignis geben, das als eine Art Beweis dafür angesehen wird, dass das wechselseitige Vertrauen nicht länger gerechtfertigt ist. Diese krisenhafte Zuspitzung führt zunächst zu großen Verlusten der unmittelbar beteiligten Akteure, beeinträchtigt aber auch nur mittelbar oder sogar gar nicht Beteiligte. Internationale Organisationen, insbesondere der IWF, stemmen sich dem drohenden Zusammenbruch des internationalen Finanzsystems entgegen, indem sie sich bemühen, die Zahlungsfähigkeit der Mitgliedstaaten zu erhalten. Ihre Möglichkeiten als »Kreditgeber der letzten Instanz« reichen jedoch nicht immer aus. Deshalb müssen nationale Regierungen mit erheblichen Finanzmitteln helfen, das internationale Finanzsystem zu stützen.

Lernkontrollfragen

1. Worin bestehen die gemeinsamen, worin die konkurrierenden Interessen von Gläubigern und Schuldnern?
2. Wie kann man erklären, dass Investoren zwar im Ausland investieren, aber die großen Gewinnmöglichkeiten in Entwicklungsländern nicht im erwarteten Maße nutzen?
3. In internationalen Beziehungen können Gläubiger ihre Schuldner nicht mit Hilfe des Rechtsstaates zwingen, ihren Schuldendienst zu leisten. Worauf beruht das Vertrauen zwischen Gläubigern und Schuldnern, das notwendig ist, damit es auch in internationalen Beziehungen zu Kreditvereinbarungen kommt?
4. Im Text wurden Bedingungen ermittelt, die Finanzkrisen auslösen können. Wie wurden diese Bedingungen gefunden?
5. Versuchen Sie, den Unterschied zwischen Empfindlichkeit und Verwundbarkeit in interdependenten Beziehungen dadurch zu verstehen, dass sie die Kostenarten für Gläubiger und Schuldner eines Kreditausfalls zusammenstellen. Ordnen sie diese Kostenarten in einer Typologie einerseits Schuldnern und Gläubigern und andererseits der Empfindlichkeit und der Verwundbarkeit zu.
6. Wie könnte man mit Hilfe von Empfindlichkeit und Verwundbarkeit die Macht von Staaten bestimmen?

Weiterführende Literatur

Bieling, Hans-Jürgen (2011), *Internationale Politische Ökonomie*. Eine Einführung, 2. Aufl., Wiesbaden: VS Verlag für Sozialwissenschaften.

Hoppen, Dieter (2014), *Internationale Wirtschaft. Theorie und Praxis der internationalen Wirtschaftsbeziehungen*, Stuttgart: Kohlhammer.

Kruber, Klaus-Peter/Mees, Anna Lena/Meyer, Christian (2008), *Internationale Wirtschaftsbeziehungen*, Bonn: Bundeszentrale für politische Bildung.

Krugman, Paul R./Obstfeld, Maurice/Melitz, Marc J. (2012), *Internationale Wirtschaft. Theorie und Politik der Außenwirtschaft*, 9. Aufl., München: Pearson.

Narlikar, Amrita/Daunton, M.J./Stern, Robert M., Hrsg., (2012), *The Oxford Handbook on the World Trade Organization*, Oxford, UK: Oxford University Press.

Schirm, Stefan A. (2013), *Internationale Politische Ökonomie*, 3. Aufl., Baden-Baden: Nomos Verlagsgesellschaft.

Tomz, Michael (2013), ›International Finance‹ in: Walter Carlsnaes/Risse, Thomas/Simmons, Beth A. (Hrsg.), *Handbook of International Relations*, E-Book, London, UK: Sage Publications, 692–720.

Weeber, Joachim (2011), *Internationale Wirtschaft*, 2. Aufl., München: Oldenbourg Verlag.

7 | Ursachen für Armut und Reichtum in der Welt – Geographie vs. Demokratie

Inhalt

Das Thema dieses Kapitels sind die großen Unterschiede in den Lebensverhältnissen von Industriestaaten und Entwicklungsländern. Dabei liegt das Schwergewicht auf Armut, Hunger und Unterernährung und auf der Ergründung der Ursachen für diese Unterschiede. Sie liegen teilweise in den geographischen und klimatischen Bedingungen von Entwicklungsländern. Hinzu kommen innenpolitische Probleme wie mangelnde Infrastruktur und die Vernachlässigung öffentlicher Güter, aber auch das Erbe kolonialer Herrschaft. Zum Schluss wird untersucht, mit welchen Strategien versucht wurde, die Lebensverhältnisse in armen Ländern zu verbessern, und welche Erfolge mit ihnen erzielt wurden.

Am 13. März 2013 wurde Kardinal Jorge M. Bergolio zum Papst gewählt; er entschied sich mit Bedacht dafür, den Namen des Bettelmönchs und Ordensgründer Franziskus (dt.: Franz) von Assisi (1181–1226) anzunehmen. Kurz nach der Amtsübernahme, am 24. November 2013, veröffentlichte Papst Franziskus das apostolische Schreiben *Evangelii Gaudium* (Freude der guten Nachricht). Darin drückte er zunächst in gefälligen Worten aus, dass das Evangelium fröhlich und mit vollem persönlichem Einsatz zu verkünden sei. Dann aber las er nicht nur der katholischen Glaubensgemeinschaft, sondern der gesamten Menschheit und insbesondere allen Reichen die Leviten: »Es ist unglaublich«, schrieb er, »dass es kein Aufsehen erregt, wenn ein alter Mann, der gezwungen ist, auf der Straße zu leben, erfriert, während eine Baisse um zwei Punkte in der Börse Schlagzeilen macht. Das ist Ausschließung. Es ist nicht mehr zu tolerieren, dass Nahrungsmittel weggeworfen werden, während es Menschen gibt, die Hunger leiden. Das ist soziale Ungleichheit.« Viele Menschen sähen sich an den Rand der Gesellschaft gedrängt, »ohne Arbeit, ohne Aussichten, ohne Ausweg«. (Papst Franziskus 2013: 52)

Der Papst benannte auch einige Ursachen für die wachsende Distanz zwischen Arm und Reich: die Unfähigkeit zum Mitleid und die verfehlte Beziehung der Menschen zum Geld. »In diesem System, das dazu neigt, alles aufzusaugen, um den Nutzen zu steigern, ist alles Schwache wie die Umwelt wehrlos gegenüber den Interessen des vergöttlichten Marktes, die zur absoluten Regel werden.« (Papst Franziskus 2013: 55)

Ungeachtet der kritischen Stimmen (schä 2013) an der Diagnose einer wachsenden Ungleichheit von Arm und Reich und ihrer Ursachen im *Evangelii Gaudium* sollte diese Auffassung ernst genommen werden, zumal der Papst ihr durch seinen eigenen Lebensstil Glaubwürdigkeit verleiht. Was also sind die Ursachen für die von ihm konstatierte größer werdende Diskrepanz zwischen Arm und Reich? Warum gelingt es den sogenannten Schwellenländern, die soziale Situation ihrer Bürger erheblich zu verbessern, während viele Entwicklungsländer auf einer sehr niedrigen Stufe verharren? In welchem Maße kann Entwicklungshilfe eine Verbesserung von Lebensverhältnissen in armen Ländern bewirken? Diese Fragen werden hier beantwortet.

Definitionen

Entwicklung und Entwicklungsländer

Ganz allgemein zielt »Entwicklung« auf die Schaffung menschenwürdiger Lebensverhältnisse in der Welt. Daher ist dieses Konzept abhängig von individuellen und kollektiven Wertvorstellungen von Menschenwürde, die überdies von Raum und Zeit beeinflusst sind (Nohlen 2010a: 206). Welche Ziele sich hinter ihm verbergen und mit welchen Instrumenten sie erreicht werden sollen, lässt sich deshalb nicht allgemeingültig beantworten. Sicher ist jedoch, dass es sich auf Individuen, Gesellschaften und Staaten, die nicht in der Lage sind, die grundlegenden Existenzbedürfnisse erheblicher Teile der Bevölkerung zu befriedigen, bezieht. Zur Eingrenzung der Betroffenen hat Andersen (2011: 100–101) ökonomische, soziodemographische, ökologische, soziokulturelle und politische Merkmale aufgelistet, die in Entwicklungsländern anzutreffen sind. Dennoch stellen diese Länder keine einheitliche, sondern eine stark heterogene Gruppe dar, weil die Ausprägung der Merkmale höchst unterschiedlich ausfällt. Mit dem Begriff »Schwellenländer« werden diejenigen Entwicklungsländer bezeichnet, die seit Mitte der

1980er Jahre einen weitgehend erfolgreichen Prozess der nachholenden industriellen Entwicklung durchlaufen haben und deshalb an der Schwelle zum Status eines Industrielandes stehen.

Indikatoren

Ähnlich wie das Konzept Entwicklung selbst war und ist die Forschung zu diesem Politikfeld erheblichen Veränderungen unterworfen (Hönke/Lederer 2013). Schon die Frage, wie die in der Definition genannten Merkmale empirisch erfasst werden können bzw. sollen, wird höchst unterschiedlich beantwortet. Das Entwicklungsprogramm der Vereinten Nationen legt deshalb jährlich einen Bericht zum Stand der Entwicklung vor (United Nations Development Programme 2013b). Dieser Bericht fußt maßgeblich auf den Erhebungen von Daten, die im *Human Development Index* (HDI) erfasst sind (United Nations Development Programme 2013a). Die für Entwicklung und Armutsbekämpfung zuständige Weltbank legt ebenfalls jährlich einen Weltentwicklungsbericht vor (The World Bank 2014d). Er beruht auf jährlich erhobenen Daten, die in den *World Development Indicators* (WDI) zusammengefasst sind (The World Bank 2014a).

Die Generalversammlung der Vereinten Nationen beschloss im September 2000 die *Millennium Development Goals* (MDG). Damit wurde zumindest eine politische Agenda geschaffen, in der die wichtigsten Entwicklungsziele benannt sind, die durch zahlreiche Unterstützungsmaßnahmen bis 2015 erreicht werden sollen. Insofern stellen die MDG einen Katalog gegenwärtiger Herausforderungen für Entwicklung dar, der weltweit große politische Unterstützung genießt.

Übersicht

Millennium-Entwicklungsziele

1. Bekämpfung von extremer Armut und Hunger
2. Primärschulbildung für alle
3. Gleichstellung der Geschlechter
4. Senkung der Kindersterblichkeit
5. Verbesserung der Gesundheitsversorgung von Müttern
6. Bekämpfung schwerer Krankheiten u. a. HIV/AIDS, Malaria
7. Ökologische Nachhaltigkeit
8. Aufbau einer globalen Partnerschaft für Entwicklung

United Nations General Assembly (2000).

Entwicklungspolitische Probleme

Die genannten Ziele, Berichte und Datensätze ermöglichen eine verallgemeinerbare Beschreibung entwicklungspolitischer Probleme. Im Folgenden können nur die allerdinglichsten behandelt werden, und zwar jene, bei denen es um die Befriedigung der elementarsten Grundbedürfnisse von Menschen geht. Mit dieser Beschränkung soll jedoch nicht in Frage gestellt werden, dass Entwicklung weitaus mehr ist als wirtschaftliches Wachstum und die Befriedigung elementarster Bedürfnisse. Menschen haben auch nichtwirtschaftliche Interessen und Bedürfnisse. Entwicklung ist wesentlich menschenzentrierte Politik, wie der Nobelpreisträger für Wirtschaft 1998 Amartya Sen festgestellt hat (Hönke/Lederer 2013: 783; Sen 1982; 1999).

7.1 Armut, Hunger und Unterernährung

Im Jahr 2010 lebten über 1,2 Mrd. Menschen (knapp 21 Prozent der Weltbevölkerung) in extremer und fast sechs Mrd. (etwa 50 Prozent der Weltbevölkerung) in einfacher Armut. Wie sehr die Menschheit sich mit diesem beklagenswerten Zustand abgefunden hat, geht aus der eingangs zitierten Kritik des Papstes hervor.

Information kompakt

Armut

Unter **Armut** versteht man einen Mangel an lebenswichtigen Gütern und Ressourcen. Unterschieden wird zwischen **absoluter** und **relativer Armut**.

- Absolute Armut bedeutet Kampf ums physische Überleben.
- Relative Armut wird in Bezug zum Lebensstandard einer Gesellschaft gesetzt. Sie betrifft die Schicht einer Gesellschaft, die entweder an oder sogar unterhalb der Schwelle lebt, die diese Gesellschaft als menschenwürdig bezeichnet (Dörre 2010: 38).

Die Weltbank konzentriert sich in ihrem Weltentwicklungsbericht auf die absolute Armut. Sie unterteilt diese in **extreme** und **einfache Armut**. Beide Formen werden aufgrund von Einkommen bestimmt.

- Extreme Armut besteht, wenn jemand nur 1,25 US-Dollar pro Tag (38 US-Dollar pro Monat) zum Leben zur Verfügung hat. Der Wert des Dollars ist dabei auf der Grundlage von Preisen des Jahres 2005 fixiert. Um zu vermeiden, dass die internationale Vergleichbarkeit dieser Größe durch die unterschiedliche Kaufkraft einheitlicher Dollar-Beträge in verschiedenen Ländern beeinträchtigt wird, werden diese in Kaufkraftparität (*purchasing power parity*, abgekürzt: PPP) angegeben.[57]

- Einfacher Armut liegt vor, wenn eine Person über das Doppelte dieses Wertes, also 2,50 US Dollar pro Tag (76 US-Dollar pro Monat), in Preisen des Jahres 2005 und PPP angepasst, verfügt (The World Bank 2014d).

Das UN-Entwicklungsprogramm legt seinem Armutskonzept nicht nur Einkommen zugrunde, sondern weist einen mehrdimensionalen Armutsindex (*Multidimentional Poverty Index*, MDI) aus. Darin sind über Einkommen hinaus auch die Intensität des Entzugs von Gesundheit, Bildung und Lebensstandard erfasst (United Nations Development Programme 2013b: 141, 60–61). Auf diese Weise entsteht ein komplexeres Konzept von Armut, mit dem soziale Verhältnisse detaillierter abgebildet werden können als mit einem, das rein auf Einkommen beruht. Allerdings geht diese höhere Komplexität zulasten von Vergleichbarkeit oder der Möglichkeit, aussagekräftige Schwellenwerte anzugeben.

Globale Armut

Diese nüchternen Zahlen sind einerseits sehr erschreckend. Andererseits stellen sie eine erhebliche Verbesserung gegenüber den beiden vergangenen Jahrzehnten dar. Denn wie Abbildung 7.1 zeigt, konnte der Anteil der in extremer Armut Lebenden seit 1990 mehr als halbiert werden. Der Anteil der in einfacher Armut Lebenden ging ebenfalls zurück. Es gibt also erheb-

Abb. 7.1 | *Veränderung globaler Armut (Bevölkerungsanteile in %)*

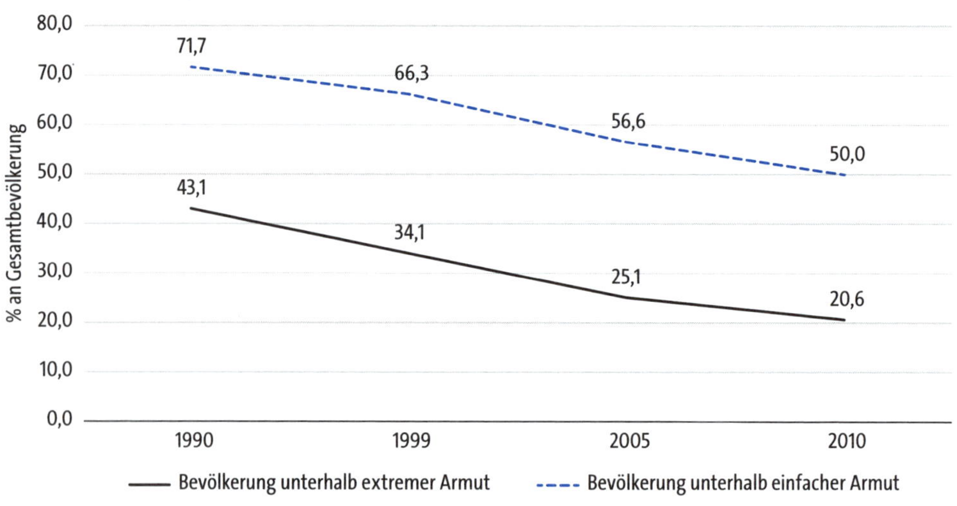

Quelle: eigene Darstellung nach The World Bank (2014b).

liche Fortschritte bei Ziel 1 der MDGs (United Nations Development Programme 2013b: 26).

Die wirtschaftliche Leistungsfähigkeit hat erhebliche Auswirkungen auf die Lebensverhältnisse. Dies geht aus Tabelle 7.1 hervor. Denn wenn die volkswirtschaftliche Leistung steigt, verbessern sich auch Lebenserwartung für Männer und Frauen sowie die Bildung (gemessen am Grad der Alphabetisierung der Bevölkerung im Alter über 15 Jahre). Darüber hinaus macht die Tabelle deutlich, dass das Bevölkerungswachstum umso größer ist, je ärmer die Menschen sind. Da die Bevölkerung in den Gruppen mit niedrigem Einkommen stärker zunimmt als in denen mit mittleren und hohen, stellt die Erreichung des ersten Millennium-Entwicklungszieles eine besondere Herausforderung dar.

Lebensverhältnisse

Etwas Licht ins große Dunkel der schwer zu erfassenden Lebensverhältnisse in vielen Weltregionen bringt schließlich das Wachstum des Bruttoinlandproduktes (BIP) pro Kopf. Es liegt in der niedrigen und mittleren Gruppe höher als in der obersten Gruppe. Dabei sticht besonders die Teilgruppe der oberen Mitte mit 4,5 Prozent Pro-Kopf-Wachstum heraus. Tabelle 7.1 zeigt zudem, dass die in extremer Armut Lebenden nicht nur in der Gruppe mit niedrigem Pro-Kopf-Wachstum anzutreffen sind. Denn die Zahl von mehr als 1,2 Mrd. Menschen, die die Weltbank für 2010 angeben hat (s. o.), liegt weit höher als die 846 Mio. Menschen, die in den zu ihr gehörenden Ländern

Wachstum pro Kopf

Weltbevölkerung 2012 gruppiert nach volkswirtschaftlicher Leistung | **Tab. 7.1**

Einkommensgruppe	Bevölkerung		BIP (PPP)		BIP Wachstum	Lebenserwartung		Alphabetisierung
	2012 in Mio	Wachstum 2000–12 (%)	2012 (Mrd)	2012 pro Kopf	2012 pro Kopf (%)	männl (Jahre)	weibl (Jahre)	Alter >15 %
Welt	7.046	1,2	$ 70.571	$ 10.015	1,0	68	72	84
Niedrig	846	2,2	$ 494	$ 584	3,6	58	61	61
Mittel	4.898	1,2	$ 21.397	$ 4.369	3,8	67	71	83
Mittel unten	2.507	1,6	$ 4.706	$ 1.877	2,5	64	68	71
Mittel oben	2.391	0,8	$ 16.705	$ 6.987	4,5	71	75	94
Gering & Mittel	5.744	1,3	$ 21.903	$ 3.813	3,6	66	70	80
Hoch	1.302	0,6	$ 48.952	$ 37.595	0,7	76	82	k/A

Volkswirtschaften mit einem durchschnittlichen Pro-Kopf-BIP von weniger als 1035 US-Dollar bilden die Gruppe »niedrig«. In der mittleren Gruppe liegt das BIP pro Kopf zwischen 1035 und 12 616 US-Dollar. Diese Gruppe wird unterteilt in die niedrige Teilgruppe (BIP pro Kopf zwischen 1035 und 4089 US-Dollar) und einer höheren Teilgruppe (BIP pro Kopf zwischen 4089 und 12 616 US-Dollar). In Volkswirtschaften mit hohem Einkommen liegt das BIP pro Kopf über 12 616 US Dollar (zu PPP → Information Kompakt: Armut).

Quelle: eigene Darstellung nach The World Bank (2014d: 297).

leben. Extreme Armut gibt es also auch in Ländern anderer Einkommensgruppen.

Armut nach Regionen

Diesen letzten Befund unterstreicht auch Abbildung 7.2 Die extreme Armut ist in Sub-Sahara Afrika mit knapp 50 Prozent der Bevölkerung am höchsten gefolgt von Südasien (31 Prozent). Bei der einfachen Armut liegen diese beiden Regionen etwa gleich auf. Die drittärmste Region ist Ostasien mit Pazifik. Armut ist jedoch nicht nur in diesen Schwerpunktregionen, sondern auf der ganzen Welt anzutreffen, wie die Abbildung am Beispiel von Europa/Zentralasien verdeutlicht.

Für die ärmsten Länder und ihre Bevölkerungen schuf die UN-Generalversammlung die Kategorie der am schwächsten entwickelten Länder (*least developed countries*: LDCs). Gegenwärtig gehören 48 Länder mit einer Gesamtbevölkerung von 880 Mio. Menschen zu dieser Gruppe. Sie umfassen zwölf Prozent der Weltbevölkerung, erbringen jedoch nur zwei Prozent der Weltwirtschaftsleistung und nur ein Prozent des weltweiten Warenhandels. 34 Länder liegen in Afrika, 13 in Asien und im pazifischen Raum sowie eines (Haiti) in Latein Amerika (UN Office of the High Representative for the Least Developed Countries 2014).

Hunger und Unterernährung

Mit der Armut eng verbunden sind die Probleme des Hungers und der Unterernährung. Darunter versteht man, wenn Menschen nicht genug Nahrung zu sich nehmen, um ihren minimalen Energieverbrauch sicherzustellen.[58] Der daraus entstehende Mangel verschlechtert dramatisch ihre Möglichkeiten, ihr eigenes Überleben zu gewährleisten. Im Zeitraum 2010 bis 2012 waren 870 Mio. Menschen von Unterernährung betroffen. Davon

Abb. 7.2 | *Armut 2010 nach Weltregionen (in %)*[59]

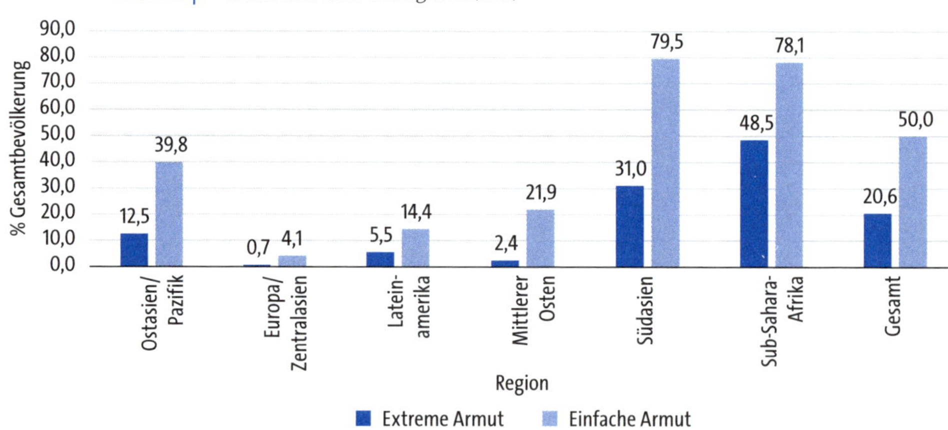

Quelle: eigene Darstellung nach The World Bank (2014b).

lebten 852 Mio. in Entwicklungsländern und machten dort knapp 15 Prozent der Bevölkerung aus.[60] Diese Zahlen lassen die politische und soziale Herausforderung erahnen, vor denen diese Länder stehen. Es ist deshalb nur ein schwacher Trost, dass die Zahl der Betroffenen gegenüber dem in den MDGs festgelegten Ausgangswert von 1990 um 36 Prozent gesunken ist.

Ursachen

Unterernährung ist die Folge unterschiedlicher Ursachen. Zu diesen zählen der Mangel an Nahrungsmittel, aber auch der unzureichende Zugang zu vorhandener Nahrung. Das Ausmaß der Unterernährung schwankt mit den wirtschaftlichen und sozialen Bedingungen. Dazu gehören vor allem persönliches Einkommen und Nahrungsmittelpreise, aber auch politische Stabilität, bewaffnete Konflikte oder Naturkatastrophen (Food and Agriculture Organization of the United Nations 2013: 67–68, 88).

Tabelle 7.2 zeigt übersichtlich, wie das weltweite Problem der Unterernährung und des Hungers regional verteilt ist und wo seit 1990 Fortschritte gemacht wurden.

Unterernährung nach Weltregionen[61] **Tab. 7.2**

	Bevölkerungsanteil (%) mit Unterernährung		Anzahl Unterernährte (Mio.)		Ausmaß des Ernährungsdefizits* (kcal pro Kopf und Tag)		Ausmaß unzureichender Ernährung** (in % Bevölkerung)	
	1990–92	2010–12	1990–92	2010–12	1990–92	2007–09	1990–92	2010–2012
Welt	18,6	12,5	1000	868	130	97	26,1	19,1
Entwicklungsländer	23,2	14,9	980	852	162	177	32	22,5
Afrika	27,3	22,9	175	239	195	171	34,7	28,9
Sub-Sahara-Afrika	32,8	26,8	170	234	235	202	41,1	33,3
Asien	23,7	13,9	739	563	165	111	33	21,9
Südasien	26,8	17,6	327	304	175	135	33,6	25,9
Lateinamerika & Karibik	14,6	8,3	65	49	98	63	21,8	15,2
Pazifikinseln	13,6	12,1	1	1	82	73	21,3	19,9

* Das Ausmaß des Ernährungsdefizits bezeichnet die Menge an Kalorien, die nötig wären, um Unterernährte angemessen zu ernähren. Zur Berechnung werden der durchschnittliche Energieverbrauch und die Energieaufnahme durch Ernährung jeweils pro Kopf und Tag einander gegenübergestellt. Das Defizit bezeichnet dann die Differenz zwischen Energieaufnahme und -verbrauch in Kilokalorien. Für diese Kennzahl wird ein Bevölkerungsdurchschnitt über drei Jahre ermittelt.

** Das Ausmaß unzureichender Ernährung wird berechnet, indem ein höheres Aktivitätsniveau als beim Ernährungsdefizit angenommen wird, so dass auch ein höherer Energieverbrauch entsteht. Die betroffenen Menschen leben mit dem ständigen Risiko, durch Ernährung nicht die Energie aufzunehmen, die nötig ist, um den aufgrund von mehr Aktivität höheren Energieverbrauch decken zu können. Auch für diese Kennzahl wird ein Dreijahresdurchschnitt berechnet

Quelle: Eigene Darstellung nach Food and Agriculture Organization of the United Nations (2013: Tabelle 12)

Nach wie vor gravierend ist Unterernährung in Sub-Sahara-Afrika und Südasien. Während aber dort wie in allen Entwicklungsländern erkennbare Fortschritte erzielt wurden, hat sich in den pazifischen Inselstaaten kaum etwas verändert.

Entwicklungsunterschiede

Diese Trendanalyse verweist auf eine wichtige Frage im Politikfeld Entwicklung: Wie kann erklärt werden, dass einige Länder bei der Entwicklung einschließlich der Bekämpfung von Armut und Unterernährung Fortschritte erzielen, während andere auf ihrem beklagenswerten Stand verharren? Die wissenschaftliche Beantwortung dieser Frage kann auch Hinweise liefern, mit welchen Maßnahmen und Instrumenten Unterentwicklung wirksam begegnet werden kann.

7.2 | Ursachen für Unterentwicklung und verschiedene Entwicklungspfade

Unterschiede des Entwicklungsgrades

Gravierende Unterschiede des Entwicklungsgrades zwischen Ländern mit ähnlichen Ausgangsbedingungen kann man in verschiedenen Weltregionen finden. In Afrika hat sich Botswana weitaus besser entwickelt als Sambia. In Asien sieht man deutliche Fortschritte in Thailand oder Südkorea, aber kaum welche in Myanmar oder Nordkorea. In Osteuropa ist der Lebensstandard Polens seit dem Ende des Kalten Krieges erheblich gestiegen, während er sich in der Ukraine kaum verändert hat (Frieden/Lake/Schultz 2012: 391; Jedlicka/Kotian/Münz 2014).

7.2.1 | Geographie und klimatische Bedingungen

Wissenschaftler identifizierten höchst verschiedene Ursachen für Unterentwicklung. Eine wichtige Erklärung dafür, warum manche Gesellschaften in Armut leben, hängt mit der Geographie ihrer Länder zusammen. In tropischen Ländern herrschen Klimabedingungen, die besonders günstig sind für die Ausbreitung von parasitären Krankheiten, weil Keime nicht durch kalte Winter eingedämmt werden. Darüber hinaus ist es kaum gelungen, Impfstoffe gegen Tropenkrankheiten zu entwickeln. Daher lasten große Gesundheitsprobleme auf den tropischen Gesellschaften und ihrer Wirtschaft. Hinzu kommt, dass tropische Pflanzen weitaus weniger Energie enthalten als die aus gemäßigteren Klimazonen. Sie sind daher weniger nahrhaft und produktiv. Überdies sind die Böden in Tropenländer weniger fruchtbar als in nördlicher gelegenen Ländern. Zyklische Regenfälle waschen Nähstoffe aus dem Boden. Wenn Blätter zu Boden fallen, werden sie von Mikroben sehr schnell zerlegt und dann aber vom Regen weggespült. Für Pflanzenwachs-

Krankheiten

tum notwendige Nährstoffe aus dem Laub können daher nicht gut in den Boden eindringen und ihn fruchtbar machen (Diamond 2012; Diamond 2003; 2005). Einige Analysen zeigen außerdem, dass ungünstige geographische und klimatische Bedingungen die Wirksamkeit von Entwicklungshilfe erheblich beeinträchtigten (Dalgaard/Hansen/Tarp 2004; Faust/Leiderer 2008: 134; Roodman 2007).

Binnenländer

Einige Länder liegen geographisch mitten in einem Kontinent, ohne Zugang zu Häfen und Seetransportwegen. Weil die notwendige Verkehrsinfrastruktur fehlt, sind sie vom internationalen Handel abgeschnitten und können ihre Waren nicht auf ausländischen Märkten anbieten. Zudem eignen sich Tropenländer wegen der in ihnen verbreiteten Infektionskrankheiten und ihrer Klimabedingungen kaum zur Industrialisierung und Verstädterung, die andernfalls Wohlstand und Lebensbedingungen verbessern könnten (Bloom/Sachs 1998; Sachs/Mellinger/Gallup 2001). Denn Industrialisierung setzt voraus, dass viele Menschen auf vergleichsweise engem Raum in großen Städten leben, um in Fabriken zu arbeiten. Gerade in Großstädten breiten sich aber Infektionskrankheiten sehr schnell aus, weil die Ansteckungsgefahr wegen der hohen Bevölkerungsdichte groß ist.

Erklärungsgrenzen der Geographie

Es ist nicht zu bestreiten, dass derartige Bedingungen die Chancen für Entwicklung erheblich verringern. Geographische Ursachen vermögen aber keine Erklärung dafür zu liefern, warum auch zwischen tropischen Ländern erhebliche Unterschiede in der Entwicklung bestehen, obwohl die Bedingungen ähnlich sind. Und die Geographie liefert keine Erklärung für Armut und Unterentwicklung in nichttropischen Ländern. Daher rücken innenpolitische Faktoren und Institutionen ins Blickfeld der Ursachenforschung.

7.2.2 Innenpolitik, Infrastruktur und öffentliche Güter

Zu den innenpolitischen Ursachen zählen z. B. das Fehlen öffentlicher Güter (→ Kap. 4.2.1) wie etwa Infrastruktur. Ohne Zugang zu Infrastruktur haben die Bürger es schwer, für Wachstum und Wohlstand zu sorgen. Dabei umfasst Infrastruktur nicht nur Straßen, Eisenbahnen, Häfen und Ähnliches, sondern auch wirtschaftliche Einrichtungen wie ein funktionierendes Finanz- und Geldwesen, damit die Bürger Zahlungen leisten oder Kredite bekommen können. Zur sozialen Infrastruktur werden überdies öffentliche Güter wie ein funktionierendes Gesundheitswesen, Abwasseranlagen, Bildung oder Stadtplanung gerechnet. Ohne solche öffentlichen Güter ist schwer vorstellbar, wie eine Wirtschaft sich entwickeln kann (Acemoglu/Robinson 2012; Frieden/Lake/Schultz 2012: 392).

Infrastruktur

Eigentumsrechte

Darüber hinaus ist die Garantie von Eigentumsrechten von zentraler Bedeutung für den Erfolg wirtschaftlicher Betätigung. Sie schützt nicht nur

Reiche. Auch arme Bauern in Entwicklungsländern sind darauf angewiesen, dass gewährleistet ist, dass der Ertrag ihrer Arbeit und Anstrengung ihnen selbst und niemand sonst zufließt. Wie sonst könnten sie ihr Leben am Pflanzenanbau oder der Viehzucht ausrichten, die langfristige Planung und Einsatz erfordern? Daher sind stabile und zuverlässige Produktionsbedingungen einschließlich garantierter Eigentumsrechte eine unverzichtbare Voraussetzung dafür, dass Menschen für ihre eigene wirtschaftliche Zukunft sorgen können. Für die Bereitstellung öffentlicher Güter und die Schaffung günstiger Produktionsbedingungen sind in der Regel Regierungen verantwortlich. Erfolge in der Entwicklungspolitik sind deshalb maßgeblich von der Leistungsfähigkeit der lokalen Regierungen abhängig. Diese wird wiederum von den folgenden Faktoren bestimmt.

zuverlässige Produktionsbedingungen

Manche Regierungen verfügen nicht über die notwendigen Kenntnisse, wie Wohlstand erzeugt werden kann. In diesem Fall ist Entwicklungshilfe in vielerlei Form notwendig und angebracht. Andere Regierungen werden aber von Akteuren geleitet, deren wirtschaftliche Interessen mit denen der breiten Gesellschaft in Konflikt stehen. Vermögende Landbesitzer haben beispielsweise kein Interesse daran, die Eigentumsrechte armer Bauern zu schützen. Die Eigentümer von Plantagen oder Rohstoffminen sind nicht an Verstädterung und Industrialisierung interessiert, weil ihnen damit billige Arbeitskräfte abhandenkämen. Staatsbeamte, die von Bestechung profitieren, haben kein Interesse an einer effizienten öffentlichen Verwaltung (Frieden/Lake/Schultz 2012: 393). Die Verfolgung derartiger partikularer Eigeninteressen verhindert somit die Entwicklung des gesamtgesellschaftlichen Gemeinwohles. Mächtige Interessengruppen setzen sich oft gegen politisch schwache Gesamtgesellschaften durch (Acemoglu/Robinson 2012). Diese Macht kleiner Interessengruppen entstammt häufig zum einen ihrem hohen Organisationsgrad und zum anderen der Verfasstheit des Gemeinwesens, dessen Regeln die Macht im Staat verteilen (→ Kap. 5.3.2). Umgekehrt sind Gruppen dann benachteiligt, wenn sie kaum organisiert sind und die Institutionen ihnen wenig politische Beteiligungsrechte einräumen, mit denen sie ihre Interessen durchsetzen könnten (Geddes 1999; 2002). Gerade in Sub-Sahara Afrika ermöglichen sehr undemokratische Systeme einer kleinen städtischen Elite die Ausbeutung der breiten Gesellschaft (Frieden/Lake/Schultz 2012: 396–397).

Partikularinteressen vs. Gemeinwohl

Schließlich verhindert die Zersplitterung mancher Länder in ethnische, religiöse oder andere Gruppen, dass gemeinsame Ziele verfolgt werden. Stattdessen herrscht Konflikt und Feindschaft. Dass verfeindete Gruppen in einem Staat leben, ist oft die Folge willkürlicher Grenzziehungen durch frühere Kolonialmächte, welche die vorab bestehenden gesellschaftlichen Trennlinien zwischen diesen sozialen Gruppen willkürlich ignorierten.

Gesellschaftliche Fragmentierung

In machen Entwicklungsländern ist es aber gelungen, gesellschaftliche Konflikte zu überwinden und gruppenübergreifende Ziele durchzusetzen. Doner/Ritchie/Slater (2005) fanden heraus, dass das Zusammenspiel von zwei Bedingungen die Verfolgung gesamtgesellschaftlicher Ziele fördert: Erstens, eine hohe äußere Bedrohung erzeugt den Zwang für Staat und Gesellschaft, die nationale Sicherheit zu gewährleisten. Der dazu notwendige materielle und finanzielle Aufwand verringert die Möglichkeiten einer Regierung, sich politische Unterstützung durch Zuwendungen an die Bevölkerung zu erkaufen. Dies wird zweitens erschwert, wenn das Land nicht über Rohstoffe und damit leicht zugängliche, kontinuierliche Einnahmequellen verfügt, aus denen Zuwendungen an die Bevölkerungen bezahlt werden könnten. Unter diesen Bedingungen führt kein Weg daran vorbei, die Effizienz der Wirtschaft zu steigern, um sowohl die inneren als auch äußeren Aufgaben bewältigen zu können. Dazu werden Entwicklungsinstitutionen eingeführt. Länder mit solchen Institutionen haben regelmäßig erstaunliche Fortschritte in der Entwicklung erreicht, so etwa Taiwan oder Südkorea.

Erfolgsbedingungen

Information kompakt

Ressourcenfluch und Entwicklungsinstitutionen
Ländern mit reichhaltigen Rohstoffvorkommen gelingt es häufig nicht, diesen Reichtum in Wohlstand zu verwandeln. Der Grund dafür ist der sogenannte Ressourcenfluch: Regierungen, die dank des Abbaus von Rohstoffen über leicht zugängliche und kontinuierliche Einnahmequellen verfügen, haben keinen Anreiz, ihre auf Primärgüterförderung ausgerichtete Volkswirtschaft auf Industriegüterproduktion umzustellen. Sie nutzen die einfach zu erwirtschaftenden Einkünfte aus dem Rohstoffabbau zudem häufig zur Korruption: Zuwendungen fließen an solche Personen und Gruppen, die für den Machterhalt der regierenden Elite notwendig und/oder nützlich sind. Der Rest der Gesellschaft verarmt. Dies war z.B. in Sambia der Fall (Frieden/Lake/Schultz 2012: 397, 400).

Aber erst die (industrielle) Verarbeitung von Rohstoffen in Zwischenprodukte oder sogar Fertigwaren erzeugt hauptsächlich die sogenannte Wertschöpfung. Darunter ist zu verstehen, dass eine Ware einen höheren Wert besitzt als die Summe der Kosten aus Rohstoffen und Herstellung. Der wichtigste wirtschaftliche Unterschied zwischen Entwicklungsländern einerseits und Industrie- bzw. Schwellenländern andererseits liegt darin, dass Erstere Wertschöpfungen nicht zu besseren Lebensbedingungen nutzen können, während Letztere die dazu notwendigen Fähigkeiten erworben haben.

Regierungen, die sich für ihren Machterhalt nicht einfach auf kontinuierlich fließende Rohstoffeinnahmen verlassen können, müssen Anstrengungen unternehmen, um die Produktivität und Effizienz ihrer Wirtschaft zu erhöhen und Wertschöpfung zu erzeugen. Dazu etablieren sie sogenannte Entwicklungsinstitutionen. Dies sind organisierte Netzwerke, in denen Wirtschaftsexperten, staatliche Stellen und Vertreter der Privatwirtschaft systematisch zusammenarbeiten, um die wirtschaftliche Produktivität und Effizienz zu steigern und die nationale Entwicklung im Sinne von höherer Wertschöpfung zu fördern (Doner/Ritchie/Slater 2005: 328, 333–336; Johnson 1982).

Produktivität und Effizienz

7.2.3 | Das Erbe des Kolonialismus

Für die Armut und den niedrigen Lebensstandard in Entwicklungsländern wird häufig auch der vorwiegend europäische Kolonialismus verantwortlich gemacht. Kolonialismus bezeichnet dabei die Eroberung und Inbesitznahme eines Territoriums sowie die anschließende politische Herrschaft über dasselbe durch eine fremde Macht. Seine katastrophalen Auswirkungen auf die betroffenen Staaten – so die Kritiker – wirken bis heute nach bzw. seine politische Praxis besteht bis heute fort. Vor allem die damals entstandene wirtschaftliche Praxis des Tausches von Rohstoffen gegen industriell hergestellte Fertigwaren, so das Argument der Regierungen von Entwicklungsländern, dauere bis heute trotz politischer Unabhängigkeit an. Diese Praxis benachteilige ihre Länder in erheblichem Maße und verhindere, dass sie sich selbst aus ihrer Misere befreien (Nohlen 2010d). Es ist unbestreitbar, dass die europäischen Mächte des 19. und 20. Jahrhunderts in ihren Kolonien Verbrechen gegen die Menschlichkeit verübten. Diese Verbrechen reichen von politischer Entmündigung über Unterdrückung bis zur Ausrottung der lokalen Bevölkerung. Die Interessen der Kolonien und heutigen Entwicklungsländer waren denen der Kolonialmächte untergeordnet.

Praxis des Kolonialismus

Ungerechter Welthandel

Das Kernargument, dass die internationale Handelspolitik (→ Kap. 5) zwar im Prinzip für alle Seiten gewinnbringend sein könnte, aber in der Realität vor allem Entwicklungsländer benachteilige, wurde von Raúl Prebisch entwickelt. Es besagt, dass Entwicklungsländer vorwiegend landwirtschaftliche Produkte und Rohstoffe – sogenannte Primärprodukte – exportierten und Fertigwaren importierten. Die Primärprodukte unterlägen jedoch einem scharfen internationalen Wettbewerb, so dass die Preise großen Schwankungen unterworfen seien. Das daraus folgende Risiko trügen die Entwicklungsländer. Bei der Herstellung von Fertigwaren wie Autos, Flugzeuge oder Maschinen gäbe es hingegen keinen ähnlich starken Wettbewerb, da sie jeweils von einigen wenigen Firmen produziert würden, die ihre Märkte steuern könnten. Dies bedeute für Entwicklungsländer, dass die Preise, die sie für ihre Exportprodukte erzielen können, stark schwankten und in der Tendenz eher sänken, während die Preise, die sie für importierte Güter zahlen müssen, stabil blieben oder sogar stiegen. Daher seien die Entwicklungsländer einem ungünstigen Verhältnis von Import- zu Exportpreisen – den sogenannten *terms of trade* – ausgesetzt, das ihre Entwicklungschancen systematisch untergrabe. Die Industrieländer zögen eher einen Nutzen aus diesem ungleichen Verhältnis. Sie werden deshalb von verschiedenen Autoren der Praxis der fortdauernden Ausbeutung bezichtigt (Hönke/Lederer 2013: 778–779; Love 1980; Ocampo/Parra-Lancourt 2010; Prebisch 1950).[62]

Terms of Trade

7.2.4 Gute Regierungsführung: einschließende vs. ausbeuterische Institutionen

Das Argument der anhaltenden kolonialen Wirtschaftspraktiken vermag zu erklären, warum die Lebensstandards in Industriestaaten hoch und in Entwicklungsländern niedrig sind. Es liefert aber keine Erklärung dafür, warum es mittlerweile große Unterschiede zwischen Entwicklungsländern einerseits und Schwellenländern andererseits gibt. Acemoglu/Johnson/Robinson (2001) untersuchten deshalb, ob und wie sich verschiedene Typen von Kolonialismus (Nohlen 2010d: 471) auf die Entwicklung der ursprünglichen Kolonien nach ihrer Unabhängigkeit auswirkten. Sie unterschieden zwischen Ländern und Regionen, in denen europäische Kolonialisten sich ohne Furcht vor Infektionskrankheiten ansiedeln konnten einerseits, und solchen, in denen sie nicht ohne ganz erhebliche gesundheitliche Risiken niederlassen konnten, andererseits. Die Analyse zeigte, dass die Siedler in ihren Kolonien politische Institutionen etablierten, die denen in ihren Heimatländern ähnlich waren. Dazu gehörten insbesondere:

Typen von Kolonialismus

Wachstumsfördernde Institutionen

- Machtverteilung auf breite Mehrheiten der Gesellschaft statt Ermächtigung einzelner partikularer Interessengruppen,
- Gewaltenteilung,
- Voraussetzungen zur Bereitstellung öffentlicher Güter,
- Rechtsstaatlichkeit.

Sie begründeten zudem wirtschaftliche Institutionen, die

- das Recht auf Eigentum sicherten,
- gleiche Wettbewerbsbedingungen erzeugten,
- wirtschaftliche Austauschbeziehungen förderten,
- Auslandsinvestitionen ermöglichten,
- die freie Berufswahl einführten.

Ausbeuterische Institutionen

Wo Kolonisten dagegen die eigene Ansiedlung wegen der großen Gesundheitsgefährdung vermieden, errichteten sie ausbeuterische Institutionen, die ihnen den schnellen Transfer wichtiger Ressourcen in das Heimatland ermöglichten. Dabei nahmen sie die Hilfe von Einheimischen in Anspruch. Auf politischem Gebiet wurde

- die Macht in den Händen einer kleinen Elite konzentriert,
- Gewaltenteilung verhindert,
- keine Rechtsstaatlichkeit etabliert.

Auf wirtschaftlichem Gebiet wurde

- auf die Garantie von Eigentum verzichtet,
- die Ausübung von Zwang gegenüber der einheimischen Gesellschaft erlaubt,
- die Entscheidungskompetenz in den Händen einer kleinen Gruppe konzentriert,
- kaum öffentliche Güter bereitgestellt.

Schwellenländer

Die drei Autoren konnten weiter zeigen, dass sich die von Kolonisten besiedelten Länder heute zu Schwellenländern entwickelt haben, während die nur ausgebeuteten Länder im Zustand der Unterentwicklung verharren. Sie schlossen daraus, dass die Art des praktizierten Kolonialismus bis heute eine erhebliche Wirkung auf die Entwicklungschancen ausübt. Wo Siedler zusammen mit der lokalen Bevölkerung wachstumsfördernde Institutionen errichteten, gelang es den Regierungen der nun unabhängigen Länder, Wohlstand und Lebensstandard erheblich zu verbessern. Wo Angehörige der Kolonialmacht mit Hilfe von ausbeuterischen Institutionen ihre Interessen rücksichtslos verfolgten, erfolgte keine nachhaltige Entwicklung. Daher sehen die Autoren in der Siedlung und Errichtung einschließender Institutionen einerseits und der Ausbeutung und Errichtung ausschließender Institutionen andererseits jene Ursachen, die erklären, warum einige Entwicklungsländer ihren Wohlstand verbessern konnten, während andere in der Unterentwicklung verharrten (Acemoglu/Johnson/Robinson 2001; Acemoglu/Robinson 2012). Die Errichtung und die Praxis einschließender und damit wohlstandsfördernder Institutionen werden als gute Regierungsführung (*good governance*) bezeichnet. Sie gilt in westlichen Ländern als Schlüssel für den Erfolg von Entwicklung.

Verknüpfung von Ursachen

Acemoglu und Robinson greifen mit ihren Untersuchungen somit das Argument der geographischen und klimatischen Ursachen für Unterentwicklung auf, das Diamond (2005) entwickelt hat. Allerdings schreiben sie diesen nur eine indirekte – über Institutionen vermittelte – und daher begrenzte Wirkung auf die Entwicklungschancen zu. Sie verfeinern weiter das von den Entwicklungsländern vorgebrachte Argument, dass Unterentwicklung eine Folge kolonialer Herrschaft sei (Miller 2013a), indem sie die Wirkung verschiedene Kolonialismustypen miteinander vergleichen. Nur der ausbeuterische Typus entfalte bis heute seine wohlstandshemmende Wirkung. Und schließlich greifen sie die Argumentation von der Wirkung von Entwicklungsinstitutionen auf (Doner/Ritchie/Slater 2005; Johnson 1982). Deren entwicklungsfördernde Leistung bestehe insbesondere in der Bereitstellung geeigneter politischer und wirtschaftlicher Institutionen sowie öffentlicher Güter. Acemoglus und Robinsons wissenschaftliche Leistung liegt somit in einer Verfeinerung und Zusammenführung vorangegangener Forschungsergebnisse im Politikfeld Entwicklung.

Voreingenommenheit internationaler Organisationen | 7.2.5

Machtungleichgewicht

Andere Autoren haben Unterentwicklung mit dem Machtungleichgewicht zwischen Industriestaaten und Entwicklungsländern erklärt. Es schlage sich auch in den einschlägigen internationalen Organisationen nieder (Stiglitz 2002; Stiglitz/Squire 2000), deren Entscheidungsregeln westlichen Industriestaaten einen dominierenden Einfluss ermöglichten.

In der Tat verfügen die Industriestaaten über 57,9 Prozent der Stimmen im IWF, wie Tabelle 7.3 zeigt; wenn die 2010 beschlossene Reform der IWF-Entscheidungsregeln in Kraft tritt, werden es nur noch 55,2 Prozent sein. Der Anteil der Schwellen- und Entwicklungsländer liegt derzeit bei über

*Stimmrechte im Gouverneursrat des Internationalen Währungsfonds seit 2008 und gemäß der Reform 2010** | **Tab. 7.3**

Gruppe	Untergruppe	Land/Region	Seit 2008	Reform 2010*	+/–
Fortgeschrittene Industriestaaten			57,9	55,2	–2,7
	G7		43	41,2	–1,8
		USA	16,7	16,5	–0,2
		Andere	26,3	24,7	–1,6
	Nicht G7		14,9	14	–0,9
Schwellen- und Entwicklungsländer			42,1	44,8	2,7
	Entwicklungsländer		34,5	37,1	2,6
		Afrika	6,2	5,7	–0,5
		Asien	12,8	16,1	3,3
		Mittl. Osten	7,3	6,8	–0,5
		Westl. Hemisphäre	8,2	8,4	0,2
	Schwellenländer		7,6	7,7	0,1

* Die 2010 beschlossene Reform befindet sich (Stand Januar 2015) im Prozess der Ratifizierung und ist noch nicht in Kraft getreten.

Quelle: International Monetary Fund (2011).

Entscheidungsregeln im IWF

42,1 Prozent der Stimmen; er wird auf 44,8 Prozent ansteigen. Die USA verfügen über den größten Stimmanteil und üben ein Vetorecht aus. Von der Verlagerung der Stimmgewichte von den Industriestaaten auf die Schwellen- und Entwicklungsländern profitieren vor allem asiatische Staaten (Zuwachs 3,3 Prozent). Der Stimmanteil der Staaten im Mittleren Osten und Afrika geht leicht zurück.

Es besteht somit kein Zweifel, dass es den reicheren Industriestaaten in internationalen Organisationen gut möglich ist, ihre Interessen gegen die Ansprüche von Entwicklungs- und Schwellenländer durchzusetzen. An zahlreichen Beispielen erläuterte Stiglitz (2002), wie Industriestaaten in den Politikfeldern Handel oder Finanzen Forderungen der Letzteren abwehrten und ihre eigene Wirtschaft schützten. Damit verwehrten sie den Entwicklungsländern Marktzugang gerade in jenen Sektoren, wie der Landwirtschaft, in denen diese international wettbewerbsfähig sind (→ Kap. 5). Internationale Organisationen sind also nicht der Ort, an dem Entwicklungsländer eine Umverteilung des globalen Wohlstandes erreichen können.

7.3 | Entwicklungsstrategien

Entwicklungsländer haben mit verschiedenen Strategien versucht, ihre wirtschaftspolitische Abhängigkeit von Industrieländern zu verringern und dadurch ihre Entwicklung voranzutreiben.

7.3.1 | Importsubstitution

Die Strategie der Industrialisierung durch Importsubstitution war nicht nur eine logische Folge der weiter oben vorgestellten Analyse von Raúl Prebisch, sondern wurde auch von mächtigen innenpolitischen Interessengruppen unterstützt. Regierungen wollten aus der einseitigen Ausrichtung ihrer Wirtschaft auf die Förderung von Rohstoffen ausbrechen und ebenfalls Fertigwaren herstellen.

Definition

Industrialisierung durch Importsubstitution
Importsubstitution ist eine Strategie, mit der Entwicklungsländer (vorwiegend in Lateinamerika) versuchen, die eigene Industrialisierung voranzutreiben und die Abhängigkeit vom Import ausländischer Industriegüter zu verringern. Dabei wird die industrielle Fertigung durch Subventionen unterstützt. Gleichzeitig werden hohe protektionistische Hürden errichtet,

um die eigene Industrie vor den Produkten der wettbewerbsfähigeren ausländischen Konkurrenz zu schützen. Wenn die eigene Wettbewerbsfähigkeit hergestellt ist, können Subventionen und Protektionismus wieder abgebaut werden (Nohlen 2010c).

Nutzung der Wertschöpfung

Sie gingen davon aus, dass die auf diese Weise erzielte höhere Wertschöpfung (→ Information Kompakt: Ressourcenfluch und Entwicklungsinstitutionen) der allgemeinen Entwicklung ihrer Länder zugutekäme. Sie glaubten auch, dass moderne Gesellschaften über eine industrielle Fertigung verfügen sollten. Politisch wurde mit der Importsubstitution das Ziel verfolgt, die sehr einflussreichen Eliten zu entmachten, die von der Förderung von Rohstoffen oder großem Landbesitz profitierten. Der politische Einfluss sollte auf proindustrielle Gruppen – Industriebesitzer, Mittelschichten, Arbeiter, städtische Eliten – übergehen.

Industrialisierung

Nach 1945 verringerten deshalb nahezu alle Entwicklungsländer ihre wirtschaftlichen Bindungen an die Industriestaaten. Manche konnten zwischen 1950 und 1970 eigenstände Industriezweige aufbauen. Brasilien und Mexiko stampften beispielsweise eine eigene Autoindustrie aus dem Boden. In den 1970er Jahren konnten größere Entwicklungsländer wie Indien, Brasilien, Mexiko oder Argentinien ihren Bedarf an Industriegütern selbst decken (Frieden/Lake/Schultz 2012: 407–409).

Es gelang allerdings nicht, die in diesen Ländern hergestellten Produkte zu exportieren. Sie waren zu sehr auf die Bedürfnisse der Verbraucher im jeweiligen heimischen Markt ausgerichtet. International stießen sie auf wenig Interesse. Die im Zuge der Ölkrisen der 1970er Jahre erheblich steigenden Energiepreise trafen die Entwicklungsländer mit Importsubstitution besonders hart. Denn sie verfügten nicht über ausreichende Exporteinnahmen, um die notwendigen Energieimporte bezahlen zu können.

7.3.2 Exportorientierte Industrialisierung

Eine andere und gleichzeitig wirtschaftlich erfolgreichere Strategie verfolgten Entwicklungsländer insbesondere in Ostasien, z.B. Taiwan, Südkorea oder Singapur. Sie benutzten u.a. Entwicklungsinstitutionen (→ Information kompakt: Ressourcenfluch und Entwicklungsinstitutionen), um ihre Industrialisierung voranzutreiben.

Exportförderung

Vor allem aber produzierten sie Güter nicht so sehr für den heimischen Markt, sondern für den Export. Exporteuren wurden billige Kredite und Steuererleichterung gewährt. Zusätzlich wurden die Wechselkurse nationaler Währungen günstig gehalten, damit die Industriestaaten billig importieren konnten. Der große Vorteil dieser Strategie gegenüber der Importsubstitution lag jedoch darin, dass sich die jeweiligen Länder an den Bedürfnissen internationaler Märkte orientierten, die weitaus größer waren als die der kleinen Heimatmärkte. Auf diese Weise erwarben sich die Hersteller in Ostasien Kenntnisse und Fähigkeiten für Produktion, Innovation und Exportmöglichkeiten, die ihnen einen großen Vorsprung in der internationalen Wettbewerbsfähigkeit verschafften. Es gelang ihnen, vom Status eines Entwicklungslandes zu einem Schwellenland aufzusteigen (Frieden/Lake/Schultz 2012: 409–410).

Globale Wettbewerbsfähigkeit

Die Industriestaaten schotteten sich gegen Importe in den Sektoren, in denen diese Länder aktiv waren, nicht ähnlich protektionistisch ab wie z. B. in dem der Landwirtschaft, weil multinationale Unternehmen internationale Netzwerke von Produktionsstätten in vielen Ländern unterhalten (Zysman/Schwartz 1998). Sie waren deshalb darauf angewiesen, dass Teilprodukte möglichst ungehindert zwischen Produktionsstätten in unterschiedlichen Ländern ausgetauscht werden konnten. Daher setzten sie sich nachdrücklich für freien Warenverkehr mit Schwellenländern ein (→ Kap. 5).

7.3.3 | Die Wirksamkeit von Entwicklungszusammenarbeit

Die Entwicklungszusammenarbeit zwischen reichen Industriestaaten und armen Entwicklungsländern zielt ebenfalls darauf, die Lebensverhältnisse in Letzteren nachhaltig zu verbessern. Nach Angaben der Organisation für wirtschaftliche Zusammenarbeit und Entwicklung (OECD) wurden 2011 165,3 Mrd. Dollar für offizielle Entwicklungshilfe ausgegeben. Private Zuwendungen sind dabei nicht berücksichtigt (OECD 2013: 267). Welche Fortschritte wurden mit diesem finanziellen Aufwand erzielt? Kaum ein Bereich internationaler Beziehungen wird so eingehend evaluiert, wie die Entwicklungszusammenarbeit. Die Kernfrage ist, ob und wie es durch Entwicklungshilfe gelingt, die wirtschaftlichen, sozialen und politischen Lebensverhältnisse der Bedürftigen nachhaltig zu verbessern. Bei der Beantwortung dieser Frage entbrannte ein sehr heftiger Streit zwischen verschiedenen Wissenschaftlern. An der Debatte nahmen auch die einschlägigen internationalen Organisationen, z. B. die Weltbank, teil (Burnside/Dollar 2000; Cohen/Easterly 2009; Dalgaard/Hansen/Tarp 2004; Easterly 2006; 2007; 2008; Easterly/Pfutze 2008; Kosack/Tobin 2006; Nuscheler 2007; Roodman 2007; Sachs 2005; 2009; Sachs/Mellinger/Gallup 2001; Svensson 1999; The World Bank 1998).

Evaluierung

Entwicklungszusammenarbeit wird auf zwei Ebenen evaluiert. Die Mikro-Ebene wird von den einzelnen Hilfsprojekten gebildet. Ihre Evaluierung zeigt, dass drei Viertel der durchgeführten Projekte eine positive Wirkung entfalten (Faust 2010: 41). Die selbstgesteckten Ziele werden erreicht und die Lebensverhältnisse der Empfänger werden verbessert. Auf der Makro-Ebene wird die Wirkung von Entwicklungspolitik insgesamt beurteilt. Dabei ist allgemein akzeptiert, dass wirtschaftliches Wachstum als Gradmesser für eine Verbesserung der Lebensverhältnisse dient. Denn ohne wirtschaftliches Fundament könnten auch andere schwerwiegende Probleme nicht bewältigt werden. Ein Literaturüberblick über verschiedene Evaluationsstudien zeigt, dass die offizielle Entwicklungshilfe in den Empfängerländern selbst unter günstigen Rahmenbedingungen kaum eine statistisch erkennbare Wirkung auf das wirtschaftliche Wachstum hinterlässt (Doucouliagos/Paldam 2007; Faust/Leiderer 2008: 131).

Faust und Leiderer nannten diese diamentral entgegengesetzten Befunde der Evaluierung auf der Mikro- und der Makro-Ebene das Mikro-Makro-Paradox (Faust 2010; Faust/Leiderer 2008). Sie erklärten die festgestellte Wirkungslosigkeit von Entwicklungshilfe auf der Makro-Ebene mit einer Reihe von Gründen. Erstens verschlechtere sich die wirtschaftliche Wettbewerbsfähigkeit von Empfängerländern, weil der Zufluss von Finanzmitteln den Wechselkurs der Währungen beeinträchtigte. Zweitens würden Mittelzuflüsse immer nur kurzfristig zugesagt und seien daher nicht nachhaltig, sondern unberechenbar. Dadurch entstünden Planungs- und Steuerungsprobleme in den Empfängerländern. Und drittens würden die bestehenden Regierungen in Empfängerländern gestützt. Entwicklungshilfe ermögliche es ihnen, ihre Sonderinteressen zu verfolgen und Geld an die Unterstützer ihrer Politik zu zahlen, statt in Wachstum und Entwicklung zu investieren. Dies unterlaufe die von den Gebern gestellte Bedingung nach einer guten Regierungsführung.

Mikro-Makro-Paradox

Hinzu käme, dass die Geberländer und/oder internationale Organisationen bei der Vergabe von Entwicklungshilfe nicht nur die Bedürftigkeit berücksichtigten. Vielmehr spielten außenpolitische Interessen und längerfristige Bindungen, z.B. ehemalige Kolonialbeziehungen, eine Rolle dabei, wie Entwicklungshilfe vergeben wird. Bevorzugt würden solche Entwicklungsländer behandelt, die die Politik der Geberländer unterstützen. Internationale Organisationen richteten ihre Vergabepolitik eher an der Bedürftigkeit aus als einzelne Geberländer (Faust/Leiderer 2008: 140–141).

Vergabeinteressen vs. Bedürftigkeit

Es lässt sich abschließend festhalten, dass die Ursachen der Unterentwicklung sehr viel komplexer sind, als der Papst mit seiner eingangs zitierten Schrift Glauben macht. Die Versuche zur nachhaltigen Verbesserung der Lebensverhältnisse sind sehr verschieden und die erzielten Erfolge verschiedener Strategien fallen ebenfalls höchst unterschiedlich aus.

Zusammenfassung

Entwicklung zielt auf die Verbesserung der Lebensverhältnisse insbesondere in armen Ländern. Mit der Fokussierung der weltweiten politischen Agenda auf die Millenniumsziele wurden wichtige Fortschritte erreicht vor allem bei der Bekämpfung von Armut und Hunger. Die Forschung konzentrierte sich auf die Frage, welche Ursachen der Unterentwicklung zugrunde liegen. Sie fand sie zum Teil in den geographischen und klimatischen Bedingungen der armen Länder. Es fehlt aber zudem häufig an einer guten Regierungsführung und der Bereitstellung öffentlicher Güter. Auch das Erbe des Kolonialismus beeinträchtigt bis heute in manchen Ländern den Lebensstandard. In den internationalen Organisationen verhindert die ungleiche Machtverteilung zugunsten der Industriestaaten, dass sie zu einem Ort der weltweiten Umverteilung werden. Verschiedene Entwicklungsstrategien haben unterschiedliche Erfolge gezeitigt. Am erfolgreichsten ist die exportorientierte Industrialisierung. Sie machte Entwicklungsländer zu Schwellenländern. Importsubstitution und Entwicklungshilfe sind aus unterschiedlichen Gründen weitaus weniger erfolgreich.

Lernkontrollfragen

1. Vergleichen Sie, welche Ursachen der Unterentwicklung Papst Franziskus und welche die wissenschaftliche Literatur identifiziert.
2. Worin äußert sich unmittelbar die Komplexität von Entwicklungspolitik?
3. Klären Sie die Konzepte absolute und relative sowie einfache und extreme Armut.
4. In welchen Weltregionen sehen wir den größten, in welchen den geringsten Fortschritt bei der Bekämpfung von Unterernährung?
5. Wir wirken Kolonialismus, Geographie und Entwicklungsinstitutionen zusammen, damit unterschiedliche Erfolge beim wirtschaftlichen Wachstum erklärt werden können?
6. Erläutern sie das Mikro-Makro-Paradox der Entwicklungszusammenarbeit.

Weiterführende Literatur

Acemoglu, Daron / Robinson, James A. (2012), *Why Nations Fail. The Origins of Power, Prosperity, and Poverty*, London, UK: Profile Books.

Berger, Mark T. / Weber, Heloise (2014), *Rethinking the Third World. International Development and World Politics*, Houndmills, Basingstoke, Hampshire, UK; New York, NY: Palgrave Macmillan.

Diamond, Jared M. (2005), *Guns, Germans, and Steel*, New York, NY: Norton.

Faust, Jörg (2013), *Politische Ökonomie der Entwicklungszusammenarbeit*, Baden-Baden: Nomos.

Milanovic, Branko (2005), *Worlds Apart. Measuring International and Global Inequality*, Princeton, NJ: Princeton University Press.

Rodrik, Dani (2007), *One Economics, Many Recipes. Globalization, Institutions, and Economic Growth*, Princeton, NJ: Princeton University Press.

Sachs, Jeffrey (2009), *Common Wealth. Economics for a Crowded Planet*, New York, NY: Penguin Books.

8 | Migration – Kooperationsversagen auf unterschiedlichen Analyseebenen

Inhalt

Dieses Kapitel zeigt, dass es in Migrationsfragen kaum zu globaler Kooperation kommt, obwohl die Probleme zunehmen und immer dringender werden. Allerdings stehen der Zusammenarbeit zum Schutz von Betroffenen auch erhebliche Kooperationshindernisse entgegen. Ihre Überwindung gelingt nur im eng gesteckten Bereich der politischen Flüchtlinge und Asylsuchenden. Die wichtigsten Probleme heutiger Migration, insbesondere die von Überlebensflüchtlingen, werden davon nicht erfasst. Zur Zusammenarbeit kommt es nur, wenn sich verschiedene Politikfelder miteinander verbinden lassen, so dass ein Interessenausgleich entsteht. Dies ist im bilateralen oder regionalen Rahmen wahrscheinlicher als im internationalen.

Claude Eog ist 22 Jahre alt, Halbwaise und stammt aus Zentralafrika. Dort arbeitete er als Mechaniker bis Rebellen seinen Vater ermordeten. Eog floh aus seinem Heimatland und ließ sich von Schleppern nach Marokko bringen. Dort verbrachte er zusammen mit anderen Flüchtlingen aus Somalia, Mali und Guinea eine Zeit in einem informellen Lager auf dem Berg Gourougou. Von dort kann man Melilla sehen – eine von zwei Enklaven Spaniens in Nordafrika. Die Grenze zwischen Marokko und den spanischen Enklaven ist hoch gesichert. Drei sechs Meter hohe Zäune mit NATO-Draht markieren den Verlauf. Auf der einen Seiten wachen marokkanische Soldaten, auf der anderen die spanische Guardia Civil. Modernste Überwachungstechnik meldet, wenn Flüchtlinge versuchen, den Zaun zu überwinden. In Marokko konnte Eog nicht bleiben, weil er keine Unterkunft und Arbeit fand. Nach Zentralafrika konnte er nicht zurück, weil Warlords und Milizen das Land terrorisieren. So schloss er sich einer Gruppe von 800 Menschen an, die gemeinsam den Sturm auf den Zaun wagten. Obwohl der Draht tiefe Wunden in die Haut schnitt, gelang Eog zusammen mit einigen anderen der illegale Grenzübertritt nach Spanien. Er war in Europa angekommen. Eog ist in Melilla in einem Lager untergebracht, hofft aber, bald auf das europäische Festland zu kommen. Er will weiter nach Deutschland und dort als Mechaniker arbeiten (Popp 2014: 50–52).

Ähnlich erging es Rana Fida, die es zusammen mit ihren zwölf Jahre alten Zwillingen bis auf die griechische Insel Lesbos geschafft hat. Fida lebte mit ihrer Familie in der syrischen Hauptstadt Damaskus. Sie war Grundschullehrerin, ihr Mann Manager eines Busunternehmens. Er wurde von den Polizisten des Diktators Assad verschleppt, Fida musste mit den Kindern in den Libanon fliehen. Mit dem Flugzeug kamen sie in die Türkei. Von dort versuchten sie mehrfach auf dem Landweg nach Bulgarien und damit in die EU zu gelangen. Jedes Mal wurden sie von bulgarischen Sicherheitskräften in die Türkei zurückgebracht. Dort konnten sie nicht bleiben, weil eine Unterkunft fehlte und sie kein Auskommen hatten. Zusammen mit anderen Flüchtlingen bestiegen sie todesmutig ein Schlauchboot von Schleppern, das sie mitten in der Nacht in einer vier Stunden langen Überfahrt über die Ägäis nach Lesbos brachte. Dort ist die Familie in einer kleinen Wohnung einer Hilfsorganisation untergekommen. Fida will aber weiter zu Verwandten nach Skandinavien (Popp 2014: 52–55).

Eine ganz ähnliche Odyssee haben die unbegleiteten Minderjährigen aus Irak, Syrien, Eritrea oder Afghanistan hinter sich, die von der deutschen Bundespolizei in Freiburg aus dem ICE geholt wurden, der gerade die Grenze zur Schweiz überfahren hatte. Sie hatten es bis nach Italien geschafft und waren in den Zug gestiegen. Die italienischen Zoll- und Grenzbeamten hatten ebenso weggeschaut wie ihre Schweizer Kollegen. Die Minderjährigen ohne Pässe und Rucksack nur mit Smartphone wurden bis Freiburg durchgelassen. Nach vorübergehender Unterbringung kamen sie in ein Lehrlingsheim und fahren jeden Tag zur Ausbildung nach Oberrimsingen im Breisgau. Dort werden sie in der Erich-Kiehn-Schule ausgebildet, die zum Christophorus-Werk gehört. Sie sind im Jugendhilfesystem der Bundesrepublik angekommen (Soldt 2014). Ähnlich ging es Maria, einer 14-Jährigen aus Damaskus. Sie hat es bis zu ihren Verwandten nach Bad-Wimpfen geschafft. Dort arbeiten Kirchen und soziale Einrichtungen in bewundernswerter Weise zusammen, um den Flüchtlingen ein menschenwürdiges Leben zu ermöglichen. Diese Unterstützung kommt »von unten«; der Staat gibt keine Unterstützung (Jaeger 2014).

Hoffnungslosigkeit

Diese Beispiele verdeutlichen, wie hoffnungslos die Lage von Millionen von Flüchtlingen heutzutage ist. Sie haben nichts zu verlieren und scheuen deshalb nicht, die hohen Risiken illegaler Grenzübertritte einzugehen.[63] Aber warum stemmen sich die wohlhabenden westlichen Industriestaaten so vehement gegen den Strom von Zufluchtsuchenden, indem sie mit hohem Aufwand versuchen, ihre Grenzen so unüberwindlich hoch und dicht zu machen wie irgend möglich? In welcher Weise werden diese reichen Gesellschaften ihrer Verantwortung und Verpflichtung gegenüber Flüchtlingen und Asylsuchenden gerecht, die aus internationalen Abkommen folgen? In erster Instanz ist die Regierung des jeweiligen Heimatlandes dazu verpflichtet, ihren Bürgern ein menschenwürdiges Leben (→ Kap. 9) zu ermöglichen. Soweit dazu internationale Unterstützung notwendig und geboten ist, fällt sie in den Bereich der Entwicklungspolitik (→ Kap. 7.3.3). In neueren Forschungsarbeiten wird jedoch argumentiert, dass die internationale Gemeinschaft und andere Staaten dann eine Ersatzverantwortung wahrnehmen müssen, wenn die Regierung eines Staates unfähig oder unwillig ist, ihrer Verantwortung gerecht zu werden. Flüchtling heute sei nicht nur, wer verfolgt würde, sondern auch der, dessen menschenwürdiges Überleben in der Heimat aus welchen Gründen auch immer nicht mehr möglich ist. Daher wird auch von Überlebensmigration gesprochen (Betts 2013).

Überlebensmigration

8.1 | Was ist Migration?

Die Wanderung von Menschen über nationale Grenzen hinweg hat in den letzten Jahrzehnten erheblich zugenommen.

Definition

Migration

Migration bedeutet Wanderung oder Mobilität von natürlichen Personen. Dabei verlegen Individuen oder Gruppen ihren Wohnsitz zumindest für einen bestimmten Zeitraum oder sogar auf Dauer von einem Ort in einen anderen. Sofern dabei nationale Grenzen überschritten werden, spricht man von internationaler Migration (Hentges 2010).

Zur statistischen Erfassung von Migranten zählen die Vereinten Nationen alle Menschen, die nicht in dem Land leben, in dem sie geboren wurden. Wenn der Geburtsort einer Person nicht bekannt ist, werden auch die Personen zu den Migranten gezählt, die ausländische Staatsbürger in einem Land sind (United Nations. Department of Economic and Social Affairs. Population Division 2013: 1).

Die allgemeine Definition von Migration ermöglicht, analytische Unterscheidungen vorzunehmen, mit denen die Migranten und Migration selbst genauer beschrieben werden können. Zunächst wird zwischen freiwilliger und erzwungener Migration unterschieden. Die Motive für freiwillige Migration sind häufig der Wunsch, Familien zusammenzuführen oder berufliche Chancen im Ausland zu nutzen, eine Ausbildung zu absolvieren oder insgesamt ein anderes Leben zu führen. Erzwungene Migration ist die Folge instabiler Verhältnisse im Heimatland. Flucht vor Krieg oder Verfolgung gehören ebenso dazu wie Vertreibung oder der Verlust von Lebensgrundlagen nach Natur- oder Umweltkatastrophen.

Formen von Migration

Die Unterscheidung zwischen freiwilliger und erzwungener Migration wird überlagert von verschiedenen Migrationsursachen. Die Motive der Migraten können unterschieden werden nach politischen, wirtschaftlichen oder sozialen Gründen. Politische Gründe liegen vor, wenn Individuen oder Gruppen aus ethnischen, religiösen oder ideologischen Gründen verfolgt werden. Von wirtschaftlichen Gründen spricht man z.B., wenn Menschen durch eine Ausbildung oder ein Studium in einem anderen Land ihre Karrierechancen im Heimatland erhöhen oder durch eine Arbeitsstelle im Ausland ihr berufliche Situation verbessern wollen. Soziale Gründe beziehen sich auf die Zusammenführung von Familien, sozialen Gruppen oder den Wunsch von Heirat und Familiengründung.

Migrationsursachen

Schließlich kann die legale Migration von der illegalen, irregulären oder undokumentierten abgegrenzt werden (Angenendt 2007: 10; Hentges 2010: 612). Legal ist Migration, wenn die zuständigen Behörden der Heimat- und der Zielländer die Erlaubnis zum Grenzübertritt erteilt haben, z.B. durch die Ausstellung von Reisepässen und die Erteilung von Visa, oder wenn Migranten einen berechtigten Anspruch auf Asyl geltend machen können.[64] Alexander Betts (2011a) gibt eine ausführliche Übersicht über die verschiedenen Migrationsformen.

legal vs. illegal

Die Ursachen dafür, dass Menschen ihre angestammte Heimat verlassen, sind also vielfältig. Man unterscheidet grob zwischen vertreibenden (*push*) und anziehenden (*pull*) Faktoren für Wanderung (Angenendt 2010: 12). Die *push*-Faktoren sind Zwänge oder Zwangslagen, die ein Verbleiben in der angestammten Heimat unmöglich machen. Die *pull*-Faktoren sind Anreize, die vom Zielland ausgehen; sie lassen Migranten hoffen, dort ihre sozialen, wirtschaftlichen oder politischen Lebensverhältnisse verbessern zu können.

Push und *Pull*

Für Migranten bedeutet Wanderung einen nicht zu unterschätzenden persönlichen Aufwand; meist müssen sie auch gravierende Risiken eingehen. Damit sich jemand für Migration entscheidet, liegen zumeist schwerwiegende Motive vor. Häufig bleibt Migranten keine Wahl, als ihr Land zu verlassen, weil sie auf der Flucht vor Krieg sind, von feindlichen Regierungen oder Gruppen vertrieben oder verfolgt werden oder weil sie aufgrund

Alternativlosigkeit

Information kompakt

Herausragende *Push*- und *Pull*-Faktoren von Migration

Push	Pull
• (Bürger)Krieg	• Verwandtschaft im Ausland (Familienzusammenführung)
• Diskriminierung	• Permanente Attraktivität besserer Lebensverhältnisse
• Misshandlung	• Realisierung wirtschaftlicher Chancen oder expliziter Angebote
• Politische, ethnische, religiöse Verfolgung	• Temporäre Attraktivität für Ausbildung und Beruf
• Verlust von Lebensgrundlagen	• Unternehmensinterne Verlagerung

von Naturkatastrophen, Umweltschäden, dem Ausbruch von Krankheiten oder Ähnlichem ihre Lebensgrundlagen in der angestammten Heimat verloren haben. Andere wünschen sich, die Trennung der eigenen Familie zu beenden und zur Verwandtschaft im Ausland zu ziehen. Viele versprechen sich im Ausland bessere Lebensverhältnisse, einschließlich der Achtung von Menschen- und Eigentumsrechten, als in der Heimat. Sie wünschen für sich und ihre Familie eine höhere Lebenserwartung und vor allem Leben in dauerhafter Geborgenheit. Vor allem gut Ausgebildete können damit rechnen, woanders gute berufliche Angebote und/oder Chancen zu finden[65] und/oder ein sorgenfreies Leben führen zu können. Viele finden es auch attraktiv, für ihre Ausbildung oder ihr berufliches Fortkommen eine gewisse Zeit (temporär) im Ausland zu leben, zu studieren oder zu arbeiten, weil dies ihre Chancen anschließend in der Heimat erheblich verbessert. Und schließlich wünschen sich z.B. große internationale Firmen von ihren Mitarbeitern, dass sie dem Unternehmen ihre Dienste zumindest für eine gewisse Zeit im Ausland zur Verfügung stellen. Alle diese Gründe führen dazu, dass immer mehr Menschen zeitweise oder für immer (permanent) ihr Heimatland verlassen und ihren Wohnsitz in ein anderes Land verlegen.

Menschenwürdige Lebensverhältnisse

Effizienzgewinne

Aus Tabelle 8.1 geht hervor, dass sich seit 1990 immer mehr Menschen entschlossen haben, ihr Heimatland zu verlassen. 2013 sind weltweit über 230 Mio. Menschen gewandert. Davon leben 136 Mio. in den entwickelten Industrieländern und 96 Mio. in Entwicklungsländern. Das durchschnittliche jährliche Wachstum der Zahl der Migranten lag zwischen 2000 und 2010 bei 2,3 Prozent. Zwischen 1990 und 2000 stieg die Zahl der Immigran-

Anzahl von Migranten sowie Veränderung über Zeit | **Tab. 8.1**

	Anzahl internationaler Migranten (Mio.)				Durchschn. jährl. Wachstum (%)		
	1990	2000	2010	2013	1990–2000	2000–2010	2010–2013
Welt	154,2	174,5	220,7	231,5	1,2	2,3	1,6
Entwickelte Regionen	82,3	103,4	129,7	135,6	2,3	2,3	1,5
Unterentwickelte Regionen	71,9	71,1	91,0	95,9	–0,1	2,5	1,8
Afrika	15,6	15,6	17,1	18,6	0,0	0,9	2,8
Asien	49,9	50,4	67,8	70,8	0,1	3,0	1,5
Europa	49,0	56,2	69,2	72,4	1,4	2,1	1,5
Lateinamerika/Karribik	7,1	6,5	8,1	8,5	-0,9	2,2	1,8
Nordamerika	27,8	40,4	51,2	53,1	3,7	2,4	1,2
Ozeanien	4,7	5,4	7,3	7,9	1,5	3,1	2,6

Quelle: United Nations. Department of Economic and Social Affairs. Population Division (2013: 1, Übersetzung ChT).

ten vor allem in den USA und Kanada. In der folgenden Dekade nahm sie hingegen in Ozeanien[66] und Asien besonders stark zu. In jüngster Zeit erleben vor allem Afrika und Ozenanien erhebliche Zuwanderung (Angenendt 2010: 11–12).[67]

Interessen und Konflikte | 8.2

Migranten sind jedoch nicht die einzigen Akteure, die ihre Interessen in diesem Politikfeld Internationaler Beziehungen verfolgen. Politische Konflikte entstehen zunächst dadurch, dass die Interessen von Migranten zu Interessen von anderen Akteuren in Widerspruch geraten (Angenendt 2010). Ein wichtiger Akteur sind die Staaten, die befürchten müssen, dass Migration ihre Souveränität untergräbt (Angenendt 2007: 18).

Information kompakt

Dimensionen von Souveränität

Souveränität bezeichnet die Handlungs- und Steuerungsfähigkeit von Staaten nach innen und außen und ist ein grundlegendes Prinzip Internationaler Beziehungen, das aus vier Dimensionen zusammengesetzt ist (Krasner 2001: 231–233):

- **Interdependenz-Souveränität**: bezeichnet die Fähigkeit von Staaten, Bewegungen über ihre Außengrenzen hinweg zu steuern.

- **Innenpolitische Souveränität**: verweist auf das Autoritäts- und Machtmonopol von Staaten nach innen und ihre Fähigkeit, das Verhalten von Menschen wirksam zu regulieren.
- **Westfälische Souveränität** (benannt nach dem Westfälischen Frieden, der den Dreißigjährigen Krieg beendete): verweist auf die de facto und de jure äußere Nicht-Einmischung in die inneren Angelegenheiten eines Staates.
- **Internationale rechtliche Souveränität**: verweist auf die wechselseitige Anerkennung von Staaten. Sie können Vereinbarungen miteinander schließen, sofern gewährleistet ist, dass kein Staat dazu gezwungen wird.

Souveränitätsbedrohung

Migration hat das Potential, vor allem die Interdependenz-Souveränität, aber auch die innenpolitische Souveränität von Staaten zu verletzten. Regierungen üben diese Dimension von Souveränität dadurch aus, dass sie Grenzüberschreitungen ausdrücklich genehmigen oder verbieten und Grenzen überwachen. Wenn Migranten teils mit Unterstützung von Schleusern und Schleppern versuchen, die Grenzen von Staaten gegen deren Willen zu überschreiten, dann wird die Interdependenz-Souveränität untergraben. Wenn Migranten die innerstaatliche Ordnung eines Staates in Frage stellen oder sich gegen das Gewaltmonopol einer Regierung stellen, wird die innenpolitische Souveränität ausgehöhlt. Staaten haben daher ein Interesse daran, Migranten am unerlaubten Grenzübertritt zu hindern, und sie verfolgen Schlepper und Schleuser als eine Form von organisierter Kriminalität. Schlepper und Schleuser nutzen hingegen das Interesse von Staaten an Interdependenz-Souveränität als Grundlage eines (illegalen) Geschäftsmodells. Sie bieten die Dienstleistung an, Migranten bei der Überwindung von Grenzhindernissen zu unterstützen. Daher besteht ein Interessenkonflikt zwischen illegalen Migranten und ihren »Dienstleistern« einerseits und Staaten bzw. Regierungen andererseits.

Interessenkonflikt

Migrationssteuerung

Staaten sind allerdings auch an wohlhabenden Migranten interessiert, die in ihrem Land investieren oder konsumieren. Regierungen bemühen sich, durch vielfältige Anreize Migranten als langfristige Investoren oder Konsumenten in ihr Land zu locken. Manche Staaten sind sogar an der Auswanderung von Arbeitnehmern interessiert, sofern diese regelmäßig Geldbeträge an ihre Familienmitglieder im Heimatland überweisen – sogenannte *remittance*. Diese Finanzströme machen mittlerweile einen erheblichen Anteil internationaler Kapitalströme aus und unterstützen die Entwicklung ärmerer Länder (→ Kap. 6, Kap. 7). Im Jahr 2011 wurden 351 Mrd.

US-Dollar an Finanztransfers in Entwicklungsländer als *remittance* erfasst. Dieser Betrag entspricht dem Dreifachen offizieller Entwicklungshilfe (Angenendt 2012: 8). Darüber hinaus wird geschätzt, dass nochmals bis zu weiteren 50 Prozent dieses Betrages als nicht erfasste *remittance* in Entwicklungsländer geflossen sind (Lindley 2011: 251). Diese Größenordnung verdeutlicht die hohe wirtschaftliche Bedeutung von *remittances* für kapitalschwache Entwicklungsländer. Bei der Analyse von staatlichen Interessen ist daher zu berücksichtigen, dass Herkunftsländer, Zielländer und Transitländer unterschiedliche Interessen verfolgen, sowohl was Migration generell angeht als auch mit Blick auf die verschiedenen Gruppen von Migranten (Angenendt 2007: 13–17, 9).

Remittance

Aber auch innerhalb von Aufnahmestaaten findet man erhebliche Interessenkonflikte. Unternehmen sind immer daran interessiert, gut ausgebildete und/oder billige Arbeitskräfte einstellen zu können. Dies zeigt sich besonders in Wirtschaftszweigen, in denen ein Arbeitskräftemangel herrscht. Daher treten Unternehmen häufig für die Zulassung von gut qualifizierten Migranten und/oder Migranten mit geringen Lohnansprüchen ein. Hinzu kommt, dass sich im Bildungs- und Eingliederungssektor mancher Länder ein Wirtschaftszweig gebildet hat, der sich auf die Aus- und Weiterbildung von Migranten spezialisiert hat. Auch diese Unternehmen oder sozialen Einrichtungen haben ein Interesse an einem stetigen Zustrom von Kunden.

Innergesellschaftliche Konflikte

Unternehmen

Arbeitnehmer können Migranten hingegen vorwiegend als Konkurrenten betrachten, die ihnen Arbeitsplätze wegnehmen und/oder das Lohnniveau drücken. Diese Interessenkonkurrenz ist besonders in Wirtschaftszweigen ausgeprägt, in denen die Anforderung an berufliche Bildung gering sind und in solchen, in denen das Lohnniveau aufgrund fehlender qualifizierter Arbeitnehmer besonders hoch ist (Angenendt 2010: 13). Eine erhebliche Zahl von Studien hat jedoch nachgewiesen, dass die Einstellungen von Bürgern zu Immigration weniger von wirtschaftlichen, sondern sehr viel stärker von sozialen und kulturellen Erwägungen bestimmt wird (Hainmueller/Hopkins 2014). Allerdings ist bei der Interpretation dieser Untersuchungsergebnisse Vorsicht geboten: denn dabei werden mit Hilfe von Meinungsumfragen Einstellungen von Bürgern zur Immigrationstoleranz erfasst. Diese immateriellen Einstellungen zu Einwanderung sollten nicht mit materiellen wirtschaftlichen Eigeninteressen verwechselt werden, die ebenfalls und unabhängig von diesen Einstellungen politisches Handeln bestimmen können.

Arbeitnehmer

Immigrationstoleranz

Neben wirtschaftlich begründeten Interessenkonflikten treten Probleme zutage, die sozial-kulturell begründet sind. Einige Bürger im Zielland von Migranten begrüßen es, in einer Gesellschaft mit sozialer und kultureller Vielfalt zu leben und befürworten daher Zuwanderung. Andere fürchten sich vor der Erosion gesellschaftlichen Zusammenhalts oder »Überfremdung«. Vielfach setzen sie Migranten in Verbindung zu steigender Kriminalität und nehmen daher Migration als eine Bedrohung wahr. Umgekehrt fühlen sich viele Migranten unwillkommen und sozial ausgegrenzt oder als Bürger zweiter Klasse. Ihre angestammten Verhaltensmuster, Lebensformen und kulturellen sowie religiösen Praktiken werden nicht verstanden und stoßen auf gesellschaftliche Widerstände (Angenendt 2010: 25–27; Gerhards/Lengsfeld 2013; German Marshall Fund of the United States 2014; Risse 2010). Beide Seiten neigen zu Vorurteilen und zur Bildung von Stereotypen sowie zur Abgrenzung und Bildung von Parallelgesellschaften, die erheblichen Konfliktstoff bieten (Hainmueller/Hopkins 2014). Regierungen sind dann gefordert, ihre innenpolitische Souveränität zu wahren. Die Zahl der Migranten sowie die anhaltenden Wachstumsraten (vgl. Tab. 8.1) zeigen an, dass die sozialen, politischen und wirtschaftlichen Probleme, die mit Wanderungsbewegungen verbunden sind, nicht von selbst verschwinden werden. Es ist notwendig, die Migrationskonflikte politisch zu bearbeiten.

Vorurteile und Stereoptypen

Die Vielfalt von Akteuren mit spezifischen und teils ambivalenten Interessen oder Einstellungen für oder gegen Migration einerseits sowie die Vielschichtigkeit der wirtschaftlichen, sozialen und kulturellen Konflikte in diesem Politikfeld andererseits weist auf die enorme Komplexität von Migration hin. Es ist daher nicht überraschend, dass Migration ein von Interdisziplinarität geprägtes Forschungsfeld ist (Hentges 2010: 613). Hier können nur die internationalen und einige transnationale Aspekte behandelt werden. Dennoch wird deutlich werden, dass Faktoren auf allen Analyseebenen (→ Kap. 1.3) zusammenwirken und eine problemlösende internationale Kooperation verhindern. Daher sind die Migranten – nicht die Staaten – zur Selbsthilfe verdammt.

Komplexität von Migration

8.3 | Migration als Kooperationsproblem Internationaler Beziehungen

Die Steuerung der Ströme von Migranten über nationale Grenzen hinweg ist ein Problem für nahezu alle Staaten, zumal sie von der möglichen Erosion der Interdependenz-Souveränität bedroht sind. Daher wäre zu erwarten, dass Staaten Migrationsprobleme mit Hilfe von globalen Abkommen gemeinsam lösen. Ähnlich wie bei Fragen des internationalen Güterverkehrs (→ Kap. 5) oder der Finanzströme (→ Kap. 6) könnten Menschen als Produktionsfaktoren verstanden werden. In einem freien globalen Markt sollten diese Faktoren dorthin wandern, wo sie am effizientesten eingesetzt werden können. Diese Sicht folgt aus der Logik der Theorie von Heckscher und Ohlin (Scheve/Slaughter 2001: 135–136). Demnach bilden nationale Grenzen erhebliche Hindernisse für die Realisierung wirtschaftlicher Effi-

Gesamt- vs. Partikularinteressen

zienzgewinne durch Migration. Das gemeinsame Interesse von Staaten bestünde eigentlich darin, diese Effizienzgewinne zu realisieren, indem sie – wie bei anderen Produktionsfaktoren auch – international den freien Verkehr von Personen über nationale Grenzen hinweg ermöglichen und gemeinschaftlich regeln.

Verteilungsprobleme und mangelnde Rechtsordnung | 8.3.1

Es sind aber wiederum die Verteilungsprobleme, bei denen die Interessen von Staaten auseinanderlaufen (Suhrke 1998). Dabei spielt nicht nur die Frage eine wesentliche Rolle, wie die internationaler Kooperation entspringenden Effizienzgewinne auf die beteiligten Staaten verteilt werden, sondern auch wie z.B. Kosten erstattet werden, die Staaten in Humankapital investiert haben, das abwandert. Wenn Staaten in die Ausbildung von Bürgern investieren, erwarten sie, dass diese Investition rentabel ist. Migration verändert diese Kalkulation von Rentabilität besonders dann, wenn sie nicht reziprok, sondern asymmetrisch ist. Staaten haben keinen Anreiz, in die Bildung von Humankapital zu investieren, wenn dieses Kapital abwandert, ohne dass es einen ähnlichen Zustrom gibt – der sogenannte *brain drain* (Angenendt 2010: 25). Umgekehrt sind Staaten an der Einwanderung gut ausgebildeter Migranten interessiert, deren Ausbildung andere Staaten finanziert haben. Alle Staaten teilen also das gemeinsame Interesse an Effizienzgewinnen durch freie internationale Migration, konkurrieren aber zugleich im Hinblick auf die Gewinn- und Kostenverteilung. Solange dieses erste Kooperationshindernis nicht durch eine ausgewogene und als gerecht empfundene internationale Vereinbarung ausgeräumt werden kann, streben Staaten danach, Migrationsströme über Grenzen hinweg eigenständig und unabhängig zu steuern.

Humankapital

Information kompakt

Die Genfer Flüchtlingskonvention von 1951

Die Genfer Flüchtlingskonvention von 1951 legte den Grundstein für die menschenwürdige Behandlungen von Personen, die gezwungen sind, ihr Land zu verlassen, weil sie in ihrer Heimat wegen ihrer Rasse, Religion, Nationalität, politischer Überzeugung oder Zugehörigkeit zu einer sozialen Gruppe verfolgt werden. Die Konvention wurde von 145 Staaten ratifiziert. Sie enthält die folgenden Kernbestimmungen:

1. Flüchtlinge dürfen nicht in ein Gebiet zurückgeschickt werden, in dem sie der Verfolgung ausgesetzt sind oder ihnen Verfolgung droht (Prinzip des *non-refoulement*).

2. Allen Flüchtlingen ist unterschiedslos und ohne Diskriminierung Schutz zu gewähren.
3. Das Flüchtlingsproblem ist ein soziales Problem, es soll keinen Anlass zu Spannungen zwischen Staaten bieten.
4. Die Gewährung von Asyl kann für bestimmte Staaten eine unangemessene Belastung darstellen; daher kann eine befriedigende Lösung des Flüchtlingsproblems nur durch internationale Zusammenarbeit erreicht werden.
5. Von Flüchtlingen kann nicht erwartet werden, dass sie auf der Flucht alle Bestimmungen für eine legale Einreise beachten; sie dürfen daher nicht wegen illegaler Einreise oder illegalen Aufenthalts bestraft werden.
6. Ausweisungen von Flüchtlingen können gravierende Folgen haben; daher ist dies nur unter außergewöhnlichen Umständen, die die nationale Sicherheit oder die öffentliche Ordnung betreffen, zulässig.
7. Zur Koordinierung bei der Bewältigung des Flüchtlingsproblems ist die Zusammenarbeit der Staaten mit dem UN-Flüchtlingskommissar unerlässlich.

Das Kernprinzip der Nicht-Zurückweisung (*non-refoulement*) wurde in eine Reihe anderer Menschenrechtsverträge aufgenommen und ist deshalb internationales Gewohnheitsrecht. Es gilt unabhängig davon, ob Staaten die Konvention ratifiziert haben oder nicht (→ Kap. 9). (Der Hohe Flüchtlingskommissar der Vereinten Nationen o.J.; Der Hohe Flüchtlingskommissar der Vereinten Nationen. Vertretung in Deutschland o.J.)

Die Zurückhaltung von Staaten, international gültige Vereinbarungen im Politikfeld Migration zu schließen und dadurch die Kooperationshindernisse zu beseitigen, zeigt sich daran, dass es kaum internationale Abkommen gibt, die sich ausdrücklich mit Migration befassen. Die Rechtsstellung von Migranten – insbesondere die Nicht-Diskriminierung im Vergleich zu Staatsbürgern eines Landes – entspringt ganz überwiegend allgemeinen Menschenrechten (→ Kap. 9). Nur eine Minderheit von Staaten hat auch die Internationale Konvention zum Schutz der Rechte aller Arbeitsmigranten und ihrer Familienangehörigen (47 Staaten) und die Konvention zur Verringerung von Staatenlosigkeit (60 Staaten) ratifiziert (United Nations n.y.).

Rechtsstellung von Migranten

Die grundlegende Genfer Flüchtlingskonvention regelt zudem nur die Behandlung von Flüchtlingen und Asylsuchenden und stellt keine umfassende Ordnung für Migration dar. Darüber hinaus werden alle diese Rechtsnormen dadurch eingeschränkt, dass Staaten über den Zugang zu ihrem Territorium entscheiden können. Die Rechte von Migranten beziehen sich nur auf die Bedingungen innerhalb von Staaten und setzen somit den erfolgreichen Grenzübertritt voraus (Global Migration Group 2008; Lahav/Lavenex 2013: 754; Thielemann/Armstrong 2013: 151; Thielemann/El-Enany 2010: 210).Es kann daher nicht davon gesprochen werden, dass im Politikfeld Migration eine umfassende internationale Rechtsordnung etabliert wurde. Das Fehlen einer solchen konsistenten Rechtsordnung, die staatliche Zusammenarbeit bei der Migration ermöglichen könnte, ist das zweite – institutionelle – Kooperationshindernis.

Aus Abbildung 8.1 wird deutlich, dass internationale Migranten aus einer Vielzahl verschiedener Gruppen bestehen, deren Rechtsstellung sehr unterschiedlich ausgeprägt ist. Internationale Migranten ist ein alle Gruppen umfassender Oberbegriff, der Migranten mit besonderer Rechtsstellung einschließt. Sofern die Ursache der Migration nicht im Überlebenskampf oder in Verfolgung zu suchen ist, fallen die Betroffenen in die Gruppe des äußeren Ovals. Dort sind z. B. Auslandsstudenten, permanent im Ausland lebende Arbeitnehmer, temporäre Gastarbeiter, internationale Investoren oder Familienmitglieder bestimmter Migrantengruppen anzutreffen. Das zweite Oval besteht aus der Untergruppe der Überlebensmigranten; zu ihr gehören Menschen, deren Heimatstaat keine menschenwürdige Lebensverhältnisse bieten kann oder will, z. B. Opfer von Natur- oder Umweltkatastrophen sowie Bürger von gescheiterten Staaten. Das innerste Oval bildet wiederum eine Untergruppe der Überlebensmigranten; sie besteht aus Menschen, die irgendeiner Art von Verfolgung ausgesetzt sind, vor der sie fliehen müssen. Nur diese Gruppe kann die Rechte und den Schutz der Genfer Flüchtlingskonvention von 1951 in Anspruch nehmen (Angenendt 2007: 11).

Abkommenvielfalt

Das Kooperationshindernis einer fehlenden umfassenden Rechtsordnung wird zusätzlich dadurch verschärft, dass es eine Vielzahl von bilateralen, regionalen und auf andere Politikfelder bezogenen Verträgen gibt, die

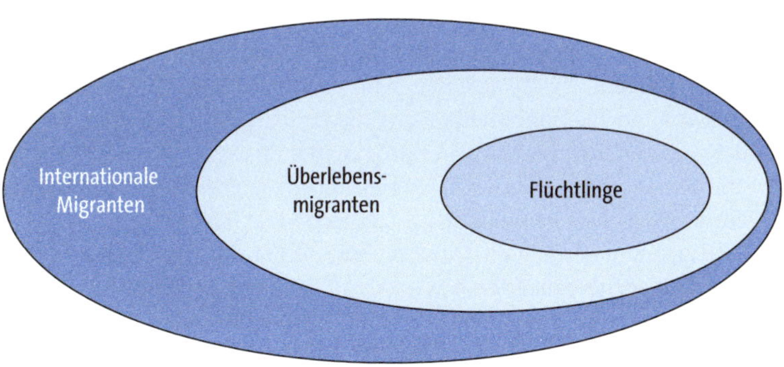

Abb. 8.1

Migration nach Motiv und Rechtsstellung der Betroffenen

Quelle: Betts (2013: 24, Übersetzung ChT).

ebenfalls Bestimmungen über Migration enthalten (Angenendt 2007: 24–27). Da die verschiedenen Normen nicht konsistent sind, sondern in einem Spannungs- oder Konfliktverhältnis zueinander stehen, wird die weltweite Geltung internationaler Migrationsnormen weiter untergraben. Dieses dritte Kooperationshindernis – inkonsistente oder konkurrierende Rechtsnormen – soll am Beispiel des Schengenraumes sowie der Flüchtlingspolitik der EU erläutert werden.

Information kompakt

Schengen-Raum, Lissabon-Vertrag und die EU-Flüchtlingspolitik
Der durch die Einheitliche Europäische Akte 1986 gebildete europäische Binnenmarkt umfasst neben dem freien Waren-, Dienstleistungs- und Kapitalverkehr auch die Freizügigkeit, d. h. den freien Personenverkehr innerhalb der Europäischen Union. Alle EU-Bürger können sich innerhalb des Binnenmarktes frei bewegen, niederlassen und wirtschaftlich betätigen. Insoweit ist die Migration von Bürgern innerhalb der EU frei. Bürger anderer Länder genießen diese Freizügigkeit nicht automatisch.

Zur Umsetzung dieser Freizügigkeit wurden verschiedene Abkommen geschlossen, die nach dem Vertragsort des ersten Abkommens, Schengen (Luxemburg), benannt wurden. Diese Schengener Abkommen regeln einerseits den Wegfall der statischen Grenzkontrollen zwischen den Mitgliedstaaten. Andererseits enthalten sie Bestimmungen zur gemeinschaftlichen Sicherung der Außengrenzen und zu einheitlichen Personenkontrollen. Nahezu alle EU-Mitgliedstaaten sowie Norwegen, Island, die Schweiz und Liechtenstein sind Teilnehmer am Schengenraum. Die meisten Staaten befolgen die verabredeten Regeln vollständig. Für die Kandidatenländer Zypern, Bulgarien, Rumänien und Kroatien sind im Prinzip alle bindend, jedoch wird ein kleiner Teil noch nicht angewandt. Für die Nicht-Schengen-Mitglieder Großbritannien und Irland gilt nur einen kleinen Teil des gesamten Regelwerkes.

In Lissabon wurden mit Titel V des Vertrages über die Arbeitsweise der EU (Rat der Europäischen Union 2012: 96–112) erstmals Regelungen, wie der sogenannte Raum der Freiheit, der Sicherheit und des Rechtes ausgestaltet werden soll, im EU-Primärrecht – also den Verträgen – verankert (Haack 2010; Nuscheler 2011). Kernbestimmungen sind:

- Einführung eines integrierten Grenzschutzsystems für die Außengrenze;
- Einführung einer gemeinsamen Visa- und Aufenthaltspolitik;
- Einführung einer gemeinsamen Politik im Bereich von Asyl, subsidiärem und vorübergehendem Schutz von Personen im Einklang mit der Genfer Konvention von 1951;

- Vereinbarung von Bestimmungen, mit denen ermittelt wird, welcher Mitgliedstaat für die Prüfung eines Antrages auf Asyl oder subsidiären Schutz zuständig ist;
- Solidarität zwischen den Mitgliedstaaten, so dass solche, die unangemessen hohe Lasten tragen, Unterstützung erhalten;
- Möglichkeiten, mit Drittstaaten Vereinbarungen über die Rücknahme von Staatsangehörigen oder Flüchtlingen zu treffen.

Zur Durchführung einiger dieser Bestimmungen beschloss der Rat der Europäischen Union am 18. Februar 2003 die Verordnung (EG) Nr. 343/2003, die kurz Dublin II genannt wird. Sie wurde durch Beschluss des Europäischen Parlamentes und des Rates der EU durch Verordnung (EU) 604/2013 ersetzt, die Dublin III genannt wird und seit 19. Juli 2013 in Kraft ist (Angenendt/Engler/Schneider 2013: 3; Europäische Union 2013). Darin ist festgelegt, wie ermittelt wird, welcher Mitgliedstaat für die Prüfung von Anträgen auf Asyl und Schutz zuständig ist (vgl. Tab. 8.2), welche technische Unterstützung die Union bei der Identifizierung von Personen leistet und wie die Informationen zwischen Mitgliedstaaten sowie der Union ausgetauscht werden (Angenendt/Engler/Schneider 2013: 4).

Freizügigkeit im Schengenraum

Die höhere Durchlässigkeit und der Verzicht auf Personenkontrollen an den Binnengrenzen des Schengenraumes bedeutet, dass der Personenverkehr innerhalb dieser Zone erheblich liberalisiert und dadurch die Freizügigkeit in ihr wirksam umgesetzt wurde. Gleichzeitig wurden die Grenzsicherung und die Kontrollen an den nun gemeinsamen Außengrenzen nicht nur vereinheitlicht, sondern auch erheblich verschärft. Der Status von Personen innerhalb des Schengenraumes ist vollkommen anders als der von Personen außerhalb. Flüchtlinge, denen der illegale Grenzübertritt in den Schengenraum nicht geglückt ist, werden deshalb viel gnadenloser behandelt als diejenigen, die es geschafft haben, die Außengrenzen zu überwinden. Dies zeigen schon die eingangs erzählten Geschichten.

Wirkung von Rücknahmeabkommen

Für diese beiden Gruppen gelten also unterschiedliche Rechtsordnungen. Die Möglichkeit der EU, mit Drittstaaten Rücknahmeabkommen zu schließen, bedeutet außerdem, dass weitere Personengruppen gebildet werden, die nicht den vollen Flüchtlingsschutz im Schengenraum genießen. Durch diese und andere Vereinbarungen entstehen »von unten« Regelwerke, die eine konsistent formulierte internationale Rechtsordnung zusätzlich untergraben. Die Vielfalt und Komplexität verbindlicher Regeln zeugt davon, dass Staaten in der Migrationspolitik nur selektiv statt umfassend kooperieren, um auf diese Weise ihre Kosten-Nutzen-Bilanz zu optimieren. Die globale Kooperation wird durch diese selektive Zusammenarbeit allerdings erheblich erschwert.

Da ein Flüchtling seine Rechtsstellung gemäß der Genfer Flüchtlingskonvention erst nach einem erfolgreichen (illegalen) Grenzübertritt erlangt, gilt das in dieser enthaltene Nicht-Zurückweisungsprinzip nicht für Personen, die die Grenze noch nicht überschritten haben. Durch diese territoriale Eingrenzung des Kernprinzips der Konvention wird der Schutz von Flüchtlingen erheblich beschränkt. Für Staaten besteht daher ein hoher Anreiz, ihre Außengrenzen zu sichern, um den Strom von Flüchtlingen kontrollieren zu können. Durch eine solche kontrollierte Steuerung von Flüchtlingsströmen wälzen Staaten die Kosten für die unerwünschte, illegale Einwanderung von Flüchtlingen auf andere Staaten ab, die ihre Außengrenze in geringerem Maße sichern. Eine solche einseitige Umverteilung von Kosten verhindert ebenfalls internationale Kooperation in diesem Politikfeld. Die auf Wettbewerb ausgerichtete Interaktion zwischen Staaten ist somit das vierte Hindernis für internationale Kooperation.

Nicht-Zurückweisungsprinzip

Anreiz zur Grenzsicherung

8.3.2 | Asymmetrie und Lastenteilung

Ein weiteres Kooperationsproblem entsteht, wenn es um Solidarität und Lastenteilung zwischen den Staaten geht. Dies lässt sich sowohl international als auch regional in Europa beobachten (Angenendt/Engler/Schneider 2013).

8.3.2.1 | Kooperation innerhalb der EU

Tabelle 8.2 ist ein Beispiel für bürokratische Routineverfahren,[68] die international verabredet werden, um z.B. zwischen den beteiligten Staaten eine ausgewogene Verteilung der Lasten herzustellen, die entstehen, wenn durch Kooperation öffentliche Güter (→ Kap. 4.2.1) produziert werden (Tuschhoff 2014). Im konkreten Fall haben die EU-Mitgliedstaaten unter Mitwirkung des Europäischen Parlamentes die sogenannte Dublin-III-Verordnung vereinbart (Siegl 2013). Sie regelt, nach welchen Prüfkriterien die zuständigen Verwaltungsbehörden aller Mitgliedstaaten einheitlich ermitteln, welcher Mitgliedstaat für die Bearbeitung von Asylanträgen und den Schutz der Antragsteller zuständig ist und dementsprechend die Kosten dafür zu übernehmen hat (Angenendt/Engler/Schneider 2013: 2). Die Tabelle zeigt, dass die Mitgliedstaaten zunächst die Familienangehörigen und Verwandten von Flüchtlingen in die finanzielle Pflicht nehmen. Daher wird zuerst geprüft, ob und wo Familienangehörige in der EU leben, damit die antragstellende Person in den jeweiligen Mitgliedstaat überstellt werden kann. Dabei bekommt das Prinzip der Familienzusammenführung auch die Bedeutung,

Dublin-III-Verordnung

Schrittfolge und Kriterien zur Prüfung der Zuständigkeit für die Gewährung von Schutz und Bearbeitung von Asylanträgen (Dublin III) | **Tab. 8.2**

Schritt	Bedingung	Mitgliedstaat (MS)
01	Unbegleiteter Minderjähriger	Mit Familienangehörigen mit rechtmäßigem Aufenthalt
02	Verheirateter Minderjähriger mit Ehepartner ohne rechtmäßigen Aufenthalt	Mit Erwachsenen, der für Minderjährige zuständig ist
03	Unbegleiteter Minderjähriger mit Verwandten mit rechtmäßigem Aufenthalt und Versorgungsmöglichkeit in MS	Familienzusammenführung in MS des Verwandten
04	Unbegleitete Minderjährige mit Verwandten in mehreren MS	MS mit besten Diensten für Wohl des Minderjährigen
05	Unbegleitete Minderjährige ohne Verwandtschaft in MS	MS der Antragstellung
06	Antragsteller mit Familienangehörigen, die aufgrund internationalen Schutzes Aufenthaltsrecht haben	MS der Angehörigen, sofern Betroffene schriftlich zustimmen
07	Antragsteller mit Angehörigen, die selbst Antrag gestellt haben	MS der Angehörigen, sofern Betroffene schriftlich zustimmen
08	Mehrere Familienangehörige, Möglichkeit der gemeinsamen Antragsbearbeitung	MS, der für die meisten Anträge zuständig ist
09	Mehrere Familienangehörige, Möglichkeit der gemeinsamen Antragsbearbeitung, ohne mögliche Entscheidung nach Schritt 8	MS, der für das älteste Familienmitglied zuständig ist
10	Antragsteller mit gültigem Aufenthaltstitel/Visum aus MS	Ausstellender MS
11	Antragsteller mit gültigem Visum, dessen Ausstellung ein vertretener MS ausgestellt hat	MS, der vertreten wurde
12	Antragsteller mit mehreren Aufenthaltstiteln	MS mit längster Gültigkeitsdauer des Aufenthalts, ersatzweise letzte Ausstellung
13	Antragsteller mit mehreren Visa	MS des zuletzt ablaufenden Visums
14	Antragsteller, die nachweisbar illegal in MS eingereist sind	MS, dessen Grenze überschritten wurde (Zuständigkeit endet nach zwölf Monaten)
15	Antragsteller, der illegal oder nicht feststellbar eingereist ist, sich aber fünf Monate ununterbrochen in einem MS aufgehalten hat	MS des langen, ununterbrochenen Aufenthalts
16	Antragsteller mit Aufenthalten von mindestens fünf Monaten in mehreren MS	MS des letzten Aufenthaltes
17	Drittstaatsangehöriger oder Staatenloser ohne Visumszwang	MS der Einreise ohne Visum
18	Drittstaatsangehöriger oder Staatenloser ohne Visumszwang, der Antrag in anderem MS stellt	MS der Antragstellung
19	Drittstaatenangehöriger/Staatenloser in Transitbereich	MS des Transitbereichs

Quelle: eigene Darstellung nach Europäische Union (2013).

dass eine Familie zur Finanzierung des Aufenthalts von Flüchtlingen mit herangezogen wird. Staatliche Unterstützung ist der Belastung der Familien nachgeordnet.

Feststellung der Zuständigkeit

Die weitere Zuständigkeit von Mitgliedstaaten ist wie folgt geregelt: Im Falle des illegalen Grenzübertritts eines Antragstellers ist zunächst der Mitgliedstaat zuständig, dessen Grenze illegal überschritten wurde (Angenendt/Engler/Schneider 2013: 4). Anschließend geht die Zuständigkeit über auf den Mitgliedstaat, der einen längeren illegalen Aufenthalt nicht bemerkt oder implizit erlaubt hat. Auch die Regeln für einen Antragsteller mit Visum oder aus Ländern ohne Visumzwang weisen dieses Grundprinzip auf: Die Zuständigkeit und die finanzielle Belastung fällt auf den Mitgliedstaat zurück, der das Visum erteilt hat bzw. in dem die erste Einreise erfolgt ist.[69] Damit gilt das Prinzip der Haftung und nicht das der gerechten Aufteilung gemeinschaftlicher Lasten nach Leistungsvermögen (Angenendt/Engler/Schneider 2013; Thielemann/Armstrong 2013: 160). Die finanziellen Lasten werden bestenfalls und in geringem Maß durch einen Ausgleichsfond umverteilt (Thielemann 2005). Die im Lissabon-Vertrag geforderte Solidarität zwischen Mitgliedstaaten in der Flüchtlings- und Asylpolitik wird nur in sehr geringem Maß umgesetzt (Angenendt/Engler/Schneider 2013: 5–7; Gray 2013).

Eingeschränkte Solidarität

Aus dieser Diagnose einer eingeschränkten Solidarität zwischen den EU-Mitgliedstaaten folgt ein hoher Anreiz für die Staaten mit EU-Außengrenzen wie Spanien, Italien, Griechenland oder Polen, diese Grenzen erheblich zu befestigen und gegen irreguläre Übertritte zu sichern. Dabei werden sie sich so weit wie möglich von der europäischen Grenzschutzagentur FRONTEX (Baumann 2014) unterstützen lassen, weil auf diese Weise die anderen Mitgliedstaaten an den Kosten der Grenzsicherung beteiligt werden können (Thielemann/Armstrong 2013: 154). Insgesamt wirken die beschriebenen Anreize darauf hin, den irregulären Grenzübertritt von Flüchtlingen in die EU zu unterbinden. Damit werden Schutzsuchende und -bedürftige daran gehindert, ihre Rechte nach der Genfer Flüchtlingskonvention geltend zu machen. Kritiker machen geltend, dass die EU-Mitgliedstaaten mit dieser Vorgehensweise das Nicht-Zurückweisungsprinzips der Konvention unterliefen.

Im Zusammenhang mit der eingeschränkten Solidarität zwischen den EU-Mitgliedstaaten muss noch eine weitere wichtige Frage beantwortet werden: Wenn die Vereinbarungen von Schengen und Dublin zu einer ungleichen Lastenteilung zwischen den Grenzstaaten und den Binnenstaaten der EU führen, warum haben die Grenzländer diesen sie benachteiligenden Regeln überhaupt zugestimmt? Die ungleiche Verteilung der Lasten der gemeinsamen Asyl- und Flüchtlingspolitik ist – wie dargestellt – eine Folge der den Dublin-Vereinbarungen zugrunde liegenden Haftungsprinzipien. Flüchtlinge und Asylantragsteller können an die Länder überstellt werden,

Zustimmung trotz Asymmetrie

deren EU Außengrenzen sie übertreten haben. Bei der Lastenteilung spielt das Leistungsvermögen von Staaten, d.h. die wirtschaftlichen, demographischen oder territorialen Möglichkeiten, Schutzbedürftige aufzunehmen, keine Rolle. Thielemann/Armstrong (2013: 150) haben gezeigt, dass vor allem die Binnenstaaten Deutschland, Schweiz und Österreich sowie Frankreich Rücknahmeanträge stellen, um Flüchtlinge in andere Staaten zurückschicken zu können. Griechenland, Italien und Polen sind die drei Staaten, an die sich die meisten Rücknahmeanträge richten. Tatsächlich haben vor allem Italien, Griechenland und Spanien versucht, sich bei den Verhandlungen über die Dublin-III-Verordnungen gegen diese ungleiche Lastenverteilung zu wehren. Sie konnten sich jedoch nicht durchsetzen. Warum haben diese Länder die Vereinbarung von Dublin nicht verhindert, indem sie ihre Zustimmung verweigerten?

Erklärung Konstruktivismus

Eine mögliche Antwort entspringt der Theorie des Konstruktivismus (→ Kap. 2.4). Deren Argumentation zufolge handeln Staaten nicht vorwiegend aufgrund von Interessen und legen daher ihrer Migrations- und Flüchtlingspolitik keine Kosten-Nutzen-Kalküle zugrunde. Vielmehr folgen sie internationalen Normen wie der Genfer Konvention, denen sie sich verpflichtet fühlen. Tatsächlich lässt sich nachweisen, dass insbesondere die skandinavischen EU-Länder gemessen an ihrer Wirtschaftskraft und Bevölkerungsgröße unverhältnismäßig viele Asylsuchende aufnehmen und damit hohe Beiträge zur gemeinsamen EU-Flüchtlingspolitik leisten (Betts 2003). Thielemann (2003) konnte zeigen, dass es tatsächlich einen Zusammenhang zwischen der Bereitschaft von Ländern, Flüchtlinge aufzunehmen, und ihre Unterstützung für einschlägige Normen wie Schutz des Lebens und der Menschenwürde oder Verteilungsgerechtigkeit gibt (Thielemann/Armstrong 2013: 157). Auch wenn diese Studien bedeutsame Hinweise liefern, warum Staaten sich im Hinblick auf ihre Aufnahmebereitschaft von Schutzsuchenden erheblich unterscheiden – die oben gestellte Frage nach dem Grund für die Zustimmung zu den Dublin-Vereinbarungen können sie nicht beantworten. Denn bei Spanien, Polen oder Griechenland konnte keine außergewöhnlich hohe Unterstützung internationaler Normen gefunden werden.

Erklärung rationalistischer Interessenausgleich

Die Tatsache, dass die wichtigen EU-Grenzländer den Dublin-Vereinbarungen trotz erwartbarer Belastung zugestimmt haben, muss deshalb anders erklärt werden. Zu diesem Zweck wird die analytische Perspektive von der engen Ausrichtung auf die Vereinbarungen von Dublin auf das breiter gesteckte Feld der Schengen-Abkommen ausgeweitet. Mit Blick auf die durch Dublin hoch belasteten Grenzländer stellt sich dann die Frage, ob die daraus resultierenden einseitigen Belastungen nicht durch den Nutzen ausgeglichen werden, den diese aus den Schengen-Vereinbarungen ziehen. In der Tat lässt sich zeigen (Thielemann/Armstrong 2013: 158–160), dass insbesondere die Grenzländer von der Freizügigkeit im Schengenraum profitieren: Denn die meisten EU-Ausländer in anderen Mitgliedstaaten stammen aus den Grenzländern Portugal, Rumänien, Griechenland und Polen.

Für die Erklärung der Zustimmung der Grenzstaaten zu den Dublin-Vereinbarungen ist es daher wichtig, dass sich ihre Kosten-Nutzen-Kalkulation nicht auf den engen Bereich der Asyl- und Flüchtlingspolitik (Dublin) beschränkte, sondern dass offenbar ein enger Zusammenhang zu Schengen bestand. In diesem breiteren Kontext wurden asymmetrische Kosten für Dublin ausgeglichen durch asymmetrischen Nutzen aus Schengen (Thielemann/Armstrong 2013: 159). Internationale Kooperation lässt sich also eher erreichen, wenn die Verhandlungsräume weit gesteckt sind als wenn sie eng gefasst werden.

8.3.2.2 Globale Kooperation zum Schutz von Flüchtlingen

Eine ähnliche Frage wie im kleineren europäischen Rahmen stellt sich auch im größeren globalen Kontext: Warum kooperieren Staaten zum Schutz von Flüchtlingen miteinander, obwohl sie rechtlich nur verpflichtet sind, Flüchtlinge auf ihrem eigenen Territorium zu schützen? Der Löwenanteil globaler Flüchtlingsströme entstammt der südlichen Erdhalbkugel. Solange diese Flüchtlinge nicht in die nördliche Halbkugel vordringen, besteht für die nördlichen Industriestaaten kaum ein Anreiz, sich für sie einzusetzen und die Lasten von den Schultern der südlichen Länder zu nehmen. Insoweit besteht auch im globalen Rahmen eine erhebliche Asymmetrie zwischen Nord und Süd (Betts 2011b: 54). Doch obwohl diese Asymmetrie besteht, gelang es in einigen Fällen, die reicheren nördlichen Industriestaaten dazu zu bringen, den südlichen Staaten einen Teil der aus den Flüchtlingsströmen resultierenden Lasten abzunehmen. In anderen Fällen ist diese Kooperationsanbahnung misslungen.

Nord-Süd-Asymmetrie

Betts (2011b) hat zwei gelungene und zwei gescheiterte internationale Konferenzen untersucht, um die Erfolgsbedingungen für Kooperation zu ermitteln. Eine wichtige Bedingung ist nach ihm, dass die nördlichen Staaten einen Zusammenhang erkennen zwischen den Flüchtlingsproblemen im Süden und ihren eigenen Interessen an Sicherheit, Handel und Entwicklung. Dabei kann es als zweite Bedingung nützlich sein, wenn der UN-Hochkommissar für Flüchtlinge und seine Behörde (UNHCR) bei Verhandlungen eine direkte Verbindung zwischen den Flüchtlingsströmen und den Interessen der Industriestaaten aufzeigt. Wenn eine oder beide Bedingungen nicht erfüllt sind, sinkt die Wahrscheinlichkeit, dass es zu internationalen Übereinkünften zur Lösung von Flüchtlingsproblemen kommt (Betts 2011b).

Erfolgsbedingungen für Kooperation

Die oben genannten Kooperationshindernisse bei der gemeinsamen Produktion des kollektiven Gutes des Flüchtlingsschutzes werden häufig dadurch überwunden, dass die verschiedenen Staaten an ihren Stärken aus-

Spezialisierung und Arbeitsteilung

gerichtete unterschiedliche Beiträge leisten, die anschließend gemeinsam genutzt werden (Boyer 1989; 1993; Thielemann/Armstrong 2013: 158–159).

Linkage

Die Erkenntnis, dass regionale oder globale Kooperation in der Migrationspolitik maßgeblich davon abhängt, ob es gelingt, verschiedene Politikfelder wie Sicherheit, Handel und Entwicklung mit dem Politikfeld Migration zu verknüpfen (*linkage*, → Kap. 2.2), wird auch von weiteren Studien bestätigt (Lahav/Lavenex 2013). Die Europäische Union hat sich diese Erkenntnis zunutze gemacht und ein neues Instrument, die sogenannten Mobilitätspartnerschaften, geschaffen. In diesen Partnerschaften werden Migration und Entwicklung explizit miteinander verknüpft (Angenendt 2012). Bislang wurden sieben solcher Partnerschaften mit der Republik Moldau, Kap Verde, Georgien, Armenien, Tunesien, Marokko und Jordanien geschlossen. Mit dieser Partnerschaftspolitik zog die EU die Konsequenz aus der abnehmenden Bereitschaft von Drittstaaten, Vereinbarungen mit ausschließlichem Bezug zu Migrationsfragen zu schließen. Bis dahin waren jeweils Vereinbarungen geschlossen worden, bei denen die Drittstaaten in die Kontrolle der Zuwanderung in die EU eingebunden und zur Rücknahme von irregulär in die EU eingereisten Migranten verpflichtet wurden. Mit den Mobilitätspartnerschaften berücksichtigt die EU stärker als bisher die Interessen dieser Drittstaaten (Angenendt 2012: 11). Sie selbst verspricht sich vor allem

Mobilitätspartnerschaften

- die Reduzierung irregulärer Migration,
- die Entwicklung dauerhafter Lösungen für Flüchtlinge,
- die bessere Steuerung von Wanderungsströmen zur Maximierung (wirtschaftlicher) Vorteile (Angenendt 2012: 13).

Den Bürgern der Länder, mit denen eine Mobilitätspartnerschaft besteht, wird der Zugang zur EU erleichtert. Darin besteht ein wichtiger Anreiz für Drittstaaten, eine solche Mobilitätspartnerschaft einzugehen. Im Gegenzug verpflichten sich die Partnerländer, ihre eignen Außengrenzen besser gegen irreguläre Migranten zu schützen als zuvor sowie Migranten aus der EU zurückzunehmen, wenn diese illegal in die EU eingereist waren. Die EU unterstützt die Partnerländer bei deren Grenzsicherung in vielfältiger Weise. Dazu gehören z. B Befestigungen der Grenzen, Hilfe bei der Ausstellung fälschungssicherer Reisedokumente oder die Zusammenarbeit mit FRONTEX (Angenendt 2012: 16–17; Neumann 2013).

Interessenausgleich

Die Partnerländer profitieren von diesen Vereinbarungen entwicklungspolitisch vor allem dadurch, dass die zirkuläre Migration ihrer eigenen Bevölkerungen in die EU erheblich vereinfacht und gestärkt wird. Ihre Bürger können legal in die EU einreisen, ausgebildet werden oder arbeiten. Anschließend kehren sie in ihr Heimatland zurück (zirkulieren). Partnerländer können deshalb mit bedeutsamen Rücküberweisungen (*remittance*) rechnen und profitieren von in der EU ausgebildeten Fachkräften. Gleichzeitig werden sie von der EU bei der Abwehr irregulärer Einwanderer erheblich unterstützt. Insoweit sind die Mobilitätspartnerschaften nichts anderes als der Versuch der EU, das System »innere Freizügigkeit von Schengen plus verstärkte Grenzsicherung durch Dublin« auf Drittstaaten auszudehnen und damit die EU Außengrenze »weiter vorne« zu schützen.

Abwälzung auf Dritte

Allerdings gehen die Vereinbarungen von Mobilitätspartnerschaften und die aus ihnen folgende Kooperation zwischen der EU und den Partnerstaaten zu Lasten der an Letztere grenzenden Staaten sowie der irregulären Migranten. Flüchtlingen mit dem Ziel EU wird die Wanderung erschwert. Hinzu kommt, dass der Schutz von Flüchtlingen als Norm und Aufgabe der internationalen Staatengemeinschaft unterlaufen wird. Mobilitätspartnerschaften sind daher eigennützige Abkommen zu Lasten Dritter und der Staatengemeinschaft insgesamt.

Zusammenfassung

Aus sehr verschiedenen Motiven heraus wandern immer mehr Menschen zeitlich beschränkt oder für immer von ihren Heimatländern in andere Staaten. Dort stoßen sie auf kontroverse Interessen, die von hoher Akzeptanz bis zur vollständigen Ablehnung reichen. Staaten sehen insbesondere in unerlaubten Wanderungsbewegungen eine Verletzung ihrer Souveränität und bemühen sich daher, mit verschiedenen politischen Instrumenten ihre Handlungsfähigkeiten zurückzugewinnen. Verschiedene Kooperationshindernisse haben bislang verhindert, dass Staaten in diesem Politikfeld umfassend kooperieren. Zu diesen Kooperationshindernissen gehören vor allem:

- Kosten- und Gewinnverteilung einer gemeinschaftlichen Migrationspolitik;
- das Fehlen einer gemeinsamen Rechtsordnung jenseits der eng begrenzten Flüchtlingspolitik;
- eine Vielzahl regionaler und bilateraler Abkommen zur Realisierung einseitiger Vorteile sowie Versuche, das Nicht-Zurückweisungsprinzip der Genfer Flüchtlingskonvention zu unterlaufen;
- die mangelnde Solidarität bei der Lastenteilung in der Asyl- und Flüchtlingspolitik;
- die asymmetrische Betroffenheit und Belastung durch Migrationsströme.

Die internationale Rechtsordnung bleibt weitgehend auf den Schutz von Flüchtlingen beschränkt, die von Verfolgung bedroht sind. Damit werden jedoch die modernen Flüchtlingstypen – Überlebensflüchtlinge – nicht erfasst und geschützt. Vielmehr besteht die Tendenz, einseitige staatliche Handlungsfähigkeit zu bewahren bzw. zu verbessern und Migrationslasten möglichst auf andere Staaten abzuwälzen. Diesem letzten Zweck dienen auch regionale und bilaterale Vereinbarungen. Solche Kooperationsformen sind insbesondere dann wahrscheinlich, wenn zwischen Migration und anderen Politikfeldern Verknüpfungen hergestellt werden, die einen Interessen- und Gewinnausgleich ermöglichen.

Lernkontrollfragen

1. Worin unterscheiden sich *push*- und *pull*-Faktoren von Migration?
2. Worin zeigt sich die Ambivalenz staatlicher Interessen in der Frage von Migration?
3. Warum versuchen Staaten nicht, internationale Migration vollkommen zu unterbinden, sondern streben eher danach, diese zu steuern? Welche Interessenvielfalt liegt staatlicher Migrationspolitik zugrunde?
4. Was versteht man unter *remittance* und wie beeinflusst es die Interessenlage von Staaten?
5. Wie heißt das Kernprinzip des internationalen Flüchtlingsschutzes? Wodurch ist seine Reichweite begrenzt? Wie versuchen Staaten, es zu unterlaufen?
6. Im Lissabon-Vertrag ist das Prinzip der Solidarität zwischen Mitgliedstaaten der EU bei der Migrationspolitik festgeschrieben. In welcher Weise unterläuft die Dublin-III-Verordnung dieses Prinzip?
7. Wegen hoher Kooperationshindernisse ist die Wahrscheinlichkeit einer globalen Zusammenarbeit im Politikfeld Migration eher gering einzuschätzen. Welche Erfolgsbedingungen erhöhen aber diese Wahrscheinlichkeit?

Weiterführende Literatur

Bendel, Petra (2009), *Europäische Migrationspolitik. Bestandsaufnahme und Trends*, Bonn: Friedrich-Ebert-Stiftung.

Kapur, Devesh (2014), ›Political Effects of International Migration‹, *Annual* Review *of Political Science*, 17(1): 479–502.

Lahav, Gallya/Lavenex, Sandra (2013), ›International Migration‹ in: Walter Carlsnaes/Risse, Thomas/Simmons, Beth A. (Hrsg.), *Handbook of International Relations*, E-Book, London, UK: Sage Publications, 746–775.

Lavenex, Sandra/Kunz, Rahel (2008), ›The Migration-Development Nexus in EU External Relations‹, *Journal of European Integration*, 30(3): 439–457.

Rosenblum, Mark R./Tichenor, Daniel J. (2012), *The Oxford Handbook of the Politics of International Migration*, New York, NY; Oxford, UK: Oxford University Press.

United Nations. Department of Economic and Social Affairs. Population Division (2013), *International Migration Report 2013*, New York, NY: United Nations. Department of Economic and Social Affairs. Population Division.

9 | Menschenrechte – Nicht-Einhaltung von internationalen Normen

Inhalt

In diesem Kapitel werden Menschenrechte als Beispiel für Normen des – humanitären – Völkerrechts untersucht. Es wird erläutert, wie, wann und warum die verschiedenen Menschenrechtsabkommen entstanden. Diese Abkommen unterscheiden sich zum Teil erheblich. Deshalb wird auch erklärt, welche Unterschiede es warum gibt. Ein anderes Problem ist, dass Staaten Menschenrechte nicht oder nur unvollständig beachten. Es wird somit ebenfalls die Frage beantwortet, unter welchen Bedingungen Menschenrechtsabkommen eingehalten werden.

Kiziguro ist ein kleines Dorf im Norden Ruandas. Im April 1994 fand dort auf dem Kirchengelände ein Massaker statt. Soldaten, Polizisten und Interahamwe-Milizen ermordeten mindestens 450 Flüchtlinge, indem sie mit Macheten, Keulen und Hacken auf sie einschlugen. Frauen wurden brutal vergewaltigt und verstümmelt. Die Leichen wurden in eine 28 Meter tiefe Grube geworfen, bis kein Körper mehr hinein passte. Die Morde wurden von Onesphore Rwabukombe befehligt und beaufsichtigt. Rwabukombe war Bürgermeister eines kleinen Ortes in Ruanda, der mit dessen Bewohnern fliehen musste, als die Zentralregierung vom Stamm der Hutu von aus Uganda kommenden Truppen vom Stamm der Tutsi angegriffen wurde. Er war Mitglied der von Hutus dominierten Regierungspartei MRND, deren Jugendorganisation Interahamwe den Völkermord an den Tutsi als Zeichen für die Macht der Hutus maßgeblich ausführte. Die Hutu-Flüchtlinge erreichten ein Lager nahe Kiziguro. Vor dort aus richteten sie das Massaker an den Tutsi des kleinen Dorfes an. Zehn Jahre später wurde Rwabukombe vom Staatsschutzsenat des Oberlandesgerichts Frankfurt wegen Völkermord zu 14 Jahren Haft verurteilt (Stahnke 2014).

Diese tragische Geschichte ist ein Beispiel dafür, wie sehr selbst die elementarsten Menschenrechte auch heute noch verletzt werden, obwohl sie mittlerweile universelle Gültigkeit beanspruchen können. Ähnlich erschütternde Geschichten ließen sich aus Bosnien (1995), Kosovo (1999), Dafur im Sudan (seit 2003), Südsudan (seit seiner Unabhängigkeit) und Syrien (seit 2013) berichten. Viele hielten solche Verbrechen gegen die Menschlichkeit für nicht mehr möglich oder unzeitgemäß, sie wurden jedoch leider eines anderen belehrt.

Verbrechen gegen die Menschlichkeit

Noch verstörender ist, dass Menschenrechte nicht nur in unterentwickelten Ländern verletzt werden. Während 140 Staaten die Todesstrafe entweder abgeschafft haben oder zumindest nicht mehr anwenden, werden in 58 Staaten einschließlich der USA noch Todesstrafen verhängt und die Verurteilten hingerichtet (Amnesty International 2014). Obwohl Folter verboten und weltweit geächtet ist, wurden Gefangene der USA in Guantanamo auf Kuba dem sogenannten *waterboarding* unterzogen. Mit dieser menschenrechtswidrigen Methode sollten sie zu Geständnissen und zur Preisgabe von Informationen gezwungen werden. Selbst in Deutschland wurden zwei Polizisten wegen Folter verurteilt, weil sie einem mutmaßlichen Kindesentführer Gewalt angedroht hatten. Er sollte aussagen, wo das entführte Kind festgehalten wurde. Doch selbst unter solchen von den Angeklagten ins Feld geführten rechtfertigenden Umständen ist Folter strikt verboten. Sie widerspricht den international vereinbarten Menschenrechten. Staaten haben die Pflicht, wehrlose Gefangene zu schützen.

Folter

Das Gerichtsurteil gegen Rwabukombe zeigt aber auch, dass derartige Menschenrechtsverletzungen bestraft werden. Dabei üben Polizei, Staatsanwaltschaft und Gerichte weltweit Autorität aus, sodass sich Straftäter nie und nirgends sicher fühlen können. Mittlerweile gibt es auch ein Völkerstrafrecht. Damit sind Einzelpersonen unmittelbar Subjekte internationalen Rechts und Menschenrechtsverletzungen keine rein innere Angelegenheit eines Staates mehr. Der Staat verlor so die auf seine Souveränität gestützte Möglichkeit, Verbrecher vor internationaler Strafverfolgung zu schützen. Dies zeigt, dass die internationale Rechtsordnung und der Schutz von Menschenrechten erheblich ausgeweitet wurden. Die politikwissenschaftliche Forschung beschäftigt sich mit der Frage, auf welche Weise es gelang, Menschenrechte international zu verankern, obwohl bestehende Rechtsprinzipien, insbesondere das der staatlichen Souveränität (→ Kap. 8.2), damit ein Stück weit untergraben wurden.

Menschenrechte vs. Souveränität

9.1 Was sind Menschenrechte?

Originäre Rechte

Alle Individuen verfügen über Rechte, die ihnen originär – also aufgrund ihrer Existenz -zustehen. Diese Rechte werden nicht von irgendeiner Instanz verliehen und können deshalb auch nicht wieder entzogen werden. Sie sind unabhängig von der Zugehörigkeit zu einem Staat, einer Gruppe oder einer Organisation. Sie sind zudem allgemein (d. h., dass sie allen Menschen zustehen) und gleich (d.h., dass sie allen Menschen in gleichem Umfang zustehen). Schmitz und Sikkink liefern eine prägnante Definition von Menschenrechten:

Definition

> »Menschenrechte sind jene grundlegenden Ideen über die angemessene Behandlung von Individuen, die ihnen aufgrund ihrer Existenz zustehen. Diese Ideen sind weitestgehend anerkannt als internationale Normen und Recht, mit dem vor allem die Beziehung zwischen einem Staat und seinen Bürgern begründet wird. Mehr und mehr wird dieses Recht auch als Regelwerk verstanden, das das Verhalten von Firmen und anderen nichtstaatlichen Akteuren bestimmt. Menschenrechte sind Beispiele für soziale Konstruktionen: Sie sind erfundene soziale Standards, deren Einfluss vom Ausmaß des geteilten Verständnisses innerhalb und zwischen Gemeinschaften abhängt. Die Idee von Rechten prägt die menschliche Vorstellungskraft und übt dadurch einen erheblichen Einfluss auf die Weltpolitik aus.« (Schmitz/Sikkink 2013: 827, Übersetzung ChT)[70]

Entstehung

Die Menschenrechte wurden über einen langen geschichtlichen Zeitraum entwickelt, indem sich durch die Praxis Gewohnheiten herausbildeten. Diese Gewohnheiten erlangten immer mehr Akzeptanz und wurden nachgeahmt. Der Respekt für Menschen wurde auf diese Weise zu einer Angewohnheit. Erst im letzten Schritt, vor allem nach dem Ende des Zweiten Weltkrieges, wurde diese eingeübte Praxis von Menschenrechten in internationalen Vereinbarungen festgeschrieben und dadurch im Völkerrecht verankert.

> Die Vereinten Nationen fördern »die allgemeine Achtung und Verwirklichung der Menschenrechte und Grundfreiheiten für alle ohne Unterschied der Rasse, des Geschlechts, der Sprache oder der Religion«. (Charta der Vereinten Nationen, Artikel 55)

Die Charta der Vereinten Nationen (Vereinte Nationen o.J.) legte den Grundstein dafür, dass die internationale Gemeinschaft weitreichende Menschenrechte festschrieb. Im Jahr 1948 verabschiedete die Generalversammlung der Vereinten Nationen die Allgemeine Erklärung für Menschenrechte

(AEMR) (Vereinte Nationen 1948). Die AEMR ist rechtlich nicht bindend. Deshalb kann eine Verletzung ihrer Regeln nicht geahndet werden. Sie legt aber wesentliche Maßstäbe und Verhaltensstandards für alle Akteure und Betroffenen fest, die international umfassend anerkannt sind. Sie beruhen auf vier Pfeilern: Menschenwürde, Freiheit, Gleichheit und Brüderlichkeit.

Grenzen der Verbindlichkeit

Die internationale Staatengemeinschaft konnte sich also auf Grundwerte – das Fundament – einigen. Weitaus schwieriger war es, die grundlegenden Menschenrechte in die Form rechtlich bindender und durchsetzbarer internationaler Verträge zu gießen. Der Grund dafür war, dass insbesondere in Zeiten des ideologischen Konfliktes während des Kalten Krieges Uneinigkeit bestand, wie die Grundwerte verstanden und interpretiert werden müssen: Welche Rechte stehen den Menschen konkret zu und welches spezifische Verhalten stellte eine Verletzung dar? Die Antwort auf diese Fragen gelang erst 1966 mit zwei grundlegenden Menschenrechtskonventionen (→ Information kompakt); es dauerte dann noch einmal zehn Jahre, bis diese beiden Konventionen – in der Ära der Entspannungspolitik zwischen Ost und West – in Kraft treten konnten.

Information kompakt

Menschenrechtspakte

In den beiden Menschenrechtspakten von 1966 wurden die in der allgemeinen Menschenrechtserklärung von 1948 enthaltenen Rechte bindend vereinbart und rechtlich ausgestaltet. Im Internationalen Pakt über bürgerliche und politische Rechte (19.12.1966) sind die wesentlichen Existenz- und politischen Beteiligungsrechte festgeschrieben. Dazu gehören z. B.:

- das Recht auf Leben,
- die Gleichheit vor dem Gesetz,
- die Vermutung der Unschuld bis zu einer richterlichen Verurteilung,
- der Anspruch auf rechtliches Gehör, wenn Rechte verletzt wurden,
- der Schutz der Privatsphäre.

Der Pakt verbietet z. B. Folter, Sklaverei oder willkürliche Verhaftung. 161 Staaten haben ihn unterzeichnet und ratifiziert. Seine Einhaltung wird von einem Ausschuss der Vereinten Nationen überwacht. Dreimal pro Jahr prüfen 18 Experten die Berichte der Mitgliedstaaten zu ihrer Menschenrechtspraxis sowie Beschwerden von Staaten über Menschenrechtsverletzungen in anderen Staaten. (Deutsches Institut für Menschenrechte o. J.-a)

Im Internationalen Pakt über wirtschaftliche, soziale und kulturelle Rechte (19.12.1966) sind die sogenannten WSK-Rechte verankert. Dazu gehören z. B.:

- das Recht auf einen Lohn, der einen minimalen Lebensstandard gewährleistet,
- gleicher Lohn für gleiche Arbeit,

- das Recht zur Gründung von Gewerkschaften,
- das Recht auf freie Grundschulausbildung,
- das Recht auf intellektuelles Eigentum.

Der Pakt verbietet z.B. die Ausbeutung von Kindern und fordert alle Länder auf, den Hunger in der Welt zu beenden. 158 Staaten haben ihn unterzeichnet und ratifiziert. Jeder Mitgliedstaat muss jährlich dem Generalsekretär der Vereinten Nationen einen Bericht vorlegen. Darin soll gezeigt werden, welche Fortschritte zur Verwirklichung des Paktes gemacht wurden (Deutsches Institut für Menschenrechte o.J.-b).

Seither sind sehr viele Menschenrechtskonventionen hinzugekommen.[71]

Trends

Die folgende Übersicht lässt Trends in fünf verschiedenen Dimensionen erkennen (Rittberger/Kruck/Romund 2010: 623–627):

- **Präzisierung**: Die in bestehenden Abkommen gefassten Rechte wurden durch eindeutigere und präzisere ergänzt und damit näher bestimmt.
- **Gruppen- und Problemorientierung**: Es wurden Vereinbarungen getroffen, die sich mit Rechten bestimmter Gruppen oder mit bestimmten Problemlagen befassen. Dazu gehören z.B. Geschlechtergleichstellung, Kinderschutz, Rechte von Behinderten oder Wanderarbeitern.
- **Regionalisierung**: Neben die globale Vereinbarung von Menschenrechten sind viele regionale Menschenrechtsabkommen getreten.
- **Verknüpfung**: Vereinbarungen über Menschenrechte werden zunehmend mit Abkommen in anderen Politikfeldern, insbesondere Handelsabkommen (→ Kap. 5), verknüpft (Hafner-Burton 2005; 2009; Hafner-Burton 2012: 278).
- **Überwachung und Durchsetzung durch Dritte:** Es wurden vermehrt Vereinbarungen getroffen, die die Einhaltung von Menschenrechten sowie die Rechtsprechung dazu an regionale oder internationale Organisationen oder Gerichte delegieren.[72]

Verrechtlichung

ius cogens

Insgesamt betrachtet bedeutet die fortschreitende Kodifizierung und rechtliche Ausgestaltung einschließlich der Konzentration auf bestimmte Gruppen oder Probleme einen Trend zur Verrechtlichung oder Institutionalisierung von Menschenrechten. Manche Autoren (Hafner-Burton 2012: 266; Risse/Ropp 2013: 9) gehen sogar so weit, von den grundlegendsten Menschenrechten (Verbot von Völkermord, Sklaverei und Folter) als *ius cogens* zu sprechen: Dies sind jene Bestandteile des Völkerrecht, von denen keine Ausnahmen erlaubt sind (wie schon die Einleitung dieses Kapitel zur Folter zeigt) und die die Staaten binden, *unabhängig* davon, ob sie die entsprechenden Abkommen unterschrieben und ratifiziert haben oder nicht. Die weniger fundamentalen Abkommen wurden von unterschiedlich vielen Staaten unterzeichnet und ratifiziert. Daher ist deren bindende Wirkung uneinheitlich (Landman 2013: 37).[73]

Universelle Gültigkeit

Selbst wenn Menschenrechte universelle Gültigkeit beanspruchen können (Rittberger/Kruck/Romund 2010: 619), entstammen ihre Grundlagen den westlichen Philosophien des Liberalismus und der Aufklärung. Die Rechte des Individuums werden betont und Rationalität religiösem oder ideologischem Denken übergeordnet. Diese ideengeschichtlichen Grundlagen der Menschenrechte werden im Westen weitestgehend verstanden, akzeptiert und sind internalisiert. In anderen Weltregionen konkurrieren sie mit anderen philosophischen Traditionen. In Asiens politischem Denken wie beispielsweise dem Konfuzianismus stehen die Rechte von Familien und Gemeinschaften oder das Ziel sozialer und politischer Stabilität über den Rechten des Individuums. Diese anderen Denkweisen bedeuten eine unmittelbare Herausforderung für die westliche Konzeption von Menschenrechten (Frieden/Lake/Schultz 2012: 461; Jetschke 2006; Rittberger/Kruck/Romund 2010: 619–621).

Konkurrierendes Gedankengut

Noch aus einem weiteren wichtigen Grund müssen Abstriche vom Anspruch der allgemeinen Gültigkeit von Menschenrechten gemacht werden: In verschiedenen Abkommen sind Ausnahmen vorgesehen. So erlaubt z.B. Artikel 4 des Internationalen Paktes für bürgerliche und politische Rechte Maßnahmen, mit denen aus dem Pakt resultierende Verpflichtungen außer Kraft gesetzt werden, wenn ein öffentlicher Notstand besteht, der das »Leben der Nation bedroht« (Deutsches Institut für Menschenrechte o.J.-a). Allerdings gilt dies nicht für die elementarsten Menschenrechte. Dazu gehören z.B. das Recht auf Leben (Art 6); das Folterverbot (Art 7) oder das Verbot von Sklaverei. Es wird also deutlich, dass es Abstufungen gibt zwischen den Menschenrechten, die uneingeschränkt gelten, und anderen, die eingeschränkt oder zumindest zeitweise ausgesetzt werden können (Frieden/Lake/Schultz 2012: 462).

Ausnahmen

Sanktionspolitik

Die Sanktionspolitik von Staaten gegenüber Menschenrechtsverletzern ermöglicht der Wissenschaft einen gewissen Aufschluss über diese Rangordnung unter den Menschenrechten; denn sie zeigt u.a., für die Durchsetzung welcher Rechte Staaten bereit sind, Sanktionskosten zu übernehmen. Sanktionen werden vor allem verhängt gegen politisch motivierte Internierungen, Folter oder die Einschränkung friedlicher politischer Opposition. Bei den anderen Menschenrechten wird weit weniger häufig versucht, ihre Einhaltung mit Hilfe von Sanktionen zu erreichen(Frieden/Lake/Schultz 2012: 463).

Zwischenfazit

Entstehung und Entwicklung von Menschenrechten

1. Menschenrechte gelten für alle; sie sind allgemein und gleich.
2. Menschenrechte beruhen auf politischen Praktiken, die sich über lange Zeiträume herausgebildet haben und weitgehend akzeptiert sind. Diese Gewohnheiten wurden verstärkt ab 1945 in rechtliche Form gegossen.
3. Seither sind immer mehr rechtlich bindende Verträge geschlossen worden, die menschenrechtliche Grundwerte immer weiter präzisieren und die Rechte besonderer Gruppen ausgestalten. Man kann deshalb von einem Trend der Verrechtlichung oder Institutionalisierung sprechen.
4. Die Bindungswirkung der einzelnen Verträge ist uneinheitlich, weil sie nicht von allen Staaten unterzeichnet wurden und weil die politische Unterstützung für die Durchsetzung von Menschenrechten abgestuft ist.

9.2 | Warum werden internationale Vereinbarungen über Menschenrechte abgeschlossen?

Die Entstehung von Menschenrechtsabkommen stellt die Internationalen Beziehungen vor eine Herausforderung: Warum akzeptieren Staaten eine Einschränkung ihrer Souveränität und schaffen Einfallstore für andere Staaten, die sich so in ihre inneren Angelegenheiten einmischen können (Rittberger/Kruck/Romund 2010: 615)? Souveränität und Nicht-Einmischung sind Grundprinzipien der Staatengemeinschaft. Insbesondere neorealistische Theorien (→ Kap. 2.1) beruhen maßgeblich auf diesen beiden Prinzipien. Allerdings messen Neorealisten Menschenrechtsabkommen keine Bedeutung bei, da Staaten sich an diese nur dann hielten, wenn es in ihrem Interesse liege oder die Machtverteilung sie dazu zwinge. Von ihnen gehe somit keine machtunabhängige Wirkung aus.

Menschenrechte im Theorienstreit

Aus der Sicht des Institutionalismus (→ Kap. 2.2) kommen Menschenrechtsabkommen zustande, wenn die Bedingungen für ein positives Kosten-Nutzen-Kalkül erfüllt sind und keine anderen unüberwindlichen Kooperationshindernisse bestehen. Die jedoch interessanteste und innovativste Erklärung dafür, warum Menschenrechtsabkommen abgeschlossen werden, entstammt dem Konstruktivismus (→ Kap. 2.4): Es seien vor allem nichtstaatliche und häufig transnational agierende Akteure, die als Normunternehmer die Verbreitung von Menschenrechten vorantreiben. Diesen Grundgedanken haben Finnemore/Sikkink (1998) mit ihrem Normzyklus entwickelt (vgl. Abb. 2.4), der durch den Bumerang-Effekt erweitert und internationalisiert wurde.

Normunternehmer

Information kompakt

Bumerang Effekt

Normunternehmer können unmittelbar politischen Druck auf ihre eigene Regierung ausüben, wenn diese Menschenrechte missachtet, indem sie Mitstreiter mobilisieren und Überzeugungsarbeit leisten (→ Kap. 2.4). Oftmals reicht dieser Druck »von unten« jedoch nicht aus, um Normen durchzusetzen. Daher suchen sich Normunternehmer Unterstützer von außerhalb. Dies sind meist transnational agierende Nicht-Regierungsorganisationen (international non-governmental organizations oder INGOs). Innenpolitische Normunternehmer formen Allianzen mit solchen INGOs, z. B. Amnesty International oder Human Rights Watch. Deren Aufgabe ist es dann, Normverletzungen bekannt zu machen, gesellschaftliche Unterstützung zu mobilisieren und schließlich ausländische Regierungen dazu zu bringen, von außen und »von oben« Druck auf die Menschenrechte missachtende Regierung auszuüben. Auf diese Weise wirkt der nach außen geworfene Bumerang der nationalen Druckausübung auf die heimische Regierung zurück (Keck/Sikkink 1998; Risse 2013: 438).

Risse/Ropp (2013) entwickelten diese Modellvorstellung – das sogenannte Spiralmodell (Risse/Ropp/Sikkink 1999), das Normbildung unmittelbar auf Menschenrechte bezieht – im Lichte der fachwissenschaftlichen Kritik fort.

Spiralmodell

In *The Power of Human Rights. International Norms and Domestic Change* entwickelten Risse/Ropp/Sikkink (1999) das in Abbildung 9.1 skizzierte Spiralmodell. Es zeigt, wie nationale und internationale bzw. transnationale Akteure zusammenwirken, um Regierungen zu veranlassen, Menschenrechtsnormen zu akzeptieren und ihr Verhalten daran auszurichten. Die drei Wissenschaftler folgten ganz überwiegend der konstruktivistischen Theorie (→ Kap. 2.4), indem sie drei Sozialisationsprozesse identifizierten, die Normakzeptanz und normgerechtes Verhalten fördern.

Instrumentale Akzeptanz

- Der Prozess der instrumentalen Akzeptanz bedeutet, dass Regierungen Menschenrechte akzeptieren und beachten, weil sie sich davon einen Nutzen, der höher ist als die aufzuwendenden Kosten, versprechen. Es muss den Regierungen also ein hoher Anreiz geboten werden. Er kann entweder positiv (Belohnung bei Wohlverhalten) oder negativ (Drohung oder sogar Sanktion bei Fehlverhalten) sein. Die Beachtung von Menschenrechten vollzieht sich dabei häufig schrittweise.

Prozess der Argumentation

- Der Prozess der Argumentation setzt auf überzeugende Argumente und Lernfähigkeit: Regierungen werden mit Hilfe des »besseren Arguments« überredet Menschenrechtsabkommen zu schließen und ihr Verhalten daran auszurichten. Dabei spielen vor allem Argumente eine Rolle, die auf die Identität des Staates, seiner Regierung und Gesellschaft Bezug

Abb. 9.1 | *Spiralmodell zur Entstehung und Fortentwicklung von Menschenrechten*

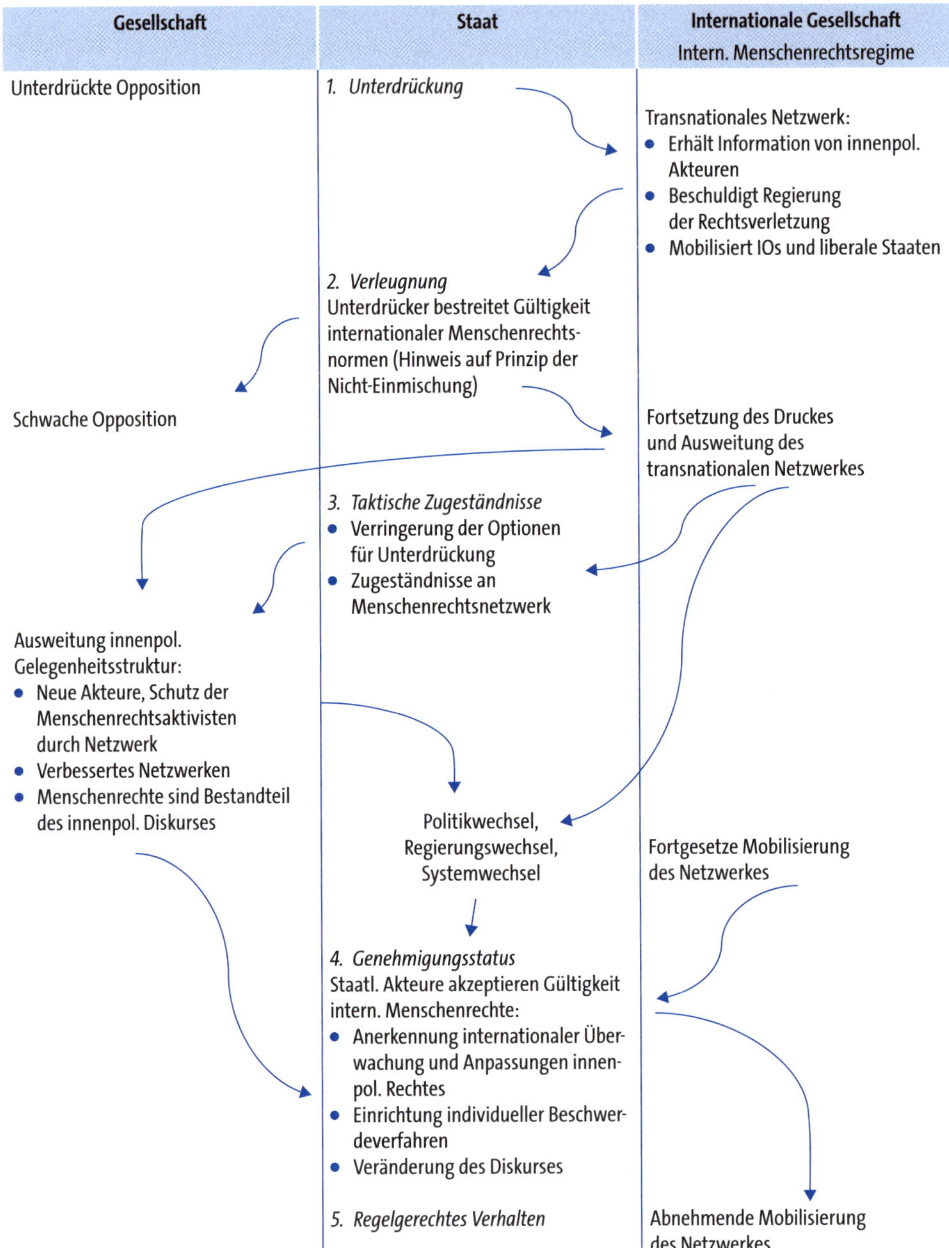

Quelle: Risse/Ropp (2013: 8, Übersetzung ChT).

nehmen, z.B. »Christen halten Menschenrechte ein« oder »es ist unanständig, die Würde des Menschen zu missachten«, oder »wer ein guter Nachbar sein will, darf nicht foltern«. Bei der Argumentation also wird auf gefestigte und akzeptierte Identitäten (wie Religion) und Standards (gute Nachbarschaft) Bezug genommen, mit denen die Missachtung von Menschenrechten unvereinbar sei. Wer Menschenrechte nicht anerkenne oder missachte, könne nicht weiter Christ sein oder guter Nachbar. Auf diese Weise wird dem normverletzenden Akteur das Etikett des Un-Christen oder des bösen Nachbarn usw. angeheftet. Diese Art von Etikettierung bezeichnen Konstruktivisten mit dem englischen Ausdruck als *naming and shaming*. Wenn ein Akteur nicht derart etikettiert werden will, muss er sein Verhalten ändern.

- Der Prozess der Gewöhnung bedeutet, dass ein Akteur ohne groß nachzudenken »richtig«, d.h. einer Norm entsprechend handelt. Er verhält sich, wie es alle bzw. wie er es immer tut, ohne dass sein Verhalten besonders nützlich sein muss oder einer Begründung bedarf. Auf diese Weise werden Normen verinnerlicht, d.h. zur Gewohnheit. Alternative Verhaltensweisen kommen gar nicht mehr in den Sinn. Sie sind aus normativen Gründen tabu (Risse 2000; Risse/Ropp/Sikkink 1999).

Prozess der Gewöhnung

Das Spiralmodell zeigt, wie die Akzeptanz und Einhaltung von Menschenrechten in fünf Phasen durchgesetzt wird (vgl. Abb. 9.1). In der ersten Phase der Unterdrückung haben es innenpolitische Oppositionsgruppen schwer, Menschenrechte gegen die Regierung durchzusetzen. Sie wenden sich an INGOs, die andere Regierungen dazu bringen, Druck auf den menschenrechtsverletzenden Staat auszuüben, und damit den Bumerang-Effekt auslösen. In der zweiten Phase der Verleugnung wird die an den internationalen Pranger gestellte Regierung jegliche Schuld von sich weisen und andere Regierung der Missachtung der Prinzipien der Nicht-Einmischung und der Souveränität bezichtigen. Sie mag auch die Gültigkeit von Menschenrechten in Zweifel ziehen.

Phasen der Akzeptanz

Unterdrückung

Verleugnung

Nichtsdestotrotz wird in dieser Phase eine internationale argumentative Auseinandersetzung – ein Diskurs – in Gang gebracht, dem sich die beschuldigte Regierung nicht entziehen kann. Sie versucht deshalb in der dritten Phase, sich durch taktische Zugeständnisse diesem Diskurs zu entziehen bzw. ihn zu beenden. Dieses Vorgehen entspricht dem Prozess der instrumentellen Akzeptanz. Es werden kleine, möglichst unbedeutende Zugeständnisse, z.B. die Freilassung politischer Häftlinge, gemacht, um die Kosten des internationalen Drucks zu verringern und so die bisherige Unterdrückungspraxis im Wesentlichen fortsetzen zu können. Dabei tritt jedoch häufig eine unbeabsichtigte Nebenwirkung auf: Taktische Zugeständnisse ermutigen die innenpolitische Opposition. In dem Maße, wie diese weiteren Zulauf erhält, wird sie gestärkt.

Taktische Zugeständnisse

Wenn der politische Druck von innen und außen anhält und sogar noch stärker wird, kann es zu einem Politikwechsel oder sogar zu einem Regierungswechsel und/oder Systemwechsel kommen. In der Phase des Genehmigungsstatus werden Menschenrechte als Normen akzeptiert. Internationale Menschenrechtsabkommen werden unterschrieben, ratifiziert und in innerstaatliches Recht umgesetzt. Zu diesem Zweck werden z.B. Aufsichtsbehörden oder Beschwerdestellen geschaffen, die Rechtsansprüche durchsetzen. Damit setzt die letzte Phase des regelgerechten Verhaltens ein. In ihr findet die Gewöhnung statt. Die Aktivität von NGOs und INGOs nimmt ab (Risse/Ropp 2013: 5–7; Risse/Ropp/Sikkink 1999). Insgesamt ist das Spiralmodell wie ein Korkenzieher gedacht, der sich tief in den Korken der weltweiten Unterdrückung bohrt und ihn herauszieht, so dass man den köstlichen Wein universell gültiger Menschenrechte genießen kann.

Genehmigungsstatus

Regelgerechtes Verhalten

Es waren vor allem nationale Eliten, NGOs und INGOs, die als Normunternehmer die Normbildung von Menschenrechten national und international vorantrieben und die fortschreitende Verrechtlichung beförderten. Sie waren eine wesentliche Ursache dafür, dass Staaten international Menschenrechtsabkommen vereinbarten (Klotz 1995a; b). Detaillierte qualitative Untersuchungen legten jedoch offen, dass Normunternehmer nicht notwendigerweise uneigennützig und/oder ausschließlich an ethischen Überzeugungen orientiert handelten (Carpenter 2012). Vielmehr wurden sie häufig auch von elitären Machtstrategien motiviert. Die Forderung nach Achtung und Umsetzung von Menschenrechten war z.B. Bestandteil der politischen Auseinandersetzung im Ost-West-Konflikt während des Kalten Krieges. Gleichzeitig wurden die Menschenrechte genutzt, um sich von innenpolitischen Kontrahenten ideologisch zu unterscheiden. In den USA etwa gehörte die Forderung nach Einführung globaler Menschenrechte in das Repertoire der Demokraten, während die Republikaner ganz überwiegend die Verwirklichung von Menschenrechten in kommunistischen Staaten oder anderen mit einer links stehenden Regierung einforderten.

Uneigennützigkeit?

Schließlich sind Menschenrechte eine wichtige Domäne von Anwälten, die sich von deren Verwirklichung weitergehende Berufschancen für den eigenen Berufsstand versprechen. Sie gründeten wichtige Einrichtungen wie die International Commission of Jurists (ICJ) oder das Council on Foreign Relations in den USA und wurden dabei finanziell großzügig von der Ford Foundation unterstützt. Dem englischen Ableger von ICJ entsprang 1961 Amnesty International, das zur führenden NGO für Menschenrechte wurde. Helsinki Watch wurde 1978 gegründet, um die Bürgerrechtsgruppen in den Ländern des damaligen Ostblocks zu unterstützten und die Einhaltung der Bestimmungen der Schlussakte der Konferenz für Sicherheit und Zusammenarbeit in Europa (KSZE) zu überwachen. 1988 wurde die Organisation in

NGO/INGO-Gründungen

Human Rights Watch umbenannt. Für Lateinamerika wurde eine Parallelorganisation, America Watch, gegründet.

Ausgestattet mit finanziellen und personellen Ressourcen trieben diese neuen NGOs die Verbreitung von Menschenrechten zielstrebig voran. Sie verstanden es vor allem, über Medien große Aufmerksamkeit in der Öffentlichkeit zu erzeugen (Dezalay/Garth 2002; 2003; 2011; Schissler im Erscheinen). Zusammen genommen verdeutlichen diese Arbeiten, dass die Idee der Menschenrechte nicht autonom deren Verbreitung bewirkt. Dazu sind vielmehr aktive handelnde Akteure notwendig. Diese arbeiten nicht notwendigerweise uneigennützig. Über die Zeit entstanden jedoch nationale und internationale Netzwerke, die mit immer professioneller werden Strategien Menschenrechte durchsetzen. Die oben beschriebenen Trends von Präzisierung, Gruppen- und Problemorientierung, Regionalisierung, Verknüpfung und Überwachung durch Dritte wären ohne Akteure, die sich die Verwirklichung der Menschenrechte auf die Fahnen geschrieben hatten, nicht möglich gewesen.

Verbreitung durch Akteure

Emilie Hafner-Burton (2009) folgt in ihrer Untersuchung europäischer und amerikanischer Handelsabkommen mit Menschenrechtsklauseln jedoch nicht uneingeschränkt der dem Spiralmodell (vgl. Abb. 9.1) entstammenden Annahme, dass die Vereinbarung von Menschenrechtsabkommen maßgeblich von Normunternehmern, NGOs und INGOs vorangetrieben wird. Ihr Vergleich verschiedener Vereinbarungen zeigt, dass in den von den USA mit anderen Staaten geschlossenen Verträgen vorwiegend der Schutz von Arbeitnehmern und Kindern geregelt wurde. Weiter gehende Menschenrechte wie politische und soziale Grundfreiheiten wurden in ihnen nicht verankert. In den Handelsverträgen der EU mit Drittstaaten wurden dagegen weitgehende Bürgerrechte und politische Freiheiten festgeschrieben. Dieser Unterschied zwischen amerikanischen und europäischen Handelsverträgen nährt Zweifel an der dem Spiralmodell zugrunde liegenden Vermutung, dass vor allem NGOs Menschenrechte in internationalen Beziehungen voranbringen. Denn dann müssten sich die Handelsabkommen in diesem Punkt ähnlicher sein, als sie es tatsächlich sind.

Kritik am Spiralmodell

Unterschiede der Rechtsnormen

Hafner-Burton legt dar, dass diese Unterschiede vor allem auf die Wirkung der verschiedenen politischen Systeme und auf den konkreten Einfluss der politischen Entscheidungsträger zurückzuführen sind. Aber auch situative Faktoren wie Zufälle spielten eine Rolle. So sind die Menschenrechtsklauseln in den amerikanischen Handelsabkommen deshalb auf Arbeitnehmer- und Kinderrechte eng begrenzt, weil sich Gewerkschaften und Entscheidungsträger nur in diesen Punkten den Menschenrechtsaktivisten anschlossen. Ihre sehr viel weiter gehenden Forderungen konnten Letztere nicht durchsetzen. Amerikanische Entscheidungsträger bedienten sich zwar der Sprache der Menschenrechtsaktivisten, um ihre Politik zu

Systeme und Entscheidungsträger

Eigeninteresse der Politik

rechtfertigen, aber sie schlossen sich deren inhaltlichen Forderungen nicht an, zumal die breite Öffentlichkeit darin kein vorrangiges außenpolitisches Ziel sah. Die Entscheidungsträger konzentrierten sich deshalb im Kern darauf, die Wettbewerbsbedingungen für Arbeitnehmer im In- und Ausland zu vereinheitlichen (Hafner-Burton 2009; Rittberger/Kruck/Romund 2010: 622).

Vergleich Amerika — Europa

Dass in Handelsabkommen der EU mit Drittstaaten politische und Bürgerrechte verankert wurden, war laut Hafner-Burton Folge des Zusammenspiels wichtiger Impulse, die auf die Entscheidungsträger einwirkten. Einige EU Mitgliedstaaten sahen die Notwendigkeit, politischen Einfluss auf ihre ehemaligen Kolonien auszuüben, um Menschenrechtsverletzungen dort zu verhindern. Die große Brutalität von Regierungen in ehemaligen Kolonien, z.B. in Uganda unter Idi Amin (1977) oder nach dem Putsch in Haiti (1991), waren Schlüsselerlebnisse für europäische Entscheidungsträger. Die Rechte von Arbeitnehmern und Kindern wurden dagegen zunächst als innereuropäisch zu lösende und nicht als globale Aufgabe betrachtet.

Völkermord in Europa

Die Unterscheidung zwischen massiven Menschenrechtsverletzungen außerhalb Europas und nachrangigen Problemen im Innern geriet jedoch in den 1990er Jahren ins Wanken. Die Völkermorde auf dem Balkan nach dem Zerfall Jugoslawiens zusammen mit der Machtlosigkeit der EU, der keine militärischen Mittel zur Verfügung standen, um diese zu stoppen, überzeugten die Entscheidungsträger schließlich von der dringenden Notwendigkeit, sich ein Instrumentarium zu beschaffen, mit dem Verbrechen gegen die Menschlichkeit verhindert werden können. Handelsverträge mit breit gefassten Menschenrechtsklauseln stellen ein solches Instrumentarium dar: Die Handelsbeziehungen mit Drittstaaten können ausgesetzt werden, wenn dort Menschenrechte verletzt werden.

Kompensation militärischer Schwäche

Die verantwortlichen Entscheidungsträger der EU sahen in diesem wirtschaftlichen Instrumentarium auch eine Möglichkeit, regionale und globale Sicherheitspolitik zu betreiben und die militärische Schwäche der EU teilweise zu kompensieren. Weil sich ihre Motive und Impulse mit den Forderungen der Menschenrechtsaktivisten deckten, verankerte die EU breit gefasste Menschenrechtsklausel in ihren Handelsabkommen mit Dritten. Eine ähnliche Deckung der Ziele von Entscheidungsträgern und Menschenrechtsaktivisten traf für die USA wie oben dargestellt nicht zu. Daher sind die amerikanischen Handelsabkommen anders als die europäischen auf Arbeitnehmer- und Kinderschutzrechte beschränkt (Hafner-Burton 2009).

Konkurrierende Erklärungen

Die Erfinder des Spiralmodells sind sich mit Hafner-Burton darin einig, dass die Vereinbarung von Menschenrechten in internationalen Verträgen den Interessen der Regierungen in Drittstaaten diametral entgegenstanden. Bei der Erklärung, warum diese Regierungen dennoch entsprechende Vereinbarungen schlossen, unterscheiden sich die beiden Sichtweisen jedoch. Hafner-Burton sieht vor allem den Prozess der instrumentalen Akzeptanz als wesentliche Ursache an. Dabei spielt das Machtgefälle zwischen den USA und Europa einerseits und Drittstaaten andererseits eine erhebliche Rolle. Den Prozessen der Argumentation und der Gewöhnung misst sie, im Gegensatz zu den Vertretern des Spiralmodells, keine überragende Erklärungskraft zu.

> »Die meisten anderen Regierungen, die sich zu fairem und bevorzugten Handelsbeziehungen verpflichteten, mit denen auch Menschenrechte geschützt werden, taten dies nicht, weil sie Menschenrechte unterstützten oder weil sie dabei helfen wollten, das Völkerrecht zum Schutz von Menschen international durchzusetzen. Vielmehr unterzeichneten die meisten nur, weil die USA und Europa sie dazu zwangen, indem sie Menschenrechte zu einer Bedingung für den Zugang zu ihren Märkten machten [...] Die meisten Länder haben genommen, was sie bekommen konnten und unterschrieben [...], obwohl sie diesen Schutz [von Menschenrechten, ChT] niemals wollten und ganz sicherlich nicht beabsichtigten, ihn durchzusetzen.« (Hafner-Burton 2009: 15, Übersetzung ChT)

Die Behauptung, dass Drittstaaten Menschenrechtsabkommen zwar – gezwungenermaßen – unterzeichnen, aber weder national noch international durchsetzen würden, wirft für die Menschenrechtsforschung und die Internationalen Beziehungen die sehr interessante Frage auf, ob und gegebenenfalls unter welchen Bedingungen getroffene Vereinbarungen auch tatsächlich eingehalten werden.

Zwischenfazit

Unterspülung von Souveränität
Staaten schließen sich immer mehr vielfältigen Menschenrechtsabkommen an. Dadurch entstehen ihnen Souveränitätsverluste. Diese Verluste nehmen sie in Kauf, wenn sie dazu von innenpolitischen oder internationalen Kräften nachdrücklich gedrängt werden. Dabei wirken Argumentation und Überzeugung oft Hand in Hand mit materiellen Anreizen oder Drohungen. Normunternehmer und transnationale Akteure arbeiten mit nationalen Regierungen zusammen, um Druck auszuüben, damit Staaten Menschenrechtsabkommen unterzeichnen und ratifizieren.

9.3 | Warum halten Staaten Menschenrechte ein oder verletzten sie?

Internationale Abkommen zum Schutz von Menschenrechten sind Bestandteil des Völkerrechts. Die Frage, ob und unter welchen Bedingungen Staaten Menschenrechtsverträge beachten, kann daher auch noch allgemeiner gestellt werden: Warum halten Staaten sich an das Völkerrecht, obwohl es keine mit dem Gewaltmonopol ausgestattete Weltregierung gibt, die es durchsetzt? Intuitiv liegt dieser Frage die *Vermutung* zugrunde, dass alle Menschen Regeln nur dann einhalten, wenn sie dazu gezwungen sind: Da eine nationale Regierung innerstaatlich über ein Gewaltmonopol verfüge, würden nationale Regeln umgesetzt und beachtet. Weil ein solches Gewaltmonopol in internationalen Beziehungen fehle, blieben die Regeln des Völkerrechts dagegen weitgehend bedeutungslos und unbeachtet, denn ihre Einhaltung könne nicht auf ähnliche Weise wie die nationaler Regeln erzwungen werden.

Selbstimplementierung des Völkerrechts

In der Realität sind die Ursachen für die Einhaltung von Regeln sehr viel komplexer als diese intuitive Vermutung nahelegt. Die innenpolitische Situation unterscheidet sich nicht so eindeutig von der internationalen. Denn wenn die Regelbeachtung ausschließlich von der Durchsetzung mittels Gewaltmonopol abhinge, dann würden z.B. alle roten Verkehrsampeln missachtet, die nicht von Polizeibeamten oder Blitzanlagen überwacht werden. Dies ist jedoch nicht der Fall. Vielmehr werden nationale Regeln auch dann überwiegend beachtet, wenn Regelverletzungen folgenlos bleiben oder blieben. Insofern kann man vermuten, dass das Befolgen von Regeln innerhalb eines Staates und in internationalen Beziehungen auf den drei Prozessen der instrumentalen Akzeptanz, der Argumentation und der Gewöhnung beruht, die im Spiralmodell (vgl. Abb. 9.1) beschrieben sind.

Exkurs

Was sagen Theorien der IB zur Regeleinhaltung?
Über die verschiedenen Theorieschulen hinweg besteht Übereinstimmung, dass internationale Regelwerke – Völkerrecht – selbstimplementierend sind. Die Schulen unterscheiden sich jedoch wesentlich in ihrer Antwort auf die Frage, welche der folgenden Mechanismen dieser Selbstimplementierung zugrunde liegen.

- **Neorealismus**: Völkerrecht bewirkt keine Verhaltensänderung von Staaten. Dieses ist an Interessen und Machtkonfigurationen orientiert. Regierungen nutzen Völkerrecht vor allem zur Rechtfertigung ihrer Handlungen, sozusagen als »billiges Sprechen«. Sie halten jedoch Regeln ein, wenn dies im wohlverstandenen Eigeninteresse liegt. Oder sie halten

Regeln ein, wenn sie dazu von mächtigeren Staaten (Hegemon) oder einer Staatengruppe (Sanktionen durch kollektives Handeln) gezwungen werden.

- **Institutionalismus**: Völkerrecht hilft bei der Verwirklichung von (insbesondere langfristigen) Eigeninteressen, wenn diesen erhebliche Kooperationshindernisse entgegenstehen. Die wichtigsten Mechanismen sind wiederholte Interaktionen, die einen »Schatten der Zukunft» erzeugen, sowie Reziprozität; Letzteres bedeutet, dass die eigene Nichtbeachtung von Regeln dazu führt, dass andere diese ebenfalls nicht beachten. Durch Nicht-Einhaltung von Regeln gehen allen Seiten Kooperationsgewinne verloren. Weil Staaten solche Verluste vermeiden wollen, halten sie sich an die vereinbarten Regeln. Zusätzlich sichern international verabredete oder praktizierte Routineverfahren (*standard operating procedures*) den Informationsaustausch, die Transparenz und die Einhaltung eingegangener Verpflichtungen.
- **Liberalismus**: Internationale Vereinbarungen erzeugen bei den innenpolitischen Gruppen, die von der Regelbeachtung materiell profitieren, eindeutige Interessen. Sie üben Druck auf die Regierungen aus, sich an diese international getroffenen Vereinbarungen zu halten. Die Wahrscheinlichkeit der Einhaltung ist besonders groß, wenn die beteiligten Staaten Demokratien sind, weil in diesen innenpolitischer Druck auf Regierungen risikolos ausgeübt werden kann. Bei Paarungen anderer politischer Systeme ist dieser Mechanismus weitaus schwächer ausgeprägt. Internationale Regeln werden überdies besonders genau eingehalten von instabilen Demokratien oder Staaten, die sich im Übergang zur Demokratie befinden. Die politisch noch schwachen Eliten in diesen Staaten haben einen besonderen Anreiz, sich an internationale Regeln zu binden und dieser Bindung auch für ihre Nachfolger oder sogar Gegner Geltung zu verschaffen.
- **Konstruktivismus:** Neben den beschriebenen Mechanismen des Normenzyklus (→ Kap. 2.4) und des Spiralmodels (vgl. Abb. 9.1) nutzen Regierungen die Möglichkeit, kostspielige Signale zu senden, indem sie z. B. internationale Verträge ratifizieren. Damit unterstreichen sie ihre Absicht, sich sowohl an allgemeine Prinzipien wie »Treu und Glauben« oder »Verträge müssen eingehalten werden« zu halten als auch sich an die geschlossenen Verträge zu binden. Die Praxis der Vertragstreue löst einen Internalisierungsprozess aus, der die Identität von Staaten verändert, weil diese schließlich Völkerrecht aufgrund von Gewohnheit beachten.
- **Völkerrechtslehre**: Ob völkerrechtliche Regeln befolgt werden oder nicht, hängt maßgeblich von den Eigenschaften dieser Regeln selbst ab. Drei Eigenschaften sind ausschlaggebend: Verbindlichkeit, Präzision und Delegation. Die Eigenschaften Verbindlichkeit und Präzision werden

auch unter dem Begriff »Bestimmtheit« zusammengefasst. Verbindlichkeit beschreibt das erlaubte Ausmaß, mit dem von einer Regel abgewichen werden kann, weil u. U. Ausnahmen erlaubt sind oder ein Sachverhalt von verschiedenen Vorschriften geregelt ist, die nicht im Einklang miteinander stehen. Präzision bezeichnet das Maß an Eindeutigkeit, mit der eine Regel konkretes Verhalten vorschreibt. Delegation umfasst die Ermächtigung Dritter, einschließlich internationaler Organisationen, im Falle von Konflikten über die korrekte Interpretation vereinbarter Regeln und ihre Anwendung auf reale Sachverhalte diese Regeln bindend auszulegen und/oder neue zu setzen.
Die Einhaltung von Völkerrecht kann darüber hinaus von weiteren Eigenschaften des Rechtes bzw. der Rechtsordnung gefördert werden. Dazu gehören erstens die symbolische Geltung (das Recht ist Teil einer akzeptierten sozialen Ordnung), zweitens Kohärenz (das Völkerrecht muss ähnliche Fälle gleich beurteilen) und drittens das Vorhandensein von sekundären Regeln (Vorschriften zur einheitlichen Interpretation von Recht).

- **Management-Modell**: Staaten oder Regierungen haben die Absicht, Völkerrechtsregeln einzuhalten. Häufig ist ihnen aber nicht klar, welche Maßnahmen dazu erforderlich sind, oder sie verfügen nicht über die zur Regelbefolgung notwendigen Kapazitäten und Ressourcen. In dem Maße, in dem säumigen Staaten Informationen, Ressourcen und Kapazitäten, die zur Regelbeachtung notwendig sind, zur Verfügung gestellt werden, halten Staaten das Völkerrecht auch ein.

Zusammengestellt nach Hathaway (2002; 2007); Simmons (2009); Abbott et al. (2000); Tuschhoff (2014).

Ausnahme Menschenrechte

Beth Simmons (2009: 121–125) legt in ihrer Untersuchung zu Menschenrechten dar, dass die im Exkurs genannten Kausalmechanismen, warum Staaten sich an Völkerrecht halten, im Politikfeld Menschenrechte keine Wirkung entfalten. Denn es existiere erstens kein Eigeninteresse der Regierungen an der Einhaltung von Menschenrechten, da Staaten dadurch keine wechselseitigen Gewinne erwirtschaften könnten. Sie würden zweitens auch von anderen Staaten nicht zur Einhaltung von Menschenrechten gezwungen, weil diesen der dazu notwendige Aufwand zu groß sei. Die Ausübung von Zwang zur Befolgung von Menschenrechten stünde drittens häufig in Konflikt mit anderen Politikfeldern. Und viertens seien die zur Durchsetzung von Menschenrechten geschaffenen multilateralen Organisationen »politisiert«, so dass von ihnen keine Wirkung ausginge. Die beschriebenen Mechanismen bewirkten höchstens dann die Einhaltung von Menschenrechten, wenn schwache Staaten dazu zusätzlich gezwungen würden. Diese könnten sich gegen Zwang nicht zur Wehr setzen und die Ausübung von Zwang sei vergleichsweise billig. Es stehe daher zu befürchten, dass Staaten Menschenrechte auch dann nicht beachten, wenn sie sich dazu vertraglich verpflichtet haben.

Einhaltungspraxis

Die in Abbildung 9.2 dargestellte Praxis der Einhaltung elementarer Menschenrechten über den Zeitraum von 1976 bis 2012 zeigt für die meisten Weltregionen vor allem eine grafische Seitwärtsbewegung. Das bedeutet, dass die weltweite Beachtung elementarer Menschenrechte kaum schwankt: Fasst man alle Länderbewertungen zusammen, ergibt sich ein Tiefstwert von 2,24 und ein Höchstwert von 2,60.[74] Die eingangs erzählte Geschichte von gravierenden Menschenrechtsverletzungen ist also kein Einzelfall. Für einzelne Regionen sind jedoch Trendentwicklungen erkennbar. In Südasien, Nordafrika und dem Mittleren Osten sowie Sub-Sahara Afrika hat sich die Menschenrechtslage erheblich verschlechtert. Dagegen konnte sie in Osteuropa und Zentralasien sowie in Asien/Pazifik erheblich verbessert

Beachtung elementarer Menschenrechte in Weltregionen | **Abb. 9.2**

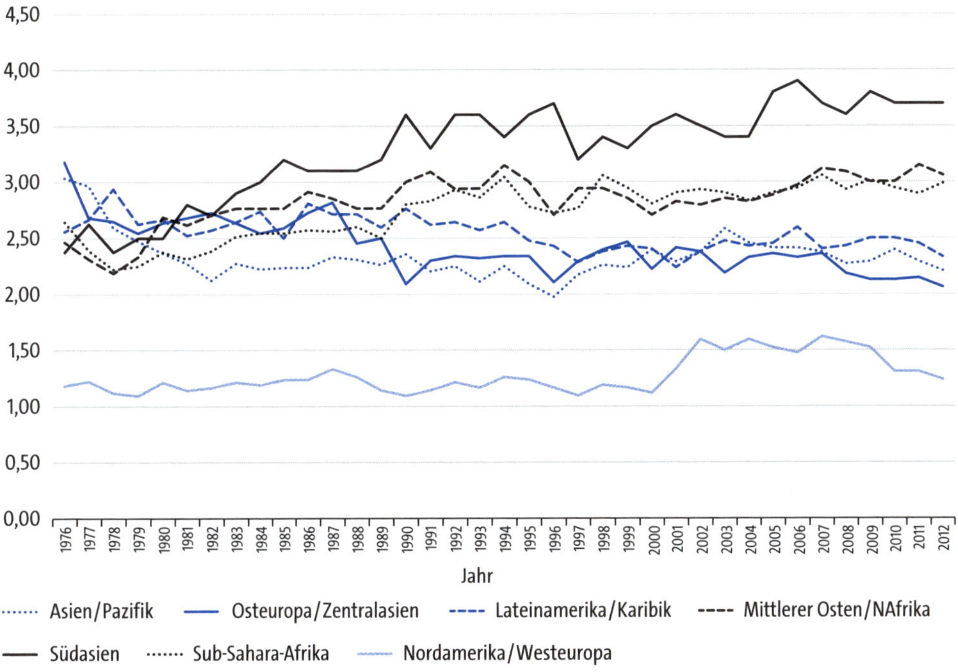

Quelle: eigene Darstellung nach Gibney/Cornett/Wood (2012).[75]

werden. In Lateinamerika sowie Nordamerika und Westeuropa sind nur geringe Entwicklungen festzustellen, mit einem leichten Trend zur Verbesserung in Lateinamerika und einem leichten Trend zur Verschlechterung in Nordamerika und Westeuropa.

Insgesamt betrachtet konnte die Menschenrechtesituation in der Welt also nicht nachhaltig verbessert werden (Jetschke 2006; Rittberger/Kruck/Romund 2010: 627–638).[76] Die Betrachtung aus der Vogelperspektive der quantitativen Datenanalyse zeigt, dass die Wirkung der im Spiralmodell niedergelegten Durchsetzungsmechanismen auf einzelne Länder oder Regionen beschränkt bleibt und daher nicht universell ist. Die leichte Verschlechterung der Menschenrechtspraxis in den konsolidierten Demokratien Westeuropas und Nordamerikas deutet sogar darauf hin, dass die Mechanismen des Spiralmodells auch dort nicht unbedingt wirksam sind, wo man es am ehesten erwartet (Hafner-Burton/Ron 2009; Sikkink 2013).

Werdende Demokratien

Besonders erfolgreich wirken die Durchsetzungsmechanismen offenbar in Ländern und Regionen, in denen die Gesellschaften den Übergang von autoritären Regimen zu Demokratien betrieben haben. Dies zeigen detailliertere Analysen (Hafner-Burton 2012; Hafner-Burton/Ron 2009; Moravcsik 1995).[77] Diese Ländergruppe ist in Osteuropa und Zentralasien besonders stark vertreten und erklärt zu einem guten Teil, weshalb die entsprechende Kurve in Abbildung 9.2 von links oben nach rechts unten verläuft. Insgesamt gilt jedoch der Befund, dass zwar immer mehr Staaten viele und vielfältige Menschenrechtsvereinbarungen schließen, in der Praxis aber nicht öfter und besser als zuvor die Menschenrechte einhalten (Cardenas 2004; 2007). Daher fallen die Vereinbarung und die Einhaltung von Abkommen auseinander.

Einige Untersuchungen zeigten sogar, dass Staaten, die Menschenrechtsverträge ratifiziert haben, die Menschenrechte eher weniger beachten als solche, die sich nicht dazu verpflichtet haben (Hafner-Burton/Tsutsui 2007; Hathaway 2002; Landman 2013; Neumayer 2005).[78] Für die Erfinder des Spiralmodells besonders überraschend war die Erfahrung, dass selbst konsolidierte Demokratien wie die USA unter der Bedingung terroristischer Bedrohung Menschenrechte in eklatanter Weise brechen, die sie zuvor verinnerlicht hatten (Sikkink 2013). Es bestehen also berechtigte Zweifel an der Richtigkeit der Annahme, dass internationale Menschenrechts*abkommen* die Menschenrechts*praxis* erheblich verbessern (Landman 2013: 50–51).

Es gibt vier denkbare Erklärungen für den Befund, dass internationale Vereinbarungen die Menschenrechtspraxis nicht nachhaltig verbessern:

Verträge sind wirkungslos

1. Von Verträgen geht, wie die Neorealisten argumentieren (→ Kap. 2.1), keine eigenständige Wirkung auf das Verhalten von Akteuren aus. Deshalb sind Akteure – bei Menschenrechtsverletzungen die Opfer und ihre Unterstützer – bei der Durchsetzung von Vereinbarungen wiederum auf Selbsthilfe angewiesen.

2. Staaten unterzeichnen Menschenrechtsabkommen, um bei anderen Staaten und/oder der Weltgemeinschaft den Anschein zu erzeugen, sie fühlten sich an zivilisierte Verhaltensweisen gebunden. Gleichzeitig begehen sie Menschenrechtsverletzungen in der Hoffnung, dass diese unerkannt bleiben. Unterzeichnung und Ratifikation dienen daher einerseits der Verschleierung der tatsächlichen Praxis und andererseits dem Ziel, sich das Wohlwollen anderer Akteure zu sichern. Dem Gewinn des Wohlwollens stehen deshalb keine Kosten – die Beachtung von Menschenrechten – gegenüber (Hathaway 2002; 2007).

Kosten-Nutzen-Kalküle

3. Ob Staaten Menschenrechtsabkommen unterzeichnen und diese auch einhalten, hängt von ihrem politischen System ab. Diese Erklärung entstammt der Forschung über Folter und ist der liberalen Theorieschule (→ Kap. 2.3) zuzurechnen. James Vreeland (2008) fand heraus, dass zwei Typen von politischen Systemen in hoher Zahl die Konvention gegen Folter unterzeichnet und ratifiziert haben. Auf der einen Seite sind dies Demokratien, die keine Folter anwenden. Auf der anderen Seite sind es Diktaturen mit mehreren Parteien, in denen massiv gefoltert wird. Gerade in ihnen nutzen oppositionelle Gruppen die Einflussmöglichkeiten, die Mehrparteiensysteme bieten, um die Regierung zur Unterzeichnung und Ratifikation der Konvention gegen Folter zu zwingen. Umgekehrt sehen sich die Regierungen und die sie tragenden Parteien durch die Opposition erheblich herausgefordert. Sie lassen deshalb von der Praxis der Folter trotz vertraglicher Verpflichtung nicht ab, um ihre eigene prekäre Herrschaft zu sichern. Diktaturen ohne oder mit nur einer Partei haben einen vergleichsweise geringen Anreiz, die Konvention gegen Folter zu unterzeichnen, und verspüren auch keine Notwendigkeit, Folter zur Herrschaftssicherung anzuwenden.

Mehrparteiendiktaturen

4. Staaten unterzeichnen Menschenrechtsabkommen, halten sich aber nicht notwendigerweise daran, weil andere Staaten nur sehr selten Sanktionen gegen Menschenrechtsverletzter verhängen (Simmons 2009).[79] Außerdem müssen sie nicht unbedingt mit Kosten aus einem Reputationsverlust rechnen. Zumindest eine Untersuchung zeigt, dass an der systematischen Wirksamkeit des oben erläuterten *naming and shaming* im Zuge des Prozesses der Argumentation (vgl. Abb. 9.1) erhebliche Zweifel angebracht sind (Hafner-Burton 2008).[80]

Mangelnde Bestrafung

Die Erfinder des Spiralmodells reagierten auf die empirischen Forschungen und die darin enthaltene Kritik, dass sich die Praxis von Menschenrechten eher verschlechtert als verbessert habe, indem sie dem Modell fünf neue Bedingungen hinzufügten. Sie verfeinern das Spiralmodell, weil sie angeben, in welchen Kontexten die einzelnen Durchsetzungsmechanismen für Menschenrechte stark, schwach oder sogar kontraproduktiv wirken.

Information kompakt

Unter welchen Bedingungen entfaltet das Spiralmodell seine größte Wirksamkeit und Erklärungskraft?

- **Regimetyp**: Die Wirksamkeit der im Spiralmodell beschriebenen Mechanismen ist umso größer, je demokratischer ein Staat aufgebaut ist. In diesem Fall wirken besonders Argumentation und Überredung, wohingegen Zwangsausübung kontraproduktiv sein könnte.
- **Kapazität**: Die Wirksamkeit des Spiralmodells ist in konsolidierten Staaten höher als in gescheiterten Staaten. In Letzteren ist vor allem Kapazitätsbildung notwendig, damit Menschenrechte eingehalten werden.
- **Zentralisierungsgrad der Regelumsetzung**: In dezentralisierten Systemen, in denen die Umsetzung ratifizierter Menschenrechtsverträge zwischen verschiedenen Akteuren mühsam ausgehandelt werden muss, ist die Vertragseinhaltung schwieriger als in zentralisierten, unitarischen Systemen.
- **Materielle Verwundbarkeit**: Akteure, die über vielfältige Ressourcen verfügen, um Druckausübung oder sogar Zwang abzuwehren, sind materiell kaum verwundbar. Sie können sich erfolgreich gegen die Umsetzung von Menschenrechten zur Wehr setzen, wenn diese ihren Interessen zuwiderläuft. Materiell verwundbare Akteure verfügen nicht über diese notwendige Abwehrkraft.
- **Soziale Verwundbarkeit**: Regierungen oder andere Akteure sind in dem Maße sozial verwundbar, indem sie einer Gruppe oder Gemeinschaft angehören möchten, weil dies ihrer Identität entspricht (→ Kap. 2.4) oder weil sie sonst Reputationskosten zu tragen hätten (→ Kap. 2.2). Je größer die soziale Verwundbarkeit ist, desto größer sind die Chancen, dass über Mechanismen im Spiralmodell die Einhaltung von Menschenrechten erreicht wird, weil dann *naming and shaming* eher greifen (Risse/Ropp 2013: 16–22).

Durchsetzungsfähiger Widerstand

Die Erfinder des Modells räumten weiter ein, dass es nicht nur in eine Richtung verläuft, sondern dass sich auch Widerstände mit erheblicher Durchsetzungskraft bilden, die schon erzielte Fortschritte wieder zurückdrehen können. Damit wird auch deutlich, dass das Spiralmodell keine einheitliche Erklärung für eine Verbesserung der Menschenrechtspraxis oder sogar eine Anleitung zu dieser darstellt. Es ist vielmehr eine Menükarte verschiedener Wirkmechanismen, deren Ergebnis je nach Kontextbedingung stark variieren kann. Dadurch hat es eine Komplexität aus Ursachen, Prozessen, Mechanismen und Kontextbedingungen erreicht, die die Vielfalt der weltweiten Menschenrechtssituation abbildet. Zugleich ermöglicht es, die mannigfaltigen Einzelfälle von Verpflichtung auf und Einhaltung von Menschenrechtsabkommen durch spezifische Konfigurationen von Ursachen, Prozessen und Kontextbedingungen zu erklären. Die weitere Forschung muss zeigen, ob diese spezifischen Konfigurationen auch Muster bilden, die für ganze Bündel von Einzelfällen Erklärungskraft entfalten.

Zusammenfassung

Während Menschenrechtsabkommen international immer weiter verbreitet sind, sind weltweite Fortschritte in der Menschenrechtspraxis nicht zu erkennen. Zwar hat sich die Situation in einigen Regionen und vor allem in Ländern, die im Übergang zur Demokratie stehen, verbessert. Zugleich haben aber Menschenrechtsverletzungen in anderen Regionen und insbesondere in Diktaturen mit Mehrparteiensystemen zugenommen. Auch in konsolidierten Demokratien gibt es keine Garantie dafür, dass Menschenrechte immer und unabhängig von den Umständen beachtet werden. Global betrachtet bilden Menschenrechte keine einheitliche internationale Rechtsordnung, sondern vielmehr einen Flickenteppich, der sich aufgrund unterschiedlicher und sogar widersprüchlicher Dynamiken in sehr verschiedene Richtungen entwickelt. Die Ausbreitung und Einhaltung von Menschenrechten verläuft parallel zu einer sich zum Teil massiv verschärfenden Unterdrückungspraxis. Damit die im Spiralmodell beschriebenen Mechanismen tatsächlich zur Umsetzung von Menschenrechten führen, sind begünstigende Bedingungen oder Umstände erforderlich.

Lernkontrollfragen

1. Was versteht man unter Menschenrechten und wie verhalten sie sich zum Prinzip der Souveränität in internationalen Beziehungen?
2. Welche Entwicklungstrends von Menschenrechten können seit der Allgemeinen Erklärung für Menschenrechte von 1948 identifiziert werden?
3. Wie kann man erklären, dass Staaten verstärkt Menschenrechtsabkommen unterzeichnen und ratifizieren, obwohl damit ihre Souveränität eingeschränkt wird? Ordnen Sie die verschiedenen Erklärungen den jeweiligen Theorieschulen Internationaler Beziehungen zu.
4. Obwohl immer mehr Menschenrechtsabkommen unterzeichnet und ratifiziert werden, werden Menschenrechte vielfältig und systematisch verletzt. Wie kann man erklären, dass Staaten internationale Abkommen nicht einhalten, die sie unterzeichnet haben? Ordnen Sie die verschiedenen Erklärungen den jeweiligen Theorieschulen Internationaler Beziehungen zu.

Weiterführende Literatur

Auswärtiges Amt (2012), *10. Bericht der Bundesregierung über ihre Menschenrechtspolitik. Berichtszeitraum 1. März 2010 bis 29. Februar 2012*, Berlin: Auswärtiges Amt (Online: http://www.auswaertiges-amt.de/cae/servlet/contentblob/640264/publicationFile/178277/MRB_10.pdf, abgerufen: 28. Juni 2014).

Cardenas, Sonia (2007), *Conflict and Compliance. State Responses to International Human Rights Pressure*, Philadelphia: Univ. of Pennsylvania Press.

Fritsche, K. Peter (2009), *Menschenrechte*, 2. Aufl., Paderborn; München; Wien; Zürich: Ferdinand Schöningh.

Hafner-Burton, Emilie M. (2012), ›International Regimes for Human Rights‹, *Annual Review of Political Science*, 15(1): 265–286.

Landman, Todd (2013), *Human Rights and Democracy. The Precarious Triumph of Ideals*, London, UK; New York, NY: Bloomsbury.

Risse, Thomas/Ropp, Stephen C./Sikkink, Kathryn, Hrsg., (2013), *The Persistent Power of Human Rights. From Commitment to Compliance*, Cambridge, UK: Cambridge University Press.

Risse, Thomas/Ropp, Stephen C./Sikkink, Kathryn, Hrsg., (1999), *The Power of Human Rights. International Norms and Domestic Change*, Cambridge, UK; New York, NY; Melbourne: Cambridge University Press.

Schmitz, Hans Peter/Sikkink, Kathryn (2013), ›International Human Rights‹ in: Walter Carlsnaes/Risse, Thomas/Simmons, Beth A. (Hrsg.), *Handbook of International Relations*, E-Book, London, UK: Sage Publications, 827–853.

Internationale Umweltpolitik – Probleme kollektiven Handelns

10

Inhalt

In diesem Kapitel wird Umweltschutz teils als Problem reiner öffentlicher Güter, teils als Problem der Allmende (→ Kap. 4.2.1) aufgefasst. Anhand dieser Unterscheidung wird untersucht, warum manche Umweltprobleme gelöst werden konnten, während andere sich als vertrackt oder sogar unlösbar erweisen. Eine Schwierigkeit ist, dass Umweltprobleme als solche zunächst erkannt werden, dann die Aufmerksamkeit der Politik gewinnen und schließlich auf die politische Tagesordnung gelangen müssen, damit sie gelöst werden. Weiterhin werden Erfolgsbedingungen aufgezeigt, die sich günstig auf die kooperative Problembearbeitung auswirken. Am Beispiel des Klimaschutzes wird anschließend verdeutlicht, dass internationale Kooperation schwierig ist, wenn solche begünstigenden Bedingungen nicht bestehen. Internationale Institutionen sowie Führungsstärke durch Vorbildfunktion sind die besten Mechanismen, mit denen auch die schwierigsten Umweltprobleme, wie der Klimawandel, gelöst werden können.

Latasha Mitchell ist Pharmaziestudentin und stolz, Schönheitskönigin geworden zu sein. 2013 gewann sie den Titel »Miss Kohle Festival« und wurde anschließend zur Miss West Virginia gekrönt. 2014 darf sie in Florida bei der Wahl zur Miss International antreten. Noch aber sitzt die schöne Frau an einem einfachen Klapptisch auf einem Rummelplatz in Madison, einem beschaulichen Städtchen mit etwa 3000 Einwohnern. Dort verkauft sie für sieben Dollar Tickets für eine Autowäsche, damit sie ihre Reise nach Florida bezahlen kann.

Die Bewohner der Stadt leben vom Kohlebergbau. »Mein Daddy ist Bergmann«, erzählt Latasha, er habe schon fünfmal seinen Arbeitsplatz verloren. Schuld an diesem Schicksal, das allen in Madison übel mitspiele, sei ein Mann: Barack H. Obama, der Präsident der Vereinigten Staaten. Dieser Mann habe »der Kohle den Krieg erklärt«. Sein Plan: Der Kohlendioxyd Ausstoß von Kohlekraftwerken muss um 30 Prozent verringert werden. Nur so lasse sich die weltweite Erwärmung des Klimas aufhalten. »Unsere Kohle wurde zigmal getestet«, hält Latasha ihrem Präsidenten entgegen, »die hat mit Klimawandel nichts zu tun«. Und der Interessenvertreter der Kohleindustrie, Chris Hamilton, legt nach: Wenn Obama sich durchsetze, verringere sich der Anstieg der Meeresspiegel gerade mal um die Dicke von drei Blatt Papier, denn »in China und Indien geht jede Woche ein neues Kohlekraftwerk ans Netz« (erzählt nach: Ross 2014).

An diesem kleinen Beispiel zeigt sich, wie weltpolitische Probleme wie der Klimaschutz auch wahrgenommen werden können: als unerheblich und maßlos übertrieben. Die Politik zur Verringerung des Ausstoßes von Treibhausgas hingegen ist für viele Menschen existenzgefährdend. Ganze Industriezweige wie Kohlebergbau und Erzeugung von Energie aus Kohle verschwinden aus der wirtschaftlichen Landschaft. Städten wie Madison wird die wirtschaftliche Lebensgrundlage entzogen. Die betroffenen Bürger wollen das nicht hinnehmen, zumal das Problem des Klimawandels damit nicht gelöst wird. Solange nur einzelne Länder den Treibhausgasausstoß verringern, ist nichts gewonnen. Nur wenn alle wichtigen Klimasünder – einschließlich der Schwellenländer China und Indien – sich an einer gemeinsamen Lösung beteiligen, besteht Hoffnung auf eine Abmilderung des Problems. Davon sind die internationalen Beziehungen jedoch noch weit entfernt. Wie in Madison sehen sich die unmittelbar von Klimaschutzpolitik Betroffenen in der Opferrolle: Sie haben nichts falsch gemacht, werden aber bestraft. Andere sind doch die wahren Verursacher, werden aber nicht zur Verantwortung gezogen.

10.1 | Was ist internationale Umweltpolitik?

Grenzüberschreitendes Politikfeld

Viele Probleme internationaler Beziehungen folgen entweder bei der Aufgabenstellung oder der Problembearbeitung der Ziehung von Grenzen zwischen Staaten. Die Umwelt ist hingegen ein grenzüberschreitendes, transnationales Politikfeld. Lebenswichtige Ressourcen wie Luft, Wasser, Klima oder

Artenvielfalt sind nicht territorial beschränkt. Daher hat die Nutzung dieser Ressourcen in einem Land Auswirkungen auf die Benutzbarkeit in anderen Ländern. In der Politikwissenschaft spricht man deshalb von Externalität. Dies bedeutet, dass die Handlungen eines Verursachers für einen anderen Akteur Kosten oder Nutzen bewirken. Der Verursacher trägt nicht alle Folgen und Kosten seiner Handlungen, sondern kann sie zumindest zum Teil auf andere abwälzen, d.h. externalisieren. Ein Beispiel ist, dass ein Land am Oberlauf eines Flusses Industrie ansiedelt, deren Abwässer in den Fluss geleitet werden. Die Probleme dieser Verschmutzung beeinträchtigen jedoch nicht unbedingt das Land am Oberlauf, aber auf jeden Fall alle Länder am Unterlauf des Flusses. Damit hat das Land am Oberlauf den Nutzen von der Industrieproduktion ohne die gesamten Kosten der Reinigung des verschmutzten Wassers und des Gewässerschutzes tragen zu müssen. Mindestens ein Teil dieser Kosten wird auf die Länder am Unterlauf abgewälzt.

Externalität

Information kompakt

Umwelt und Umweltpolitik

Unter »Umwelt« versteht man alles, was außerhalb eines Systems und/oder einer Untersuchungseinheit liegt, damit aber in einer näher zu bestimmenden Weise in Beziehung steht. Dabei sind die Übergänge zwischen System/Einheit und Umwelt fließend. Bei der Umweltpolitik geht es im engeren Sinn um Schutz, Erhaltung oder Wiederherstellung von benutzten ökologischen Ressourcen und belasteten Absorptionskapazitäten (Umweltschutzpolitik). Im weiteren Sinn wird unter Umweltpolitik die politische Gestaltung der Verhältnisse einer Gesellschaft zu ihrer Umwelt verstanden (Saretzki 2010: 1118–1119).

»Internationale Umweltpolitik« beschränkt diese Begriffsbestimmung auf grenzüberschreitende Umweltprobleme sowie auf politische Handlungen und Prozesse im internationalen Raum. Dabei treten die wesentlichen Herausforderungen auf, die dem Wesen internationaler Beziehungen innewohnen (→ Kap. 1, Kap. 2). Anarchie, relatives Gewinnstreben, zwischenstaatliche Rivalität und Nationalismus behindern die Konfliktregelung. Hinzu kommt, dass der internationale Verbrauch von natürlichen Ressourcen höher und vielfältiger ist als der nationale. Außerdem ist die Interdependenz in der Innenpolitik viel dichter als in internationalen Beziehungen. Sie verhindert, dass national Kosten des Umweltschutzes externalisiert werden. Diese Hemmschwelle ist wegen geringerer Interdependenz in internationalen Beziehungen geringer als in der Innenpolitik. Und schließlich ist es einfacher, sich innenpolitisch auf gemeinsame Normen zum Schutz der Umwelt zu verständigen und diese umzusetzen als im Kontext internationaler Beziehungen (Mitchell 2013: 805).

Öffentliches Gut

Aus diesem Beispiel wird deutlich, dass Umwelt ein öffentliches Gut darstellt. Von der Nutzung dieses Gutes kann niemand ausgeschlossen werden (Nicht-Ausschließbarkeit). Soweit es der Natur gelingt, durch ökologische Regenerationsprozesse den Verbrauch von Umweltressourcen auszugleichen, besteht auch keine Rivalität zwischen den verschiedenen Nutzern. Damit ist das zweite Bestimmungsmerkmal für ein öffentliches Gut – Nichtrivalität – ebenfalls erfüllt. Wenn aber Umweltressourcen, z.B. der natürliche Fischbestand der Meere, so stark genutzt werden, dass die natürliche Regeneration die Nutzung nicht mehr ausgleichen kann, nehmen diese Ressourcen weltweit ab. Damit entsteht eine Rivalität zwischen verschiedenen Nutzern, weil das kollektive Gut plötzlich endlich geworden ist (Hardin 1968). Man spricht dann nicht mehr von einem öffentlichen Gut, sondern von der Allmende, weil nur noch das Bestimmungsmerkmal Nicht-Ausschließbarkeit erfüllt ist (→ Kap. 4.2.1).

Allmende

Der Klimawandel ist eines der größten Umweltprobleme unserer Zeit und vielleicht die schwierigste Herausforderung in den internationalen Beziehungen. Es gibt jedoch viele weitere Umweltprobleme (Hein 2003). Dazu gehört z.B. der Artenschutz. Jedes Jahr werden etwa 40.000 Arten ausgelöscht (Frieden/Lake/Schultz 2012: 494). Zum Schutz bestimmter Arten, z.B. Wale, wurden internationale Vereinbarungen getroffen, viele andere Arten werden aber nicht geschützt. Der Schutz von Luft und Wasser vor Verunreinigung ist ein weiteres wichtiges Problem. Ein anderes ist die Bewirtschaftung des knappen Trinkwassers. Hinzu kommt, dass ganze Biotope wie die tropischen Regenwälder oder die Arktis in ihrem Bestand gefährdet sind. In anderen Weltregionen ist die Fruchtbarkeit der Böden bedroht (→ Kap. 7.2.1). Der allgemeine Klimawandel sowie die Abholzung von Regenwäldern führen zu erheblicher Bodenerosion oder sogar Verwüstung im wörtlichen Sinn in großen Teilen der Tropen und Subtropen.

Beispiele für Umweltprobleme

Die Schäden, die chemische Schadstoffe in der Natur anrichten, wenn sie sorglos verbreitet oder nicht sorgfältig entsorgt werden, bilden ein weiteres Problem. Eine nicht nachhaltige Entsorgung von Müll stellt ebenfalls eine Verunreinigung dar, die durch den internationalen Müllhandel noch begünstigt wird, weil durch ihn bestehende Schutzbestimmungen umgangen werden. Jenseits des vor allem durch Treibhausgase verursachten Klimawandels stellt Luftverschmutzung ein größeres Problem dar, wenn Giftstoffe die Luft verunreinigen. So führten Schwefelabgase aus der Energieproduktion zum sogenannten sauren Regen, der auch in entfernt gelegenen Regionen Waldstreben verursachte. Der in vielen Spraydosen oder Kühlaggregaten benutzte Fluorkohlenwasserstoff (FCKW) bewirkte ein Loch in der Ozonschicht der Atmosphäre und drohte den Schutz, den diese vor Strahlen und Krankheiten wie Hautkrebs bietet, zu verringern (Hein 2003).

Erfolge

Internationale Umweltpolitik konnte erhebliche Fortschritte bei der Bewältigung einiger dieser Probleme erzielen. Die Verschmutzung der Weltmeere und Küsten durch Tankerunfälle konnte gesenkt werden, weil Tankschiffe heute über eine doppelte Hülle verfügen müssen. Das Ozonloch in der Atmosphäre schließt sich allmählich wieder, weil FCKW verboten und durch andere weniger schädliche Chemikalien ersetzt wurde. Vom »sauren Regen«, der in den 1980er Jahren die Titelseiten von Nachrichtenmagazinen zierte, spricht heute niemand mehr, weil Filteranlagen in Energieanlagen den Schwefelausstoß verringern. Flüsse und Seen sind heute viel sauberer als im vergangenen Jahrhundert, weil Nutzwasser nicht mehr ungereinigt in die Natur eingelassen werden darf.[81] Auch der Walfang ist international verboten. Mittlerweile wird vor internationalen Gerichten zäh gerungen, ob und in welchem Maß Wale zu »wissenschaftlichen Zwecken« gejagt werden dürfen (International Court of Justice 2014; Morell 2014; now./cag 2014; pps 2014).

Diese Fortschritte beim internationalen Umweltschutz sind wichtig, denn sie weisen darauf hin, dass politische Anstrengungen zur Lösung von Umweltproblemen nicht sinnlos oder vergeblich sind. Gleichzeitig nähren sie Zweifel an den weitverbreiteten Einschätzungen, dass Umweltprobleme nicht gelöst werden könnten, weil dies vielen Menschen egal sei oder weil sich am Ende doch die Lobbyisten mit dem Einsatz von viel Geld im Sinne ihrer Partikularinteressen durchsetzten (Frieden/Lake/Schultz 2012: 446–447).

Misserfolge

Aber die genannten Erfolgsgeschichten können nicht darüber hinwegtäuschen, dass es wesentliche Probleme gibt, die nicht gelöst wurden und bei denen es auch kaum Fortschritte zu verzeichnen gibt. Dazu gehört der Klimaschutz, der hier als herausragendes Beispiel für die weitere Behandlung der Umweltthematik dient, ohne dass damit andere Umweltprobleme ignoriert oder kleingeredet werden sollen. Die Mischung aus Erfolg und Misserfolg zwingt jedoch dazu, nach tiefer liegenden Erklärungen zu schürfen, statt sich mit den beiden genannten populären Ansichten zu begnügen. Bevor diese Erklärungen herausgearbeitet werden, sei noch darauf hingewiesen, dass mögliche Umweltprobleme unter Umständen noch gar nicht bekannt sind. Daher stellen sich die Fragen, welche Probleme aus welchen Gründen überhaupt die Schwelle der politischen Aufmerksamkeit überschreiten.

Gemischte Erfolgsbilanz

10.2 Aufmerksamkeit: Welche Umweltprobleme gelangen auf die Tagesordnung?

Bevor ein Umweltproblem politisch behandelt werden kann, muss es auf die politische Tagesordnung gesetzt werden. Dies wird als *agenda setting* bezeichnet. Es kann Umweltprobleme geben, die nicht bekannt sind und deshalb nicht auf die Tagesordnung gelangen. Solche Probleme schlummern im Verborgenen bis sie entdeckt, aufgegriffen und auf die politische Tagesordnung gesetzt werden. Dazu ist notwendig, dass ein hinreichendes Wissen über die Wirkung des Problems auf die Umwelt sowie über die Ursachen besteht. Außerdem ist erforderlich, dass politisch einflussreiche Akteure (→ Kap. 2.4) sich des Problems annehmen und dessen Dringlichkeit thematisieren. Das Setzen einer Agenda verläuft in drei Phasen:

1. Identifikation des Problems und seiner Ursachen;
2. Verbreitung der neuen Erkenntnisse und Mobilisierung von Unterstützung;
3. Vorschieben des Problems auf die vorderen Ränge der Tagesordnung internationaler Beziehungen (Mitchell 2013: 806).

Information kompakt

Hindernisse beim *agenda setting*

Auf dem Weg zu einem hohen Platz auf der internationalen politischen Tagesordnung müssen drei Hürden oder Formen von Ignoranz überwunden werden:

1. Die **vollständige Ignoranz** besteht, wenn menschliche Verhaltensweisen zu einem konkreten Umweltproblem führen, dies aber noch nicht entdeckt wurde und die Verhaltensweisen deshalb für ungefährlich gehalten werden. So galt die Benutzung von FCKW lange Zeit als ökologisch unbedenklich.
2. **Ursachenignoranz** besteht, wenn Umweltschäden zwar entdeckt wurden, aber der Zusammenhang zu ursächlichen menschlichen Verhaltensweisen noch nicht hergestellt wurde. Das Absterben von Wäldern wurde z.B. längere Zeit beobachtet. Es war jedoch nicht bekannt, dass dies durch »sauren Regen« verursacht wurde, der wiederum durch den Schwefelausstoß von Kraftwerken entstanden war.
3. **Wirkungsignoranz** besteht, wenn über die schädlichen Auswirkungen menschlicher Verhaltensweisen noch keine hinreichende Sicherheit besteht. So bestand lange Zeit Unsicherheit darüber, ab welchem konkreten Ausmaß von Fischfang die natürliche Regeneration von Fischbeständen nicht mehr gewährleistet ist (Mitchell 2013: 806).

Rolle der Naturwissenschaften

Ausgiebige Forschung zur Umweltpolitik konnte zeigen, dass die Naturwissenschaften eine bedeutsame Rolle dabei spielen, die verschiedenen Formen der Ignoranz zu überwinden und auf diese Weise die Unsicherheit über die Wirkungen menschlicher Verhaltensweisen auf die Umwelt auszuräumen. Naturwissenschaftliche Erkenntnisse sind eine notwendige, aber noch keine hinreichende Bedingung dafür, dass politisch einflussreiche Akteure (einschließlich der Regierungen) sich einem Umweltproblem zuwenden und es auf die Tagesordnung setzen. Naturwissenschaftliche »Wahrheit« allein führt noch nicht zu politischem Handeln.

Salienz, Legitimität, Glaubwürdigkeit

Als politisches Problem werden naturwissenschaftliche Erkenntnisse erst dann wahrgenommen, wenn sie aus der Vielzahl solcher Erkenntnisse irgendwie herausragen (*salient* sind) und wenn die daraus folgenden Sorgen legitim erscheinen und als glaubwürdig wahrgenommen werden. Somit treten die drei Bedingungen Salienz, Legitimität und Glaubwürdigkeit zu der notwendigen Bedingung wissenschaftlicher Erkenntnis hinzu, damit ein Umweltproblem auf die politische Tagesordnung gelangen kann.

Langfristiger Dialogprozess

Diese drei Bedingungen werden vor allem dadurch gefördert, dass Naturwissenschaftler mit politischen Entscheidungsträgern in einen langfristigen Dialogprozess eintreten. In ihm wird wechselseitiges Vertrauen und gegenseitiges Verständnis gebildet. Politische Entscheidungsträger können die Ernsthaftigkeit von Naturwissenschaftlern prüfen und wahrnehmen. Umgekehrt lernen Naturwissenschaftler, unter welchen Rahmenbedingungen politische Entscheidungsträger handeln und über welche Möglichkeiten sie verfügen bzw. nicht verfügen. In diesem Dialog muss damit gerechnet werden, dass auch naturwissenschaftlichen Erkenntnissen von konkurrierenden Forschern widersprochen wird, denn in vielen Fällen sind diese Erkenntnisse keineswegs eindeutig (Mitchell 2013: 806). Daher gilt: je eindeutiger und unbestrittener die Gemeinde der Naturwissenschaftler ihre Erkenntnisse vortragen kann, desto größer ist die Chance, dass es ihr gelingt, politische Entscheidungsträger zu überzeugen (Ishii/Okubo 2014).

Grenzüberschreitende Probleme

Die Wahrscheinlichkeit, dass ein Umweltproblem auf die politische Tagesordnung gesetzt wird, steigt weiter, wenn die Auswirkungen grenzüberschreitend auftreten, wenn sie große und/oder dramatische Risiken bergen oder sogar eine unmittelbare Bedrohung für Menschen darstellen. Entscheidungsträger wenden sich allerdings bevorzugt solchen Problemen zu, die sie gut verstehen und für die sie schnelle, offenkundige Lösungen anbieten können, ohne auf die Mitwirkung anderer angewiesen zu sein.

Katastrophale Ereignisse

Umweltprobleme gelangen auch dann schnell in die vorderen Ränge der politischen Tagesordnungen, wenn katastrophale Ereignisse einen »katalytischen Schock« auslösen. Der größte anzunehmende Unfall im Kernkraftwerk Tschernobyl, der Unfall des Öltankers Exxon Valdez in Alaska oder der Kernkraftwerke zerstörende Tsunami in Fukushima sind Beispiele für solche katalytischen Schocks, welche die internationale politische Tagesordnung durcheinanderwirbeln. Für sich genommen sind diese Schocks jedoch nicht ausreichend, um Politikveränderungen zu bewirken (Mitchell 2013: 807). Dies zeigt z.B. die sehr unterschiedliche Reaktion verschiedener Staaten auf die Reaktorunfälle in Fukushima. Nur die Bundesrepublik Deutschland hat mit der Energiewende die Konsequenz gezogen, dauerhaft auf Kernenergieproduktion zu verzichten. Die meisten anderen Staaten halten trotz der Schockwirkung an Kernenergie fest.

Disposition der Bevölkerung

Katalytische Schocks bewirken vor allem dann eine Veränderung der politischen Tagesordnung, wenn eine Reihe weiterer Bedingungen erfüllt sind. Dazu gehört z. B. die normative Disposition der Bevölkerung, d. h. allgemeine Einstellungen der Öffentlichkeit zu bestimmten Umweltfragen. So wurde die ablehnende Haltung der deutschen Öffentlichkeit gegenüber der Kernenergie – sie wird als schlecht, umweltschädlich, gefährlich und nicht nachhaltig betrachtet – von anderen Gesellschaften nicht geteilt. Deren normative Disposition zur Kernenergie bilden mächtige Ignoranzhürden auf dem Weg zur Setzung von Tagesordnungen. Die eingangs erzählte Geschichte ist ein Beispiel für eine solche Ignoranz.

NGOs und IOs

Auch die Arbeit von NGOs und/oder internationalen Organisationen war häufig verantwortlich dafür, dass Umweltprobleme auf die Tagesordnung gesetzt wurden (Raustiala 1997). Studien haben gezeigt, dass NGOs besonders beim Walfang, dem »sauren Regen«, dem Artenschutz, dem Bau großer Staudämme, der Meeresverseuchung und dem Ozonloch verantwortlich dafür waren, dass diese Themen auf die Tagesordnung gesetzt wurden (Mitchell 2013: 809). Ein herausragendes Beispiel ist der sogenannte Brundtlandbericht (World Commission on Environment and Development 1987). In ihm wurden die beiden zentralen Herausforderungen – die Befriedigung von Grundbedürfnissen aller Menschen durch Wachstum einerseits und die Erhaltung des globalen Ökosystems andererseits – miteinander verbunden und damit das Konzept der Nachhaltigkeit in allen folgenden Debatten verankert (Hein 2003: 7.712).

Bei diesen und anderen Anstrengungen von NGOs war es besonders erfolgversprechend, wenn es gelang, Umweltschutz empirisch und normativ so mit Fragen von höchster Priorität für Regierungen, wie Sicherheit und Wohlfahrt, zu verknüpfen, dass eine hohe Dringlichkeit entstand (Mitchell 2013: 809). Internationale Organisationen, wie z. B. das Intergovernmental Panel on Climate Change (IPCC), wirken ebenfalls auf die internationalen Tagesordnungen ein und neigen wie andere Bürokratien dazu, ein bestimmtes Politikfeld exklusiv für sich zu reklamieren (Barnett/Finnemore 1999; 2004). Sie bedürfen jedoch der Unterstützung von NGOs, um beim *agenda setting* erfolgreich zu sein (Mitchell 2013: 808).

Mächtige Staaten

Schließlich sollte noch beachtet werden, dass die Probleme mächtiger Staaten eine größere Chance haben, auf die internationale Tagesordnung zu gelangen, als die weniger einflussreicher Staaten, auch wenn sie ähnlich oder gar drängender sein sollten (Mitchell 2013: 807).

Zwischenfazit

Wie kommen Umweltprobleme auf die internationale Tagesordnung?
Unter folgenden Bedingungen gelangen internationale Umweltfragen auf die Tagesordnung internationaler Beziehungen:
1. Erzeugung der Wahrnehmung, dass diese Fragen herausragend (*salient*), legitim und glaubwürdig sind;
2. grenzüberschreitende Auswirkungen oder große Risiken von Umweltproblemen;
3. katalytische Schocks;
4. Mobilisierung und Aktivitäten von NGOs zur Schaffung von Problembewusstsein und Verbreitung von Kenntnissen;
5. Unterstützung durch internationale Organisationen;
6. Unterstützung vor allem durch mächtige und einflussreiche Staaten.

10.3 Erfolge und Misserfolge in der internationalen Umweltpolitik

Wenn Umweltprobleme einmal auf die politische Tagesordnung internationaler Beziehungen gesetzt werden konnten, warum gelingt es dann anschließend, einige zu lösen, während bei anderen – insbesondere beim Klimawandel – kaum Fortschritte erzielt werden? Eine erste Antwort ist, dass die Wahrscheinlichkeit für die Lösung eines Problems kollektiven Handelns steigt, je kleiner die Gruppe der beteiligten und von Externalitäten betroffenen Staaten ist (Olson 1971). In solch kleinen Gruppen wiegen die Beiträge des Einzelnen zur Lösung des Gesamtproblems schwerer als in großen Gruppen. Daher kann sich niemand herausreden mit: »Auf meinen Beitrag kommt es nicht mehr an.« In kleinen Gruppen ist es auch eher als in großen möglich, das Verhalten einzelner Mitglieder zu überwachen. Damit fallen die auf, die bei der Umsetzung verabredeter Maßnahmen säumig sind. Beides verhindert, dass die Mitglieder kleiner Gruppen versuchen, Trittbrett zu fahren (→ Kap. 2.2). Gruppengröße

Die geringe Gruppengröße ist eine wichtige Erklärung dafür, warum es gelang, den »sauren Regen« einzuschränken: Der Schwefelausstoß wurde seit 1983 um 50 Prozent verringert und die Lage in Nordamerika und Europa erheblich verbessert. Trotzdem ist sie keine Erfolgsgarantie. In China ist der »saure Regen« noch ein großes Problem für ungefähr ein Drittel des Staatsgebietes (Frieden/Lake/Schultz 2012: 500–503). Auch die erfolgreiche Schließung des Ozonlochs geht maßgeblich darauf zurück, dass nur drei Staaten (USA, Japan und Russland) knapp die Hälfte des weltweiten FCKW ausstießen. Da die schädliche Strahlung durch das Ozonloch vor allem auf sie ein- »saurer Regen« Ozonloch wirkte, war ihr Interesse an einer Problemlösung besonders groß (Frieden/Lake/Schultz 2012: 503).

Wiederholte, verknüpfte Kooperation

Eine zweite Antwort ist, dass Staaten, die häufig kooperieren oder die Problemfelder verknüpfen, ein Problem eher in den Griff bekommen, also solche die sonst keine Berührung haben. Wenn die Interaktionsdichte hoch oder die Verknüpfung verschiedener Problemfelder dicht ist, gelingt es den kooperierenden Staaten eher, Säumige für ihr unkooperatives Verhalten zu bestrafen, als wenn diese beiden Bedingungen nicht erfüllt sind (Ostrom/Gardner 1992). Bei der Beseitigung des »sauren Regens« sowohl in Nordamerika als auch in Europa waren sie gegeben, was erheblich zum Erfolg beitrug.

Verbundene Güter

Die Erfolgsaussichten für Umweltschutz steigen drittens weiter, wenn öffentliche Güter an den Gebrauch privater Güter gekoppelt werden können. Denn Akteure sind eher bereit, für private als für öffentliche Güter zu bezahlen. Man spricht dann von verbundenen Gütern (Sandler 1997: 45–46). So speichern z. B. die tropischen Regenwälder große Mengen von CO_2 und sind Heimat vieler Tier- und Pflanzenarten. Ihr Schutz fördert die Begrenzung des Klimawandels und dient dem Artenschutz. Reiche Landbesitzer werden sich aber nur dann vom Abholzen der wichtigen Regenwälder abhalten lassen, wenn sie einen wirtschaftlichen Vorteil, z. B. durch den Ausbau des Ökotourismus, für sich erkennen. In ähnlicher Weise versprach sich die Chemiefirma DuPont einen erheblichen wirtschaftlichen Nutzen davon, auf die Herstellung von FCKW zu verzichten und stattdessen ein Alternativprodukt zu verkaufen (Litfin 1994: 123–127). Sie traf die Entscheidung zur Produktionsumstellung aus wirtschaftlichem Interesse, trug mit ihr aber gleichzeitig zur Schließung des Ozonlochs und damit zur Lösung eines Umweltproblems bei (Frieden/Lake/Schultz 2012: 504).

Privilegierte Gruppen

Schließlich steigen die Erfolgsaussichten für Umweltschutz, wenn – wie bei Staaten – nicht alle Akteure gleich groß sind und/oder unterschiedlich ausgeprägte Präferenzen für öffentliche Güter haben. Wenn diese Bedingungen erfüllt sind, entsteht eine sogenannte »privilegierte Gruppe«. Sie besteht aus einem oder einer kleinen Zahl von Mitgliedern, die von der Bereitstellung öffentlicher Güter in einem ausreichenden Maß profitieren, um sich zu entschließen, die gesamten Kosten für die Produktion und Bereitstellung dieser Güter allein zu tragen. Bei der Schließung des Ozonlochs war auch diese Bedingung erfüllt; sie hatte ebenfalls Anteil daran, dass dieses Problem erfolgreich bewältigt werden konnte. Die USA profitierten von der Schließung des Ozonlochs in so hohem Maß, dass sie bereit waren, FCKW auch dann zu verbieten, wenn andere Staaten sich dem nicht anschlossen. Da die USA zudem 30 Prozent des weltweiten FCKW-Ausstoß verursachten, hätte schon so ein einseitiges Verbot die Problemlösung erheblich vorangebracht. Aus diesen Gründen setzten sich die USA für das Verbot von FCKW ein und übernahmen eine Führungsrolle in der internationalen Gemeinschaft. Zwischen 1985 und 2002 wurden insgesamt sechs internationale Abkommen ausgehandelt (Sandler 2004: 216), mit denen die Schließung des Ozonlochs nachhaltig bewirkt wurde (Frieden/Lake/Schultz 2012: 504).

NGO-Aktivität

In manchen Fällen beruhten Erfolge auf dem Zusammenspiel von günstigen Bedingungen zur Lösung eines kollektiven Handlungsproblems und konkreten Aktionen von NGOs (Raustiala 1997). Das Walfangverbot ist ein Beispiel dafür. Das Aussterben von Walen durch Überfang war früh erkannt worden. Schon 1946 vereinbarte die Walfangindustrie die Errichtung der Internationalen Walfangkommission, die den Walfang regulieren sollte. Allerdings war deren Entscheidungsorgan ganz überwiegend mit Vertreten von Ländern besetzt, die Walfang betrieben. Daher setzte sich die Kommission für extrem hohe Fangquoten ein. Die Folge war, dass der Walbestand in den Meeren weiter erheblich abnahm. Die Zahl der gefangenen Wale pro Jahr ging ab 1960 zwar von über 15.000 auf 5000 zurück. Dieser Rückgang hatte seinen Grund jedoch darin, dass die Zahl der Wale insgesamt sank, und war somit nicht die Folge von Fangquoten. Ohne Druck von außen konnten die an der Allmende Wale beteiligten Staaten dieses Problem offenkundig nicht lösen (Frieden/Lake/Schultz 2012: 500).

Beispiel Walfang

Erst der zusätzliche Druck durch Umweltverbände und -aktivisten sowie deren kluge politische Strategie ermöglichte die entscheidende Wende. 1982 wurde ein Abkommen vereinbart, das den Walfang zu kommerziellen Zwecken vollständig verbietet; es trat 1985 in Kraft. Die Umweltverbände hatten dafür ein Schlupfloch in den Entscheidungsregeln der Internationalen Walfangkommission genutzt. Diese legten fest, dass jedes Mitgliedsland, das seinen Mitgliedsbeitrag bezahlte, eine Stimme hatte und dass für eine Entscheidung der Kommission eine Mehrheit von Dreivierteln der Stimmen notwendig war. Jedes Land, das seine Absicht kundtat, eine Walfangindustrie aufzubauen, konnte Mitglied der Kommission werden, sofern es seine Beiträge bezahlte. Umweltschützer drängten deshalb die Regierungen von Staaten mit einer Anti-Walfang-Politik, der Kommission beizutreten So wurde z.B. die Schweiz Mitglied, obwohl sie als Binnenland über keinerlei Möglichkeiten verfügt, Walfang zu betreiben. Umweltverbände bewegten vor allem auch arme Staaten zum Beitritt, indem sie sich bereit erklärten, die Mitgliedsbeiträge für diese Länder zu bezahlen. Mit dieser Strategie gelang es, die Mehrheiten in der Kommission zugunsten der Walfanggegner zu verschieben und einen Beschluss zum vollständigen Verbot zu fassen (Frieden/Lake/Schultz 2012: 501; Peterson 1992).

Trickreichtum

Vollständige Verbote

Die Einhaltung eines vollständigen Verbotes ist leichter als die von Fangquoten zu überwachen und Verletzungen sind unschwer festzustellen. Das vereinfacht die Durchsetzung des Walfangverbots ganz erheblich. Allerdings gibt es Ausnahmegenehmigungen für den Walfang zu Forschungszwecken. Sie verkomplizieren die Überwachung und Durchsetzung wieder ein Stück weit und führen zu langwierigen, komplizierten internationalen Gerichtsverfahren (Caddell 2014).

Harte vs. weiche Regeln

Einfache, präzise und verbindliche Regeln – also besonders »gute« internationale Institutionen – waren auch eine wesentliche Ursache dafür, dass die Verschmutzung von Meeren und Küsten durch leckgeschlagene Öltanker erheblich verringert werden konnte. Solche einfachen, präzise formulierten und verbindliche Regelwerke werden auch als »hartes« Recht bezeichnet. Regeln, die viele und komplizierte Ausnahmen enthalten oder keine klaren Vorgaben für das angemessene Verhalten machen, werden dagegen als »weiches« Recht bezeichnet (Abbott et al. 2000; Abbott/Snidal 2000).

Im Falle der Öltanker wurde die Regel eingeführt, dass diese riesigen Schiffe mit einer Doppelhülle ausgestattet werden müssen. Schlägt die äußere Hülle bei einem Unfall leck, verhindert die zweite innere Hülle den Austritt von Öl, das Meer und Küsten verschmutzen könnte. Es war überdies ausreichend, dass die USA die Vorschrift, die leicht zu überwachen ist, einseitig erließen, statt auf internationale Vereinbarungen zu drängen. Da alle internationalen Reedereien mit ihren Tankern amerikanische Häfen anlaufen wollten, blieb ihnen nichts anderes übrig als ihre Schiffe mit Doppelhüllen auszurüsten. Dennoch war es hilfreich, dass auch andere Länder ähnliche Vorschriften wie die USA erließen und dadurch den Druck auf Reedereien erhöhten.

Ähnliche Erfahrungen wurden bei den Versuchen gemacht, das Ausspülen von Öltankern mit Meerwasser zu unterbinden. Reedereien verzichteten erst dann auf diese Praxis, als ihnen vorgeschrieben wurde, Technologien auf ihren Schiffen einzusetzen, mit denen die Abwässer gereinigt werden, bevor sie ins Meer zurückfließen. Denn diese Bestimmung ist einfach und ihre Einhaltung lässt sich leicht überprüfen (Frieden/Lake/Schultz 2012: 518–519; Mitchell 1994).

Zwischenfazit

Unter welchen Bedingungen kommt kollektives Handeln beim Umweltschutz zustande?

Umweltverschmutzung oder -zerstörung kann verringert werden, wenn die folgenden Bedingungen zur Lösung von Problemen kollektiven Handelns erfüllt sind:

- Die Anzahl der Betroffenen und Beteiligten ist möglichst klein.
- Die beteiligten Akteure kooperieren ohnehin und in verschiedenen Politikfeldern miteinander; die Lösung von Umweltproblemen wird mit anderen Politikfeldern verknüpft.

- Die Nutzung öffentlicher Güter kann an die Nutzung privater Güter gekoppelt werden.
- Es bestehen privilegierte Gruppen, die einseitig die Kosten für öffentliche Güter tragen, weil sie selbst sehr stark von diesen profitieren.

Positiv auf die Erfolgsaussichten wirkt es sich außerdem aus, wenn:

- verschiedene günstige Bedingungen zusammenwirken,
- Regeln vereinbart werden, die »hartes« statt »weiches« Recht darstellen.

Kooperationshindernisse beim Klimaschutz | 10.4

Erfolgsbedingungen, die internationale Zusammenarbeit ermöglichen und stützen, liegen nicht bei allen Umweltproblemen vor. Ein herausragendes Beispiel dafür, dass ein hoher Problemdruck – die erkannte Dringlichkeit eines Problems – allein nicht zu Kooperation führt, ist der Klimaschutz.

Problemdruck

> »Der fortgesetzte Ausstoß von Treibhausgasen wird die weitere Erwärmung und Veränderungen in allen Bestandteilen des Klimasystems verursachen. Die Begrenzung des Klimawandels erfordert erhebliche und anhaltende Verringerungen von Treibhausgasemissionen.« (Intergovernmental Panel on Climate Change (ICPP) 2013: 19, Übersetzung ChT)

Folgen des Klimawandels

Es besteht kein vernünftiger Zweifel am Befund der Erderwärmung und an der Erkenntnis, dass diese kein Naturereignis ist, sondern durch menschliches Handeln verursacht wird (Intergovernmental Panel on Climate Change (ICPP) 2013: 15, 7). Ebenso sind die dramatischen Auswirkungen des Klimawandels bekannt, wie z. B. (Smith et al. 2009):

- Zunahme von Dürren und Ausbreitung von Wüsten (Verwüstung),
- Flutkatastrophen,
- extreme Wetterereignisse,
- weltweiter Anstieg des Meeresspiegels.

Irreversibilität

Die Wissenschaftler, die den Klimawandel untersuchen, weisen außerdem nachdrücklich darauf hin, dass er und seine Folgen irreversibel sind, wenn es nicht gelingt, die Zunahme der Erderwärmung zu verringern (Intergovernmental Panel on Climate Change (ICPP) 2013: 27).

Verbindliche Zielvereinbarung

Angesichts dieser alarmierenden wissenschaftlichen Prognosen wurde auf der UN-Klimakonferenz in Cancún, Mexiko, im Dezember 2010 verbindlich vereinbart, die Klimaerwärmung nicht über weitere zwei Grad Celsius zuzulassen, sondern sogar auf 1,5 Grad zu senken (United Nations. Framework Convention on Climate Change 2011: 3). Die teilnehmenden Staaten verpflichteten sich, ihren Treibhausgasausstoß entsprechend zu verringern. Das Umweltprogramm der Vereinten Nationen überprüft, ob und in welchem Maß diese Versprechen, die schon 2009 in Kopenhagen in unverbindlicher Form abgegeben worden waren, von den Staaten eingehalten werden (United Nations. Environment Programme 2010).

Eine von Wissenschaftlern betriebene Internetseite zeigt, in welchem Maß Staaten ihrer Selbstverpflichtung zur Eindämmung des Klimawandels nachkommen (ECOFYS/Climate Anayltics/Potsdam Institute for Climate Impact Research (PIK) 2014). Die Ergebnisse sind ernüchternd. Nur ein Land, die Malediven, werden als vorbildhaft eingestuft. Das ist nicht überraschend, denn das Land würde bei einem weiteren Anstieg des Meeresspiegels verschwinden. Gerade einmal fünf weitere Länder, Costa Rica, Norwegen Südkorea, Bhutan und Papa Neuguinea, unternehmen ausreichende Anstrengungen, um ihre Versprechen zu erfüllen. Dann gibt es noch eine Reihe von Ländern, denen attestiert wird, dass ihre geplanten Maßnahmen ausreichend seien. Diese müssten jedoch auch umgesetzt werden. Die Anstrengungen der meisten Länder werden jedoch als unzulänglich bezeichnet; zu ihnen gehören auch die 27 EU-Staaten. Beim derzeitigen Erkenntnisstand muss davon ausgegangen werden, dass das in Cancún beschlossene Ziel verfehlt wird, weil die Staaten sich überwiegend nicht an ihre Verpflichtungen halten. Damit wird die Klimaerwärmung über zwei Grad Celsius steigen.

Fatale Nichteinhaltung

Die Erklärung für dieses kollektive Versagen ist in den Problemen bei der Herstellung des öffentlichen Gutes Klimastabilität zu suchen. Einige der oben genannten Erfolgsbedingungen für internationale Kooperation fehlen beim Klimawandel. Dazu gehört, dass nahezu alle Staaten einen Beitrag leisten müssten, so dass die Gruppe nicht klein, sondern sehr groß ist. Hinzu kommt, dass viele dieser Staaten auch auf anderen Feldern Konflikte miteinander austragen. Damit ist das wechselseitige Vertrauen gering und es bestehen keine Möglichkeiten, andere Kooperationen mit dem Klimaschutz zu verknüpfen (*linkage*, → Kap. 2.2).

Fehlende Erfolgsbedingungen

Hinzu kommt, dass es keine privilegierte Gruppe gibt, die die Gesamtkosten des Klimaschutzes zu tragen bereit wäre. Vielmehr besteht eine erhebliche Asymmetrie: Die größten Volkswirtschaften sind gleichzeitig auch die größten Verursacher von Treibhausgasausstoß. Sie müssten deshalb eigentlich den größten Beitrag zur Klimastabilität leisten, indem sie ihren Ausstoß erheblich verringern. Dafür müssten sie jedoch erhebliche Kosten übernehmen. Gleichzeitig sind sie am wenigsten von den Folgen des Klimawandels betroffen, weil sie über große Fähigkeiten verfügen, sich an diese anzupassen. Sie suchen daher ihr Heil in einer Klimaanpassungspolitik statt in einer Politik, die auf die Begrenzung der Erderwärmung zielt.

Die kleineren und weniger entwickelten Länder verfügen dagegen kaum über Möglichkeiten, sich an die Folgen des Klimawandels anzupassen und leiden daher erheblich stärker darunter. Die großen Schwellenländer schließlich, insbesondere China, Indien oder Brasilien, haben sich entschieden, zunächst ihre Industrialisierung voranzutreiben, um den materiellen Wohlstand zu verbessern, und erst später die dabei entstehende Umweltverschmutzung zu beseitigen (Bernauer 2013: 444; Spilker 2012). Diese die Bildung einer privilegierten Gruppe verhindernde Asymmetrie der Interessen zwischen den verschiedenen Staaten stellt ein erhebliches Kooperationshindernis auf dem Weg zu einem nachhaltigen Klimaschutz dar.

Innenpolitische Gründe

Staaten scheuen zudem auch aus innenpolitischen Gründen die notwendigen Schritte zu einer hinreichenden Klimastabilität. Die Umstellung von fossilen auf erneuerbare Energien müsste in der Gegenwart finanziert werden. Der Nutzen aus den dafür erforderlichen Investitionen – Klimastabilität – kommt jedoch erst in der mittelfristigen Zukunft zum Tragen. Viele Bürger stellen jedoch diesen in der Zukunft liegenden Nutzen nicht in dem hohen Maße in Rechnung wie die erheblichen und unmittelbar anfallenden Investitionskosten für eine Energiewende (Jacobs/Matthews 2012). Die eingangs erzählte Geschichte ist ein Beispiel dafür, wie unterschiedlich Bürger die unmittelbaren Kosten von Klimaschutz im Verhältnis zu den längerfristigen Schäden der Verschmutzung gewichten. Deshalb entsteht kein hinreichend starker öffentlicher Druck auf die Regierungen, einen Politikwechsel herbeizuführen (Bernauer 2013: 444–445).

Ungleiche Verteilung

Weiterhin sind Umweltprobleme einfacher zu lösen, bei denen eine kleine Gruppe erheblich von der Lösung profitiert, die Kosten sich jedoch auf eine sehr große Gruppe verteilen und somit für den Einzelnen kaum ins Gewicht fallen. Beim Klimaschutz ist dies nicht der Fall. Zwar gibt es eine kleine Zahl von Gewinnern einer Energiewende, z.B. die Hersteller von Technik zur Erzeugung erneuerbarer Energie, aber die Kosten der Umstellung für die Industrie und die Konsumenten sind extrem hoch. Davor scheuen beide zurück (Bernauer 2013: 445–446).

Verlässlichkeit politischer Zusagen

Es gibt noch ein Problem: Wenn Regierungen finanzielle Anreize schaffen, damit Firmen und Bürger z.B. in Energieeinsparung oder Schadstoffverringerung investieren, stellt sich zwangsläufig die Frage, wie verlässlich diese politischen Zusagen sind, wenn sich die wirtschaftlichen oder politischen (z.B. Wahlen) Voraussetzungen ändern. Wenn Firmen oder Bürger befürchten, dass die Regierung ihre Unterstützungszusagen nicht einhalten wird,[82] sinkt selbst bei denjenigen, die von der Bedrohung durch den Klimawandel überzeugt sind, die Bereitschaft einen eigenen Beitrag zur Klimastabilität zu leisten.

Eine nachhaltige Klimaschutzpolitik wird jedoch ohne erhebliche Mitwirkung und Unterstützung durch Wirtschaft und Gesellschaft nicht umgesetzt werden können (Bernauer 2013: 445). Damit steigt die Zahl der für eine Kooperation notwendigen Akteure von den knapp 200 Staaten auf die mehr als 7 Mrd. (Stand 2014) Menschen, die die Welt bevölkern. Damit werden die Größe der politischen Herausforderung und die Dimension des kollektiven Handlungsproblems deutlich, vor die der Klimawandel die Politik stellt.

Erfolge oder Misserfolge bei der internationalen Problemlösung im Politikfeld Umweltschutz können also zunächst damit erklärt werden, dass die einzelnen Umweltprobleme unterschiedlich hohe Hindernisse darstellen. Michael Zürn (1992) nennt dies die Situationsstruktur. Die Problemlösungsfähigkeit internationaler Beziehungen nimmt in dem Maße zu, wie die Komplexität der Situationsstruktur abnimmt.

Wahrnehmung von Umweltproblemen

Jenseits dieser der rationalistischen Schule (→ Kap. 2.1–2.3) zuzuordnenden Deutungen besitzt jedoch auch die dem Konstruktivismus (→ Kap. 2.4) entstammende Erkenntnis Erklärungskraft, dass Länder Umweltfragen in höchst unterschiedlichem Maße wahrnehmen und bearbeiten. Die einleitend erzählte Geschichte zeigt deutlich, dass in manchen Orten der USA Klimawandel nicht in ähnlicher Weise als Bedrohung wahrgenommen wird wie auf den Malediven oder in der Bundesrepublik. Aufgrund dieser Wahrnehmungsdifferenzen bilden die einzelnen Länder in der Umweltpolitik verschiedene Profile heraus. Diese unterscheiden sich in der Art und Weise, wie mit den Herausforderungen von Umweltproblemen umgegangen wird.

Umweltfolgen- vs. Naturschutzpolitik

In Tabelle 10.1 sind zwei Politikprofile näher beschrieben: die Umweltfolgenpolitik und die Naturschutzpolitik:

- Bei Umweltfolgenpolitik wird versucht, die Folgen der Umweltzerstörung zu lindern und den Menschen ein risikofreies Leben zu sichern.
- Bei der Naturschutzpolitik liegt der Schwerpunkt auf dem Schutz der Natur vor Ausbeutung, Überbeanspruchung und Verunreinigung. Das Ziel ist es, Lebensräume für viele Lebewesen zu sichern.

Auch wenn alle Länder politisch sicherlich beide Aufgaben zu bewältigen suchen, setzen sie doch deutlich erkennbar unterschiedliche Schwerpunkte. In Afrika und Asien liegt der Schwerpunkt auf der Bewahrung der Vitalität

Tab. 10.1 | *Profile für Umweltpolitik*

Quelle: Gallego-Álvarez/Rodríguez-Domínguez/García-Rubio (2013: 2); Yale Center for Environmental Law & Policy (2014).

»Gesundheit der Umwelt« (Umweltfolgenpolitik)	»Vitalität des Ökosystems« (Naturschutz)
Beseitigung von krankheitsverursachenden Umweltlasten	Schutz von Artenvielfalt und Lebensraum
Bereitstellung sauberen Wassers für die Menschen	Reinigung des Wassers für eine saubere Natur
Reinigung der Luft für die Menschen	Reinigung der Luft für eine saubere Natur
	Erhaltung von Waldbeständen
	Nachhaltige Landwirtschaft
	Bekämpfung des Klimawandels

des Ökosystems, Europa, Nordamerika und in geringerem Ausmaß Südamerika betreiben vor allem Umweltfolgenpolitik (Gallego-Álvarez/Rodríguez-Domínguez/García-Rubio 2013). Während die Forschung diese Unterschiede in der Wirksamkeit von Umweltpolitik herausgearbeitet hat, steht die Erklärung noch aus, warum Länder und Regionen diese verschiedenen Schwerpunkte setzen. Sofern dies mit Problemwahrnehmungen erklärt werden kann, müssten bei der Erforschung konstruktivistische Ansätze (→ Kap. 2.4) herangezogen werden.

Zwischenfazit

Kooperationshindernisse beim Klimaschutz
Trotz verbindlicher Vereinbarung, die Erderwärmung nicht über weitere 2° Celsius steigen zu lassen, bleiben nahezu alle Staaten hinter dieser Selbstverpflichtung zurück. Der Grund liegt darin, dass die beim Klimawandel zu lösenden kollektiven Handlungsprobleme weitaus gravierender sind als bei anderen Umweltproblemen:

1. Die Gruppe der zur Kooperation notwendigen Mitglieder ist sehr groß.
2. Das wechselseitige Vertrauen ist gering:
   - es besteht der Verdacht, dass andere sich nicht an die Vereinbarung halten;
   - in der großen Gruppe wird in anderen Politikfeldern selten kooperiert;
   - es gibt nur wenige Möglichkeiten, verschiedene Politikbereiche zum Zweck der Kooperationsförderung miteinander zu verknüpfen
3. Es gibt keine privilegierte Gruppe, die die Gesamtkosten der Verhinderung von Klimawandel trägt.
4. Zwischen den verursachenden Industrieländern und den Entwicklungsländern besteht eine kooperationsbehindernde Asymmetrie.
5. Die Kosten von Klimaschutz fallen sofort an, der Nutzen wird jedoch erst viele Jahre später erkennbar.
6. Die Kosten des Klimaschutzes sind erheblich und müssen von vielen gesellschaftlichen Gruppen übernommen werden.

Politische Durchsetzungskraft von Umweltsündern | 10.5

Obwohl der Schutz von Umwelt und Natur in vielen Gesellschaften eine hohe Anerkennung genießt und einen großen politischen Stellenwert besitzt, gelingt es den Verursachern von Umweltverschmutzung oder sogar -zerstörung häufig, die Verantwortung und die Kosten für die Behebung der

Externalisierung von Kosten

von ihnen verursachten Schäden auf andere abzuwälzen, d.h. sie zu externalisieren. Wenn z.B. Energieproduzenten die Luft verschmutzen, schädigen sie vor allem die Menschen, die verunreinigte Luft atmen müssen. Wenn Industrien vergiftetes Wasser ungereinigt in Flüsse und Meere leitet, beeinträchtigt dies möglicherweise die Qualität des Grund- und Trinkwasser für die Bürger, aber zumindest die Wasserqualität von Flüssen und Meeren, von der andere, z.B. Fischer, leben. Wenn die Holzindustrie systematisch die Regenwälder abholzt, weil sie die höheren Kosten für selektive Ernte scheut, entstehen Bodenerosion und Klimawandel, die Folgen für Menschen in Nah und Fern zeitigen.

Probleme des Verursacherprinzips

Warum ist es so kompliziert, die vergleichsweise kleine Gruppe von Verursachern zur Verantwortung zu ziehen und dadurch die eher große Gruppe der von Umweltverschmutzung oder -zerstörung Betroffenen zu schützen? Warum setzen sich diese kleinen Interessengruppen politisch gegen große gesellschaftliche Mehrheiten durch (→ Kap. 3.3, Kap. 5.3.2.2)?

Durchsetzung von Lobbyisten

Dies liegt zum einen sicher am erheblichen Aufwand an Lobbyismus, den diese hochgradig organisierten Interessengruppen betreiben und der ihnen zu beeindruckendem politischen Durchsetzungsvermögen verhilft. Es wäre jedoch zu kurz gedacht, wenn man den Einfluss von Lobbyisten vorwiegend darin sieht, dass sie über privilegierten Zugang und eine ganz besondere Nähe zu politischen Entscheidungsträgern verfügen. Denn auch Lobbyisten müssen Überzeugungsarbeit leisten, indem sie ihre Forderungen und Wünsche plausibel begründen. Ein häufig vorgetragener Grund gegen verbindliche Auflagen zum Schutz vor Umweltverschmutzung ist, dass ein Betrieb im internationalen Wettbewerb stehe. Bei hohen Auflagen büße er seine Konkurrenzfähigkeit ein und müsse schließen. Dadurch gingen auch wichtige Arbeitsplätze verloren. Wenn das Argument des Verlustes von Wettbewerbsfähigkeit nicht verfängt, wird darauf hingewiesen, dass die durch Umweltauflagen zusätzlich anfallenden Kosten auf die Verbraucher umgelegt werden müssten. Die Folge sei Inflation. Beiden Argumentationsmustern ist gemein, dass die Interessen des Unternehmens als Interessen der Allgemeinheit formuliert werden. Dies erweist sich politisch durchsetzbarer als ureigene Partikularinteressen (Frieden/Lake/Schultz 2012: 505–507). Die eingangs dieses Kapitels erzählte Geschichte ist ein beredtes Zeugnis für diesen Zusammenhang.

Partikular- als Gemeinwohlinteressen

Die Durchsetzungsfähigkeit von Partikularinteressen wird zum anderen auch dadurch gefördert, dass diese kleinen Gruppen einen offenkundig weit höheren Anreiz haben, sich politisch gegen Umweltauflagen zu wehren, als die große, diffuse und schwer mobilisierbare Masse der Betroffenen. Wenn es aber trotzdem gelingt, nationale Auflagen für den Umweltschutz zu beschließen, verändern sich auch die Rahmenbedingungen für die Interessenvertreter der betroffenen Unternehmen. Sie setzen sich nun stark dafür ein, dass die nationalen Auflagen zu internationalen Vereinbarungen mit anderen Ländern führen, damit wieder Gleichheit der internationalen Wettbewerbsbedingungen entsteht. Wenn der politische Kampf gegen nationale Umweltauflagen verloren wurde, werden Unternehmen sich für die Internationalisierung dieser Auflagen und damit für internationalen Umweltschutz einsetzen (DeSombre 2000).

Abwälzen von Verantwortung

Auch international wird die Verantwortung für den Umweltschutz und insbesondere für den Klimawandel hin und her verschoben, wie schon die eingangs erzählte Geschichte gezeigt hat. Der Konflikt tobt vor allem zwischen entwickelten Industriestaaten und Schwellenländern. In der Zeit ihrer Industrialisierung scherten sich die heutigen Industriestaaten wenig um den Umweltschutz. Mittlerweile haben sie die allergrößten Umweltsünden dieser Entwicklungsphase korrigiert. Weitere Einschränkungen der Verschmutzung sind nunmehr technisch aufwendig und daher sehr teuer. Heutzutage sind die Schwellenländer die größten Emittenten von Schadstoffen. Sie wehren die Versuche, gemeinsame internationale Auflagen zur Verringerung des Schadstoffausstoßes zu vereinbaren, mit dem Argument ab, dass sie, wie die Industriestaaten damals, ein Recht hätten, ihre Entwicklung zu modernen Industrieländern ohne einschränkende Auflagen zu beenden. Hier zeigt sich, dass die notwendige industrielle Entwicklung schon immer ein schmutziges, allgemeinschädliches Geschäft war und immer noch ist (Frieden/Lake/Schultz 2012: 507–511). Die innenpolitischen und internationalen Konstellationen von Interessen stellen daher erhebliche Hindernisse auf dem Weg zu einer sauberen Umwelt und Klimastabilität dar.

10.6 Kooperationskatalysatoren

Die Hindernisse auf dem Weg zu einer sauberen Umwelt und einem stabilen Klima sind erheblich, vollkommen unüberwindbar sind sie aber nicht. Sie können mit Hilfe von zwei Mechanismen oder Katalysatoren überwunden werden: internationalen Institutionen und einseitiger Führungskraft.

10.6.1 Institutionen

Wirkung von Institutionen

Internationale Institutionen – gemeinsame Regeln und überwachende Organisationen – sind geeignet, die Befürchtung von Staaten zu verringern, dass sich einzelne oder mehrere aus der Vielzahl der beteiligten Staaten nicht an die Vereinbarungen halten und den Vertragstreuen dadurch ein erheblicher Nachteil entsteht. Um dieses Kooperationshindernis auszuräumen, müssen präzise Maßstäbe (auch Standards genannt) gesetzt werden, deren Beachtung überprüft werden kann. Diese Überprüfung kann dann in die Hände internationaler Organisationen gelegt werden. Ein Beispiel für eine solche Organisation ist das *Intergovernmental Panel on Climate Change*. Ihm obliegt die Überwachung der Regeleinhaltung im Bereich des Klimaschutzes (Verifikation). Die politische Herausforderung liegt aber nicht allein darin, irgendwelche Regeln zu verabreden oder irgendeine Organisation einzurichten. Die Wirksamkeit von Regeln und Organisationen hängt vielmehr maßgeblich von deren Eigenschaften ab – dem sogenannten Design internationaler Institutionen.

Verifikation

Institutionelles Design

Je präziser und verbindlicher die Regeln formuliert sind (»hartes Recht«), desto einfacher sind mögliche Verstöße festzustellen und notfalls zu bestrafen. Beispiele für einfache, aber wirksame Regeln im Politikfeld Umweltschutz sind vollständige Verbote. Dazu gehört etwa das Verbot von Fluorkohlenwasserstoff. Auch die Vorschrift, Öltanker mit einer Doppelhülle auszurüsten, ist präzise, einfach und gut überprüfbar. Wenn dagegen der Ausstoß von Schadstoffen bis zu einem bestimmten Ausmaß erlaubt wird oder dieses Maß auch noch variieren darf, je nachdem welche besonderen Bedingungen vorliegen, dann kann trefflich darüber gestritten werden, ob eine Regel eingehalten wurde oder nicht. Institutionelle Designs mit komplexen, unpräzisen und Ausnahmen ermöglichenden Vorschriften sind sehr schwer zu überwachen, weil Regelbruch kaum zweifelsfrei festgestellt werden kann (Abbott et al. 2000; Frieden/Lake/Schultz 2012: 518–519).

Delegation von Kompetenz

Die Wirksamkeit internationaler Organisation bei der Überwachung von Vertragsparteien hängt maßgeblich davon ab, wie viel Kompetenz diesen Organisationen übertragen wurde. Das Spektrum der Optionen reicht dabei vom Einsammeln und Verarbeiten von Berichten, die Staaten über ihr eigenes Verhalten erstellen und abliefern, bis hin zu der Möglichkeit der Organisationen, selbständig, unangemeldet und vor Ort Informationen zu sammeln und auszuwerten. Je eigenständiger internationale Organisationen tätig werden dürfen, desto vertrauensbildender sind ihre Überwachungsmaßnahmen.

Entscheidungsregeln

Und schließlich hängt die Wirksamkeit dieser Institutionen von der sprichwörtlichen Frage ab: »Wer hängt der Katze die Schelle um?« Damit ist das Problem angesprochen, welche Art von Akteur nach welcher Entscheidungsregel die Feststellung trifft, ob die Mitgliedstaaten eine Verpflichtung einhalten oder nicht und welche Gegenmaßnahmen ggf. getroffen werden. Dies variiert je nach institutionellem Design. Bei manchen Organisationen können die in ihnen tätigen Personen diese Entscheidungen fällen. In den meisten Fällen werden sie jedoch von den Gremien, in denen die Mitgliedstaaten selbst vertreten sind, getroffen. Diese Gremien können häufig nur einstimmig entscheiden. Möglich ist aber auch, dass ein betroffener Mitgliedstaat selbst nicht abstimmen darf (Entscheidungsregel: Konsens minus eins). Nur in seltenen Fällen wird die Entscheidung mit Mehrheit getroffen.

Information kompakt

Institutionelles Design von internationalen Organisationen
Das institutionelle Design einer internationalen Organisation kann anhand von drei Charakteristika bestimmt werden:

1. Standards: Präzision und Verbindlichkeit der Regeln;
2. Grad der Eigenständigkeit und Unabhängigkeit, mit der die internationale Organisation die Einhaltung von Verpflichtungen überwacht;
3. beschlussfassender Akteur und Entscheidungsregel, nach der die Feststellung getroffen wird, ob eine Verpflichtung verletzt wurde oder nicht.

Je eindeutiger das institutionelle Design einer Institution entworfen wurde, desto vertrauensbildender wirkt diese und desto besser kann sie dazu beitragen, dass Kooperationshindernisse beim Umweltschutz und in anderen Politikfeldern überwunden werden (Bernauer 2013). Bei ihrer Untersuchung zu den umweltpolitischen Leistungen von Entwicklungsländern fand Gabriele Spilker (2012) außerdem heraus, dass es sich positiv auf den Umweltschutz auswirkt, wenn diese Mitglied in anderen internationalen Institutionen, etwa in Handelsorganisationen oder Militärbündnissen, sind. Sie sieht daher die Wirkung von nichtpolitikfeldspezifischen Organisationen auf den Umweltschutz vor allem darin, dass die Mitgliedstaaten aufgrund der institutionalisierten Zusammenarbeit gewohnt sind, Informationen, Expertenwissen und Technologie austauschen. Außerdem ergäben sich mehr Möglichkeiten, Verpflichtungen in verschiedenen Politikfeldern miteinander zu verknüpfen. Manche Autoren gehen sogar so weit, die Erfolgsaussichten international institutionalisierter Zusammenarbeit für nachhaltigen Umweltschutz weit höher einzustufen als innenpolitische Maßnahmen (Bernauer et al. 2010).

Vielfältige Mitgliedschaften

Führungskraft und Vorbildfunktion | 10.6.2

Neben Institutionen kann auch die Ausübung von Führungskraft helfen, Kooperationshindernisse in der Umweltpolitik zu überwinden. Dabei muss Führungskraft nicht unbedingt darin bestehen, dass ein Hegemon die Gesamtkosten für internationale Kooperation übernimmt, weil er selbst ganz erheblich von der Kooperation profitiert (→ Kap. 3.1.1). Führungskraft kann auch derjenige Akteur ausstrahlen, der eine Vorbildfunktion für

Weiche Macht

andere ausübt, die dann dessen Verhalten nachahmen. Für diesen Zusammenhang zwischen Vorbildfunktion und Nachahmung prägte Joseph S. Nye (1990: 32, 266–267) den Begriff der »weichen Macht« (*soft power*), der eng an den Begriff der »strukturellen Macht« von Susan Strange (Strange 1988: 24) angelehnt ist (Nye 2004).

> »Die Fähigkeit, Präferenzen [für andere, ChT] zu setzen, wird tendenziell mit immateriellen Ressourcen wie Kultur, Ideologie und Institutionen in Verbindung gebracht. Diese Dimension kann als weiche Macht gedacht werden, im Gegensatz zur Macht harter Befehlsgewalt, die üblicherweise mit materiellen Ressourcen wie militärischer oder wirtschaftlicher Stärke in Verbindung gebracht wird.« (Nye 1990: 32, Übersetzung ChT)

Vorbild EU

In ihrer ausgezeichneten Diplomarbeit konnte Ulrike Saul (2007) zeigen, dass die Europäische Union beim Klimaschutz eine solche Vorbildfunktion ausgeübt und dadurch andere Staaten dazu veranlasst hat, sich ebenfalls tatkräftig für Klimastabilität einzusetzen (Saul/Seidel 2011).[83] Immer dann, wenn die EU in den internationalen Klimaverhandlungen Führungsstärke zeigte, folgten die anderen Verhandlungspartner ihrem Vorbild. Immer, wenn die EU in ihren Anstrengungen für eine solche Vorbildrolle nachließ, kam keine Kooperation mit den Partnern zustande (Saul/Seidel 2011).

Damit ist die Ausübung von weicher Macht neben internationalen Institutionen der zweite zentrale Mechanismus, mit dem die erheblichen Hindernisse auf dem Weg zur Kooperation beim Klimaschutz und anderen Umweltproblemen überwunden werden können.

Zusammenfassung

Der Umweltschutz als Herausforderung internationaler Beziehungen zeigt in doppelter Hinsicht ein gemischtes Bild. Zum einen ist es gelungen, verschiedene Umweltprobleme nachhaltig zu lösen, während andere bislang nicht zufriedenstellend bearbeitet werden konnten. Zum anderen gibt es offenbar Umweltprobleme, die nicht kompliziert sind und daher beseitigt werden können, während bei anderen Problemen insbesondere dem Klimaschutz ganz erhebliche Hindernisse überwunden werden und sehr viele Akteure an einem Strang ziehen müssen. Die Hürden können in diesen Fällen sowohl auf der innenpolitischen als auch auf der internationalen Ebene liegen. Zur Überwindung der Letzteren sind insbesondere zwei Mechanismen aussichtsreich: Die Nutzung sowohl politikfeldspezifischer wie auch nicht spezifischer internationaler Institutionen und die Ausübung von Führungsstärke durch eine Vorbildfunktion, die andere Akteure nachahmen können.

Lernkontrollfragen

1. Suchen Sie nach weiteren Beispielen für öffentliche Güter in den internationalen Beziehungen. Unterteilen Sie Ihre Beispiele nach a) reinen kollektiven Gütern und b) Allmende.
2. Was sind die Unterschiede zwischen »hartem« und »weichem« Recht?
3. Was muss geschehen, damit ein Umweltproblem auf die politische Tagesordnung gelangt?
4. Was sind günstige, was ungünstige Bedingungen für die Lösung von Kooperationsproblemen im Politikfeld Umweltschutz?
5. Für eine Hausarbeit sollen Sie das Design internationaler Institutionen beurteilen. Welche Kriterien können Sie als Beurteilungsmaßstäbe nutzen? Bilden Sie für jedes Kriterium ein Spektrum von Möglichkeiten, auf dem Sie die zu beurteilende Institution einordnen können.

Weiterführende Literatur

Mitchell, Ronald B. (2010), *International Politics and the Environment*, 1. publ., Los Angeles, CA: Sage.

Mitchell, Ronald B. (2013), ›International Environmental Politics‹ in: Walter Carlsnaes/Risse, Thomas/Simmons, Beth A. (Hrsg.), *Handbook of International Relations*, E-Book, London, UK: Sage Publications, 801–826.

Raustiala, Kal (1997), ›States, NGOs, and International Environmental Institutions‹, *International Studies Quarterly*, 41(4): 719–740.

Rittberger, Volker/Kruck, Andreas/Romund, Anne (2010), *Grundzüge der Weltpolitik. Theorie und Empirie des Weltregierens*, Wiesbaden: VS Verlag für Sozialwissenschaften, 564–596.

Young, Oran R. (1998), *International Cooperation. Building Regimes for Natural Resources and the Environment*, Ithaca, NY; London, UK: Cornell University Press.

Young, Oran R. (2010), *Institutional Dynamics. Emergent Patterns in International Environmental Governance*, Cambridge, MA: MIT Press.

11 | Die Welt von morgen: Konkurrierende Theorien und Visionen Internationaler Beziehungen

Inhalt

In diesem abschließenden Kapitel wird es darum gehen, wie verschieden internationale Beziehungen heute beschrieben werden. Zu diesem Zweck wird zunächst die Erklärungskraft der Großtheorien (→ Kap. 2) im Lichte der in diesem Buch vorgestellten Rätsel evaluiert. Dabei werden Schwächen und Stärken der einzelnen Theorien herausgearbeitet. Anschließend werden drei aktuelle Forschungsdebatten aufgegriffen und erläutert, welches Bild sie von den internationalen Beziehungen der Gegenwart zeichnen.

Am Ende dieses Buches ist es notwendig eine Bilanz zu ziehen. Wie sehen die internationalen Beziehungen aus, die in den verschiedenen Kapiteln zu den einzelnen Rätseln zutage getreten sind? Wie ist die internationale Welt, in der wir leben, beschaffen? Und schließlich, wie verändert sich diese Welt gerade?

11.1 | Beschreibungen der internationalen Beziehungen in den Großtheorien

Diese Fragen führen zunächst zurück zu den Großtheorien Internationaler Beziehungen, die in Kapitel 2 vorgestellt wurden. Es soll geprüft werden, ob sie zuverlässig Auskunft über internationale Beziehungen heute geben und wie gut sie die in den einzelnen Kapiteln vorgestellten Rätsel lösen.

Neorealismus: Staatenwelt im Machtkampf um Sicherheit

11.1.1

Der Neorealismus (→ Kap. 2.1) beschreibt Internationale Beziehungen als eine Staatenwelt. Die Akteure handeln unter den Bedingungen von Anarchie, weil eine übergeordnete Regierung fehlt. Damit sind sie zur Selbsthilfe verdammt. Um ihr eigenes Überleben sicherzustellen und ihre Interessen zu verwirklichen, streben sie nach Macht. Wenn irgend möglich werden sie versuchen, ihre Machtressourcen selbständig auszubauen. Weil diese Bedingungen für alle gelten, entsteht ein Machtgleichgewicht zwischen den Staaten, das unterschiedliche Ausprägungen annehmen kann. Sie werden Polarität genannt und kennzeichnen, wie Macht im System verteilt oder konfiguriert ist. Dabei kann man insbesondere Unipolarität, Bipolarität und Multipolarität unterscheiden. Frieden – gemäß der realistischen Auffassung die Abwesenheit zwischenstaatlicher Kriege – ist das Ergebnis eines stabilen Machtgleichgewichts. Die drei Ausprägungen sind allerdings unterschiedlich stabil. Denn Staaten werden versuchen, die Machtverhältnisse zu ihren eigenen Gunsten zu verändern. Aufsteiger fordern Hegemone heraus; Hegemone wehren die Herausforderungen von Aufsteigern ab. Kriege entstehen daher, wenn Machtgleichgewichte instabil geworden sind und neu eingestellt werden (→ Kap. 3).

Staatenwelt

Machtgleichgewicht

Diese Sichtweise des Neorealismus hilft insbesondere, die gegenwärtigen Konflikte in Asien zu verstehen, wie Kapitel 3 zeigt. Das aufsteigende China fordert den Hegemon USA in dieser Region heraus. Aber auch die machtpolitischen Ambitionen Russlands unter Präsident Vladimir Putin scheinen in das Bild des Neorealismus von Internationalen Beziehungen zu passen. Die Vorhersage der Theorie ist, dass sich ein Sturm zusammenbraut, der sich früher oder später zu einem Krieg entwickeln wird (Mearsheimer 2010).

Konflikte in Asien

Viele Staaten sind jedoch zu klein und/oder zu schwach, um ihr Überleben selbständig sicherstellen zu können. Aus der Sicht des Neorealismus sind diese Staaten zu einer zweiten Präferenz gezwungen, weil die erste – Selbsthilfe – für sie auch bei größter Anstrengung nicht zum gewünschten Ergebnis führt. Vielmehr müssen sie mit anderen Staaten kooperieren, indem sie Allianzen bilden. Zu diesem Zweck stehen ihnen zwei Möglichkeiten offen: Sie können sich erstens zu einer Allianz von kleinen Staaten zusammenschließen, um ihre Kräfte gegen große und mächtige Staaten zu bündeln. Gemeinsam können sie deren Übermacht ausgleichen, was jedem Einzelnen alleine nicht möglich wäre. Diese Möglichkeit wird *balancing* genannt. Sie können sich zweitens eng an eine Großmacht binden, um unter deren schützenden Deckmantel kleinere machtpolitische Gewinne einstreichen zu können. Diese Möglichkeit wird als *bandwagoning* bezeichnet.

Allianzen

Nimmt man diese theoretischen Erwartungen zum Ausgangspunkt der Sicht auf die Gegenwart internationaler Beziehungen, werden einige Entwicklungen erklärbar: Südostasiatische Staaten, Taiwan, Südkorea, Japan, Australien und Neuseeland rücken enger zusammen, weil sie den Aufstieg Chinas als sicherheitspolitische Bedrohung fürchten. Gleichzeitig schlüpfen sie unter den Schutz des Hegemons USA, der einzig über die Macht verfügt, China die Stirn zu bieten. Dies ist ein Beispiel für *bandwagoning*.

Europa

Ein Beispiel für *balancing* findet man eher in Europa und stärker im wirtschaftlichen (→ Kap. 5) als im sicherheitspolitischen Politikfeld. Die Bildung eines gemeinsamen europäischen Wirtschaftsraumes oder die Einführung einer gemeinsamen Währung können auch als Versuch verstanden werden, die Chancen auf Gegenmachtbildung – *balancing* – durch den Zusammenschluss zur Europäischen Union erheblich zu verbessern. Eine politische und wirtschaftliche Gemeinschaft ist gegen die machtpolitische Konkurrenz der USA, China oder Russland besser gewappnet als jeder Mitgliedstaat allein. Als *balancing* lassen sich auch die Versuche der Mitgliedstaaten der Shanghai-Organisation oder die der BRICS (Brasilien, Russland, Indien, China und Südafrika), einen eigenen Währungsfonds zu gründen, interpretieren. Sie wollen sich auf diese Weise von dem westlich dominierten Internationalen Währungsfonds unabhängig machen.

BRICS

Stärken/Schwächen Neorealismus

Damit liefert der Neorealismus ein Angebot für das Verständnis wichtiger Entwicklungen in den heutigen internationalen Beziehungen. Seine Stärke liegt in der Interpretation der großen machtpolitischen Strömungen. Sicherheitspolitische und wirtschaftspolitische Machtverschiebungen liegen in seinem Blickfeld und können mit seiner Hilfe schlüssig interpretiert werden. Die Schwäche der neorealistischen Theorie liegt darin, dass sie keine guten Angebote für die Lösung anderer Rätsel macht, wie Menschenrechte, Migration oder Umweltschutz. Auch die ungleiche Verteilung von Armut und Reichtum und damit Fragen der Entwicklungspolitik liegen jenseits des Scheinwerferlichtkegels, den der Neorealismus auf internationale Beziehungen wirft.

11.1.2 Institutionalismus: Kooperationsprobleme bei der Selbstregierung zwischen Staaten

Der Institutionalismus (→ Kap. 2.2) teilt wesentliche Grundannahmen des Neorealismus. Er bestreitet allerdings, dass Staaten nur an Überleben und Sicherheit interessiert sind. Auch die Wohlfahrt und bessere Lebensformen sind ihm zufolge wichtige Ziele, die Staaten in den Internationalen Beziehungen verfolgen. Die wohlfahrtsorientierten Ziele sind am besten erreichbar, wenn Staaten kooperieren. Denn die Theorien zum und die Erfahrungen im Politikfeld Handelspolitik (→ Kap. 5) zeigen, dass steigende Wohlfahrt das Ergebnis von Spezialisierung und Arbeitsteilung ist, die zu höherer Effi-

Effizienzgewinn durch Kooperation

zienz und Wachstum führen. Institutionalisten übertragen diese Erkenntnis in die Internationalen Beziehungen: arbeitsteilige und spezialisierte Kooperation über nationale Grenzen hinweg führt zu Effizienzgewinnen, von denen alle Beteiligte profitieren. Damit sind Staaten nicht nur machtpolitische Konkurrenten, sondern zugleich auch Partner. Sie teilen das gemeinsame Interesse an der auf Kooperation beruhenden Erwirtschaftung von Effizienzgewinnen. Gleichzeitig beäugen sie sich misstrauisch, denn alle möchten ein möglichst großes Stück vom gemeinsamen Gewinnkuchen für sich selbst herausschneiden.

Gemischte Motive

Aus diesem Grund beschreiben Institutionalisten die Internationale Beziehungen als ein Spiel mit »gemischten Motiven«: Das Motiv der Kooperation zur Erwirtschaftung von höherer Effizienz und mehr Wohlstand für alle wird konterkariert durch das Motiv der Konkurrenz und des Konfliktes um die Verteilung dieser gemeinsam erwirtschafteten Gewinne: Konflikt und Kooperation in den Internationalen Beziehungen sind die zwei Seiten einer Medaille. Das Vertrackte ist, dass wechselseitige Interaktionen vor allem dann konfliktträchtig sind, wenn Staaten einen ständigen Anreiz haben, sich auf Kosten anderer Staaten besserzustellen. Diese Versuchung ist bei Problemen kollektiven Handelns besonders groß. Internationale Beziehungen sind daher eine Art von Selbstregierung durch Staaten, die dabei auf erhebliche Kooperationshindernisse stoßen, diese jedoch mit Hilfe geeigneter Maßnahmen überwinden können.

Probleme kollektiven Handelns

Gemäß dieser institutionalistischen Problembeschreibung besteht die Herausforderung somit darin, unter den Bedingungen von Anarchie durch Selbstregierung einen Weg zur Kooperation zu finden. Der Ausweg liegt in der Bildung geeigneter Institutionen, die dieser Theorie ihren Namen verleihen. Sie sollen Verteilungskonflikte eindämmen sowie Probleme kollektiven Handels lösen und dadurch Kooperation ermöglichen. Die institutionalistische Forschung stützt sich deshalb auf zwei Kernfragen, die als vorderes und hinteres Ende der Theorie begriffen werden können: Die Frage des vorderen Endes ist: Unter welchen Bedingungen gelingt es den Staaten, geeignete Institutionen zu vereinbaren, die ihnen Kooperationsgewinne ermöglichen? Die Frage des hinteren Endes lautet: Unter welchen Bedingungen halten Staaten vereinbarte Institutionen ein oder verletzten diese?

Kooperationsfördernde Institutionen

Stärken/Schwächen Institutionalismus

Die Stärke des Institutionalismus bei der Lösung von Rätseln Internationaler Beziehungen zeigt sich zunächst darin, dass Kooperation zwischen Staaten auch dann zustande kommt, wenn erhebliche Kooperationshindernisse, wie bei absoluter Gewinnverteilung (→ Kap. 2.1) oder kollektiven Handlungsproblemen (→ Kap. 2.2), bestehen. Solche Kooperationshindernisse wurden bei nahezu allen Rätseln gefunden, die in diesem Buch behandelt wurden: Rational handelnde Staaten stoßen schnell an Kooperationsgrenzen, weil sie fürchten, dass aus Zusammenarbeit erhebliche Nachteile für sie selbst und erhebliche Vorteile für die anderen entstehen könnten. Wenn es ihnen aber gelingt, Institutionen zu vereinbaren und sich daran zu halten, können die aus der Interaktion herrührenden Kooperationshindernisse überwunden werden. Damit wird die Welt nicht nur friedlicher, sondern auch reicher.

In den einzelnen Kapiteln dieses Buches wurden jedoch auch zahlreiche Beispiele angeführt, die zeigen, dass Staaten sich nicht an eingegangene Verpflichtungen halten – insbesondere bei den Menschenrechten (→ Kap. 9). Der Institutionalismus erklärt dieses Defizit der Vertragseinhaltung so: die vereinbarten Institutionen seien teils zu schwach und deshalb ungeeignet, teils nicht hinreichend miteinander verbunden, weshalb die Interaktionsdichte nicht ausreichend sei. Er übersieht dabei aber, dass Ursachen für die Konfliktbereitschaft von Staaten auch jenseits der Interaktion gefunden werden können.

11.1.3 | Liberalismus: Konflikt und Kooperation zwischen innenpolitisch geprägten Interessen

Der Liberalismus (→ Kap. 2.3) stößt in die Lücke hinein, die der Institutionalismus mit seiner Erklärung gelassen hat. Denn die Interessen, die Staaten in internationalen Beziehungen vertreten, folgen nicht oder zumindest nicht immer einem rein rationalen Kosten-Nutzen-Kalkül und man kann auch nicht von Staaten als einheitlichen Akteuren sprechen. Vielmehr verteilen sich Kosten und Nutzen staatlichen Handelns höchst unterschiedlich auf verschiedene gesellschaftliche Gruppen. Diese Gruppen, so der Liberalismus, verfügen zudem über unterschiedlich erfolgreiche Möglichkeiten, sich im innenpolitischen Willensbildungs- und Entscheidungsprozess gegen ihre Konkurrenten durchzusetzen. Die Regierung eines Staates wird nur diejenigen Interessen nach außen vertreten, die sich innenpolitisch durchgesetzt haben und mehrheitsfähig sind. Diese Interessen bilden nicht eine gesamtgesellschaftliche Kosten-Nutzen Rationalität ab, wie der Institutionalismus vereinfachend annimmt. Die Internationalen Beziehungen, die der Liberalismus beschreibt, sind deshalb erheblich konfliktreicher als die Welt des Institutionalismus. Hier treffen innergesellschaftliche Forderungen und Erwartungen aufeinander, die insgesamt viel komplexer sind als die vergleichsweise einfachen staatlichen Kosten-Nutzen-Kalküle. Neben diese hohe Komplexität tritt häufig eine unüberwindlich große Distanz zwischen den innenpolitisch mehrheitsfähigen Interessen von zwei oder mehr Staaten. Komplexität und Distanz sind die entscheidenden Kooperationshindernisse, die der Liberalismus in Ergänzung zum Institutionalismus identifi-

Willensbildung und Entscheidung

Konfliktkaskaden

ziert. Sie verringern die Kooperationswahrscheinlichkeit in Internationalen Beziehungen erheblich und verweisen auf weitere Ursachen für Konflikt und Unfrieden.

Stärken/Schwächen Liberalismus

Eine wichtige Stärke der liberalen Erklärung Internationaler Beziehungen ist die dyadische Variante des demokratischen Friedens (→ Kap. 4). Wo, wie in Demokratien, Institutionen und Prozesse innergesellschaftlicher Willensbildung ähnlich verlaufen und/oder zu ähnlichen Interessen gebündelt werden, können keine Kriege entstehen. Zwischenstaatliche Konflikte werden mit nichtmilitärischen Mitteln ausgetragen und beigelegt. Wenn aber die jeweiligen Willensbildungsprozesse die Überschneidung von Interessen zwischen zwei oder mehr Staaten verhindern und/oder die Distanzen zu groß werden, sind Konflikte durch Zusammenarbeit nicht überbrückbar. Dies ist in Beziehungen zwischen Demokratien und Nicht-Demokratien häufig der Fall.

Die Wirksamkeit innergesellschaftlicher Willensbildung und die Durchsetzungskraft einzelner Interessengruppen zeigt sich auch in anderen in diesem Buch aufgegriffenen Rätseln, von der Handelspolitik über Finanzen bis zur Umweltpolitik. Auch im Kapitel über die ungleiche Verteilung von Armut und Reichtum wurde darauf verwiesen, dass die Institutionen der innenpolitischen Willensbildung in vielen armen Ländern die Durchsetzungskraft privilegierter Interessengruppen so begünstigen, dass z. B. das Phänomen des Ressourcenfluches entstehen kann (→ Kap. 7.2.2).

Die Schwäche des Liberalismus liegt vor allem in der Annahme, dass die Willensbildungs- und Entscheidungsprozesse von rational handelnden Akteuren (z. B. Parteien oder Interessengruppen) betrieben werden, die kühl rechnende Nutzenmaximierer sind. Damit gehört der Liberalismus wie der Neorealismus und der Institutionalismus zur Sozialtheorie des Rationalismus (→ Kap. 2.4). Was aber passiert in internationalen Beziehungen, wenn die Handlungen der Akteure nicht oder nicht nur der Maximierung des eigenen Nutzens dienen?

Konstruktivismus: Welt aus unterschiedlichen Ideen, Normen und Identitäten | 11.1.4

Handlungslogiken

Rationalistischen Theorien ist gemein, dass sie den handelnden Akteuren eine »Logik der Konsequenz« unterstellen: Das Handlungsergebnis muss ihnen nützen. Der Konstruktivismus hegt erhebliche Zweifel an dieser vereinfachenden Annahme. Er fragt, was passiert, wenn Akteure nicht nach mehr Eigennutz, sondern nach dem »richtigen« oder »guten« Ergebnis streben. Solche Akteure handeln dann aufgrund der »Logik der Angemessenheit«.

Akteure beziehen die Information, welche Handlungen und Verhaltensweisen angemessen sind und welche nicht, aus ihrer Identität . Dabei werden Typ-Identität und Rollen-Identität unterschieden. Typ-Identitäten ergeben sich aus den Eigenschaften eines Akteurs, die z. B. durch Religion, Kultur, Geschlecht, Alter usw. geprägt sind. Rollen-Identität entsteht durch soziale Beziehungen zu anderen Akteuren. Indem Akteure sich selbst bestimmten Gruppen zuordnen und von anderen abgrenzen, übernehmen sie die ihren Gruppen innewohnenden Normen und Gewohnheiten als ihre eigenen. Normen und Gewohnheiten anderer Gruppen empfinden sie als fremd und lehnen sie ab. Die Logik der Angemessenheit versetzt Akteure damit in die Lage, das eigene Verhalten und das von anderen zu beurteilen – es als »richtig«, »gut« und »angemessen« oder als »falsch«, »böse« und »unangemessen« zu bezeichnen. Sie erlaubt darüber hinaus, anderen Akteuren Etiketten anzuheften wie Freund, Feind, Partner, Wettbewerber, Demokrat, Diktator, Fundamentalist oder Terrorist usw. Kurzum: Der Konstruktivismus beschreibt Internationale Beziehungen als eine Welt aus immateriellen Identitäten, Ideen oder Normen, die um die Anerkennung durch die Akteure wetteifern. Ideen und Normen, die weithin als angemessen betrachtet und daher akzeptiert sowie nachgeahmt werden, setzen sich gegen wenig akzeptierte und daher schwache durch.

Identität

Normen

Ein häufig anzutreffendes Missverständnis ist, dass der Konstruktivismus die friedfertigste aller Theorien sei, weil Identitäten als teils psychische teils soziale Konstruktionen offen seien für Veränderungen. Wechselseitige Begegnungen und das Anknüpfen von Verbindungen schafften, so die Annahme, neue Gemeinsamkeiten und Gemeinschaften. Diese Sicht verkennt, dass erstens Identitäten relativ stabil sind, Begegnung zweitens Entfremdung und wechselseitige Ablehnung zur Folgen haben kann und Handlungen von Akteuren drittens zu Fehlinterpretationen und daher zu unzutreffenden Etikettierungen führen können. Ein Beispiel sind die »demokratischen Revolutionen« des »arabischen Frühlings«. Sie wurden im Westen vielfach als eine Wiederholung demokratischer, freiheitlicher oder sozialistischer Revolutionen im Europa des 19. Jahrhunderts missverstanden.

Konfliktursachen

Stärken/Schwächen Konstruktivismus

Die große Stärke des Konstruktivismus ist daher nicht, dass er zu größerer Friedfertigkeit anleitet, sondern dass er auch andere Handlungsmotive als die Nutzenmaximierung, und zwar insbesondere immaterielle, in seine Analysen einbezieht. Damit wird ein Weg zur Erklärung von Verhaltensweisen etwa von Selbstmordattentätern, religiösen Fundamentalisten usw. erschlossen, den rationalistische und materialistische Theorien nicht finden können. Insbesondere im Kapitel über Menschenrechte konnte gezeigt werden, wie bedeutsam Ideen und Normen sein können, wenn es darum geht, menschliches Verhalten zu steuern. Die Schwäche des Konstruktivismus liegt darin, dass es ihm kaum gelingt, klare Ursache-Wirkung-Beziehungen zu identifizieren und zu erforschen. Die Theorie beschreibt und hilft Internationale Beziehungen zu verstehen. Sie ist weniger zur Erklärung geeignet.

Theorie als Anleitung empirischer Analyse

11.1.5

Die spezifischen Stärken und Schwächen der behandelten Großtheorien deuten darauf hin, dass keine einzelne Theorie die Gesamtheit aller Probleme internationaler Beziehungen zu deuten und zu erklären vermag. Alle werfen aber einzelne wichtige und die Forschung leitende Lichtkegel auf den Gegenstand der Disziplin. Junge Wissenschaftler sind aufgefordert, diese leitenden Perspektiven für ihre eigenen Forschungsprojekte zwischen einfachen Hausarbeiten und Dissertationen gemäß der folgenden Kurzanleitung (→ Information kompakt) zu nutzen.[84] Ungeachtet der für die eigenen Arbeiten genutzten Theorien werden dabei die Fragen nach Interessen, Institutionen, Interaktionen und Ideen immer wieder auftreten. Sie jeweils konkret zu ermitteln, ist ein lohnender Schritt in jeder Untersuchung von Gegenständen Internationaler Beziehungen.

Information kompakt

Schritt für Schritt: Kurzanleitung zum selbständigen Forschen

Schritt 1: Wähle eine Fragestellung ähnlich der in diesem Buch vorgestellten verschiedenen Rätsel. Achte darauf, dass Fragen nach einer Erklärung (warum?) immer besser sind als Fragen, die beschreibende Antworten finden. Für überschaubare Forschungsprojekte sind sehr eng gesteckte Fragen besser geeignet als breit gefasste. Vermeide Fragen nach der »guten« oder »sinnvollen« Politik. Diese Art der Frage ist politisch, nicht politikwissenschaftlich. Stelle sicher, dass die Kernbegriffe der Fragestellung definiert werden und dass erläutert wird, wie man sie »messen« kann, d.h. welche empirische Beobachtung (Evidenz) Aussagen zur Ausprägung jedes Konzeptes erlaubt.

Schritt 2: Durchforste die Erklärungsangebote der verschiedenen Theorien Internationaler Beziehungen nach möglichen (denkbaren) Antworten auf die Fragestellung. Schneide dazu die theoretischen Aussagen so weit zu und beziehe sie so auf den konkreten Forschungsgegenstand, dass sie eindeutige Antworten auf die Fragestellung geben. Stelle ein Menü aus den theoretisch hergeleiteten denkbaren Antworten zusammen. Dies ist der Satz der möglichen (denkbaren) Antworten (Beispiel → Exkurs Kap. 9.3).

Schritt 3: Wähle aus dem Satz der möglichen Antworten diejenigen aus, die für eine eingehende empirische Untersuchung besonders geeignet und/

oder plausibel erscheinen. Begründe diese Auswahlentscheidung. Identifiziere für jede ausgewählte Antwort konkret beobachtbare empirische Sachverhalte, die in der Realität vorhanden sein müssen, damit die vermutete Antwort auf die Fragestellung bestätigt wird. Identifiziere auch solche beobachtbaren empirischen Sachverhalte, die auf keinen Fall vorkommen dürfen, weil sie die vermutete Antwort widerlegen.
Schritt 4: Suche gezielt in der empirischen Realität nach diesen empirischen Sachverhalten, die eine mögliche Antwort bestätigen oder widerlegen. Dieser Teil ist die eigentliche empirische Analyse; er ist ein systematischer Vergleich zwischen den theoretisch vermuteten (denkbaren) Antwortmöglichkeiten einerseits und der Realität andererseits. In der Gliederung der Arbeit sollte für jede mögliche (denkbare) Antwort ein separater Unterpunkt im Abschnitt »empirische Analyse« gebildet werden.
Schritt 5: Ziehe die Schlussfolgerung aus den einzelnen Schritten der empirischen Analyse (Schritt 4). Welche möglichen Antworten konnten bestätigt, welche als unzutreffend widerlegt werden? Beantworte die Frage, was aus dieser empirischen Studie für die konkurrierenden Theorien folgt. Welche Fragen sind offen geblieben und sollten weiter erforscht werden?

11.2 | Internationale Beziehungen: Gegenwärtige Debatten und Trends

Viele gegenwärtige Forschungsarbeiten im Bereich Internationale Beziehungen nehmen ihren Ausgang von einer oder mehreren der vorgestellten Großtheorien oder ihren Zweigen bzw. Varianten.[85] Jenseits dieser theoretisch fundierten Beschreibungen der Welt, in der wir leben, geben jüngere Interpretationen und die aus ihnen folgenden Fachdebatten Auskunft über wesentliche Charakteristika des Forschungsgegenstandes. Drei dieser Debatten werden deshalb hier abschließend kurz zusammengefasst.

11.2.1 | Globalisierung vs. Wettbewerb

Alltagserfahrung

Globalisierung ist ein weit verbreitetes politisches Schlagwort geworden. In der Alltagssprache drückt das Wort ein Gefühl der immer stärker wachsenden grenzüberschreitenden Vernetzung von Menschen aus, mit der ein schleichender Verlust an Handlungs-, Steuerungs- und Kontrollmöglichkeiten einhergeht. Dieses Gefühl beruht häufig auf konkreten Erfahrungen. Seit den 1980er Jahren haben grenzüberschreitende Transaktionen insbesondere im Bereich der Wirtschaft, aber auch darüber hinaus erheblich zugenommen. Dieser steile Anstieg ist zunächst auf technologische Veränderungen zurückzuführen. Ein erfahrbares Beispiel ist das Internet, das weltweite Information und Kommunikation nahezu in Echtzeit ermöglicht. Ein anderes Beispiel sind die Containerschiffe. Ihr Einsatz bedeutete eine deutliche Effizienzsteigerung in der Logistik, so dass die Kosten für den Transport von Gütern über große Distanzen so weit sanken, dass sie nur noch einen extrem geringen Anteil an einem Warenwert ausmachen. Dies ermöglicht zum einen den Konsumenten, Waren aus weit entfernten Ländern zu sehr günstigen Preisen zu erwerben. Zum anderen erlaubt es den Produzenten, Bestandteile von Endprodukten in sehr verschiedenen Weltregionen herzustellen und über lange Logistikketten an einem Standort zusammenzusetzen. Die einzelnen Bestandteile eines Produktes legen also extrem weite Wege zurück, bevor sie den Endverbraucher erreichen.

Globalisierungstreiber Technologie

Neben dem nahezu ungestörten Fluss von materiellen Gütern ermöglicht Globalisierung aber auch die ungehinderte Verbreitung und den freien Austausch von Gedanken und Ideen. Kulturen, Religionen, Ideologien und Einstellungen jeder Art bewegen sich schnell und weit über nationale Grenzen hinweg (Frieden/Lake/Schultz 2012: 557–559). Viele Menschen sehen in der Globalisierung eine enorme Bereicherung, weil sie ihnen ungeahnte Chancen eröffnet. Andere erfahren sie als Bedrohung ihrer Lebensweise, weil bisher gültige Gewohnheiten einem riesigen Veränderungsdruck ausgesetzt werden. Daher ist die Wünschbarkeit von Globalisierung politisch höchst umstritten (Frieden/Lake/Schultz 2012: 35–36).

Kulturen, Religionen, Ideologien

Die Politikwissenschaft hat diese widersprüchlichen Alltagserfahrungen aufgegriffen und versucht, ein sinnstiftendes Globalisierungskonzept zu entwickeln.

Globalisierungskonzept

> »Im Kern besagt er [der Globalisierungsbegriff, ChT] die rapide Vermehrung und Verdichtung grenzüberschreitender, gesellschaftl. Interaktionen, die in räumlicher und zeitlicher Hinsicht die nat. Gesellschaften immer stärker miteinander verkoppeln.« (Nohlen 2010b: 335)

Manche Autoren betrachten die Globalisierung nicht nur als eine Form von Entgrenzung (Brock/Albert 1995) durch Vermehrung und Verdichtung grenzüberschreitender Transaktionen, sondern sehen mit ihr sogar eine qualitativ neue Welt entstehen, die in bisher unbekanntem Maß vereinheitlicht ist (Nohlen 2010b: 336). Globalisierung beschreibt demzufolge einen Prozess, in dessen Verlauf die Welt auf eine integrierte Gesellschaft zusteuert, in der nationale Grenzen nicht nur ihre Bedeutung verlieren, sondern auch der Unterschied zwischen Innen- und Außenpolitik verschwindet (Zürn 2013: 402). Einige empirische Studien untermauern diese Einschät-

Vermehrung, Verdichtung, Vereinheitlichung

zung (Beisheim et al. 1999). Kritiker der Globalisierung weisen indes vor allem darauf hin, dass nationale oder regionale Schutzschilde für Bürger wie der Sozialstaat oder sogar die Demokratie durch diese zerstört würden (Scharpf 1997; 1998; Streeck 2009; 2013a; b).

Die Globalisierung wirkt sich auch konkret auf die Internationalen Beziehungen aus (→ Information kompakt).

Information kompakt

Folgen von Globalisierung

John Stopford und Susan Strange haben die durch Globalisierung ausgelösten bzw. erwarteten Machtverschiebungen in den Internationalen Beziehungen folgendermaßen zusammengefasst (Stopford/Strange 1991: 1–2):[86]

1. Staaten wetteifern heute eher um Möglichkeiten, innerhalb ihres Territoriums Wohlstand zu schaffen, anstatt danach zu streben, Macht über größere Territorien auszuüben.
2. Die neuen Formen globalen Wettbewerbs zwischen Firmen wirken sich darauf aus, wie Staaten um Wohlstand wetteifern.
3. Kleinere und ärmere Staaten sind mit erheblichen Hindernissen konfrontiert, wenn sie Zugang zu Industrien erhalten wollen, die im globalen Wettbewerb stehen.
4. Klassische Diplomatie wird um zwei Komponenten ergänzt: Staaten verhandeln nicht nur mit anderen Staaten, sondern auch mit großen Firmen. Firmen müssen sich staatsmännischer verhalten als zuvor. Diese neue »Diplomatie des Dreiecks« muss innovatives Management und Regieren – kurz Governance – erzeugen, die die alte Ordnung klassischer Diplomatie ablösen.
5. Die Anzahl möglicher Problemlösungen für Staaten und Firmen multipliziert sich. Diese neue Komplexität stellt eine große Herausforderung für die Akteure dar.
6. Alle diese Veränderungen haben die Sprunghaftigkeit und die Divergenz der Politikergebnisse Internationaler Beziehungen gesteigert.

So einleuchtend die Beschreibungen von Ursachen und Folgen von Globalisierung auch sein mögen, die Frage, wie sie sich auf die in diesem Buch behandelten Rätsel Internationaler Beziehungen auswirkt, ist von der Globalisierungsforschung bislang nicht beantwortet worden (Zürn 2013: 405–406). Offen bleibt daher insbesondere, ob Globalisierung zu mehr Wohlstand und gerechterer Verteilung (→ Kap. 5, Kap. 7) und/oder zu mehr oder weniger Friedfertigkeit (→ Kap. 3, Kap. 4) führt.

Kritik

Schon früh zogen Autoren anderer politikwissenschaftlicher Forschungszweige – insbesondere der Vergleichenden Politikwissenschaft und der Regionalstudien (Börzel 2013; Katzenstein 1996) – die Thesen der Globalisierungsforscher in Zweifel. Aus deren Blickwinkel reagieren Staaten und Regionen äußerst verschieden auf die Herausforderungen, die entstehen, weil Globalisierung einen Vereinheitlichungsdruck ausübt. Dies sei nicht nur den unterschiedlichen Fähigkeiten, mit dieser umzugehen, geschuldet. Vielmehr spiegelten sich darin auch die jeweils kulturell, national oder regional geprägten Politikmuster und Institutionen wider. Gesellschaften, Staaten und Regionen entwickeln daher spezifische Abwehr- und Anpassungsformen und nutzen dabei ihre jeweiligen Eigenheiten. Dadurch sind z.B. verschiedene Spielarten von Kapitalismus entstanden, die immer wieder an neue Herausforderungen angepasst werden (Allen 2010; 2011; Deeg 2010; 2012; Hall/Gingerich 2009; Hall/Lamont 2013; Hall/Taylor 1996; Hollingsworth 1997; Hollingsworth/Boyer 1997; Hollingsworth/Schmitter/Streeck 1994; Streeck/Thelen 2005; Thelen 1999; 2002; 2012).

Vielfalt statt Einheit

Staaten und/oder Regionen streben somit, anders als von der Globalisierungsforschung beschrieben, nicht nach Integration, sondern behalten ihre nationale und regionale Vielfalt und entwickeln sie fort. Die Welt besteht dieser Analyse zufolge aus verschiedenen Regionen, die sich in einem Wettbewerb um die besten Lösungen für und die Zustimmung zu neuen Politikmustern befinden (Katzenstein 1993a; 2005). Die hier beschriebene Debatte über die Folgen von und den Umgang mit der Globalisierung prägt die politikwissenschaftliche Diskussion über die zutreffende Beschreibung der Gegenwart.

»Ende der Geschichte« vs. Zivilisationskonflikte | 11.2.2

Die zweite große Debatte innerhalb der Internationalen Beziehungen nach dem Ende des Kalten Krieges wurde von Francis Fukuyama 1989 eingeleitet und kann der Schule des Konstruktivismus (→ Kap. 2.4) zugeordnet werden. In seinem Artikel *The End of History* (Fukuyama 1989), den er 1992 zu einem Buch ausweitete (Fukuyama 2006), entwickelte er eine auf dem deutschen Philosophen Georg Wilhelm Friedrich Hegel fußende Vision von einer Welt, in der keine wesentlichen Konflikte mehr zwischen großen, attraktiven Ideenwelten (oder Ideologien) ausgetragen werden. Mit »Ende der Geschichte« bezeichnete Fukuyama daher »den Endpunkt der ideologischen Entwicklung der Menschheit und die Universalisierung westlicher liberaler Demokratie als die finale Form menschlicher Regierung« (Fukuyama 1989, Übersetzung ChT). Die liberale Demokratie habe keine ernstzunehmende Konkurrenz von anderen großen einheitsstiftenden Ideenwel-

Sieg des Westens

ten mehr zu befürchten; solche Ideenwelten werden z.B. von Religion, Kultur oder komplexen moralischen Werten gespeist und stützen Gesellschaften. Es gebe im menschlichen Leben keine grundlegenden Widersprüche mehr, die nicht im Kontext liberaler Demokratien, sondern nur von einer alternativen politisch-wirtschaftlichen Struktur aufgelöst werden könnten. Weder der Faschismus noch der Kommunismus hätten sich als dauerhafte Konkurrenten gehalten. Und auch Religion und Nationalismus verfügten nicht mehr über die hinreichende Attraktivität und Akzeptanz, um zu tragenden Säulen einer eigenen politischen Regierungsform werden zu können. Die großen geistesgeschichtlichen Konflikte seien überwunden. Die modernen Konflikte und Kriege seien kleinere Geplänkel aufgrund von begrenzten Unzufriedenheiten; anders als in der Vergangenheit spiegelten sie keine großen Konfliktkonfigurationen wider (Fukuyama 1989).

Konkurrenzloser Liberalismus

In der Auseinandersetzung mit seinen Kritikern (Burns 1994; Curtis 1995) stellte Fukuyama klar, dass er die Internationalen Beziehungen keineswegs als eine konfliktfreie Welt beschrieben habe. Vielmehr habe er vor allem die normative Aussage von Hegel wiederholt: Es bestehe die *Hoffnung*, dass die großen geistesgeschichtlichen Auseinandersetzungen beendet werden und das Ende der Geschichte erreicht werden *kann*. Diese normative Aussage könnte nicht durch einzelne oder vielfältige empirische Beweise widerlegt werden. Unbeeindruckt von der Kritik hielt Fukuyama auch Jahre später an seiner Überlegung fest, dass die Zeit der geistesgeschichtlichen Konflikte und der Konkurrenz politischer Systeme (d.h. Herrschaftsformen) zu Ende sei (Fukuyama 1995; 2010).

normative Aussage

Zivilisationskonflikte

Der weitgehendste Widerspruch gegen die Vision von Fukuyama, der ebenfalls von einer breiten Öffentlichkeit wahrgenommen und diskutiert wurde, stammt von Samuel Huntington. In seinen Veröffentlichungen zum »Zusammenprall von Zivilisationen« (Huntington 1993; 1996) beschrieb er eine neue Hauptkonfliktlinie, die für die zukünftige Weltpolitik bestimmend sei. Im Gegensatz zu Fukuyama argumentierte er, dass der Konflikt nicht aus den Internationalen Beziehungen verbannt sei und auch auf der Konkurrenz von breit angelegten Ideen und Identitäten, d.h. Kulturen, beruhe.

Ideenkonkurrenz

> »Unterschiede zwischen Zivilisationen sind real und wichtig; das Zivilisationsbewusstsein weitet sich aus; der Konflikt zwischen Zivilisationen wird als die dominierende globale Form von Konflikt ideologische und andere Konfliktformen verdrängen; internationale Beziehungen, die historisch als Spiel innerhalb der westlichen Zivilisation gespielt wurden, werden zunehmend entwestlicht und werden zu einem Spiel, in dem nichtwestliche Zivilisationen Akteure statt lediglich Objekte sind; erfolgreiche (sicherheits-)politische und wirtschaftliche Institutionen entwi-

ckeln sich eher innerhalb statt zwischen Zivilisationen; Konflikte zwischen Gruppen aus verschiedenen Zivilisationen werden häufiger, dauerhafter und gewaltsamer sein als Konflikte zwischen Gruppen in derselben Zivilisation; gewaltsame Konflikte zwischen Gruppen aus verschiedenen Zivilisationen sind die wahrscheinlichste und gefährlichste Quelle von Eskalation, die zu Weltkriegen führen kann; die Hauptachse der Weltpolitik werden die Beziehungen zwischen ‚dem Westen und dem Rest' sein« (Huntington 1993: 48, Übersetzung ChT).

Zivilisationen seien durch Kultur geprägt und bildeten die höchste Ebene einer sozialen Gemeinschaft, mit der Individuen sich identifizierten. Dabei sei die Religion das wichtigste Identifikationsmerkmal (Huntington 1993; 1996). Diese Argumente versuchte Huntington durch weitere Arbeiten, häufig in Zusammenarbeit mit anderen Autoren, zu stützen (Berger/Huntington 2002; Harrison/Huntington 2000). Sie wurden jedoch häufig als Aufforderung an die westliche Politik missverstanden, westliche Werte gegen den Widerstand anderer Zivilisationen durchzusetzen. Huntington meinte genau das Gegenteil: Er vertrat die Position, der Westen solle andere Zivilisationen respektieren und sich aus deren Angelegenheiten heraushalten (Betts 2010). Die westliche Zivilisation mit ihren Werten wie Individualismus, Liberalismus, Konstitutionalismus, Menschenrechten, Gleichheit, Freiheit, Rechtsstaat, Demokratie, freie Märkte und die Trennung von Kirche und Staat (Huntington 1993: 40) sei gerade *nicht* universal, wie Fukuyama argumentiert hatte.

Religion

Empfehlung: Nicht-Einhaltung

Soweit Huntingtons Aussagen empirisch überprüft werden konnten, ergab die Forschung, dass seine Argumente zumindest in der geäußerten Schärfe nicht bestätigt werden konnten. Pippa Norris und Ronald Inglehart stimmten Huntingon zwar darin zu, dass Kultur und Religion einen maßgeblich Einfluss auf gesellschaftliche Wertesysteme ausübten. Sie wiesen jedoch dessen Behauptung zurück, dass der Islam mit Demokratie unvereinbar sei. Richtig sei, dass islamische und westliche Gesellschaften unterschiedlicher Auffassung darüber verträten, welche Rolle religiöse Autoritäten in der Gesellschaft spielen sollten. Aber diese Einstellungsunterschiede seien nicht einfach klar zweigeteilt, denn viele nichtislamische und nichtwestliche Gesellschaften stellten sich in dieser Frage ebenfalls auf die Seite der islamischen Zivilisation. Huntington habe überdies übersehen, dass die wichtigste Konfliktlinie zwischen dem Islam und dem Westen in Fragen der Gleichheit der Geschlechter und der sexuellen Befreiung, nicht aber hinsichtlich der Demokratie bestehe (Norris/Inglehart 2002).

Kritik an Huntington

Jonathan Fox (2005) konnte zeigen, dass Konflikte mit Gewaltanwendung zwischen Zivilisationen nicht häufiger vorkommen als Konflikte ohne Bezug zur zivilisatorischen Konfliktlinie. Außerdem würden die zivili-

Zivilisationen und Gewalt

satorischen Konflikte anders als von Huntington behauptet nicht mit mehr Gewaltbereitschaft ausgetragen als andere Konflikte. Erroll Henderson (2005) wies nach, dass Bürgerkriege zwischen ethnischen oder religiösen Gruppen vorwiegend innerhalb statt zwischen Zivilisationen stattfänden. Der Zusammenprall von Zivilisationen gehe eher leicht zurück als dass er ansteige, wie Huntington vermutet hatte (Henderson/Tucker 2001). Und schließlich seien, wie Fox darlegte, Art und Umfang äußerer Interventionen in internationale Konflikte und Bürgerkriege nicht mit den Aussagen und Erwartungen von Huntington vereinbar (Fox 2000; 2001).[87]

Vielfalt und Vielschichtigkeit

Den vorläufigen Endpunkt der Debatte über Zivilisationen bildet ein Forschungsprojekt unter der Leitung von Peter Katzenstein (Katzenstein 2010b), dessen Ergebnisse in drei Sammelbänden veröffentlicht wurden (Katzenstein 2010a; 2012a; b). Katzenstein folgt Huntington in der Feststellung, dass es verschiedene Zivilisationen gibt. Allerdings habe dieser verkannt, wie vielschichtig die einzelnen Zivilisationen intern ausgeprägt – pluralisiert – seien. Sie seien intern nicht homogen und strebten auch nicht auf eine solche Homogenität zu. Außerdem käme ihnen keine, wie von Huntington unterstellt, ursprüngliche Akteursqualität zu. Zivilisationen seien nicht Akteure mit festgefügten Dispositionen wie Interessen oder Ziele, sondern sich ständig entwickelnde Beziehungsmuster in Raum und Zeit. Katzenstein sieht deshalb keinen Zusammenprall wie Huntington, sondern Begegnungen (*encounter*), wie in der Ökumene (→ Kap. 2.4), und übergreifende Auseinandersetzungen (*engagement*) zwischen Zivilisationen (Katzenstein 2010b; Katzenstein 2010c: 6–9).

Zivilisationen als Beziehungsmuster

Diese neuere Ausrichtung der Zivilisationsforschung, die im Übrigen nicht erst seit Huntington betrieben wird, sondern sehr viel älter ist, betont jedoch wie dieser die Bedeutung von Religion als Zivilisationsmerkmal. Trotz großer räumlicher Distanz seien alle wichtigen Weltregionen unabhängig voneinander, aber doch gleichzeitig zwischen dem 8. und 2. Jahrhundert vor Christus – dem sogenannten Axialzeitalter – philosophisch begründet worden. Alle von diesen Religionen geprägten Gesellschaften entwickelten sich gleichförmig: Vor der Transformation richteten die Gesellschaften ihr Handeln an den Notwendigkeiten des täglichen Lebens aus. Danach folgten sie vor allem göttlichen Normen. Vor der Transformation war Vernunft die Folge von Lernen und Erfahrung. Danach folgte sie dem abgehobenen Nachdenken über das Leben – der Selbstreflexion. Vor der Transformation stand der soziale Zweck der Gemeinschaft im Mittelpunkt, danach die menschlichen einschließlich der individuellen Freiheiten (Kurth 2010: 45). Diese drei bedeutsamen gesellschaftlichen Transformationen beruhten auf dem Einfluss der verschiedenen Religionen, die jede für sich zu einer Zivilisation führten.

Religion als Zivilisationsmerkmal

Aufklärung als Barbarei

Die westlich geprägten Industriegesellschaften schlugen jedoch ab der Amerikanischen und Französischen Revolution im 18. Jahrhundert den Weg der Aufklärung und Modernisierung ein, der sie von den anderen Zivilisationen entfernte. Das Verlassen auf Vernunft, wissenschaftlich-technischen Fortschritt, freie Märkte und Demokratie sowie die Zurückdrängung der Religion aus dem öffentlichen in den privaten Raum fand in anderen Zivilisationen keine Entsprechung. Diese sehen in Religionen bis heute den Ursprung eines zivilisatorischen Fortschritts, der die Menschen von den Zwängen der Natur befreite und gesellschaftliches Zusammenleben erst ermöglichte. Den vom Westen gepriesenen Werten der Aufklärung begegnen sie mit größter Skepsis, denn sie sehen in ihnen einen Rückfall in die Barbarei der Zeit vor dem gemeinsamen zivilisatorischen Fortschritt im Axialzeitalter (Kurth 2010: 55–56). Dieser kulturelle Konflikt werde nunmehr weltpolitisch ausgetragen und kennzeichne daher die gegenwärtigen internationalen Beziehungen.

11.2.3 Staatlichkeit, Staatszerfall und Governance

Die dritte Debatte im Feld Internationale Beziehungen knüpft an die ersten beiden an. Sie stellt eine gewisse Verbindung zwischen diesen her, geht aber zugleich über sie hinaus. Die Debattenteilnehmer teilen die Auffassung der Globalisierungsforscher, dass Staaten ihre Position als unumstrittene Akteure internationaler Beziehungen eingebüßt haben und diese nunmehr mit anderen Akteurstypen teilen müssen. Gleichzeitig bestätigen sie die Beobachtung der Zivilisationsforscher, dass Internationale Beziehungen von großen kulturellen Unterschieden geprägt sind. Dies müssten die Akteure in Rechnung stellen, wenn sie einander begegnen und sich mit anderen auseinandersetzen. Die größere Vielfalt von Akteuren in internationalen Beziehungen einerseits und die kulturelle Vielfalt andererseits stellen die bisherige Ordnung infrage und verweisen auf das Problem, wie angesichts dieser beiden Herausforderungen heute international regiert werden kann oder soll. Die Debatte dreht sich deshalb um zwei Kernfragen:

Folgen der Komplexität

1. Wie kann man Staatlichkeit und Staatszerfall heute fassen?
2. Welche alternativen Möglichkeiten jenseits von Staatlichkeit gibt es, Sicherheit, Wohlstand und Legitimität zu schaffen, wenn Staaten diese Leistungen nicht erbringen?

Staatlichkeit

In seiner extremen Form bedeutet Staatszerfall, dass der Staat von einem Dienstleister für die Allgemeinheit zu einem Instrument einer kleinen Gruppe mächtiger Akteure wird, die ihn für ihre eigenen Zwecke missbrauchen. Insoweit gleicht ein zerfallender einem autoritären Staat. Zugleich geht jedoch das Monopol der gewaltsamen Zwangsausübung verloren. Verschiedene konkurrierende Gruppen bewaffnen sich, um ihre Sicherheit und die ihrer Anhänger herzustellen (Bates 2008: 2). Staatszerfall geht dann meist mit Bürgerkrieg einher (→ Kap. 3.4.1). Staatszerfall liegt aber auch schon vor, wenn der Staat nicht oder nicht mehr in der Lage ist, seine genuinen Aufgaben zu erfüllen. Diese bestehen zusammengefasst vor allem in der Bereitstellung von öffentlichen Gütern (→ Kap. 4.2.1), einschließlich Sicherheit, menschenwürdige Lebensbedingungen und Wohlstandsmehrung, sowie in der Herstellung von Zustimmung der Bevölkerung zum Staat selbst und zu seinen Handlungen (Legitimität) (Ezrow/Frantz 2013; Petersmann 2012). Staatszerfall betrifft internationale Beziehungen daher nicht nur in Bezug auf Sicherheit, sondern auch in vielen anderen Politikfeldern wie Entwicklung, Umweltschutz, oder Menschenrechten, die in diesem Buch behandelt wurden. Das Konzept beschreibt daher ein Phänomen, das in sehr unterschiedlichen Ausprägungen auftritt. Verschiedene Indizes, wie der *Failed State Index* (The Fund for Peace 2013), versuchen, diese komplexe Realität abzubilden und Art und Ausmaß von Staatszerfall empirisch greifbar zu machen, d.h. zu messen. Ulrich Schneckener (2004: 24) unterscheidet deshalb z.B. zwischen den drei Ausprägungen schwache Staaten, versagende Staaten und gescheiterte Staaten, die jeweils spezifische Merkmale aufweisen.

Genuine Staatsaufgaben

Strategien gegen Staatszerfall

Man suchte die aus einem Staatszerfall resultierenden Herausforderungen mit zwei Strategien zu bewältigen. Zum einen sollte Staatlichkeit durch Stützungsmaßnahmen von außen wieder hergestellt und funktionsfähig gemacht werden (Ġanī/Lockhart 2008; Miller 2013b; Santos Paulino/McGillivray/Naudé 2011). Zum anderen wurde die Doktrin der sogenannten Schutzverantwortung (*responsibility to protect*) beschlossen; mit ihr wird die Kompetenz, für die Sicherheit der Bevölkerung zu sorgen, bei Versagen eines Staates auf die internationale Gemeinschaft übertragen (Arbour 2008; Bain 2011). Beide Strategien wurden scharf kritisiert, weil sie nicht problemangemessen seien (Call 2010; Patrick 2011).

Andere Autoren bezweifelten, dass der Aufbau von zerfallenden Staaten von außen betrieben und/oder in einem überschaubaren Zeitraum geleistet werden könne, so dass die internationalen Beziehungen wieder auf das solide Fundament von Staatlichkeit und Souveränität gestellt wären. (Risse 2008; 2011). Wenn internationale Beziehungen aber nicht länger vorwiegend auf dieses Fundament gestützt werden könnten,[88] müsse nach alternativen Möglichkeiten des Regierens gesucht werden, mit denen öffentliche Güter produziert und Legitimität hergestellt werde. Dies führte zur Anwendung des Konzeptes der Governance auch in Internationalen Beziehungen (Risse 2008; Schuppert/Zürn 2008; Zürn 2013).

Governance

Definition

Governance in Internationalen Beziehungen
In Internationalen Beziehungen bezeichnet Governance »Wege der Bewältigung transnationaler Probleme [...] und zwar ohne einen zentralen Akteur wie eine ›Weltregierung‹ und unter Einbeziehung von internationalen und Nichtregierungsorganisationen (NGOs)« (Schuppert 2008: 16). Die ihr zugrunde liegenden Strukturen ermöglichen neben staatlichem Handeln auch das Regieren ohne Staatlichkeit, d.h. »Selbstorganisation ohne Rückgriff auf übergeordnete Zentralinstanzen und ohne Beteiligung von Regierungen« (Schuppert 2008: 16).

Zweck von Governance

Der Zweck von Governance besteht in Internationalen Beziehungen darin, Lösungen für das Problem zu finden, wie Regieren im oben genannten Sinn ermöglicht wird, wenn Staaten als zentrale Akteure und Träger von Herrschaft nur beschränkt wirken oder sogar vollständig ausfallen. Welche Möglichkeiten zur gesellschaftlichen Selbstregierung können dann genutzt werden? Forscher des Sonderforschungsbereiches (SFB) »Regieren in Räumen begrenzter Staatlichkeit« (Risse/Lehmkuhl 2006) haben versucht, Antworten auf diese Fragen zu finden. Sie knüpften dabei implizit an die Englische Schule Internationaler Beziehungen an, die sich ebenfalls mit Fragen gesellschaftlicher Selbstorganisation und -regierung beschäftigt (Bull 1977; Daase 2006; Dunne 2008; Hurrell 2007). Die Englische Schule sieht es als die wesentliche Aufgabe an, die unterschiedlichsten Arten von Akteuren zu veranlassen, ihre Handlungen so zu koordinieren, dass öffentliche Güter produziert werden und Legitimität entsteht.

Selbstregierung statt Staat

Die Forscher des SFB gehen davon aus, dass schwache Staaten ohne Durchsetzungsmöglichkeiten die ihnen zugedachten Aufgaben nicht erfüllen können. Dennoch muss daraus nicht notwendigerweise Chaos, Anarchie oder Unregierbarkeit folgen. Vielmehr besteht die Möglichkeit, dass unterschiedliche Akteursarten sich die Aufgabe des Regierens teilen, ohne dass sie für die Durchsetzung ihrer Autorität auf das Zwangsmittel des staatlichen Gewaltmonopols zurückgreifen müssen. Wirksames Regieren sei auch durch freiwillige Selbstorganisation und -koordination von Gesellschaften möglich. Allerdings müssten die Akteure dazu einen Anreiz verspüren. Ein solcher Anreiz entstammt meist der als »Schatten« bezeichneten Befürchtung, dass es negative Konsequenzen haben könnte, wenn das Selbstregieren misslingt.

Im Fall von funktionierenden Staaten, die »innernpolitische Souveränität« (Krasner 2001) ausüben, folgt der Schatten aus der Hierarchie. Der Staat

Tab. 11.1 | *Regierungsformen in Internationalen Beziehungen bei variierender Staatlichkeit*

Staatlichkeit	Theoriebezug	Schatten	Regierungsform
Voll entwickelt	Innere Souveränität	Hierarchie	Autorität, Zwang, Gewaltmonopol
Begrenzt, eingeschränkt oder unwirksam	Rationalismus (Logik der Konsequenz)	Anarchie, Unberechenbarkeit	Freiwillige Kooperation
		Externe Akteure (Staaten, IOs)	Freiwillige Kooperation
	Konstruktivismus (Logik der Angemessenheit)	INGOs, internationale Normen, Reputationsverlust	Freiwillige Verantwortung
		Lokale Traditionen, Normen, Erwartungen, Vernetzung, Bumerang	Freiwillige Verantwortung

Quelle: eigene Darstellung nach Börzel/Risse (2010).

verfügt über die unbestrittene Autorität, die er im Zweifel durch Zwangsmaßnahmen auf der Basis seines Gewaltmonopols durchsetzen kann (vgl. Tab. 11.1). Gesellschaftliche Akteure werden im Regelfall ihr Verhalten an der Erwartung ausrichten, dass Fehlverhalten zu erheblichen Nachteilen führt. Aber auch in schwachen Staaten, in denen der latent drohende Schatten von Hierarchie nicht existiert, gibt es durchaus verschiedene Anreize für gesellschaftliche Akteure, sich auf gemeinsame Regeln zu einigen und diese zu beachten:

Anreize

- Der erste Anreiz folgt daraus, dass Anarchie, Unberechenbarkeit und das Recht des Stärkeren statt der Herrschaft des Rechts drohen, wenn gesellschaftliche Akteure sich nicht auf gemeinsame Regelwerke einigen können. Diesen latenten Schatten können sie vermeiden, indem sie freiwillig kooperieren.
- Den zweiten Anreiz bildet die Gefahr, dass externe Akteure, wie andere Staaten oder internationale Organisationen, mit ihren Zwangsmitteln einschreiten könnten, um die Ordnung wiederherzustellen. Auch sie lässt sich durch selbstorganisiertes und freiwilliges Regieren abwenden.

Diese beiden Anreize sind der rationalistischen Theorie und damit der Logik der Konsequenz (→ Kap. 2.4) zuzurechnen.

- Der dritte Anreiz besteht darin, dass gesellschaftliche Akteure sich aufgrund ihrer Identität und ihren sozialen Beziehungen zu anderen Akteuren selbst an konkrete Normen und Regeln gebunden fühlen und daher freiwillig Verantwortung übernehmen, die Selbstregieren ermöglicht. Zudem droht ein erheblicher internationaler Reputationsverlust, der Ausschluss aus Gemeinschaften sowie eine Krise der eigenen Identität, wenn sie diese Normen und Regeln missachten sollten.

- Der vierte Anreiz entsteht dadurch, dass nicht internationale Gemeinschaften oder Regeln, sondern lokale Traditionen, die international lose vernetzt sein können, die Quelle von Normen und Identität bilden. Diese häufig informellen Gewohnheiten geben einen Anstoß zu Selbstorganisation und -regieren. Eine Verletzung könnte zu lokalen Widerständen und aufgrund des Bumerang-Effekts (→ Kap. 9) zu erheblichen Nachteilen führen (Börzel/Risse 2010; Risse 2012).

Diese beiden Anreize sind der konstruktivistischen Theorie und damit der Logik der Angemessenheit (→ Kap. 2.4) zuzuordnen.

Vielfalt des Regierens

Zusammengefasst beschreibt die Governance-Forschung Internationale Beziehungen als Welt, in der die unterschiedlichsten Akteure sehr verschiedene Regierungsformen entwickeln und nutzen können, um Interessen und Ziele zu verwirklichen und gewaltsame Konflikte zu verhindern. Dabei ergibt sich eine unübersehbare Nähe zu Katzensteins Auffassung von der Begegnung und Auseinandersetzung zwischen Zivilisationen. Die Vielfalt der denkbaren Politikergebnisse auf einem Spektrum von Konflikt und Kooperation bleibt jedoch erhalten. Sie wird allerdings von der Governance-Forschung mit ihrem breiteren Fächer von Akteuren, Beziehungs- und Verhaltensmustern besser erklärt als von den eingangs behandelten Großtheorien.

Zusammenfassung

Die Großtheorien beschreiben die Internationalen Beziehungen als Staatenwelt im Machtkampf um Sicherheit (Neorealismus), institutionell vermittelte Staatenkooperation (Institutionalismus), Konflikt und Kooperation zwischen innenpolitisch geprägten Interessen (Liberalismus) oder als Welt aus unterschiedlichen Ideen, Normen und Identitäten (Konstruktivismus). Diese Theorien können jeweils einzelne in diesem Buch vorgestellte Rätsel gut lösen. Allerdings vermag keine einzige Theorie auf alle Rätsel eine plausible Antwort zu geben. Alle verfügen über Stärken und Schwächen. Sie sind dennoch unverzichtbar, weil sie empirische Forschung anleiten. Denn in ihnen steckt der wesentliche Bestand denkbarer Antworten auf Forschungsfragen Internationaler Beziehungen. Die Forschung nutzt diesen Bestand, indem sie Rätsel formuliert, die denkbaren theoretischen Antwortmöglichkeiten identifiziert und diese systematisch mit der empirischen Realität vergleicht.

In drei jüngeren Kontroversen in Internationalen Beziehungen geht es um die Beschreibung der Welt von morgen.

- Die Verdichtung von Raum und Zeit wird als Globalisierung bezeichnet. Ihr wirken jedoch Kräfte der Fragmentierung und Regionalisierung entgegen. Es bleibt offen, ob ein Trend zur Vereinheitlichung oder zum Wettbewerb unterschiedlicher Regionen besteht.

- Die Vision vom »Ende der Geschichte« sieht die westliche Demokratie und den Liberalismus als Sieger im geistesgeschichtlichen Konflikt, der nunmehr beendet sei. Die Zivilisationsforschung widerspricht mit dem Hinweis auf den Zusammenprall von Zivilisationen, die vor allem religiös geprägt sind. Es stellt sich allerdings die Frage, wie festgefügt und vielfältig Zivilisationen sind und ob ihre Beziehungen nicht besser als Begegnung und Auseinandersetzung statt Zusammenprall beschrieben werden sollten.
- Die Kontroverse um Staatlichkeit, Staatszerfall und Governance weist darauf hin, dass die heutige Welt nicht nur von Staaten, sondern von sehr vielen verschiedenen Akteurstypen regiert werden kann. Entscheidend ist dabei, dass diese Akteure sich freiwillig zur gesellschaftlichen Selbstregierung und Übernahme von Gesamtverantwortung bereitfinden.

Lernkontrollfragen

1. Worin bestehen die Stärken und Schwächen der einzelnen Großtheorien bei der Lösung der in diesem Buch vorgestellten Rätsel?
2. Überlegen Sie sich eine Erklärung für die hier getroffene Feststellung, dass Großtheorien zwar wichtige einzelne Rätsel Internationaler Beziehungen lösen können, aber jeweils zu kurz greifen, um alle Rätsel zu lösen.
3. Warum sind Theorien Internationaler Beziehung unverzichtbar, obwohl sie nur einzelne Ausschnitte von Wirklichkeit plausibel erklären können?
4. Versuchen Sie gemäß Schritt 1 der Kurzanleitung (→ Information kompakt) das Konzept der Einhaltung von Abkommen zu definieren und erläutern Sie, wie man dieses Konzept »messen«, d. h. empirische Sachverhalte finden kann, die Auskunft über die Ausprägung geben, also ob Einhaltung oder Nicht-Einhaltung von Abkommen besteht.
5. Wie macht empirische Forschung sich den Bestand von Theoriewissen zunutze?
6. Erstellen Sie eine Übersicht über die verschiedenen Weltbeschreibungen, die sich aus den gegenwärtigen Kontroversen in Internationalen Beziehungen ergeben. Ordnen Sie diese verschiedenen Beschreibungen einer Großtheorie zu. Entnehmen sie dieser übersichtlichen Zusammenstellung und Zuordnung die Antwort auf die Frage, welche Großtheorie diese Kontroversen vor allem prägt.

Anmerkungen

1 Zur Verbindlichkeit und Präzision von Regeln siehe Abbott et al. (2000) Abbott/Snidal (2000).
2 Manche Autoren, etwa Frieden/Lake/Schultz (2012), fügen eine weitere *transnationale* Analyseebene hinzu. Auf dieser Ebene handeln gesellschaftliche Akteure grenzüberschreitend. Zu diesen Akteuren gehören z. B. multinationale Konzerne, Nichtregierungsorganisationen wie Greenpeace oder internationale Terrorgruppen.
3 Erzählt nach Lukács (1923: 117); Schissler/Tuschhoff (1988: 3).
4 Eine wichtige Debatte zum Sinn und Zweck von Theorie in Internationalen Beziehungen wurde jüngst im *European Journal of International Relations* Vol. 19 No. 3 (September 2013) geführt.
5 Ausführliche Darstellungen sowie weitere Großtheorien findet man bei Krell (2009); Schieder/Spindler (2006), Meyers (1979); Meyers (o. J.) und Reus-Smit/Snidal (2010).
6 Diese Auffassung wird auch als Eklektizismus oder Pragmatismus bezeichnet. Vgl. Sil/Katzenstein (2010a) Sil/Katzenstein (2010b) und Hellmann (2009). Lake (2011) spricht sich explizit für eine problemorientierte Forschung aus. Mearsheimer/Walt (2013) vertreten die Gegenposition einer theorieorientierten Forschung.
7 Auf die einzelnen Varianten einschließlich ihrer spezifischen Bezeichnungen wie klassischer Realismus, Neorealismus, systemischer Realismus usw. und die Debatten innerhalb der realistischen Schule kann hier nicht detailliert eingegangen werden.
8 Sofern nicht weiter angegeben, bezieht sich die nachfolgende Darstellung auf Waltz (1954); Waltz (1979); Waltz (1995); Waltz/Fearon (2012); Mearsheimer (2001);Keohane (1986) Baldwin (1993); Meyers (1979: 53–76) Schörnig (2006).
9 Man mag einwenden, dass Staaten zunächst gar nicht wissen können, wie viel Nutzen aus einer Kooperation entsteht und wie dieser Gewinn auf die beteiligten Staaten verteilt werden wird. Das stimmt. Realisten nehmen deshalb zur Vereinfachung an, dass Staaten dies durchaus wüssten.
10 Für eine beispielhafte Anwendung dieser Verhaltensstrategien vgl. Hellmann (2006: Kap. 4).
11 Zu den Problemen der Machtmessung siehe z. B. die Debatte zwischen Beckley und Itzkowitz (Itzkowitz/Beckley 2012).
12 Soweit nicht anders angegeben, bezieht sich die folgende Darstellung auf: Keohane (1984); Keohane (1989); Stein (1990); Hasenclever/Mayer/Rittberger (1997); Hasenclever/Wolf/Zürn (2007); Zangl (2006).
13 Die Annahme, dass Staaten sich nicht anders verhalten werden als Individuen, nennt man die Mikrofundierung Internationaler Beziehungen. Dabei werden dem methodischen Individualismus zufolge soziale Phänomene wie Krieg, Kooperation oder Konflikt mit Hilfe von Handlungen und Handlungsmustern individueller Akteure erklärt (Kydd 2010: 427).
14 Ein Beispiel: Ein Gremium besteht aus 100 Personen. Das Gremium kann mit einfacher Mehrheit seiner Mitglieder beschließen. Für eine minimale Mehrheit müssen sich 51 Mitglieder zu einer Koalition zusammenschließen.
15 Beispielsweise galt im Nationalsozialismus Rassismus und damit die Rassenpolitik als eine angemessene Form des Schutzes der eigenen Nation. Heute ist diese Vorstellung schändlich. Homosexualität wurde in Deutschland lange als Straftatbestand verfolgt. Heute ist es eine weitgehend akzeptierte Lebensform.

16 Zur Vereinfachung wird im Folgenden nur noch von Normen gesprochen.

17 Für sehr wenige direkt beteiligte Akteure ist ein Krieg derart profitabel, dass es sich allein deshalb lohnt, ihn zu führen. Dieser Fall ist jedoch zu unterscheiden von anderen, bei denen Vor- und Nachteile von Krieg innerhalb einer beteiligten Gruppe unterschiedlich verteilt sind. Siehe dazu die Ausführungen unten.

18 Eine leicht abweichende Definition und Typologie von Krieg bietet die qualitative Kriegsursachenforschung an (Arbeitsgemeinschaft Kriegsursachenforschung/Forschungsstelle Kriege 2011).

19 Zur Möglichkeit und den Bedingungen für einen friedlichen Machtwechseln siehe neuerdings Rauch (2014)

20 Vgl. zu den folgenden Ausführungen insbesondere Powell (2006).

21 Diese historische Parallele zwischen dem Hegemon Großbritannien und dem Aufsteiger deutsches Kaiserreich zu USA und China heute wird in der gegenwärtigen Fachliteratur sehr häufig gezogen und analysiert (Sturm 2014; Wolf 2012; 2014 (forthcoming)).

22 Dieser israelische Militäreinsatz verfehlt streng genommen die in der obigen Kriegsdefinition genannten Kriterien und ist somit eher ein bewaffneter Konflikt. Allerdings erfüllt der Militäreinsatz die Beschreibung von Prävention. Daher wird er hier als Beispiel aufgeführt.

23 Die US-Regierung benutzte damals den falschen Begriff des Präemptivkrieges, obwohl sie offenkundig einen Präventionskrieg meinte. Der Präemptivkrieg wird etwas weiter unten näher erläutert.

24 »P5+1« bezeichnet die fünf ständigen Mitglieder des Sicherheitsrats (USA, Russland, China, Großbritannien und Frankreich) plus die Bundesrepublik Deutschland.

25 Dieser »liberaler Frieden« ist jedoch in der Forschung umstritten. Eher skeptisch beurteilen dieses Konzept Barbieri/Levy (1999); Chandler (2010); Liberman (1993); Mastro (2014) und Hafner-Burton/Montgomery (2012).

26 Für eine Einschätzung der Wirkung verdichteter Handelsbeziehungen auf die Friedfertigkeit von Staaten in Asien heute siehe Mastro (2014).

27 Eine dieses Argument vom Primat der Innenpolitik weiterführende Variante ist, dass Akteure Kriege beginnen, um von innenpolitischen Problemen, die sie nicht zu lösen vermögen, abzulenken. Als Beispiel wird vor allem der Falkland-Krieg 1982 genannt. Die Forschung hat jedoch gezeigt, dass diese Kriegsursache sehr selten ist (Levy/Thompson 2010: 99–104).

28 Für die Gegenwart werden in Europa nicht die konservativ geprägte Industrie und die Agrarwirtschaft als Verlierer der Globalisierung betrachtet, sondern vor allem die linke Arbeitnehmerschaft (Streeck 2009; 2013a; b).

29 Die politikwissenschaftliche Methode zur systematischen Analyse von Einzelfällen, bei denen die Verkettung verschiedener Ereignisse in den Mittelpunkt rückt, nennt man *process tracing* (Bennett 2008; George/Bennett 2005).

30 Doyle war nicht der erste, der Kants Idee aufgegriffen hatte. Dean Babst hatte schon 1972 ähnliche Argumente formuliert und veröffentlicht. Auch R. J. Rummel und Peter Wallensteen griffen auf Kant zurück. Allerdings löste erst Doyles Artikel das Forschungsprogramm und die Debatte um die Tragfähigkeit der Argumentation von Kant aus (Lynn-Jones 1996: xiv).

31 Dagegen ist die Definition von Krieg für andere Forschungsprogramme meistens weiter gefasst (→ Kap. 3.1).

32 Im Unterschied zu Doyle sind bei dieser Definition Bürgerrechte und wirtschaftliche Freiheiten nicht mehr wesentliche Merkmale von Demokratie (Lynn-Jones 1996: xvii).

33 Bei der Bildung von Dyaden berücksichtigte Russett ebenfalls, dass sie »politisch relevant« sein müssen. Dies bedeutet, dass sie entweder geographisch nahe aneinander liegen oder dass zumindest eine Seite eine global agierende Großmacht sein muss. Auf diese Weise wird ausgeschlossen, dass politisch sehr unwahrscheinliche Konflikte zwischen Staaten ohne Streitpotential, z. B. zwischen Schweiz und Australien, in die Berechnung einbezogen werden (Russett 1996a: 80).

34 Dieser grundlegende Sachverhalt liegt der Forschung zu Veto-Spieler zugrunde (Tsebelis 1995; 2002; Tsebelis/Money 1997).

35 In diesem Punkt der Konstitutionalisierung liegt die enge Verbindung zwischen den konstruktivistischen Werten und Praktiken einerseits und den institutionalistischen Erklärungen andererseits (Owen 1996).

36 Für Hurrell geht diese Beobachtung zu weit, denn die genannten Internationalen Organisationen gehen in ihrem Wirkungskreis weit über den alleinigen Zweck der Kriegsbeseitigung hinaus. Sie sind deshalb nicht die politische Umsetzung des von Kant gedachten Friedensbundes (Hurrell 1990). Höffe (1995) sieht dagegen die Vereinten Nationen durchaus als dessen Konkretisierung.

37 Die grundlegenden Ausführungen von Harald Müller können hier nur ausschnittsweise und beispielhaft wiedergegeben werden.

38 Die drei genannten Europaabgeordneten gründen ihre Kritik auf Werte und Ziele, mit denen sie eine lebenswerte Gemeinschaft schaffen wollen. Sie räumen ihnen Vorrang vor Sicherheit und Wohlstand ein. Susan Strange nennt dies Gemeinschaft als idealistische Modell (Strange 1988: 3).

39 An diesem weit verbreiteten Konsens von Wirtschaftswissenschaftlern sind jüngst Zweifel geäußert worden. Im Lichte der laufenden Verhandlungen zur Einrichtung einer transatlantischen und einer transpazifischen Freihandelszone wandte der renommierte Ökonom Paul Krugman ein, größere Wohlstandsgewinne seien nicht mehr zu erwarten, da internationaler Handel ohnehin schon weitgehend liberalisiert sei (Krugman 2014). Er hielt die Prognosen für zu optimistisch, die erhebliche Wohlstandsgewinne als Folge von Freihandelszonen vorhersagen (Francois et al. 2013; Mildner/Schmucker 2013). Eine Evaluation der Nordamerikanischen Freihandelszone NAFTA nach 20 Jahren nährt ebenfalls Zweifel an den erwarteten Wohlstandsgewinnen, räumt jedoch gleichzeitig ein, diese seien sehr schwierig zu berechnen und vor allem nur schwer von anderen möglichen Erklärungen für Wohlstandszuwächse zu isolieren (Villarreal/Fergusson 2013). Im Lichte dieser Kritik am breiten Konsens haben sich die Freihandelsbefürworter auf eine neue Rechtfertigung verlegt: Freihandel dient nach dieser nicht mehr vorwiegend der Wohlstandsmehrung, sondern der internationalen Verankerung der Grundwerte westlich-liberaler Gesellschaften. Diese würden durch Staaten wie China herausgefordert, die ihre eigenen Grundwerte verankern wollten (Donnan 2014). Damit ändert sich allerdings die Rechtfertigung des Freihandels grundlegend von einer wirtschaftlichen zu einer sicherheitspolitischen Argumentation.

40 Es ist meist schwierig zu ermitteln, wann Interessengruppen solche durchaus bedenkenswerten Argumente für Protektionismus vorschieben, um ihre handfesten Wirtschaftsinteressen zu verschleiern.

41 Aus Gründen der Vereinfachung wird hier die Frage des europäischen Binnenmarktes ausgeklammert.

42 In den USA ist z. B. die Beteiligung von Interessengruppen an der Ausgestaltung von Handelsabkommen verbindlich vorgeschrieben und durch entsprechende beratende Ausschüsse institutionalisiert (Froman 2014).

43 Verhältniswahlrecht bedeutet, dass das Parlament gemäß den Stimmenanteilen von Parteien zusammengesetzt ist.

44 Holger Schmieding (2014) drückt dies folgendermaßen aus: »Geld ist destilliertes Vertrauen. Sein Wert beruht letztlich auf dem Vertrauen seiner Nutzer, dass ihre Geschäftspartner es auch künftig als Zahlungsmittel für Güter, Leistungen und Vermögenswerte akzeptieren werden. Der Wert und damit die Stabilität des Geldes hängen entscheidend von Erwartungen an die Zukunft ab«. Zur zentralen Bedeutung von Vertrauen in sozialen Beziehungen siehe insbesondere Nannestad (2008).

45 Innergesellschaftliche Verteilungskonflikte treten besonders in Zeiten von Schulden- und Finanzkrisen zutage. In diesen Zeiten zeigt sich häufig, dass diejenigen Gruppen, die den Nutzen aus internationalen Finanzbeziehungen ziehen, nicht diejenigen sind, die die z. T. gravierenden Kosten tragen müssen, wenn die Finanzgeschäfte schiefgehen. Finanz- und Schuldenkrisen treffen häufig breite Mehrheiten der Bevölkerung, die von geringeren Wachstumsraten, Arbeitslosigkeit und Kürzungen der Sozialausgaben getroffen werden.

46 Dieser auf langfristigen Analysen beruhende Befund traf erstmals 2012 nicht mehr zu. In diesem Jahr absorbierten Entwicklungs- und Schwellenländer 52 Prozent der weltweiten Auslandsinvestitionen (United Nations Conference on Trade and Development 2013: 2–3)

47 Derartige Befürchtungen sind sehr real, wie u. a. die jüngste Krise um die russische Besetzung der Krim zeigt. In Russland engagierte westliche Investoren befürchteten unmittelbar, dass westliche Sanktionen die russische Regierung zu Gegenmaßnahmen veranlassen könnten, die bis hin zur Verstaatlichung westlicher Betriebe in Russland reichen. Aus diesem Grunde wurden anstehende Direktinvestitionen in Russland zunächst ausgesetzt (bub 2014; Ewing 2014).

48 Weeber (2011: 21) weist außerdem darauf hin, dass es zwischen Industrieländern praktisch keine Kapitalverkehrskontrollen mehr gibt.

49 Einen Überblick findet man in Deutsche Bundesbank (2013).

50 Dieses Problem hat z. B. das hoch verschuldete Japan nicht. Der Staat ist zwar mit knapp 220 Prozent seiner Wirtschaftsleistung verschuldet und weist damit die weltweit höchste Verschuldung auf. Aber diese Schulden werden zu 90 Prozent von Japanern gehalten (Central Intelligence Agency 2014; International Monetary Fund 2012: 9–11). Somit hat sich der Staat bei den eigenen Bürgern und nicht so sehr im Ausland verschuldet.

51 Die OECD ist eine Organisation, in der 34 reiche, westlich orientierte Industriestaaten als Mitglieder zusammengeschlossen sind. Siehe auch Martens/Schulze (2012).

52 Dieses analytische Konzept ist nicht auf die Untersuchung internationaler Finanzbeziehungen beschränkt. Es ist nützlich zur Analyse von Problemen weiterer Politikfelder wie z. B. Sicherheitspolitik, Handelspolitik, Umweltpolitik, Entwicklungspolitik oder Migrationspolitik.

53 Die interessante Problematik internationaler Geld- und Wechselkurspolitik kann im Rahmen dieses Buches nicht behandelt werden. Siehe dazu z. B. Wheatley (2013) und Kirshner (2003).

54 Staatliche bzw. öffentliche Gläubiger sind im sogenannten Paris Club zusammengeschlossen. Dieses informelle Gremium verhandelt mit der kreditnehmenden Regierung über Umschuldung und Schuldenerlass. Private Gläubiger haben sich im sogenannten London Club zusammengefunden.

55 An dieser Funktion wurde jedoch erhebliche Kritik geübt (Weeber 2011: 65–66), weil private Kreditgeber das Ausfallrisiko durch die Übertragung auf den IWF vergemeinschaften könnten.

56 Soweit nicht besonders angegeben stützt sich die folgende Darstellung auf Frieden/Lake/Schultz (2012: 334–337), Blumberg/Davidson/Glass (2009a; 2009b); Egli et al. (2009).

57 Mit der Berücksichtigung von Kaufkraft soll das Problem der Vergleichbarkeit desselben Geldbetrages in verschiedenen Ländern behoben werden. Es entsteht dadurch, dass man mit z. B. einem Dollar in einem Land mehr oder höherwertigere Waren erwerben kann als in einem anderen Land. Kaufkraftparitäten vereinheitlichen diese Unterschiede. Die verschiedene Kaufkraft desselben Geldbetrages in unterschiedlichen Ländern wird ermittelt, indem Warenkörbe zusammengestellt und deren lokale Preise erhoben werden. Dabei werden auch das Konsumentenverhalten und Wechselkurse zum Dollar berücksichtigt (Klasen 2013: 37).

58 Zur Frage der Ernährungssicherheit vgl. neuerdings Barthwal-Datta (2014).

59 Aus welchen Ländern sich die genannten Regionen zusammensetzen, wird erläutert in The World Bank (2013: 1)2014.

60 Nach Angaben aus dem Weltentwicklungsindex der Weltbank war die Situation im Jahr 2012 besonders in Burundi, den Komoren und Eritrea dramatisch. Hier sind jeweils über 60 Prozent der Bevölkerung unterernährt (The World Bank 2014a).

61 Die Zusammensetzung der Regionen nach Ländern kann der Tabelle 12 der Quelle entnommen werden.

62 Diese Analyse lieferte eine wichtige Begründung für die Verfolgung der Importsubstitutionspolitik (→ Kap. 7.3.1)

63 Als »illegal« wird ein Grenzübertritt dann bezeichnet, wenn der Staat, dessen Grenze überschritten wird, dafür keine Erlaubnis erteilt hat. Der Begriff wird hier synonym benutzt für »irregulär« oder »undokumentiert«.

64 Viele Staaten haben sich verpflichtet, Verfolgten Schutz und Unterkunft zu gewähren, d. h. ihnen Asyl zu geben. Der Anspruch auf Asyl ist in internationalen Konventionen wie der Genfer Flüchtlingskonvention, im Europarecht oder nationalen Rechtsordnung festgeschrieben. Asyl muss jedoch beantragt werden und die Rechtmäßigkeit des Anspruchs wird geprüft.

65 Ein gutes Beispiel sind Profis im internationalen Fußball, die von vielen finanzkräftigen Fußballklubs heftig umworben werden.

66 Mit Ozeanien bezeichnet die UN die Welt von über 7500 Inseln des Pazifiks im Norden und im Osten von Australien. Dort wohnen etwa 16,5 Mio. Menschen.

67 Neuere Zahlen können auch bei der Bundeszentrale für politische Bildung gefunden werden (Liebscher 2014)

68 Bürokratische Routineverfahren werden in der Fachliteratur *standard operating procedures* (SOPs) genannt.

69 Diese Regeln betreffen den Personenkreis, der legal eingereist ist, aber die erlaubte Aufenthaltsdauer überschritten hat.

70 Eine Übersicht über die geschützten Rechte findet man bei Landman (2013: 34–36)

71 Elliott (2011) zählte zwischen 1893 und 2003 insgesamt 779 unterschriebene Abkommen über Menschenrechte.

72 Die eingangs erzählte Geschichte zeigt außerdem, dass nationale Gerichte für im Ausland begangene Verbrechen gegen die Menschlichkeit zuständig sein können.

73 Manche Staaten machen bei der Unterzeichnung oder Ratifizierung von der Möglichkeit des Völkerrechts Gebrauch, Vorbehalte gegen einzelne Bestimmungen eines Vertrages anzumelden. Damit sind sie in an diese Detailbestimmungen auch dann nicht gebunden, wenn sie den Vertrag insgesamt ratifiziert haben.

74 In dem zugrundeliegenden Datensatz der Political Terror Scale (PTS) werden die einzelnen Länderberichte des U. S. Department of State und von Amnesty International ausgewertet. Jedes Land erhält eine Bewertung auf den Stufen 1 bis 5. 1 bedeutet die Menschen leben in einem gefestigten Rechtsstaat, werden für ihre Anschauungen nicht eingesperrt, Folter ist eine seltene Ausnahme, Politische Morde sind extrem selten. 2 bedeutet: Es gibt eine begrenzte Menge von Freiheitsentzügen bei nichtgewalttätiger politischer Aktivität, von der nur eine sehr kleine Zahl von Menschen betroffen ist, Folter und Gewaltanwendungen sind die Ausnahme, politische Morde sind selten. 3 bedeutet: Es gibt eine erhebliche Zahl von politischen Gefangenen, Exekutionen, politische Morde und Brutalität können gängig sein. Unbegrenzte Inhaftierung für politische Anschauungen mit oder ohne Gerichtsverhandlung sind akzeptiert. 4 bedeutet: Die Verletzungen von politischen und Bürgerrechten wurde auf einen großen Anteil der Bevölkerung ausgedehnt, Mord, Verschwinden und Folter sind an der Tagesordnung, trotz dieser allgemeinen Terrorausübung sind vor allem Personen betroffen, die politisch interessiert oder aktiv sind. 5 bedeutet: Die gesamte Bevölkerung ist vom Terror betroffen. Die Anführer beschränken weder Instrumente noch Gründlichkeit, mit denen sie ihre persönlichen oder ideologischen Ziele verfolgen (Wood/Gibney 2013: Übersetzung ChT).

75 Zu den Details der Zahlenangaben siehe Endnote 74.

76 Gegen diesen Befund wurden jüngst erhebliche Zweifel geltend gemacht (Fariss 2014). Tatsächlich hätte sich die weltweite Menschenrechtssituation erheblich verbessert. Dieser positive Trend werde jedoch in den Datensätzen verdeckt, die auf Einschätzungen beruhen (siehe Endnote 74). Diese Einschätzungen seien jedoch nicht über die Zeit konstant geblieben. Vielmehr hätten das U. S. State Department und Amnesty International ihre Beurteilungskriterien verschärft und bewerteten nun harscher als in den Jahren zuvor. Diese Veränderung in der Bewertung wirke sich so aus, dass tatsächliche Verbesserungen der Menschenrechtssituation über die Zeit in den Darstellungen als keinerlei Veränderungen repräsentiert würden. Siehe auch Clark/Sikkink (2013).

77 Dabei ist entscheidend, dass nicht die Demokratie *per se*, sondern der Übergang zur Demokratie die Menschenrechtspraxis nachhaltig verbessert. Nach wie vor leben über 36 Prozent der Menschen in demokratischen Staaten wie Indien, die Menschenrechte missachten. Wenn Menschenrechtsabkommen vor allem jenen Bürgern helfen, die in Staaten des Überganges zur Demokratie leben, die zuvor Menschenrechte verletzten, dann nutzen internationale Menschenrechtsabkommen ungefähr 10 Prozent der Weltbevölkerung. Die Hälfte davon lebt in Lateinamerika und Europa (Hafner-Burton/Ron 2009: 372).

78 Bei diesem Untersuchungsergebnis ist bereits berücksichtigt, dass andere Faktoren, wie das Pro-Kopf-Einkommen oder wirtschaftliches Wachstum, ebenfalls die Praxis der Vertragseinhaltung beeinflussen. Dai (2013) zeigt allerdings auch, dass es methodische und konzeptionelle Zweifel auch an diesem gegen das Spiralmodell sprechenden Befund gibt.

79 Die Wahrscheinlichkeit, dass Staaten Sanktionen gegen Menschenrechtsverletzter verhängen, steigt in dem Maße, wie die folgenden drei Bedingungen erfüllt sind: Erstens, wenn Regierungen innenpolitisch unter Druck gesetzt werden. Zweitens, wenn die Durchsetzung von Menschenrechten mittels Sanktionen nicht als Einmischung in innere Angelegenheiten und als Verletzung der Souveränität betrachtet wird, weil es gute Gründe gibt, mit denen der Konflikt zwischen beiden Prinzipien — Souveränität vs. Menschenrechtsschutz — entschärft werden kann. Diese beiden Bedingungen sind Bestandteil des Spiralmodells. Und drittens, wenn Sanktionen zusätzlich die eigenen geopolitischen Interessen fördern (Frieden/Lake/Schultz 2012: 482–483). Zur Rechtfertigung von militärischer Zwangsausübung im Falle von eklatanten Menschenrechtsverletzungen

wie Völkermord wurde die Doktrin der internationalen Schutzverantwortung erfunden. Siehe dazu einführend das Sonderheft von Review of International Studies, Band 36, Nr. S1, 2010.

80 In Einzelfällen konnte die Wirksamkeit von *naming and shaming* jedoch nachgewiesen werden. Für Lateinamerika siehe Martin/Sikkink (1993); Brysk (1994); Lutz/Sikkink (2000), für Osteuropa Landman (2013).

81 Beispielsweise ist es heute verboten, Autos mit Gartenschlauch, Reinigungsmittel und Bürste vor der Garage selbst zu waschen. Dies war jahrzehntelang die Samstagsbeschäftigung vieler Deutscher.

82 Besonders in Demokratien müssen Bürger damit rechnen, dass sich politische Mehrheiten ändern und die Regierung ausgetauscht wird. Damit besteht immer das Risiko, dass die neue Regierung die Politik ihrer Vorgängerin nicht fortführt. Langfristige Zusagen, wie sie zum Klimaschutz notwendig sind, entbehren daher der Verlässlichkeit.

83 Klimaschutzpolitik verfolgt das Ziel, den Ausstoß von Treibhausgasen zu verringern und damit den globalen Temperaturanstieg auf unter 2 Grad Celsius gegenüber dem Referenzwert zu senken. Klimaanpassungspolitik verfolgt hingegen das Ziel, die Folgen des globalen Klimawandels abzumildern. Die Klimaschutzpolitik ist ein Kooperationsproblem, weil es für die Akteure einen ständigen Anreiz gibt, die eingegangenen Verpflichtungen nicht einzuhalten, also zu betrügen. Die Klimaanpassungspolitik ist ein Koordinationsproblem, weil die Akteure keine Anreize haben, Vereinbarungen nicht einzuhalten. Diese Vereinbarungen implementieren sich selbst, ohne dass eine Überwachung und Sanktionsdrohung notwendig ist.

84 Diese Kurzanleitung ist die Vorgehensweise, die im Lehrbuch von Frank Schimmelfennig (2013) umgesetzt wird. Dort können deshalb anschauliche Beispiele gefunden werden. Eine detaillierte Anleitung für anspruchsvolle Forschungsarbeiten bieten Gschwend/Schimmelfennig (2007).

85 Überblicke sind enthalten in Schieder/Spindler (2006) und Reus-Smit/Snidal (2010).

86 Ähnlich siehe Strange (1992), Nuscheler (2001).

87 Eine weiter gehende Übersicht über die einschlägige Forschung findet man bei Peter Katzenstein (2010c: 8)

88 Dies sei in ungefähr zwei Drittel der heutigen Staatenwelt der Fall (Risse 2008: 157).

Literaturverzeichnis

Abbott, Kenneth W./Keohane, Robert O./Moravcsik, Andrew/Slaughter, Anne-Marie/Snidal, Duncan (2000), ›The Concept of Legalization‹, *International Organization*, 54 (3): 385–399.

Abbott, Kenneth W./Snidal, Duncan (2000), ›Hard and Soft Law in International Governance‹, *International Organization*, 54 (3): 421-456.

Abrahms, Max (2006), ›Why Terrorism Does not Work‹, *International Security*, 31 (2): 42–78.

Acemoglu, Daron/Johnson, Simon/Robinson, James (2001), ›The Colonial Origins of Comparative Development‹, *American Economic Review*, 91 (5): 1395–1401.

Acemoglu, Daron/Robinson, James A. (2012), *Why Nations Fail. The Origins of Power, Prosperity, and Poverty*, London, UK: Profile Books.

Allen, Christopher S. (2010), ›Ideas, Institutions and Organized Capitalism: The German Model of Political Economy Twenty Years after Unification‹, *German Politics & Society*, 28 (2): 130–150.

Allen, Christopher S. (2011), ›Institutional Adaptation, Trust and Change in the German Political Economy‹, *German Politics & Society*, 29 (1): 58–64.

Amnesty International (2014), ›Abolitionist and Retentionist Countries‹ (online: http://www.amnesty.org/en/death-penalty/abolitionist-and-retentionist-countries, abgerufen: 21. Mai 2014).

Andersen, Uwe (2010a), ›Geld- und Kreditpolitik‹ in: Dieter Nohlen/Schultze, Rainer-Olaf (Hrsg.), *Lexikon der Politikwissenschaft, Band 1: A-M*, 4. Aufl., München: C. H. Beck, 295–296.

Andersen, Uwe (2010b), ›Meistbegünstigungsklausel‹ in: Dieter Nohlen/Schultze, Rainer-Olaf (Hrsg.), *Lexikon der Politikwissenschaft, Band 1: A-M*, 4. Aufl., München: C. H. Beck, 591.

Andersen, Uwe (2010c), ›Protektionismus‹ in: Dieter Nohlen/Schultze, Rainer-Olaf (Hrsg.), *Lexikon der Politikwissenschaft, Band 2: N-Z*, 4. Aufl., München: C. H. Beck, 856.

Andersen, Uwe (2011), ›Entwicklungspolitik/-hilfe‹ in: Wichard Woyke (Hrsg.), *Handwörterbuch Internationale Politik*, 12. Aufl., E-Book, Opladen: Verlag Barbara Budrich, 100–111.

Anderton, Charles H./Carter, John R. (2001), ›The Impact of War on Trade: An Interrupted Times-Series Study‹, *Journal of Peace Research*, 38 (4).

Angenendt, Steffen (2007), *Irreguläre Migration als internationales Problem. Risiken und Optionen*: Stiftung Wissenschaft und Politik, SWP-Studie S 33 Berlin: Stiftung Wissenschaft und Politik.

Angenendt, Steffen (2010), *Die demohraphische Dreiteilung der Welt. Trends und sicherheitspolitische Herausforderungen*: Stiftung Wissenschaft und Politik, SWP-Studie S 28 Berlin: Stiftung Wissenschaft und Politik.

Angenendt, Steffen (2012), *Migration, Mobilität und Entwicklung. EU Mobilitätspartnerschaften als Instrument der Entwicklungszusammenarbeit*: Stiftung Wissenschaft und Politik, SWP-Studie S 25 Berlin: Stiftung Wissenschaft und Politik.

Angenendt, Steffen/Engler, Marcus/Schneider, Jan (2013), *Europäische Flüchtlingspolitik. Wege zu einer fairen Lastenteilung*: Stiftung Wissenschaft und Politik, SWP-Aktuell 65 Berlin: Stiftung Wissenschaft und Politik.

Arbeitsgemeinschaft Kriegsursachenforschung/Forschungsstelle Kriege, Rüstung und Entwicklung (2011), ›Aktuelle Kriege und bewaffnete Konflikte‹ (online: http://www.sozialwiss.uni-hamburg.de/publish/Ipw/Akuf/kriege_aktuell.htm#Def, abgerufen: 3. November 2014).

Arbour, Louise (2008), ›The Responsibility to Protect as a Duty of Care in International Law and Practice‹, *Review of International Studies*, 34 (03): 445–458.

Arndt, F. (2010), *Aktueller Begriff: Zur völkerrechtlichen Kategorisierung von Konflikten*: Deutscher Bundestag – Wissenschaftliche Dienste 46/10 Berlin: Deutscher Bundestag.

Axelrod, Robert (1988), *Die Evolution der Kooperation* München: Oldenbourg.

Bain, William (2011), ›Responsibility and Obligation in the ›Responsibility to Protect'‹, *Review of International Studies*, 36 (S1): 25–46.

Baldwin, David A., Hrsg., (1993), *Neorealism and Neoliberalism. The Contemporary Debate*, New York, NY: Columbia University Press.

Barbieri, Katherine/Levy, Jack S. (1999), ›Sleeping with the Enemy: The Impact of War on Trade‹, *Journal of Peace Research*, 36 (4): 463–479.

Barnett, Michael N./Finnemore, Martha (1999), ›The Politics Power and Pathologies of International Organizations‹, *International Organization*, 53 (4): 699–732.

Barnett, Michael N./Finnemore, Martha (2004), *Rules for the World. International Organizations in Global Politics*, Ithaca, N. Y.; London, UK: Cornell Univiversity Press.

Barnett, Michael/Sikkink, Kathryn (2010), ›From International Relations to Global Society‹ in: Christian Reus-Smit/Snidal, Duncan (Hrsg.), *The Oxford Handbook of International Relations*, Oxford, UK; New York, NY: Oxford University Press, 62–83.

Barthwal-Datta, Monika (2014), *Food Security in Asia. Challenges, Policies and Implications*, London, UK: International Institute for Strategic Studies; Routledge.

Bates, Robert H. (2008), ›State Failure‹, *Annual Review of Political Science*, 11 (1): 1–12.

Baumann, Mechthild (2014), *Frontex und das Grenzregime der EU*: Bundeszentrale für politische Bildung, Kurzdossier 25, Bonn: Bundeszentrale für politische Bildung (online: http://www.bpb.de/system/files/dokument_pdf/Kurzdossier%20Frontex_2014.pdf, abgerufen: 14. September 2014).

Beckley, Michael (2011/12), ›China's Century? Why America's Edge Will Endure‹, *International Security*, 36 (3): 41–78.

Beisheim, Marianne/Dreher, Sabine/Walter, Gregor/Zangl, Bernhard/Zürn, Michael (1999), *Im Zeitalter der Globalisierung? Thesen und Daten zur gesellschaftlichen und politischen Denationalisierung*, 1. Aufl., Baden-Baden: Nomos.

Belasco, Amy (2009), *The Cost of Iraq, Afghanistan, and Other Global War on Terror Operations Since 9/11*: Congressional Research Service RL33110, Washington, DC: Congressional Research Service.

Bennett, Andrew (2008), ›Process Tracing: A Bayesian Perspective‹ in: Janet. M. Steffensmeier/Brady, Henry E./Collier, David (Hrsg.), *The Oxford Handbook of Political Methodology*, Oxford, UK; New York, NY: Oxford University Press, 702–721.

Berger, Peter L./Huntington, Samuel P., Hrsg., (2002), *Many Globalizations. Cultural Diversity in the Contemporary World*, Oxford, UK/New York, NY: Oxford University Press.

Bernauer, Thomas (2013), ›Climate Change Politics‹, *Annual Review of Political Science*, 16 (1): 421–448.

Bernauer, Thomas/Kalbhenn, Anna/Koubi, Vally/Spilker, Gabriele (2010), ›A Comparison of International and Domestic Sources of Global Governance Dynamics‹, *British Journal of Political Science*, 40 (3): 509–534.

Betts, Alexander (2003), ›Public Goods Theory and the Provision of Refugee Protection. The Role of the Joint-Product Model in Burden-Sharing-Theory‹, *Journal of Refugee Studies*, 16 (3): 274–296.

Betts, Alexander, Hrsg., (2011a), *Global Migration Governance*, Oxford, UK: Oxford University Press.

Betts, Alexander (2011b), ›International Cooperation in the Refugee Regime‹ in: Alexander Betts (Hrsg.), *Refugees in International Relations*, Oxford, UK: Oxford University Press, 53–83.

Betts, Alexander (2013), *Survival Migration. Failed Governance and the Crisis of Displacement*, Ithaca, NY; London, UK: Cornell University Press.

Betts, Richard K. (2010), ›Conflict or Cooperation?‹, *Foreign Affairs*, 89 (6).

Bieling, Hans-Jürgen (2011), *Internationale Politische Ökonomie. Eine Einführung*, 2. Aufl., Wiesbaden: VS Verlag für Sozialwissenschaften.

Billitteri, Thomas J. (2010), ›Drone Warfare‹, *CQ Researcher*, 20 (28): 653–676.

Bloom, David E./Sachs, Jeffrey D. (1998), ›Geography, Demography, and Economic Growth in Africa‹, *Brookings Papers on Economic Activity* (2): 207–295.

Blumberg, Alex/Davidson, Adam/Glass, Ira (2009a), ›Die Finanzkrise: Teil 1 – Der globale Geldtopf‹ (online: http://www.nzzfolio.ch/www/d80bd71b-b264-4db4-afd0-277884b93470/showarticle/3b1f80a6-659e-4917-97bb-fdb54285c66e.aspx, abgerufen: 1. Februar 2009).

Blumberg, Alex/Davidson, Adam/Glass, Ira (2009b), ›Die Finanzkrise: Teil 2 – Das Wall-Street-Massaker‹ (online: http://www.nzzfolio.ch/www/d80bd71b-b264-4db4-afd0-277884b93470/showarticle/32602519-8517-4672-990d-aeee205f290a.aspx, abgerufen: 1. Februar 2009).

Börzel, Tanja A. (2013), ›Comparative Regionalism: European Integration and Beyond‹ in: Walter Carlsnaes/Risse, Thomas/Simmons, Beth A. (Hrsg.), *Handbook of International Relations*, London, UK: SAGE Publications, 503–531.

Börzel, Tanja A./Risse, Thomas (2010), ›Governance Without a State: Can It Work?‹, *Regulation & Governance*, 4 (2): 113–134.

Boyer, Mark A. (1989), ›Trading Public Goods in the Western Alliance System‹, *Journal of Conflict Resolution*, 33 (4): 700–727.

Boyer, Mark A. (1993), *International Cooperation and Public Goods. Opportunities for the Western Alliance*, Baltimore, MD; London, UK: The Johns Hopkins University Press.

Braut-Hegghammer, Malfrid (2011), ›Revisiting Osirak. Preventive Attacks and Nuclear Proliferation Risks‹, *International Security*, 36 (1): 101–132.

Brock, Lothar/Albert, Matthias (1995), ›Entgrenzung der Staatenwelt. Zur Analyse weltgesellschaftlicher Entwicklungstendenzen‹, *Zeitschrift für Internationale Beziehungen*, 2 (2): 259–285.

Bromley, Simon (2011), ›The Limits to Balancing‹, *Cambridge Review of International Affairs*, 24 (2): 129–134.

Brooks, Stephen G. (2013), ›Economic Actors‹ Lobbying Influence on the Prospects for War and Peace‹, *International Organization*, 67 (4): 863–888.

Brooks, Stephen G./Wohlforth, William C. (2008), *World Out of Balance: International Relations and the Challenge of American Primacy*, Princeton, NJ: Princeton University Press.

Brooks, Stephen G./Wohlforth, William C. (2011), ›Assessing the Balance‹, *Cambridge Review of International Affairs*, 24 (2): 201–219.

Brown, Michael E./Lynn-Jones, Sean M./Miller, Steven E., Hrsg., (1996), *Debating the Democratic Peace*, Cambridge, MA; London, UK: MIT Press.

Broz, J. Lawrence/Hawes, Michael Brewster (2006), ›Congressional Politics of Financing the International Monetary Fund‹, *International Organization*, 60 (2): 367–399.

Brysk, Allison (1994), *The Politics of Human Rights in Argentina. Protest, Change, and Democratization*, Stanford, CA: Stanford University Press.

bub (2014), Darf Russland Eigentum europäischer und amerikanischer Unternehmen konfiszieren?, in: *Frankfurter Allgemeine Zeitung*, 6. März 2014, 2.

Bueno de Mesquita, Bruce (2003), *Principles of International Politics. People's Power, Preferences, and Perceptions*, Washington, DC: Congressional Quarterly Press.

Bueno de Mesquita, Bruce /Morrow, James D./Siverson, Randolph M./Smith, Alastair (1999), ›An Institutional Explanation of the Democratic Peace‹, *American Political Science Review*, 93 (4): 791–807.

Bueno de Mesquita, Bruce/Morrow, James D./Siverson, Randolph M./Smith, Alastair (2003), *The Logic of Political Survival*, Cambridge, MA: MIT Press.

Bueno de Mesquita, Ethan (2013), ›Terrorism and Counterterrorism‹ in: Walter Carlsnaes/Risse, Thomas/Simmons, Beth A. (Hrsg.), *Handbook of International Relations*, E-Book, London, UK: Sage Publications, 635–656.

Bull, Hedley (1977), *The Anarchical Society. A Study of Order in World Politcs*, Houndsmill, Basingstoke, London, UK: Macmillan Education Ltd.

Bundy, McGeorge (1988), *Danger and Survival. Choices about the Bomb in the First Fifty Years*, New York, NY: Random House.

Burns, Timothy, Hrsg., (1994), *After History? Francis Fukuyama and His Critics*, Lanham, MD: Rowman & Littlefield.

Burnside, Craig/Dollar, David (2000), ›Aid Policies and Growth‹, *The American Economic Review*, 90 (4): 847–868.

Caddell, Richard (2014), ›Science Friction: Antarctic Research Whaling and the International Court of Justice‹, *Journal of Environmental Law*, 26: 331–340.

Caldwell, Dan (1985), ›The Standing Consultative Commission: Past Performance and Future Possibilities‹ in: William C. Potter (Hrsg.), *Verification and Arms Control*, Lexington, MA: Lexington Books, 217–229.

Call, Charles T. (2010), ›Beyond the ›Failed State':Toward Conceptual Alternatives‹, *European Journal of International Relations*, 17 (2): 303–326.

Cardenas, Sonia (2004), ›Norm Collison: Explaining the Effects of International Human Rights Pressure on State Behavior‹, *International Studies Review*, 6 (2): 213–231.

Cardenas, Sonia (2007), *Conflict and Compliance. State Responses to International Human*

Rights Pressure, Philadelphia: University of Pennsylvania Press.

Carnesale, Albert/Doty, Paul/Hoffmann, Stanley/Huntington, Samuel P./Jr., Joseph S. Nye/Sagan, Scott D. (1983), *Living with Nuclear Weapons*, Toronto; New York, NY; London, UK; Sydney: Bantam Books.

Carpenter, Charli (2012), »›You Talk Of Terrible Things So Matter-of-Factly in This Language of Science‹: Constructing Human Rights in the Academy«, *Perspectives on Politics*, 10 (02): 363–383.

Central Intelligence Agency (2014), ›The World Factbook: Japan‹ (online: https://www.cia.gov/library/publications/the-world-factbook/geos/ja.html, abgerufen: 31. März 2014).

Chandler, David (2010), ›The Uncritical Critique of ›Liberal Peace'‹, *Review of International Studies*, 36 (S1): 137–155.

Chojnacki, Sven (2004), ›Wandel der Kriegsformen – Ein kritischer Literaturbericht‹, *Leviathan*, 32 (3): 402–424.

Clark, Ann Marie/Sikkink, Kathryn (2013), ›Information Effects and Human Rights Data: Is the Good News about Increased Human Rights Information Bad News for Human Rights Measures?‹, *Human Rights Quarterly*, 35 (3): 539–568.

Clark, Christopher (2013), *The Sleepwakers. How Europe Went to War in 1914*, London, UK; New York, NY; Toronto; Dublin; Melbourne; New Delhi: Penguine Books.

Cohen, Jessica/Easterly, William (2009), *What Works in Development? Thinking Big and Thinking Smal*, Washington, D.C.: Brookings Institution Press.

Collier, Paul/Hoeffler, Anke (2004), ›Greed and Grievance in Civil War‹, *Oxford Economic Papers*, 56 (4): 563–595.

Collier, Paul/Sambanis, Nicholas, Hrsg., (2005a), *Understanding Civil War. Evidence and Analysis, Vol. 1: Africa*, Washington, DC: The World Bank.

Collier, Paul/Sambanis, Nicholas, Hrsg., (2005b), *Understanding Civil War. Evidence and Analysis, Vol. 2: Europe, Central Asia, and Other Regions*, Washington, DC: The World Bank.

Conrad, Sebastian (2006), *Globalisierung und Nation im Deutschen Kaiserreich*, München: C. H. Beck.

Cox, James E./Ostrom, Elinor/Walker, James M./Castillo, Antonio J./Coleman, Eric/Holahan, Robert/Schoon, Michael/Steed, Brian (2009), ›Trust in Private and Common Property Experiments‹, *Southern Economic Journal*, 75 (4): 957–975.

Curtis, Jennifer (1995), ›After History? Francis Fukuyama and His Critics‹, *Canadian Journal of Political Science*, XXVIII (3): 591–592.

Czempiel, Ernst-Otto (1986), *Friedensstrategien. Systemwandel durch internationale Organisationen, Demokratisierung und Wirtschaft*, Paderborn; München: Schöningh.

Czempiel, Ernst-Otto (1996), ›Kants Theorem, Oder: Warum sind Demokratien (noch immer) nicht friedlich?‹, *Zeitschrift für Internationale Beziehungen*, 3 (1): 79–101.

Czempiel, Ernst-Otto (1999), ›Europa und die Atlantische Gemeinschaft‹, *Aus Politik und Zeitgeschichte*, 49 (B 1-2): 12–21.

Daalder, Ivo/Lindsay, James (2007), ›Democracies of the World Unite‹, *Public Policy Research*, 14 (1): 47–58.

Daase, Christopher (1999), *Kleine Kriege – große Wirkung: Wie unkonventionelle Kriegführung die internationale Politik verändert*, Baden-Baden: Nomos.

Daase, Christopher (2006), ›Die Englische Schule‹ in: Siegfried Schieder/Spindler, Manuela (Hrsg.), *Theorien der Internationalen Beziehungen*, 2. Aufl., Opladen; Farmington Hills: VerlagBarbara Budrich, 243–268.

Dahl, Robert A (1971), *Polyarchy. Participation and Opposition*, New Haven, CT: Yale University Press.

Dai, Xinyuan (2013), »The ›Compliance Gap‹ and The Efficacy of International Human Rights Institutions« in: Thomas Risse/Ropp, Stephen C./Sikkink, Kathryn (Hrsg.), *The Persistent Power of Human Rights. From Commitment to Compliance*, Cambridge, UK: Cambridge University Press, 85–102.

Dalgaard, Carl-Johan/Hansen, Herik/Tarp, Finn (2004), ›On the Empirics of Foreign Aid and Growth‹, *The Economic Journal*, 114: 191–213.

Deeg, Richard (2010), ›Industry and Finance in Germany since Unification‹, *German Politics & Society*, 28 (2): 116–129.

Deeg, Richard (2012), ›The Limits of Liberalization? American capitalism at the crossroads‹, *Journal of European Public Policy*, 19 (8): 1249–1268.

Demmer, Ulrike/Feldenkirchen, Markus/Fichtner, Ullrich/Gebauer, Matthias/Goetz, John/Goos, Hauke/Gutsch, Jochen-Martin/Koelbl, Susanne/Najafizada, Shoib/Schwennicke, Christoph/Stark, Holger (2010), Ein deutsches Verbrechen, in: *Der Spiegel*, 5, 36–57.

Der Hohe Flüchtlingskommissar der Vereinten Nationen (o. j.), *Abkommen über die Rechtsstellung der Flüchtline vom 28. Juli 1951*: Der Hohe Flüchtlingskommissar der Vereinten Nationen. Amt des Vertreters in der Bundesrepublik Deutschland, Berlin: Der Hohe Flüchtlingskommissar der Vereinten Nationen. Amt des Vertreters in der Bundesrepublik Deutschland.

Der Hohe Flüchtlingskommissar der Vereinten Nationen. Vertretung in Deutschland (o. J.), *Die Genfer Konvention von 1951 über die Rechtsstellung der Flüchtlinge: Ihre Bedeutung in der heutigen Zeit*: Der Hohe Flüchtlingskommissar der Vereinten Nationen. Vertretung in Deutschland, Berlin: Der Hohe Flüchtlingskommissar der Vereinten Nationen. Vertretung in Deutschland.

Desch, Michael C. (2008), *Power and Military Effectiveness. The Fallacy of Democratic Triumphalism* Balitmore, MD: Johns Hopkins University Press.

DeSombre, Elizabeth R. (2000), *Domestic Sources of International Environment Policy. Industry, Environmentalists, and US Power*, Cambridge, MA: MIT Press.

Deutsch, Karl W. (1954), *Political Community at the International Level. Problems of Definition and Measurement*, Garden City, NY: Doubleday.

Deutsch, Karl W. (1957), *Political Community and the North Atlantic Area. International Organization in the Light of Historical Experience*, Princeton, NJ: Princeton University Press.

Deutsche Bundesbank (2012), *Geld und Geldpolitik*, Frankfurt/M.: Deutsche Bundesbank (online: http://www.bundesbank.de/Redaktion/DE/Downloads/Veroeffentlichungen/Buch_Broschuere_Flyer/geld_und_geldpolitik_schuelerbuch.pdf?__blob=publicationFile, abgerufen: 24. März 2014).

Deutsche Bundesbank (2013), *Weltweite Organisationen und Gremien im Bereich von Währung und Wirtschaft* Frankfurt/M.: Deutsche Bundesbank (online: http://www.bundesbank.de/Redaktion/DE/Downloads/Veroeffentlichungen/Buch_Broschuere_Flyer/finanz_und_waehrungssystem_sonderveroeffentlichung_weltweite_organisationen.pdf?__blob=publicationFile, abgerufen: 31. März 2014).

Deutsches Institut für Menschenrechte (o. j.-a), ›Internationaler Pakt über bürgerliche und politische Rechte‹ (online: http://www.institut-fuer-menschenrechte.de/menschenrechtsinstrumente/vereinte-nationen/menschenrechtsabkommen/zivilpakt-iccpr.html#c1407, abgerufen: 13. Mai 2014).

Deutsches Institut für Menschenrechte (o. j.-b), ›Internationaler Pakt über wirtschaftliche, soziale und kulturelle Rechte vom 19. Dezember 1966‹ (online: http://www.institut-fuer-menschenrechte.de/fileadmin/user_upload/PDF-Dateien/Pakte_Konventionen/ICESCR/icescr_de.pdf, abgerufen: 13. Mai 2014).

Dezalay, Yves/Garth, Bryant G. (2002), *The Internationalization of Palace Wars. Lawyers, Economists, and the Contest to Transform Latin American States*, Chicago, IL: University of Chicago Press.

Dezalay, Yves/Garth, Bryant G. (2003), ›Constructing Law out of Power. Investing in Human Rights as an Alternative Political Strategy‹ in: Austin Sarat/Scheingold, Stuart (Hrsg.), *Cause Lawyering and the State in a Global Era*, E-Book, Oxford, UK: Oxford University Press, 355–373.

Dezalay, Yves/Garth, Bryant G. (2011), ›State Politics and Legal Markets‹, *Comparative Sociology*, 10 (1): 38–66.

Diamond, Jared (2012), What Makes Countries Rich or Poor?, in: *New York Review of Books*, 10, June 7, 2012 (online: http://www.nybooks.com/articles/archives/2012/jun/07/what-makes-countries-rich-or-poor/, abgerufen: 20. Mai 2012).

Diamond, Jared M. (2003), ›Guns, Germs, and Steel in 2003‹, *Antipode*, 35 (4): 829–831.

Diamond, Jared M. (2005), *Guns, Germans, and Steel*, New York, NY: Norton.

Doner, Richard F./Ritchie, Bryan K/Slater, Dan (2005), ›Systemic Vulnerability and the Origins of Developmental States‹, *International Organization*, 59 (2): 327–361.

Donnan, Shawn (2014), ›Tanks or Cars': Why Krugman is Missing the Point on Trade Deals, in: *Financial Times Online*, February 28, 2014 (online: http://blogs.ft.com/the-world/2014/02/tanks-or-cars-why-krugman-is-missing-the-point-on-trade-deals/, abgerufen: 1. März 2014).

Dörre, Klaus (2010), ›Armut‹ in: Dieter Nohlen/Schultze, Rainer-Olaf (Hrsg.), *Lexikon der Politikwissenschaft, Band 1: A-M*, 4. Aufl., München: C. H. Beck, 38–41.

Doucouliagos, Hristos/Paldam, Martin (2007), *The Aid Effectiveness Literature: The Sad Results of 40 Years of Research*: School of Accounting, Economics and Finance, Deakin University

Burwood, Victoria: Economics and Finance School of Accounting, Deakin University.

Downes, Alexander (2009), ›How Smart and Tough are Democracies? Reassessing Theories of Democratic Victory in War‹, *International Security*, 33 (4): 9–51.

Doyle, Michael W. (1996), ›Kant, Liberal Legacies, and Foreign Affairs‹ in: Michael E. Brown/Lynn-Jones, Sean M./Miller, Steven E. (Hrsg.), *Debating the Democratic Peace*, Cambridge, MA; London, UK: MIT Press, 3–57.

Dreher, Axel/Gassebener, Martin (2012), ›Do IMF and World Bank Programs Induce Government Crisis?‹, *International Organization*, 66 (2): 329–358.

Dunne, Tim (2008), ›The English School‹ in: Christian Reus-Smit/Snidal, Duncan (Hrsg.), *The Oxford Handbook of International Relations*, Oxford, UK; New York, NY: Oxford University Press, 267–285.

Easterly, William (2006), *The White Man's Burden: Why the West's Efforts to Aid the Rest have Done so Much Ill and so Little Good*, 1. publ., New York, NY: Penguin Press.

Easterly, William (2007), ›Are Aid Agencies Improving?‹, *Economic Policy*: 633–678.

Easterly, William (2008), *Reinventing Foreign Aid*, Cambridge, MA: MIT Press.

Easterly, William/Pfutze, Tobias (2008), ›Where does the Money Go? Best and Worst Practices in Foreign Aid‹, *Journal of Economic Perspectives*, 22 (2): 29–52.

ECOFYS/Climate Anayltics/Potsdam Institute for Climate Impact Research (PIK) (2014), ›Climate Action Tracker‹ (online: http://climateactiontracker.org/, abgerufen: 17. September 2014).

Egli, Lukas/Schenk, Thomas/Schneider, Reto U./Weber, Daniel (2009), ›Die Finanzkrise: Teil 3 – Wie konnte das nur passieren?‹ (online: http://www.nzzfolio.ch/www/d80bd71b-b264-4db4-afd0-277884b93470/showarticle/0c00e277-e15d-4ff1-94f8-692b534fbe5f.aspx, abgerufen: 1. Februar 2009).

Elliott, Michael A. (2011), ›The Institutional Expansion of Human Rights, 1863–2003: A Comprehensive Dataset of International Instruments‹, *Journal of Peace Research*, 48 (4): 537–546.

Europäische Union (2013), *Verordnung (EU) Nr. 604/2013 des Europäischen Parlaments und des Rates vom 26. Juni 2013 zur Festlegung der Kriterien und Verfahren zur Bestimmung des Mitgliedstaats, der für die Prüfung eines von einem Drittstaatsangehörigen oder Staatenlosen in einem Mitgliedstaat gestellten Antrags auf internationalen Schutz zuständig ist*, Brüssel: Europäische Union.

Ewing, Jack (2014), European Banks Feel Effects of Crimea Crisis, With Austria Bearing Brunt, in: *New York Times*, March 27, 2014, B6 (online: http://www.nytimes.com/2014/03/27/business/international/european-banks-feel-effects-of-crimea-crisis-with-austria-bearing-brunt.html?_r= 0, abgerufen: 28. März 2014).

Ezrow, Natasha/Frantz, Erica (2013), ›Revisiting the Concept of the Failed State. Bringing the State Back In‹, *Third World Quarterly*, 34 (8): 1323–1338.

Faber, Henry S./Gowa, Joanne (1996), ›Polities and Peace‹ in: Michael E. Brown/Lynn-Jones, Sean M./Miller, Steven E. (Hrsg.), *Debating the Democratic Peace*, Cambridge, MA; London, UK: MIT Press, 239–262.

Fariss, Christopher J. (2014), ›Respect for Human Rights has Improved Over Time: Modeling the Changing Standard of Accountability‹, *American Political Science Review*, 108 (02): 297–318.

Faust, Jörg (2010), ›Wirkungsevaluierung in der Entwicklungszusammenarbeit‹, *Aus Politik und Zeitgeschichte* (10): 41–46.

Faust, Jörg/Leiderer, Stefan (2008), ›Zur Effektivität und politischen Ökonomie der Entwicklungszusammenarbeit‹, *Politische Vierteljahresschrift*, 49 (1): 129–152.

Finnemore, Martha/Sikkink, Kathryn (1998), ›International Norm Dynamics and Political Change‹, *International Organization*, 52 (4): 887–917.

Finnemore, Martha/Sikkink, Kathryn (2001), ›Taking Stock: The Constructivist Research Program in International Relations and Comparative Politics‹, *Annual Review of Political Science*, 4: 391–416.

Food and Agriculture Organization of the United Nations (2013), *FAO Statistical Yearbook 2013: World Food and Agriculture*, Rome: Food and Agriculture Organization of the United Nations (online: http://www.fao.org/docrep/018/i3107e/i3107e00.htm, abgerufen: 15. April 2014).

Fortna, Virginia P. (2004a), ›Interstate Peacekeeping: Causal Mechanisms and Empirical Effects‹, *World Politics*, 56 (4): 481–519.

Fortna, Virginia P. (2004b), *Peace Time: Ceaselfire Agreements and the Durability of Peace*, Princeton, NJ: Princeton University Press.

Fortna, Virginia P. (2008), *Does Peacekeeping Work? Shaping Belligrants› Choices after Civil War*, Princeton, NJ: Princeton University Press.

Fortna, Virginia P./Howard, Lise M. (2008), ›Pitfalls and Prospects in the Peacekeeping Literature*‹, *Annual Review of Political Science*, 11 (1): 283–301.

Fox, Jonathan (2000), ›Is Islam more Conflict Prone than Other Religions? A Cross-Sectional Study of Ethnoreligious Conflict‹, *Nationalism & Ethnic Politics*, 6 (2): 1–24.

Fox, Jonathan (2001), ›Religious Causes of International Intervention in Ethnic Conflicts‹, *International Politics*, 38: 515–532.

Fox, Jonathan (2005), ›Paradigm Lost: Huntington's Unfulfilled Clash of Covilizations Prediction into the 21st Century‹, *International Politics*, 42: 428–457.

Francois, Joseph/Manchin, Miriam/Norberg, Hanna/Pindyuk, Olga/Tomberger, Patrick (2013), *Reducing Trans-Atlantic Barriers to Trade and Investment. An Economic Assessment*: Centre for Economic Policy Research TRADE10/A2/A16, London, UK: Centre for Economic Policy Research.

Frieden, Jeffry A. (2006), *Global Capitalism. Its Fall and Rise in the Twentieth Century*, New York, NY: W. W. Norton.

Frieden, Jeffry A./Lake, David A./Schultz, Kenneth A. (2009), *World Politics. Interests, Interactions, Institutions*, 1st ed., New York, NY; London, UK: W. W. Norton.

Frieden, Jeffry A./Lake, David A./Schultz, Kenneth A. (2012), *World Politics. Interests, Interactions, Institutions*, 2nd ed., New York, NY; London, UK: W. W. Norton.

Froman, Michael (2014), *A Value Driven Trade Policy*, U. S. Trade RepresentativeCenter for American Progress (online: http://www.americanprogress.org/wp-content/uploads/2014/02/Center-for-American-Progress-Remarks-Ambassador-Froman-2-18-14.pdf, abgerufen: 1. März 2014).

Fukuyama, Francis (1989), ›The End of History‹ (online: http://www.wesjones.com/eoh.htm, abgerufen: 16. Oktober 2014).

Fukuyama, Francis (1995), ›Reflections on the End of History Five Years Later‹, *History and Theory*, 34 (2): 27–43.

Fukuyama, Francis (2006), *The End of History and the Last Man*, 1. Free Press trade pbk. ed. [with a new afterword], New York, NY: Free Press.

Fukuyama, Francis (2010), »The ›End of Histoy‹ 20 Years Later«, *New Perspectives Quarterly*, 27 (1): 7–10.

Gaddis, John L. (1986), ›The Long Peace: Elements of Stability in the Postwar International System‹, *International Security*, 10 (4): 99–142.

Gaddis, John L. (1987), *The Long Peace. Inquiries in the History of the Cold War*, New York, NY: Oxford University Press.

Gaddis, John L. (2005), *The Cold War. A New History*, New York, NY: Penguin Books.

Gallego-Álvarez, Isabel/Rodríguez-Domínguez, Luis/García-Rubio, Raquel (2013), ›Analysis of Environmental Issues Worldwide: A Study from the Biplot Perspective‹, *Journal of Cleaner Production*, 42: 19–30.

Ġanī, Ašraf/Lockhart, Clare (2008), *Fixing Failed States. A Framework for Rebuilding a Fractured World*, Oxford, UK: Oxford Univiversity Press.

Geddes, Barbara (1999), ›What Do We Know about Democratization after Twenty Years?‹, *Annual Review of Political Science*, 2: 115–144.

Geddes, Barbara (2002), ›The Great Transformation in the Study of Politics in Developing Countries‹ in: Ira Katznelson/Milner, Helen V. (Hrsg.), *Political Science: The State of the Discipline*, New York, NY; London, UK; Washington, DC: W. W. Norton & Company/American Political Science Association, 342–370.

Geis, Anna (2001), »Diagnose Doppelbefund – Ursache ungeklärt? Die Kontroversen um den ›demokratischen Frieden‹«, *Politische Vierteljahresschrift*, 42 (2): 282–298.

Geis, Anna/Müller, Harald (2013), »Investigating ›Democratic Wars‹ as the Flipside of ›Democratic Peace'« in: Anna Geis/Müller, Harald/Schörnig, Niklas (Hrsg.), *The Militant Face of Democracy*, E-Book, Cambridge, UK; West Nyack, NY: Cambridge University Press, 3–23.

Geis, Anna/Müller, Harald/Schörnig, Niklas (2010), ›Liberale Demokratien und Krieg. Warum manche kämpfen und andere nicht. Ergebnisse einer vergleichenden Inhaltsanalyse von Parlamentsdebatten‹, *Zeitschrift für Internationale Beziehungen*, 17 (2): 171–202.

Geis, Anna/Müller, Harald/Schörnig, Niklas, Hrsg., (2013), *The Militant Face of Democracy*, E-Book, Cambridge, UK; West Nyack, NY: Cambridge University Press.

Geis, Anna/Müller, Harald/Wagner, Wolfgang, Hrsg., (2007), *Schattenseiten des demokratischen Friedens. Zur Kritik einer Theorie liberaler Außen- und Sicherheitspolitik*, Frankfurt/M.: Campus.

Geiss, Immanuel (1985), *Das deutsche Reich und die Vorgeschichte des Ersten Weltkriegs*, München: Piper.

George, Alexander L./Bennett, Andrew (2005), *Case Studies and Theory Development in the Social Sciences*, Cambridge, MA; London, UK: MIT Press.
Gerhards, Jürgen/Lengsfeld, Holger (2013), *Wir, ein europäisches Volk? Sozialintegration Europas und die Idee der Gleichheit aller europäischen Bürger*, Wiesbaden: Springer VS.
German Marshall Fund of the United States (2014), *Transatlantic Trends: Mobility Migration and Integration. Key Findings from 2014 and Selected Highlights from Transatlantic Trends and Transatlantic Trends: Immigration 2008–13*, Washington, DC: German Marshall Fund of the United States (online: http://trends.gmfus.org/files/2014/09/Trends_Immigration_2014_web.pdf, abgerufen: 18. September 2014).
Gibney, Mark/Cornett, Linda/Wood, Reed (2012), ›Political Terror Scale (PTS)‹ (online: http://www.politicalterrorscale.org/index.php, abgerufen: 14. Mai 2014).
Giegold, Sven/Harms, Rebecca/Keller, Ska (2014), ›Erstes Leak des deutschsprachigen TTIP Mandats für die Geheimverhandlungen zwischen EU und USA‹ (online: http://www.ttip-leak.eu/, abgerufen: 8. März 2014).
Gilpin, Robert (1981), *War and Change in World Politics*, Cambridge, UK; New York, NY: Cambridge University Press.
Gilpin, Robert (1987), *The Political Economy of International Relations*, Princeton, NJ: Princeton University Press
Glaser, Charles L. (2011), ›Why Unipolarity Doesn't Matter (much)‹, *Cambridge Review of International Affairs*, 24 (2): 135–147.
Gleditsch, Nils Petter/Wallensteen, Peter/Eriksson, Mikael/Sollenberg, Margareta/Havard, Strand (2002), ›Armed Conflict 1946–2001: A New Dataset‹, *Journal of Peace Research*, 39 (5): 615–637.
Global Migration Group (2008), *International Migration and Human Rights. Challenges and Opportunities on the Threshold of the 60th Anniversary of the Universal Human Rights Declaration*: Global Migration Group, New York, NY: (http://www.globalmigrationgroup.org/sites/default/files/uploads/documents/Int_Migration_Human_Rights.pdf, abgerufen: 26. August 2014).
Goddard, Stacie E. (2006), ›Uncommon Ground: Indivisible Territory and the Politics of Legitimacy‹, *International Organization*, 60 (1): 35–68.
Gowa, Joanne (1994), *Allies, Adversaries, and International Trade*, Princeton, NJ: Princeton University Press.
Gray, Harriet (2013), ›Surveying the Foundations: Article 80 TFEU and the Common European Asylum System‹, *Liverpool Law Review*, 34 (3): 175–193.
Graybeal, Sidney N./Krepon, Michael (1985), ›Making Better Use of the Standing Consultative Commission‹, *International Security*, 10 (2): 183–199.
Grieco, Joseph M. (2006), ›Understanding the Problem of International Cooperation: The Limits of Neoliberal Institutionalism and the Future of Realist Theory‹ in: David A. Baldwin (Hrsg.), *Neorealism and Neoliberalism. The Contemporary Debate*, New York, NY: Columbia University Press, 301–338.
Gschwend, Thomas/Schimmelfennig, Frank, Hrsg., (2007), *Forschungsdesign in der Politikwissenschaft. Probleme – Strategien – Anwendungen*, Frankfurt/M.: Campus.
Haack, Stephan (2010), ›Der Raum der Freiheit, der Sicherheit und des Rechts im Vertrag von Lissabon – Rhetorik oder Integrationsschub?‹ in: Olaf Leiße (Hrsg.), *Die Europäische Union nach dem Vertrag von Lissabon*, Wiesbaden: VS Verlag für Sozialwissenschaften, 220–233.
Hafner-Burton, Emilie M./Montgomery, Alexander H. (2012), ›War, Trade, and Distrust: Why Trade Agreements Don't Always Keep the Peace‹, *Conflict Management and Peace Science*, 29 (3): 257–278.
Hafner-Burton, Emilie M. (2005), ›Trading Human Rights: How Preferential Trade Agreements Influence Government Repression‹, *International Organization*, 59 (3): 593–629.
Hafner-Burton, Emilie M. (2008), ›Sticks and Stones: Naming and Shaming the Human Rights Enforcement Problem‹, *International Organization*, 62 (04): 689.
Hafner-Burton, Emilie M. (2009), *Forced to be Good. Why Trade Agreements Boost Human Rights*, Ithaca, NY; London, UK: Cornell University Press.
Hafner-Burton, Emilie M. (2012), ›International Regimes for Human Rights‹, *Annual Review of Political Science*, 15 (1): 265–286.
Hafner-Burton, Emilie M./Ron, James (2009), ›Seeing Double‹, *World Politics*, 61 (2): 360–401.
Hafner-Burton, Emilie M./Tsutsui, Kiyoteru (2007), ›Justice Lost! The Failure of International Human Rights Law to Matter Where Needed Most‹, *Journal of Peace Research*, 44 (4): 407–425.

Hainmueller, Jens/Hopkins, Daniel J. (2014), ›Public Attitudes Towards Immigration‹, *Annual Review of Political Science*, 17: 225–249.

Hall, Peter A./Gingerich, Daniel W. (2009), ›Varieties of Capitalism and Institutional Complementarities in the Political Economy: An Empirical Analysis‹, *British Journal of Political Science*, 39 (3): 449–482.

Hall, Peter A./Lamont, Michèle (2013), ›Why Social Relations Matter for Politics and Successful Societies‹, *Annual Review of Political Science*, 16 (1): 49–71.

Hall, Peter A./Taylor, Rosemary C. R. (1996), ›Political Science and the Three New Institutionalisms‹, *Political Studies*, 44 (5): 936–957.

Hamilton-Hart, Natasha (2006), ›The Chiang Mai Initiative and the Prospects for Closer Monetary Integration in East Asia‹ in: Bertrand Fort/Webber, Douglas (Hrsg.), *Regional Integration in East Asian and Europe. Convergence of Divergence?*, London, UK; New York, NY: Routledge, 109–128.

Hamilton, Daniel S./Quinlan, Joseph P. (2004), *Partners in Prosperity: The Changing Geography of the Transatlantic Economy*, Washington, DC: Center for Transatlantic Relations, The Johns Hopkins University.

Hamilton, Daniel S./Quinlan, Joseph P. (2011), *The Transatlantic Economy 2011. Annual Survey of Jobs, Trade and Investment between the United States and Europe*, Washington, DC: Center for Transatlantic Relations.

Harbom, Lotta (2009), *UCDP/PRIO Armed Conflict Dataset Codebook v4_2009*, Uppsala; Oslo: Uppsala Conflict Data Program (UCDP); International Peace Research Institute, Oslo (PRIO) (online: http://www.prio.no/Global/upload/CSCW/Data/UCDP/2009/Codebook_UCDP_PRIO%20Armed%20Conflict%20Dataset%20v4_2009.pdf, abgerufen: 4. Januar 2014).

Hardin, Garrett (1968), ›The Tragedy of the Commons‹, *Science*, 162 (3859): 1243–1248.

Harrison, Lawrence E./Huntington, Samuel P., Hrsg., (2000), *Culture Matters. How Values Shape Human Progress*, New York, NY: Basic Books.

Hart, Jeffrey (1976), ›Three Approaches to the Measurement of Power in International Relations‹, *International Organization*, 30 (2): 289–305.

Hasenclever, Andreas/Mayer, Peter/Rittberger, Volker (1997), *Theories of International Regimes*, Cambridge, UK: Cambridge University Press.

Hasenclever, Andreas/Wolf, Klaus-Dieter/Zürn, Michael, Hrsg., (2007), *Macht und Ohnmacht internationaler Institutionen*, Frankfurt/M.; New York,NY: Campus.

Hathaway, Oona A. (2002), ›Do Human Rights Treaties Make a Difference?‹, *The Yale Law Journal*, 111: 1935–2042.

Hathaway, Oona A. (2007), ›Why Do Countries Commit to Human Rights Treaties?‹, *The Journal of Conflict Resolution*, 51 (4): 588–621.

Hein, Wolfgang (2003), ›Umweltpolitik, internationale‹ in: Dieter Nohlen (Hrsg.), *Lexikon der Politik*, E-Book, Berlin: Directmedia Publ., 7695–7712.

Hellmann, Gunther (2006), *Deutsche Außenpolitik. Eine Einführung*, Wiesbaden: VS Verlag für Sozialwissenschaften.

Hellmann, Gunther (2009), ›Pragmatismus‹ in: Carlo Masala/Sauer, Frank/Wilhelm, Andreas/Tsetsos, Konstantinos (Hrsg.), *Handbuch der Internationalen Politik*, Wiesbaden: VS Verlag für Sozialwissenschaften, 145–178.

Henderson, Errol A. (1999), ›Neoidealism and the Democratic Peace‹, *Journal of Peace Research*, 36 (2): 203–231.

Henderson, Errol A. (2005), ›Not Letting Evidence Get in the Way of Assumptions. Testing the Clash of Civilizations Thesis with More Recent Data‹, *International Politics*, 42: 458–469.

Henderson, Errol A./Tucker, Richard (2001), ›Clear and Present Dangers: The Clash of Civilizations and International Conflict‹, *International Studies Quarterly*, 45 (2): 317–338.

Hentges, Gudrun (2010), ›Migration/Migrationsforschung‹ in: Dieter Nohlen/Schultze, Rainer-Olaf (Hrsg.), *Lexikon der Politikwissenschaft, Band 1: A-M*, 4. Aufl., München: C. H. Beck, 611–614.

Hermann, Margret G./Kegley, Charles W. (1995), ›Rethinking Democracy and International Peace: Perspectives from Political Psychology‹, *International Studies Quarterly*, 39 (4): 511–534.

Herz, John H. (1950), ›Idealist Internationalism and the Security Dilemma‹, *World Politics*, 2 (2): 157–180.

Heupel, Monika/Zangl, Bernhard (2004), »Von ›alten‹ und ›neuen‹ Kriegen – zum Gestaltwandel kriegerischer Gewalt«, *Politische Vierteljahresschrift*, 45 (3): 346–369.

Hirst, Paul/Thompson, Grahame (2002), ›The Future of Globalization‹, *Cooperation and Conflict*, 37 (3): 247–265.

Höffe, Otfried (1995), ›Die Vereinten Nationen im Lichte Kants‹ in: Otfried Höffe (Hrsg.), *Imma-*

nuel Kant. Zum Ewigen Frieden, Berlin: Akademie Verlag, 245–271.

Hollingsworth, J. Rogers (1997), ›Continuities and Changes in Social Systems of Production: The Cases of Japan, Germany, and the United States‹ in: J. Rogers Hollingsworth/Boyer, Robert (Hrsg.), *Contemporary Capitalism. The Embeddedness of Institutions*, Cambridge, UK; New York, NY; Sydney: Cambridge University Press, 265–310.

Hollingsworth, J. Rogers/Boyer, Robert, Hrsg., (1997), *Contemporary Capitalism. The Embeddedness of Institutions*, Cambridge, UK; New York, NY; Melbourne: Cambridge University Press.

Hollingsworth, J. Rogers/Schmitter, Philippe C./Streeck, Wolfgang, Hrsg., (1994), *Governing Capitalist Economies. Performance & Control of Economic Sectors*, New York, NY/Oxford, UK: Oxford University Press.

Hönke, Jana/Lederer, Markus (2013), ›Development and International Relations‹ in: Walter Carlsnaes/Risse, Thomas/Simmons, Beth A. (Hrsg.), *Handbook of International Relations*, E-Book, London, UK: Sage Publications, 775–801.

Hudson, Valerie M. (2005), ›Foreign Policy Analysis. Actor-Specific Theory and the Ground of International Relations‹, *Foreign Policy Analysis*, 1 (1): 1–30.

Hudson, Valerie M. (2007), *Foreign Policy Analysis : Classic and Contemporary Theory*, Lanham: Rowman & Littlefield Pub.

Huntington, Samuel P. (1993), ›The Clash of Civilizations?‹, *Foreign Affairs*, 72 (3): 22–49.

Huntington, Samuel P. (1996), *The Clash of Civilizations. Remaking of World Order*, New York, NY: Simon & Schuster.

Hurrell, Andrew (1990), ›Kant and the Kantian Paradigm in International Relations‹, *Review of International Studies*, 16 (3): 183–205.

Hurrell, Andrew (2007), *On Global Order. Power, Values, and the Constitution of International Society*, Oxford, UK; New York, NY: Oxford University Press.

Intergovernmental Panel on Climate Change (ICPP) (2013), *Climate Change 2013. Working Group I Contribution to the 5th Assessment Report of the Intergovernmental Panel on Climat Change*, Cambridge, UK; New York, NY: Cambridge University Press (online: http://www.climatechange2013.org/images/report/WG1AR5_ALL_FINAL.pdf, abgerufen: 29. September 2014).

International Court of Justice (2014), Whaling in the Arctic, *Pressemitteilung*, March 31, 2014, The Hague: International Court of Justice.

International Institute for Strategic Studies (2014), *The MIlitary Balance 2014. The Annual Assessment of Global Military Capabilities and Defence Economics*, London, UK: Routledge.

International Monetary Fund (2011), ›Quota and Voting Shares Before and After Implementation of Reforms Agreed in 2008 and 2010‹ (online: http://www.imf.org/external/np/sec/pr/2011/pdfs/quota_tbl.pdf, abgerufen: 6. Mai 2014).

International Monetary Fund (2012), *Japan Article IV Consultations*: International Monetary Fund IMF Country Report 12/208, Washington, DC: International Monetary Fund.

International Monetary Fund (2014a), *The IMF at a Glance*: International Monetary Fund, Washington, DC (online: http://www.imf.org/external/np/exr/facts/pdf/glance.pdf, abgerufen: 31. März 2014).

International Monetary Fund (2014b), ›IMF Executive Board Reports to the Board of Govenors on the 2010 Reforms and the 15th General Review of Quotas‹, Press Release (online: http://www.imf.org/external/np/sec/pr/2014/pr1422.htm, abgerufen: 6. Mai 2014).

Ishii, Atsushi/Okubo, Ayako (2014), ›Path Dependence and Paradigm Shift: How Cetacean Scientists Learned to Develop Management Procedures that Survived the Controversial Whaling Regime‹, *Review of Policy Research*, 31 (4): 257–280.

Itzkowitz, Joshua R./Beckley, Michael (2012), ›Correspondence: Debating China's Rise and U.S. Decline‹, *International Security*, 37 (3): 172–181.

Jacobs, Alan M./Matthews, J. Scott (2012), ›Why Do Citizens Discount the Future? Public Opinion and the Timing of Policy Consequences‹, *British Journal of Political Science*, 42 (4): 903–935.

Jaeger, Mona (2014), Frieden auf 50 dreckigen Quadratmetern, in: *Frankfurter Allgemeine Zeitung*, 14. Juli 2014, 3.

James, Patrick/II, Glenn E. Mitchell (1995), ›Targets of Covert Pressure. The Hidden Victims of the Democratic Peace‹, *International Interactions*, 21 (1): 85–107.

Jedlicka, Jan/Kotian, Juraj/Münz, Rainer (2014), *Visegrad Four – 10 Years of EU Membership*: Erste Group Research, CEE Special Report Vienna: Erste Group Research (online: https://

www.erstegroup.com/en/Downloads/6754d348-f37c-4861-aafd-a0ef49bd35f2.pdf;GPJSESSIONID=x1ZnTglPZwJR9P8rc90W2GxSHsbv1JyhpZpcNlz0cQB97kvL78qG!-1189982009, abgerufen: 30. April 2014).

Jetschke, Anja (2006), ›Weltkultur vs. Partikularismus. Die Universalität der Menschenrechte im Lichte der Ratifikation von Menschenrechtsverträgen‹, *Die Friedens-Warte*, 81 (1): 25–49.

Johnson, Chalmers (1982), *MITI and the Japanese Miracle: The Growth of Industry Policy 1925–1975*, Stanford, CA: Stanford University Press.

Kahl, Martin/Teusch, Ulrich (2004), »Sind die ›neuen‹ Kriege wirklich neu?«, *Leviathan*, 32 (3): 382–401.

Kaldor, Mary (2001), *Neue und alte Kriege: Organisierte Gewalt im Zeitalter der Globalisierung*, Frankfurt/M.: Suhrkamp.

Kant, Immanuel (1795), ›Zum Ewigen Frieden. Ein philosophischer Entwurf‹, Philosophietexte im Internet (online: http://www.philosophiebuch.de/ewfried.htm, abgerufen: 1. Juli 2014).

Katzenstein, Peter J. (1993a), ›Regions in Competition: Comparative Advantages of America, Europe, and Asia‹ in: Helga Haftendorn/Tuschhoff, Christian (Hrsg.), *America and Europe in an Era of Change*, Boulder, CO; San Francisco, CA; Oxford, UK: Westview Press, 105–126.

Katzenstein, Peter J. (1993b), ›A World of Regions: America, Europe, and East Asia‹, *Indiana Journal of Global Legal Studies*: 65–82.

Katzenstein, Peter J. (1996), ›Regionalism in Comparative Perspective‹, *Cooperation and Conflict*, 31 (2): 123–159.

Katzenstein, Peter J. (2005), *A World of Regions. Asia and Europe in the American Imperium*, Ithaca, NY/London, UK: Cornell University Press.

Katzenstein, Peter J., Hrsg., (2010a), *Civilizations in World Politics. Plural and Pluralist Perspectives*, London, UK; New York, NY: Routledge, Taylor & Francis Group.

Katzenstein, Peter J. (2010b), »›Walls‹ between ›Those People‹? Contrasting Perspectives on World Politics«, *Perspectives on Politics*, 8 (1): 11–25.

Katzenstein, Peter J. (2010c), ›A World of Plural and Pluralist Civilizations. Multiple Actors, Traditions, and Practices‹ in: Peter J. Katzenstein (Hrsg.), *Civilizations in World Politics. Plural and Pluralist Perspectives*, London, UK; New York, NY: Routledge Francis &Taylor Group, 1–40.

Katzenstein, Peter J., Hrsg., (2012a), *Anglo-America and Its Discontents. Civilizational Identities Beyond East and West*, London, UK; New York, NY: Routledge, Taylor & Francis Group.

Katzenstein, Peter J., Hrsg., (2012b), *Sinicization and the Rise of China. Civilizational Processes Beyond East and West*, London, UK; New York, NY: Routledge; Taylor & Francis Group.

Keck, Margaret E./Sikkink, Kathryn (1998), *Activists Beyond Borders. Advocacy Networks in International Politics*, Ithaca, NY; London, UK: Cornell University Press.

Kegley, Charles W./Hermann, Margret G. (1996), ›How Democracies Use Intervention: A Neglected Dimension in Studies of Democratic Peace‹, *Journal of Peace Research*, 33 (3): 309–322.

Kegley, Charles. W./Hermann, Margret. G. (1997), ›Putting Military Intervention into the Democratic Peace: A Research Note‹, *Comparative Political Studies*, 30 (1): 78–107.

Kennedy, Paul (1989), *The Rise and Fall of Great Powers. Economic Change and Military Conflict from 1500 to 2000*, New York, NY: Vintage Books.

Keohane, Robert O. (1984), *After Hegemony. Cooperation and Discord in the World Political Economy*, Princeton, NJ: Princeton University Press.

Keohane, Robert O., Hrsg., (1986), *Neorealism and Its Critics*, New York, NY: Columbia University Press.

Keohane, Robert O. (1989), *International Institutions and State Power. Essays in International Relations Theory*, Boulder, CO; San Francisco, CA; London, UK: Westview Press.

Keohane, Robert O./Nye, Joseph S. Jr. (1989), *Power and Interdependence*, 2nd ed., Glenview, IL; Boston, MA; London, UK: Scott, Foresman and Co.

Kirshner, Jonathan, Hrsg., (2003), *Monetary Orders: Ambiguous Economics, Ubiquitous Politics*, Ithaca, NY/London, UK: Cornell University Press.

Klasen, Stephan (2013), ›Is it Time for a New International Poverty Measure?‹ in: OECD (Hrsg.), *Development Co-Operation Report 2013. Ending Poverty*, Paris: OECD, 35–42.

Klotz, Audie (1995a), *Norms in International Relations. The Struggle against Apartheid*, Ithaca, NY;London, UK: Cornell University Press.

Klotz, Audie (1995b), ›Norms Reconstituting Interests: Global Racial Equality and U. S. Sanctions against South Africa‹, *International Organization*, 49 (3): 451–478.

Kosack, Stephen/Tobin, Jennifer (2006), ›Funding Self-Sustaining Development: The Role of Aid, FDI and Government in Economic Success‹, *International Organization*, 60 (01): 205–243.

Krasner, Stephen D. (2001), ›Abiding Sovereignty‹, *International Political Science Review*, 22 (3): 229–251.

Krell, Gert (2009), *Weltbilder und Weltordnung. Einführung in die Theorie internationaler Beziehungen*, 4. Aufl., Baden-Baden: Nomos.

Krugman, Paul (2014), No Big Deal, in: *New York Times*, February 28, 2014, A23 (online: http://www.nytimes.com/2014/02/28/opinion/krugman-no-big-deal.html?ref=opinion&_r=0, abgerufen: 1. März 2014).

Kupchan, Charles A. (2011), ›The False Promise of Unipolarity: Constraints on the Exercise of American Power‹, *Cambridge Review of International Affairs*, 24 (2): 165–173.

Kurth, James (2010), ›The United States as a Civilizational Leader‹ in: Peter J. Katzenstein (Hrsg.), *Civilizations in World Politics. Plural and Pluralist Perspectives*, London, UK; New York, NY: Routledge Francis & Taylor Group, 41–66.

Kydd, Andrew H. (2010), ›Methodological Individualism and Rational Choice‹ in: Christian Reus-Smit/Snidal, Duncan (Hrsg.), *The Oxford Handbook of International Relations*, Oxford, UK; New York, NY: Oxford University Press, 425–443.

Kydd, Andrew/Walter, Barbara F. (2006), ›The Strategies of Terrorism‹, *International Security*, 31 (1): 49–80.

Lahav, Gallya/Lavenex, Sandra (2013), ›International Migration‹ in: Walter Carlsnaes/Risse, Thomas/Simmons, Beth A. (Hrsg.), *Handbook of International Relations*, E-Book, London, UK: Sage Publications, 746–775.

Lake, David A. (2009), *Hierarchy in International Relations*, Ithaca, NY; London, UK: Cornell University Press.

Lake, David A. (2011), »Why ›isms‹ Are Evil: Theory, Epistemology, and Academic Sects as Impediments to Understanding and Progress«, *International Studies Quarterly*, 55 (2): 465–480.

Landman, Todd (2013), *Human Rights and Democracy. The Precarious Triumph of Ideals*, London, UK; New York, NY: Bloomsbury.

Lane, Philip R./Milesi-Ferretti, Gian Maria (2007), ›The External Wealth of Nations Mark II: Revised and Extended Estimates of Foreign Assets and Liabilities, 1970–2004‹, *Journal of International Economics*, 73 (2): 223–250.

Laver, Michael (2014), ›Measuring Policy Options in Political Space‹, *Annual Review of Political Science*, 17: 207–223.

Layne, Christopher (1996), ›Kant or Cant: The Myth of the Democratic Peace‹ in: Michael E. Brown/Lynn-Jones, Sean M./Miller, Steven E. (Hrsg.), *Debating the Democratic Peace*, Cambridge, MA; London, UK: MIT Press, 157–201.

Legro, Jeffrey W. (2011), ›The Mix that Makes Unipolarity: Hegemonic Purpose and International Constraints‹, *Cambridge Review of International Affairs*, 24 (2): 185–199.

Levy, Jack (1988), ›Domestic Politics and War‹, *Journal of Interdisciplinary History*, 18 (4): 653–673.

Levy, Jack S. (2013), ›Interstate War and Peace‹ in: Walter Carlsnaes/Risse, Thomas/Simmons, Beth A. (Hrsg.), *Handbook of International Relations*, E-Book, London, UK: Sage Publications, 581–607.

Levy, Jack S./Thompson, William R. (2010), *Causes of War*, Chichester, UK: Wiley-Blackwill.

Liberman, Peter (1993), ›The Spoils of Conquest‹, *International Security*, 18 (2): 125–158.

Liebscher, Stephan (2014), ›Weltweite Flüchtlingszahlen: UNHCR fordert Lösungen‹, Newsletter (online: http://www.bpb.de/gesellschaft/migration/newsletter/188529/fluechtlin, abgerufen: 22. August 2014).

Lindley, Anna (2011), ›Remittances‹ in: Alexander Betts (Hrsg.), *Global Migration Governance*, E-Book, Oxford, UK: Oxford University Press, 242–261.

Link, Werner (1988), *Der Ost-West-Konflikt. Die Organisation der internationaler Beziehungen im 20. Jahrhundert*, 2. Aufl., Stuttgart: Kohlhammer.

Litfin, Karen T. (1994), *Ozone Discourses. Science and Politics in Global Environmental Cooperation*, New York, NY: Columbia Univiversity Press.

Love, Joseph L. (1980), ›Raúl Prebisch and the Origins of the Doctrine of Unequal Exchange‹, *Latin American Research Review*, 15 (3): 45–72.

Lukács, Georg (1923), *Geschichte und Klassenbewusstsein*, Darmstadt: Luchterhand (online: http://archive.org/download/GeorgLukacs-GeschichteUndKlassenbewusstsein/GeorgLukacs-GeschichteUndKlassenbewusstsein.pdf, abgerufen: 6. August 2013).

Lutz, Ellen L./Sikkink, Kathryn (2000), ›International Human Rights Law and Practice in Latin America‹, *International Organization*, 54 (3): 633–659.

Lütz, Susanne (2014), ›Vom Washington Consensus zum Flexiblen Keynesianismus – der Internationale Währungsfonds nach der Finanzkrise‹, *Politische Vierteljahresschrift*, 55 (3): 427–444.

Lynn-Jones, Sean M. (1996), ›Preface‹ in: Michael E. Brown/Lynn-Jones, Sean M./Miller, Steven E. (Hrsg.), *Debating the Democratic Peace*, Cambridge, MA; London, UK: MIT Press, ix-xxxiii.

Mansfield, Edward D./Snyder, Jack (1996), ›Democratization and the Danger of War‹ in: Michael E. Brown/Lynn-Jones, Sean M./Miller, Steven E. (Hrsg.), *Debating the Democratic Peace*, Cambridge, MA; London, UK: MIT Press, 301–334.

Mansfield, Edward D./Snyder, Jack (2002), ›Democratic Transitions, Institutional Strength, and War‹, *International Organization*, 56 (2): 297–337.

Mansfield, Edward D./Snyder, Jack (2009), ›Pathways to War in Democratic Transitions‹, *International Organization*, 63 (2): 381–390.

Maoz, Zeev/Russett, Bruce (1993), ›Normative and Structural Causes of Democratic Peace, 1946–1986‹, *American Political Science Review*, 97 (3): 624–638.

March, James G./Olsen, Johan P. (1989), *Rediscovering Institutions. The Organizational Basis of Politics*, New York; Toronto; Oxford; Singapore; Sydney: Free Press; Maxwell Macmillan Canada; Maxwell Macmillan International.

March, James G./Olsen, Johan P. (1998), ›The Institutional Dynamic of International Political Orders‹, *International Organization*, 52 (4): 943–969.

Martens, Kerstin/Schulze, Gesa (2012), ›OECD‹ in: Katja Freistein/Leininger, Julia (Hrsg.), *Handbuch Internationaler Organisationen. Theoretische Grundlagen und Akteure,* E-Book, München: Oldenbourg, 184–191.

Martin, Lisa/Sikkink, Kathryn (1993), ›U. S. Policy and Human Rights in Argentina and Guatemala, 1973–1980‹ in: Peter Evans/Jacobson, Harold/Putnam, Robert D. (Hrsg.), *Double-Edged Diplomacy. International Bargaining and Domestic Polics*, Berkeley, CA: University of California Press, 330–362.

Mastro, Oriana Skylar (2014), ›The Problems of the Liberal Peace in Asia‹, *Survival*, 56 (2): 129–158.

Mearsheimer, J. J. (2010), ›The Gathering Storm: China's Challenge to US Power in Asia‹, *The Chinese Journal of International Politics*, 3 (4): 381–396.

Mearsheimer, John J. (2001), *The Tragedy of Great Power Politics*, New York, NY: W. W. Norton.

Mearsheimer, John J./Walt, Stephen M. (2013), *Leaving Theory Behind: Why Hypothesis Testing has Become Bad for IR*: Kennedy School of Government, HKS Faculty Research Working Paper Series RW13-001, Cambridge, MA: Kennedy School of Government.

Meunier, S./Nicolaidis, K. (1999), ›Who Speaks for Europe? The Delegation of Trade Authority in the EU‹, *Journal of Common Market Studies*, 37 (3 September): 477–501.

Meunier, Sophie (2000), ›What Single Voice? European Institutions and EU-U. S. Trade Negotiations‹, *International Organization*, 54 (1): 103–135.

Meunier, Sophie/Nikolaidis, Kalypso (2006), ›The European Union as a Conflicted Trade Power‹, *Journal of European Public Policy*, 13 (6): 906–925.

Meyers, Reinhard (1979), *Weltpolitik in Grundbegriffen. Ein lehr- und ideengeschichtlicher Grundriß*, Düsseldorf: Droste Verlag.

Meyers, Reinhard (o. j.), ›Contemporary Developments in International Relations Theory‹ (online: http://www.uni-muenster.de/Politikwissenschaft/Doppeldiplom/docs/Developments%20in%20IR.pdf, abgerufen: 30. Oktober 2009).

Mildner, Stormy-Annika/Schmucker, Claudia (2013), *Abkommen mit Nebenwirkungen?*: Stiftung Wissenschaft und Politik, SWP-Aktuell 26, Berlin:

Miller, Manjari Chatterjee (2013a), *Wronged by Empire. Post-Imperial Ideology and Foreign Policy in India and China*, Stanford, CA: Stanford University Press.

Miller, Paul D. (2013b), *Armed State Building. Confronting State Failure, 1898–2012*, Ithaca, NY; London, UK: Cornell Univiversity Press.

Milner, Helen (2013), ›International Trade‹ in: Walter Carlsnaes/Risse, Thomas/Simmons, Beth A. (Hrsg.), *Handbook of International Relations*, E-Book,London, UK: Sage Publications, 720–744.

Milner, Helen V. (1997), *Interests, Institutions, and Information. Domestic Politics and International Relations*, Princeton, NJ: Princeton University Press.

Mitchell, Ronald B. (1994), ›Regime Design Matters: Intentional Oil Pollution and Treaty Compliance‹, *International Organization*, 48 (3): 425–458.

Mitchell, Ronald B. (2013), ›International Environmental Politics‹ in: Walter Carlsnaes/Risse,

Thomas/Simmons, Beth A. (Hrsg.), *Handbook of International Relations*, E-Book, London, UK: Sage Publications, 801–826.

Moravcsik, A. (1995), ›Explaining International Human Rights Regimes: Liberal Theory and Western Europe‹, *European Journal of International Relations*, 1 (2): 157–189.

Moravcsik, Andrew (1991), ›Negotiating the Single European Act: National Interests and Conventional Statecraft in the European Community‹, *International Organization*, 45 (1): 19–56.

Moravcsik, Andrew (1993), ›Introduction: Integrating International and Domestic Theories of International Bargaining‹ in: Peter B. Evans/Jacobson, Harold K./Putnam, Robert D. (Hrsg.), *Double Edged Diplomacy. International Politics and Domestic Bargaining*, Berkeley: University of California Press, 3–42.

Moravcsik, Andrew (1997), ›Taking Preferences Seriously. A Liberal Theory of International Relations‹, *International Organization*, 51 (4): 513–553.

Moravcsik, Andrew (1998), *The Choice for Europe. Social Purpose & State Power from Messina to Maastricht*, Ithaca, NY: Cornell University Press.

Moravcsik, Andrew (2010), ›The New Liberalism‹ in: Christian Reus-Smit/Snidal, Duncan (Hrsg.), *The Oxford Handbook of International Relations*, Oxford, UK; New York, NY: Oxford University Press, 234–254.

Moravcsik, Andrew/Nicolaidis, Kalypso (1999), ›Explaining the Treaty of Amsterdam: Interests, Influence, Institutions‹, *Journal of Common Market Studies*, 37 (1 March): 59–85.

Morell, Virginia (2014), Environmental Policy. Court Slams Japan's Scientific Whaling, *Science*, 6179, Apr 4, 22.

Morrow, James D. (1999), ›How Could Trade Affect Conflict?‹, *Journal of Peace Research*, 36 (4): 481–489.

Müller, Harald (2002), ›Antinomien des demokratischen Friedens‹, *Politische Vierteljahresschrift*, 43 (1): 46–81.

Müller, Harald/Risse-Kappen, Thomas (1990), ›Internationale Umwelt, gesellschaftliches Umfeld und außenpolitischer Prozeß in liberaldemokratischen Industrienationen‹ in: Volker Rittberger (Hrsg.), *Theorien der Internationalen Beziehungen*, Sonderheft 21, Opladen: Westdeutscher Verlag, 375–400.

Münkler, Herfried (2004), ›Die neuen Kriege‹, *Bürger im Staat*, 54 (4).

Münkler, Herfried (2009), *Der Wandel des Krieges. Von der Symmetrie zur Asymmetrie*, E-Book, Göttingen: Humanities Online.

Münkler, Herfried (2013), *Der große Krieg. Die Welt 1914–1918*, Berlin: Rowohlt Verlag.

Nannestad, Peter (2008), ›What Have We Learned About Generalized Trust, If Anything?‹, *Annual Review of Political Science*, 11 (1): 413–436.

National Consortium for the Study of Terrorism and the Responses to Terrorism (n. y.), ›Global Terrorism Database‹ (online: http://www.start.umd.edu/gtd/, abgerufen: 26. Februar 2014).

Neitzel, Sönke (2002), *Kriegsausbruch. Deutschlands Weg in die Katastrophe*, München: Pendo.

Neumann, Isabel (2013), *Das Europäische Grenz- und Migrationsregime zwischen Freiheit und Sicherheit*, Bachelor Arbeit, Fachbereich Gesellschaftswissenschaften, Johann Wolfgang von Goethe Universität: Frankfurt/M.

Neumayer, E. (2005), ›Do International Human Rights Treaties Improve Respect for Human Rights?‹, *Journal of Conflict Resolution*, 49 (6): 925–953.

Nielebock, Thomas (1993), ›Frieden zwischen Demokratien: Ein empirisches Gesetz der Internationalen Beziehungen auf der Suche nach seiner Erklärung‹, Österreichische Zeitschrift für Politikwissenschaft, 22 (2): 179–193.

Nohlen, Dieter (2010a), ›Entwicklung‹ in: Dieter Nohlen/Schultze, Rainer-Olaf (Hrsg.), *Lexikon der Politikwissenschaft, Band 1: A-M*, 4. Aufl., München: C. H. Beck, 206–209.

Nohlen, Dieter (2010b), ›Globalisierung‹ in: Dieter Nohlen/Schultze, Rainer-Olaf (Hrsg.), *Lexikon der Politikwissenschaft, Band 1 A-M*, 4. Aufl., München: C. H. Beck, 335–339.

Nohlen, Dieter (2010c), ›Importsubstitution‹ in: Dieter Nohlen/Schultze, Rainer-Olaf (Hrsg.), *Lexikon der Politikwissenschaft, Band 1: A-M*, 4. Aufl., München: C. H. Beck, 385.

Nohlen, Dieter (2010d), ›Kolonialismus‹ in: Dieter Nohlen/Schultze, Rainer-Olaf (Hrsg.), *Lexikon der Politikwissenschaft, Band 1: A-M*, 4. Aufl., München: C. H. Beck, 471–472.

Nohlen, Dieter (2010e), ›Kontrafaktisch‹ in: Dieter Nohlen/Schultze, Rainer-Olaf (Hrsg.), *Lexikon der Politikwissenschaft, Band 1: A-M*, 4. Aufl., München: C. H. Beck, 508–509.

Norris, Pippa/Inglehart, Ronald (2002), »Islamic Culture and Democracy: Testing the ›Clash of Civilizations‹ Thesis«, *Comparative Sociology*, 1 (3–4): 235–263.

North, Douglass C. (1990), *Institutions, Institutional Change and Economic Performance*, Cambridge, UK; New York, NY: Cambridge University Press.

now./cag (2014), Japan muss die Jagd auf Wale einstellen, in: *Frankfurter Allgemeine Zeitung*, 1. April 2014, 7.

Nuscheler, Franz (2001), ›Dimensionen und Folgen der Globalisierung‹ in: Kai Hirschmann/Bundesakademie für Sicherheitspolitik (Hrsg.), *Sicherheitspolitik in neuen Dimensionen. Kompendium zum erweiterten Sicherheitsbegriff*, Hamburg: Mittler Verlag, 415–435.

Nuscheler, Franz (2007), ›Wie geht es weiter mit der Entwicklungspolitik?‹, *Aus Politik und Zeitgeschichte* (48/2007): 3–10.

Nuscheler, Franz (2011), ›Migrationsgovernance in der EU‹ in: Georg Simonis/Elbers, Helmut (Hrsg.), *Externe EU-Governance*, Wiesbaden: VS Verlag für Sozialwissenschaften, 299–314.

Nye, Joseph S. (1990), *Bound to Lead. The Changing Nature of American Power*, New York, NY: Basic Books.

Nye, Joseph S. Jr. (2004), *Soft Power. The Means to Success in World Politics*, New York, NY: Perseus Books Group.

O'Neal, John R./Russett, Bruce (1999), ›Assessing the Liberal Peace with Alternative Specifications: Trade Still Reduces Conflict‹, *Journal of Peace Research*, 36 (4).

Ocampo, José Antonio/Parra-Lancourt, Mariángela (2010), ›The Terms of Trade for Commodities Since the Mid-19th Century‹, *Revista de Historia Económica /Journal of Iberian and Latin American Economic History*, 28 (01): 11.

OECD, Hrsg., (2013), *Development Co-Operation Report 2013: Ending Poverty*, Paris: OECD.

Olson, Mancur (1971), *The Logic of Collective Action. Public Goods and the Theory of Groups*, Cambridge, MA: Harvard University Press.

Ostrom, Elinor (1999), *Die Verfassung von Allmende jenseits von Staat und Markt*, Tübingen: Mohr Siebeck.

Ostrom, Elinor (2010a), ›Beyond Markets and States: Polycentric Governance of Complex Economic Systems‹, *American Economic Review*, 100 (3): 641–672.

Ostrom, Elinor (2010b), ›A Long Polycentric Journey‹, *Annual Review of Political Science*, 13 (1): 1–23.

Ostrom, Elinor/Gardner, Roy (1992), ›Coping with Asymmetries in the Commons: Self-Governing Irrigation Systems Can Work‹, *Journal of Economic Perspectives*, 7 (4): 93–112.

Owen, John M. (1996), ›How Liberalism Produces Democratic Peace‹ in: Michael E. Brown/Lynn-Jones, Sean M./Miller, Steven E. (Hrsg.), *Debating the Democratic Peace*, Cambridge, MA; London, UK: MIT Press, 116–154.

Owen, John M. (1997), *Liberal Peace, Liberal War. American Politics and International Security*, 1. publ., Ithaca, NY; London, UK: Cornell Univiversity Press.

Oye, Kenneth A., Hrsg., (1986), *Cooperation under Anarchy*, Princeton, NJ: Princeton University Press.

Papst Franziskus (2013), ›Evangelii Gaudium. Apostolisches Schreiben des Heiligen Vaters and die Bischöfe und Diakonie und die Personen geweihten Lebens und an die christgläubigen Laien über die Vekündigung des Evangeliums in der Welt von heute.‹ (online: http://www.vatican.va/holy_father/francesco/apost_exhortations/documents/papa-francesco_esortazione-ap_20131124_evangelii-gaudium_ge.pdf, abgerufen: 9. April 2014).

Pastor, Robert A. (1999), ›The Great Powers in the Twentieth Century. From Dawn to Dusk‹ in: Robert A. Pastor (Hrsg.), *A Century's Journey. How the Great Powers Shape the World*, New York, NY: Basic Books, 1–31.

Patrick, Stewart (2011), *Weak Links. Fragile States, Global Threats, and International Security*, Oxford, UK: Oxford University Press.

Peters, Dirk (2007), ›Ansätze und Methoden der Außenpolitikanalyse‹ in: Siegmar Schmidt/Hellmann, Gunther/Wolf, Reinhard (Hrsg.), *Handbuch zur deutschen Außenpolitik*, Wiesbaden: VS Verlag für Sozialwissenschaften, 815–835.

Petersmann, Ernst-Ulrich, Hrsg., (2012), *Multilevel Governance of Interdependent Public Goods. Theories, Rules and Institutions for the Central Policy Challenge in the 21st Century*, San Domenico di Fiesole: European University Institute.

Peterson, M. J. (1992), ›Whalers, Cetologists, Environmentalists, and the International Management of Whaling‹, *International Organization*, 46 (1): 147–186.

Popp, Maximilian (2014), Europas tödliche Grenze, in: *Der Spiegel*, 36, 1. September 2014, 48–58.

Powell, Robert (2006), ›War as a Commitment Problem‹, *International Organization*, 60 (01): 169–203.

pps (2014), Japans Walfang muss genehmigt werden, in: *Frankfurter Allgemeine Zeitung*, 19. September 2014, 8.

Prebisch, Raúl (1950), *The Economic Development of Latin America and Its Principal Problems*, New York, NY: United Nations.

Puhle, Hans-Jürgen (1975), *Agrarische Interessenpolitik und preußischer Konservatismus im wilhelminischen Reich*, 2. Aufl., Bonn: Verlag neue Gesellschaft.

Putnam, Robert D. (1988), ›Diplomacy and Domestic Politics: The Logic of Two-Level Games‹, *International Organization*, 42 (3): 427–460.

Rand Corporation (2010), ›Rand Database of Worldwide Terrorism Incidents‹ (online: http://www.rand.org/nsrd/projects/terrorism-incidents.html, abgerufen: 26. Februar 2014).

Rat der Europäischen Union (2012), *Konsolidierte Fassungen des Vertrages über die Europäische Union und des Vertrags über die Arbeitsweise der europäischen Union*, Brüssel: Rat der Europäischen Union.

Rat der Europäischen Union (2013), *Vermerk des Generalsekretariats des Rates für die Delegationen. Leitlinien für die Verhandlungen über die transatlantische Handels- und Investitionspartnerschaft zwischen der Europäischen Union und den Vereinigten Staaten von Amerika*, Generalsekretariat, 11103/13, Brüssel (online: http://www.ttip-leak.eu/media/download/e2ff8f5879aeaf5a40360628db9a0c84.pdf, abgerufen: 8. März 2014).

Rauch, Carsten (2014), *Das Konzept des friedlichen Machtübergangs. Die Machtübergangstheorie und der weltpolitische Aufstieg Indiens*, Baden-Baden: Nomos.

Raustiala, Kal (1997), ›States, NGOs, and International Environmental Institutions‹, *International Studies Quarterly*, 41 (4): 719–740.

Reiter, Dan (1995), ›Exploding the Powder Keg Myth: Preemptive Wars Almost Never Happen‹, *International Security*, 20 (2): 5–34.

Reiter, Dan/Stam, Allan C. (2008), ›Democracy, Peace, and War‹ in: Donald A. Wittman/Weingast, Barry R. (Hrsg.), *Oxford Handbook of Political Economy*, Online Edition, Oxford, UK: Oxford University Press, 1–10.

Reiter, Dan/Stam, Allen C. (2002), *Democracies at War*, Princeton, NJ: Princeton University Press.

Reus-Smit, Christian/Snidal, Duncan, Hrsg., (2010), *The Oxford Handbook of International Relations*, Oxford, UK: Oxford University Press.

Riker, William H. (1962), *The Theory of Political Coalitions*, New Haven, CT: Yale University Press.

Risse-Kappen, Thomas (1994), »Wie weiter mit dem ›demokratischen Frieden‹?«, *Zeitschrift für Internationale Beziehungen*, 1 (2): 367–379.

Risse-Kappen, Thomas (1995), ›Democratic Peace – Warlike Democracies?: A Social Constructivist Interpretation of the Liberal Argument‹, *European Journal of International Relations*, 1 (4): 491–517.

Risse-Kappen, Thomas (1996), ›Collective Identity in a Democratic Community: The Case of NATO‹ in: Peter J. Katzenstein (Hrsg.), *The Culture of National Security. Norms and Identity in World Politics*, New York, NY: Columbia University Press, 357–399.

Risse, Thomas (2000), »›Let's Argue!‹: Communicative Action in World Politics«, *International Organization*, 54 (1): 1–39.

Risse, Thomas (2008), »Regieren in ›Räumen begrenzter Staatlichkeit‹? Zur *Reisefähigkeit* des Governancekonzeptes« in: Gunnar Folke Schuppert/Zürn, Michael (Hrsg.), *Governance in einer sich wandelnden Welt*, Wiesbaden: VS Verlag für Sozialwissenschaft, 149–170.

Risse, Thomas (2010), *A Community of Europeans? Transnational Identities and Public Spheres*, Ithaca, NY; London, UK: Cornell University Press.

Risse, Thomas, Hrsg., (2011), *Governance Without a State? Policies and Politics in Areas of Limited Statehood*, New York, NY: Columbia University Press.

Risse, Thomas (2012), *Governance Configurations in Areas of Limited Statehood. Actors, Modes, Institutions, and Resources*: Free University Berlin. Research Center (SFB) 700, SFB-Governance Working Paper Series, Berlin: Research Center (SFB) 700.

Risse, Thomas (2013), ›Transnational Actors and World Politics‹ in: Walther Carlsnaes/Simmons, Beth/Risse, Thomas (Hrsg.), *Handbook of International Relations*, London, UK: Sage Publications, 426–452.

Risse, Thomas/Lehmkuhl, Ursula (2006), *Governance in Räumen begrenzter Staatlichkeit: Neue Formen des Regierens? Das Forschungsprogramm des Sonderforschungsbereiches 700*, SFB 700 Working Paper 1, Berlin: SFB 700.

Risse, Thomas/Ropp, Stephen C. (2013), ›Introduction and Overview‹ in: Thomas Risse/Ropp, Stephen C./Sikkink, Kathryn (Hrsg.), *The Persistent Power of Human Rights. From Commitment to Compliance*, Cambridge, UK: Cambridge University Press, 3–25.

Risse, Thomas/Ropp, Stephen C./Sikkink, Kathryn, Hrsg., (1999), *The Power of Human of Human Rights. International Norms and Domestic Change*, Cambridge, UK; New York, NY; Melbourne: Cambridge University Press.

Risse, Thomas/Ropp, Stephen C./Sikkink, Kathryn, Hrsg., (2013), *The Persistent Power of Human Rights. From Commitment to Compliance*, Cambridge, UK: Cambridge University Press.

Rittberger, Volker/Kruck, Andreas/Romund, Anne (2010), *Grundzüge der Weltpolitik. Theorie und Empirie des Weltregierens*, Wiesbaden: VS Verlag für Sozialwissenschaften.

Rittberger, Volker/Zangl, Bernhard/Kruck, Andreas (2013), *Internationale Orgnisationen*, 4. Aufl., Wiesbaden: Springer Fachmedien.

Rodrik, Dani (1996), ›Understanding Economic Policy Reform‹, *Journal of Economic Literature*, 34 (1): 9–41.

Rogowski, Ronald (1989), *Commerce and Coalitions. How Trade Affects Domestic Political Alignments*, Princeton, NJ: Princeton University Press.

Rogowski, Ronald (2000), ›Commerce and Coalitions. How Trade Affects Domestic Political Alignments‹ in: Jeffry A. Frieden/Lake, David A. (Hrsg.), *International Political Economy. Perspectives on Global Power and Wealth*, 4th ed., Belmont, CA et al.: Thomson & Wadsworth, 318–326.

Roodman, David (2007), ›The Anarchy of Numbers: Aid, Development, and Cross-Country Empirics‹, *The World Bank Economic Review*, 21 (2): 255–277.

Rosecrance, Richard/Thompson, Peter (2003), ›Trade, Foreign Investment, and Security‹, *Annual Review of Political Science*, 6: 377–398.

Ross, Andreas (2014), Die Kohlekrieger von West Virginia, in: *Frankfurter Allgemeine Zeitung*, 15. Juli 2014, 3.

Rousseou, David L./Gelpi, Christopher/Reiter, Dan/Huth, Paul K. (1996), ›Assessing the Dyadic Nature of the Democratic Peace, 1918–1988‹, *American Political Science Review*, 90 (3): 512–533.

Rudolf, Peter (2010), ›Krieg‹ in: Dieter Nohlen/Schultze, Rainer-Olaf (Hrsg.), *Lexikon der Politikwissenschaft, Band 1: A-M*, 4. Aufl., München: C. H. Beck, 526.

Rudolf, Peter/Schaller, Christian (2012), *»Targetted Killing«. Zur völkerrechtlichen, ethischen und strategischen Problematik gezielten Tötens in der Terrorismus- und Aufstandsbekämpfung*: Stiftung Wissenschaft und Politik S1, Berlin: Stiftung Wissenschaft und Politik.

Ruggie, John G. (1998), ›What Makes the World Hang together? Neo-utilitarism and the Social Constructivist Challenge‹, *International Organization*, 52 (4): 855–885.

Russett, Bruce (1996a), ›The Fact of Democratic Peace‹ in: Michael E. Brown/Lynn-Jones, Sean M./Miller, Steven E. (Hrsg.), *Debating the Democratic Peace*, Cambridge, MA; London, UK: MIT Press, 58–81.

Russett, Bruce (1996b), ›Why Democratic Peace?‹ in: Michael E. Brown/Lynn-Jones, Sean M./Miller, Steven E. (Hrsg.), *Debating the Democratic Peace*, Cambridge, MA; London, UK: MIT Press, 82–115.

Russett, Bruce M./Oneal, John R. (2001), *Triangulating Peace. Democracy, Interdependence, and International Organizations*, New York, NY: W. W. Norton.

Sachs, Jeffrey (2005), *The End of Poverty: How We Can Make It Happen in Our Lifetime*, London: Penguin Books.

Sachs, Jeffrey (2009), *Common Wealth. Economics for a Crowded Planet*, New York, NY: Penguin Books.

Sachs, Jeffrey D./Mellinger, Andrew D./Gallup, John L. (2001), The Geography of Poverty and Wealth, in: *Scientific America* March (online: http://www.earth.columbia.edu/sitefiles/file/about/director/documents/SCIAM032001_000.pdf, abgerufen: 28. April 2014).

Sandler, Todd (1997), *Global Challenges. An Approach to Environmental, Political, and Economic Problems*, 1. publ., Cambridge, UK; New York, NY: Cambridge University Press.

Sandler, Todd (2004), *Global Collective Action*, Cambridge, UK; New York, NY: Cambridge University Press.

Santos Paulino, Amelia Uliafnova/McGillivray, Mark/Naudé, Wim A. (2011), *Fragile States. Causes, Costs, and Responses*, Oxford, UK: Oxford University Press.

Saretzki, Thomas (2010), ›Umwelt (Umweltpolitik)‹ in: Dieter Nohlen/Schultze, Rainer-Olaf (Hrsg.), *Lexikon der Politikwissenschaft, Band 2: N-Z*, 4. Aufl., München: C. H. Beck, 1118–1120.

Sauer, Frank/Schörnig, Niklas (2012), ›Killer Drones: The ›Silver Bullet‹ of Democratic Warfare?‹, *Security Dialogue*, 43 (4): 363–380.

Saul, Ulrike (2007), *Kooperation in der international Klimapolitik – Machen Leader einen Unterschied? Eine Untersuchung am Beispiel der Europäischen Union*, Fachbereich Politik- und Sozialwissenschaften, Freie Universität Berlin: Berlin.

Saul, Ulrike/Seidel, Christian (2011), ›Does Leadership Promote Cooperation in Climate Change Mitigation Policy?‹, *Climate Policy*, 11 (2): 901–921.

schä (2013), Papst: Diese Wirtschaft tötet, in: *Frankfurter Allgemeine Zeitung*, 30. November 2013, 15.

Scharpf, Fritz W. (1996), ›Politische Optionen im vollendeten Binnenmarkt‹ in: Markus Jachtenfuchs/Kohler-Koch, Beate (Hrsg.), *Europäische Integration*, Opladen: Leske + Budrich, 109–140.

Scharpf, Fritz W. (1997), ›Introduction: The Problem-Solving Capacity of Multi-Level Governance‹, *Journal of European Public Policy*, 4 (4 December): 520–538.

Scharpf, Fritz W. (1998), *Governing in Europe. Effective and Democratic?*, Oxford, UK: Oxford University Press.

Scherpenberg, Jens van (2008), ›Trade Is No Superglue: The Changing Political Economy of Transatlantic Relations‹ in: Jeffrey Anderson/Ikenberry, G. John/Risse, Thomas (Hrsg.), *The End of the West? Crisis and Change in the Atlantic Order*, Ithaca, NY; London, UK: Cornell University Press, 127–156.

Scheve, Kenneth F./Slaughter, Matthew. J. (2001), ›Labor Market Competition and Individual Preferences over Immigration Policy‹, *Review of Economics and Statistics*, 83 (1): 133–145.

Schieder, Siegfried/Spindler, Manuela, Hrsg., (2006), *Theorien der Internationalen Beziehungen*, 2. Aufl., Opladen; Farmington Hills: Verlag Barbara Budrich.

Schimmelfennig, Frank (2013), *Internationale Politik*, E-Book, 3. Aufl., Paderborn; München; Wien; Zürich: Schöningh.

Schissler, Jakob (im Erscheinen), *Grundmuster der US-Amerikanischen Politik* unveröffentlichtes Manuskript.

Schissler, Jakob/Tuschhoff, Christian (1988), ›Kognitive Schemata: Zur Bedeutung neuerer sozialpsychologischer Forschungen für die Politikwissenschaft‹, *Aus Politik und Zeitgeschichte*, 1988 (B 52-53): 3–13.

Schmieding, Holger (2014), Der Irrtum der Karlsruher Richter, in: *Frankfurter Allgemeine Zeitung*, 31. März 2014, 6.

Schmitz, Hans Peter/Sikkink, Kathryn (2013), ›International Human Rights‹ in: Walter Carlsnaes/Risse, Thomas/Simmons, Beth A. (Hrsg.), *Handbook of International Relations*, E-Book, London, UK: Sage Publications, 827–853.

Schneckener, Ulrich (2004), ›States at Risk – Zur Analyse fragiler Staatlichkeit‹ in: Ulrich Schneckener (Hrsg.), *States at Risk. Fragile Staaten als Sicherheits- und Enwticklungsproblem*, S 43, Berlin: Stiftung Wissenschaft und Politik, 5–27.

Scholte, Jan Aart (2000), *Globalization. A Critical Introduction*, New York, NY: St. Martin's Press.

Schörnig, Niklas (2006), ›Neorealismus‹ in: Siegfried Schieder/Spindler, Manuela (Hrsg.), *Theorien der Internationalen Beziehungen*, 2. Aufl., Opladen; Farmington Hills: Verlag Barbara Budrich, 65–92.

Schörnig, Niklas (2007), ›Vision unblutiger Kriege. Hightech-Antworten zur Umgehung der Opfersensibilitätsfalle‹ in: Anna Geis/Müller, Harald (Hrsg.), *Die Schattenseiten des demokratischen Friedens. Zur Kritik einer Theorie liberaler Außen- und Sicherheitspolitik*, Frankfurt/M.: Campus, 93–121.

Schuppert, Gunnar Folke (2008), »Governance – auf der Suche nach Konturen eines ›anerkannt uneindeutigen Begriffs‹« in: Gunnar Folke Schuppert/Zürn, Michael (Hrsg.), *Governance in einer sich wandelnden Welt*, Wiesbaden: VS Verlag für Sozialwissenschaften, 13–40.

Schuppert, Gunnar Folke/Zürn, Michael, Hrsg., (2008), *Governance in einer sich wandelnden Welt*, Wiesbaden: VS Verlag für Sozialwissenschaften.

Schüttemeyer, Suzanne S. (2010), ›Gewaltenteilung‹ in: Dieter Nohlen/Schultze, Rainer-Olaf (Hrsg.), *Lexikon der Politikwissenschaft, Band 1: A-M*, 4. Aufl., München: C. H. Beck, 323–324.

Schweller, Randall L. (2011), ›The Future is Uncertain and the End is Always Near‹, *Cambridge Review of International Affairs*, 24 (2): 175–184.

Sen, Amartya (1982), *Poverty and Famines. An Essay on Entitlements and Deprivation*, Oxford, UK: Clarendon Press.

Sen, Amartya (1999), *Development as Freedom*, New York, NY: Anchor Books.

Siegl, J. (2013), ›Asyl- und Migrationspolitik (der EU)‹ in: Martin Große Hüttmann/Wehling, Hans-Georg (Hrsg.), *Das Europalexikon*, 2. Aufl., Bonn: Dietz.

Sikkink, Kathryn (2013), ›The United States and Torture: Does the Spiral Model Work?‹ in: Thomas Risse/Ropp, Stephen C./Sikkink, Kathryn (Hrsg.), *The Persistent Power of Human Rights. From Commitment to Compliance*, Cambridge, UK: Cambridge University Press, 145–163.

Sil, Rudra/Katzenstein, Peter J. (2010a), ›Analytic Eclecticism in the Study of World Politics:

Reconfiguring Problems and Mechanisms across Research Traditions‹, *Perspectives on Politics*, 8 (2): 411–431.

Sil, Rudra/Katzenstein, Peter J., Hrsg., (2010b), *Beyond Paradigms: Analytic Eclecticism in the Study of World Politics*, Basingstoke: Palgrave Macmillan.

Simmons, Beth A. (2009), *Mobilizing for Human Rights. International Law in Domestic Politics*, Cambridge, UK; New York, NY: Cambridge University Press.

Simms, Brendan (2011), ›Introduction: World Out of Balance‹, *Cambridge Review of International Affairs*, 24 (2): 119–120.

Siverson, Randolph M. (1995), ›Democracies and War Participation: In Defense of the Institutional Constraints Argument‹, *European Journal of International Relations*, 1 (4): 481–489.

Small, Melvin/Singer, J. David (1982), *Resort to Arms. International and Civil Wars, 1816–1929*, Los Angeles, CA: Sage Publications.

Smith, Adam (1976), *An Inquiry into the Nature and Causes of the Wealth of Nations*, Nachdruck der Ausgabe von 1776, 2 Bände, München: Idion-Verlag.

Smith, Joel B./Schneider, Stephen H./Oppenheimer, Michael/Yohe, Gary W./Hare, William/Mastrandrea, Michael D./Patwardhan, Anand/Burton, Ian/Corfee-Morlot, Jan/Magadza, Chris H. D./Füssel, Hans-Martin/Pittock, A. Barrie/Rahman, Atiq/Suarez, Avelino/van Ypersele, Jean-Pascal (2009), »Assessing Dangerous Climate Change through an Update of the Intergovernmental Panel on Climate Change (IPCC) ›reasons for concern‹«, *Proceedings of the National Academy of Sciences of the United States of America*, 106 (11): 4133–4137.

Soldt, Rüdiger (2014), Karawane der Hoffnung, in: *Frankfurter Allgemeine Zeitung*, 23. Juli 2014, 3.

Spilker, Gabriele (2012), ›Helpful Organizations: Membership in Inter-Governmental Organizations and Environmental Quality in Developing Countries‹, *British Journal of Political Science*, 42 (2): 345–370.

Spiro, David E. (1996), ›The Insignificance of the Liberal Peace‹, *International Organization*, 49 (3): 202–238.

ssu/dpa (2008), Merkel und Steinbrück im Wortlaut: »Die Spareinlagen sind sicher«, in: *Spiegel Online*, 5. Oktober 2008 (online: http://www.spiegel.de/wirtschaft/merkel-und-steinbrueck-im-wortlaut-die-spareinlagen-sind-sicher-a-582305.html, abgerufen: 8. April 2014).

Stahnke, Jochen (2014), Was Menschen Menschen antun können, in: *Frankfurter Allgemeine Zeitung*, 19. Februar 2014, 4.

Stanford International Human Rights and Conflict Resolution Clinic/Global Justice Clinic NYU School of Law (2012), *Living under Drones. Death, Injury, and Trauma to Civilians from US. Drone Practices in Pakistan*, Stanford, CA; New York, NY: Stanford International Human Rights and Conflict Resolution Clinic.

Stein, Arthur A. (1990), *Why Nations Cooperate. Circumstance and Choice in International Relations*, Ithaca, NY; London, UK: Cornell University Press.

Steinmo, Sven/Thelen, Kathleen/Longstreth, Frank, Hrsg., (1992), *Structuring Politics*, Cambridge, UK; New York, NY: Cambridge University Press.

Stiglitz, Joseph (2002), *Globalization and its Discontents*, London, UK: Penguin Books.

Stiglitz, Joseph S./Squire, Lyn (2000), ›International Development: Is it Possible?‹ in: Jeffry A. Frieden/Lake, David A. (Hrsg.), *International Political Economy. Perspectives on Global Power and Wealth*, 4th ed., Belmont, CA et.al.: Thomson & Wadsworth, 383–391.

Stockholm International Peace Research Institute (2013), *SIPRI Yearbook: Armaments, Disarmament, and International Security*, Oxford, UK; New York, NY: Oxford University Press.

Stopford, John M./Strange, Susan (1991), *Rival States, Rival Firms. Competition for World Market Shares*, Cambridge, UK; New York, NY; Port Chester, Melbourne; Sydney: Cambridge University Press.

Strange, Susan (1988), *States and Markets. An Introduction to International Political Economy*, London, UK: Pinter.

Strange, Susan (1992), ›States, Firms and Diplomacy‹, *International Affairs*, 68 (1): 1–15.

Streeck, Wolfgang (1992), *Social Institutions and Economic Performance. Studies of Industrial Relations in Advanced Capitalist Economies*, London; Newbury Park; New Delhi: Sage Publications.

Streeck, Wolfgang (2009), *Re-Forming Capitalism. Institutional Change in the German Political Economy*, Oxford, UK; New York, NY: Oxford University Press.

Streeck, Wolfgang (2013a), *Gekaufte Zeit. Die vertagte Krise des demokratischen Kapitalismus*, 3. Aufl., Frankfurt/M.: Suhrkamp.

Streeck, Wolfgang (2013b), ›Was nun, Europa? Kapitalismus ohne Demokratie oder Demokratie ohne Kapitalismus‹, *Blätter für deutsche und internationale Politik* (6): 57–68.
Streeck, Wolfgang/Thelen, Kathleen, Hrsg., (2005), *Beyond Continuity. Institutional Change in Advanced Political Economies*, Oxford, UK: Oxford University Press.
Sturm, Peter (2014), Wiederholt sich die Geschichte?, in: *Frankfurter Allgemeine Zeitung*, 8. Februar 2014, 8.
Suhrke, Astri (1998), ›Burden-sharing during Refugee Emergencies: The Logic of Collective versus National Action‹, *Journal of Refugee Studies*, 11 (4): 396–415.
Sullivan, Michael P. (1990), *Power in Contemporary International Politics*, Columbia, S. C.: University of Souith Carolina Press.
Svensson, Jakob (1999), ›Aid, Growth, and Democracy‹, *Economics & Politics*, 11 (3): 275.
Thacker, Strom C. (1999), ›The High Politics of IMF Lending‹, *World Politics*, 52 (01): 38–75.
The Fund for Peace (2013), ›The Failed States Index 2013‹ (online: http://ffp.statesindex.org/rankings-2013-sortable, abgerufen: 5. April 2014).
The World Bank (1998), *Assessing Aid. What Works, What Doesn't, and Why*, Oxford, UK; New York: Oxford University Press.
The World Bank (2013), *The Little Data Book 2013*, Washington, DC: The World Bank (online: https://openknowledge.worldbank.org/bitstream/handle/10986/13205/9780821398128.pdf?sequence= 1, abgerufen: 15. April 2014).
The World Bank (2014a), ›Data: Indicators‹ (online: http://data.worldbank.org/indicator, abgerufen: 3. März 2014).
The World Bank (2014b), ›PovcalNet‹ (online: http://iresearch.worldbank.org/PovcalNet/index.htm?1, abgerufen: 10. April 2014).
The World Bank (2014c), ›World Development Indicators, Domestic Credit Provided by Banking Sector (% of GDP)‹ (online: http://data.worldbank.org, abgerufen: 2. April 2014).
The World Bank (2014d), *World Development Report 2014. Risk and Opportunity. Managing Risk For Development*, Washington, DC: The World Bank (online: http://wdronline.worldbank.org/includes/imp_images/book_pdf/WDR_2014.pdf, abgerufen: 9. April 2014).
The World Bank (o. J.), ›The World Bank Indicators, Exports of Goods and Services (%of GDP)‹ (online: http://data.worldbank.org/indicator/NE.EXP.GNFZ.ZS, abgerufen: 3. März 2014).
Thelen, Kathleen (1999), ›Historical Institutionalism in Comparative Politics‹, *Annual Review of Political Science*, 2: 369–404.
Thelen, Kathleen (2002), ›The Political Economy of Business and Labor in the Developed Democracies‹ in: Ira Katznelson/Milner, Helen V. (Hrsg.), *Political Science: The State of the Discipline*, New York, NY; London, UK; Washington, DC: W. W. Norton & Company/American Political Science Association, 371–397.
Thelen, Kathleen (2012), ›Varieties of Capitalism: Trajectories of Liberalization and the New Politics of Social Solidarity‹, *Annual Review of Political Science*, 15 (1): 137–159.
Thielemann, Eiko/Armstrong, Carolyn (2013), ›Understanding European Asylum Cooperation under the Schengen/Dublin System: A Public Goods Framework‹, *European Security*, 22 (2): 148–164.
Thielemann, Eiko/El-Enany, Nadine (2010), ›Refugee Protection as a Collective Action Problem. Is the EU Shirking its Responsibilities?‹, *European Security*, 19 (2): 209–229.
Thielemann, Eiko R. (2003), ›Between Interests and Norms: Explaining Burden-Sharing in the European Union‹, *Journal of Refugee Studies*, 16 (3): 253–273.
Thielemann, Eiko R. (2005), ›Symbolic Politics or Effective Burden-Sharing? Redistribution, Side-payments and the European Refugee Fund‹, *Journal of Common Market Studies*, 43 (4): 807–824.
Tille, Cédric/van Wincoop, Eric (2010), ›International Capital Flows‹, *Journal of International Economics*, 80 (2): 157–175.
Torp, Cornelius (2010), »The Coalition of ›Rye and Iron‹ under the Pressure of Globalization: A Reinterpretation of Germany's Political Economy before 1914«, *Central European History*, 43 (03): 401–427.
Tsebelis, George (1995), ›Decision Making in Political Systems: Veto Players in Presidentialism, Parliamentarism, Multicameralism and Multipartysystem‹, *British Journal of Political Science*, 25 (3): 289–325.
Tsebelis, George (2002), *Veto Players: How Political Institutions Work*, Princeton, NJ: Princeton University Press.
Tsebelis, George/Money, Jeannette (1997), *Bicameralism*, Cambridge, UK New York, NY Melbourne: Cambridge University Press.
Tuschhoff, Christian (2003), ›Why NATO is Still Relevant‹, *International Politics*, 40 (1): 101–120.

Tuschhoff, Christian (2014), ›The Impact of NATO's Defence Planning and Force Generation on Member States‹ in: Sebastian Mayer (Hrsg.), *NATO's Post-Cold War Politics. The Changing Provision of Security*, Houndsmill: Palgrave, 194–211.

UN Office of the High Representative for the Least Developed Countries (2014), ›About LDCs‹, (online: http://unohrlls.org/about-ldcs/, abgerufen: 16. April 2014).

United Nations (n.y.), ›United Nations Treaty Collection. UNTS Database‹ (online: https://treaties.un.org/pages/UNTSOnline.aspx?id=1, abgerufen: 26. Augst 2014).

United Nations Conference on Trade and Development (2013), *World Investment Report 2013. Global Value Chains: Investment and Trade for Development*, New York, NY; Geneva: United Nations (online: http://unctad.org/en/PublicationsLibrary/wir2013_en.pdf, abgerufen: 5. April 2014).

United Nations Conference on Trade and Development (2014), ›UNCTAD Statstics: Outward foreign direct investment stock, annual, 1980–2012‹ (online: http://unctadstat.unctad.org/TableViewer/tableView.aspx, abgerufen: 25. März 2014).

United Nations Development Programme (2013a), ›Human Development Index (HDI)‹ (online: http://hdr.undp.org/en/statistics/hdi, abgerufen: 14. April 2014).

United Nations Development Programme (2013b), *The Human Development Report 2013. The Rise of the South. Human Progress in a Diverse World*, New York, NY: United Nations Development Programme (online: http://hdr.undp.org/sites/default/files/reports/14/hdr2013_en_complete.pdf, abgerufen: 9. April 2014).

United Nations General Assembly (2000), *Resolution adopted by the General Assembly: 55/2 United Nations Millenium Declaration,* Resolution 55/2, New York, NY: United Nations (online: http://www.unmillenniumproject.org/documents/ares552e.pdf, abgerufen: 14. April 2014).

United Nations. Department of Economic and Social Affairs. Population Division (2013), *International Migration Report 2013*, New York, NY: United Nations. Department of Economic and Social Affairs. Population Division.

United Nations. Environment Programme (2010), *The Emissions Gap Report. Are the Copenhagen Pledges Sufficient to Limit Global Warming to 2 °C or 1.5 °C? A preliminary Assessment*: United Nations Environment Programme Nairobi (online: http://www.unep.org/publications/ebooks/emissionsgapreport/pdfs/GAP_REPORT_SUNDAY_SINGLES_LOWRES.pdf, abgerufen: 30. September 2014).

United Nations. Framework Convention on Climate Change (2011), *Report of the Conference of the Parties on its Sixtheenth Session, held in Cancún from 29 NOvember to 10 December 2010,* FCCC /CP/2010/7/Add.1, New York, NY: United Nations (online: http://unfccc.int/resource/docs/2010/cop16/eng/07a01.pdf#page=2, abgerufen: 30. September 2014).

Uppsala Conflict Data Program (UCDP)/International Peace Research Institute Oslo (PRIO) (2009), *Armed Conflict Version 2009-4*, 2009-4, Uppsala; Oslo (online: http://www.prio.no/Global/upload/CSCW/Data/UCDP/2009/Main%20Conflict%20Table.xls, abgerufen: 4. Januar 2014).

Vereinte Nationen (1948), *Resolution der Generalversammlung 217 A (III). Allgemeine Erklärung der Menschenrechte,* Generalversammlung, A /RES/217 A (III), New York, NY: United Nations (online: http://www.un.org/depts/german/menschenrechte/aemr.pdf, abgerufen: 13. Mai 2014).

Vereinte Nationen (o. j.), *Charta der Vereinten Nationen und Status des Internationalen Gerichtshofs,* Regional Information Centre for Western Europe, Brussels: United Nations (online: http://www.un.org/depts/german/un_charta/charta.pdf, abgerufen: 13. Mai 2014).

Villarreal, M. Angeles/Fergusson, Ian F. (2013), *NAFTA at 20: Overview and Trade Effects*: Congressional Research Service R 42965, Washington, DC: Congressional Research Service.

Voeten, Erik (2011), ›Unipolar Politics as Usual‹, *Cambridge Review of International Affairs*, 24 (2): 121–128.

Volz, Ulrich (2012), ›IMF‹ in: Katja Freistein/Leininger, Julia (Hrsg.), *Handbuch Internationaler Organisationen. Theoretische Grundlagen und Akteure,* E-Book, München: Oldenbourg, 145–155.

Vreeland, James Raymond (2008), ›Political Institutions and Human Rights. Why Dictatorships Enter into the United Nations Convention against Torture‹, *International Organization*, 62 (1): 65–101.

Walter, Barbara F. (2009), ›Bargaining Failures and Civil War‹, *Annual Review of Political Science*, 12 (1): 243–261.

Walter, Barbara F. (2013), ›Civil Wars, Conflict Resolution, and Bargaining Theory‹ in: Walter Carlsnaes/Risse, Thomas/Simmons, Beth A. (Hrsg.), *Handbook of International Relations*, E-Book, London, UK: Sage Publications, 656–673.

Waltz, Kenneth/Fearon, James (2012), ›A Conversation with Kenneth Waltz‹, *Annual Review of Political Science*, 15 (1): 1–12.

Waltz, Kenneth N. (1954), *Man, the State and War. A Theoretical Analysis*, New York, NY: Columbia University Press.

Waltz, Kenneth N. (1979), *Theory of International Politics*, Reading, Mass.: Addison-Wesley Pub. Co.

Waltz, Kenneth N. (1995), ›The Emerging Structure of International Politics‹ in: Michael E Brown/Lynn-Jones, Sean/Miller, Steven E. (Hrsg.), *The Perils of Anarchy. Contemporary Realism and International Security*, Cambridge, MA: MIT Press, 42–77.

Weeber, Joachim (2011), *Internationale Wirtschaft*, 2. Aufl., München: Oldenbourg.

Wehler, Hans-Ulrich, Hrsg., (1976), *Der Primat der Innenpolitik. Gesammelte Aufsätze zur preußisch-deutschen Sozialgeschichte im 19. und 20. Jahrhundert*, Frankfurt/M.: Ullstein.

Wehler, Hans-Ulrich (1985), *Bismarck und der Imperialismus*, 2. Aufl., Fankfurt/M.: Suhrkamp.

Wehler, Hans-Ulrich (1994), *Das deutsche Kaiserreich, 1871–1918*, 7. Aufl., Göttingen: Vandenhoek & Ruprecht.

Wendt, Alexander (1999), *Social Theory of International Politics*, Cambridge, UK; New York, NY: Cambridge University Press.

Wendt, Alexander E. (1987), ›The Agent-Structure Problem in International Relations Theory‹, *International Organization*, 41 (3): 335–370.

Wendt, Alexander E. (1992), ›Anarchy ist What States Make of It: The Social Construction of Power Politics‹, *International Organization*, 46 (2): 391–425.

Wheatley, Alan, Hrsg., (2013), *The Power of Currencies and the Currencies of Power*, London, UK; New York, NY: Routledge.

Wohlforth, William C. (1999), ›The Stability of a Unipolar World‹, *International Security*, 24 (1): 5–41.

Wohlforth, William C. (2008), ›Unipolarity, Status Competition, and Great Power War‹, *World Politics*, 61 (01): 28.

Wolf, Reinhard (2012), ›Auf Kollisionskurs. Warum es zur amerikanisch-chinesischen Konfrontation kommen muss‹, *Zeitschrift für Politik*, 59 (4): 392–408.

Wolf, Reinhard (2014), ›Rising Powers, Status Ambitions, and Need to Reassure: What China Could Learn from Imperial Germany's Failures‹, *The Chinese Journal of International Politics* 7(2): 185–219.

Wood, Reed M./Gibney, Mark (2013), ›Political Terror Scale (PTS) 1976–2012‹ (online: http://www.politicalterrorscale.org/about.php, abgerufen: 23. Juni 2014).

World Commission on Environment and Development (1987), *Our Common Future*, Repr., Oxford, UK; New York, NY: Oxford Univiversity Press.

World Trade Organization (2014a), ›List of all RTAs in Force‹ (online: http://rtais.wto.org/UI/PublicAllRTAList.aspx, abgerufen: 7. März 2014).

World Trade Organization (2014b), ›Understanding the WTO: Who We Are‹ (online: http://www.wto.org/english/thewto_e/whatis_e/who_we_are_e.htm, abgerufen: 7. März 2014).

Yale Center for Environmental Law & Policy (2014), ›Environmental Performance Index‹ (online: http://epi.yale.edu/files/2014_epi_framework_indicator_scores_friendly.xls, abgerufen: 6. Oktober 2014).

Young, H. Peyton (1995), ›Dividing the Indivisible‹, *American Behavioral Scientist*, 38 (6): 904–920.

Zangl, Bernhard (2006), ›Regimetheorie‹ in: Siegfried Schieder/Spindler, Manuela (Hrsg.), *Theorien der Internationalen Beziehungen*, Opladen; Farmington Hills: Verlag Barbara Budrich, 121–144.

Zürn, Michael (1992), *Interessen und Institutionen in der internationalen Politik. Grundlegung und Anwendung des situationsstrukturellen Ansatzes*, Opladen: Leske + Budrich.

Zürn, Michael (2013), ›Globalization and Global Governance‹ in: Walter Carlsnaes/Risse, Thomas/Simmons, Beth A. (Hrsg.), *Handbook of International Relations*, E-Book, London, UK: Sage Publications, 401–426.

Zysman, J./Schwartz, A. (1998), ›Reunifying Europe in an Emerging World Economy. Economic Heterogeneity, New Industrial Options, and Political Choices‹, *Journal of Common Market Studies*, 36 (3 September): 405–429.

Glossar

Für das folgende Glossar wurde ausschließlich die grundlegende oder wesentliche Bedeutung der einzelnen Fachbegriffe herausgearbeitet. Auf eine weitergehende Ausdifferenzierung wurde bewusst verzichtet. In den einzelnen Kapiteln des Buches sind viele Begriffe eingehender und differenzierter erläutert.

A

Abschreckung: so weite Steigerung der Kosten eines Krieges und des Nutzens einer friedlicher Streitbeilegung, dass die → Kosten-Nutzen-Kalkulation zur Kriegführung negativ ausfällt.

Absolute Armut: wirtschaftlicher Status einer Person, die ums physische Überleben kämpfen muss.

Absolute Gewinne: ungleiche Verteilung von Kooperationsgewinnen auf alle Kooperationspartner.

Absoluter Vorteil: Fähigkeit von Ländern oder Akteuren, mit demselben Aufwand mehr und/oder bessere Waren bzw. Dienstleistungen herzustellen als andere Akteure.

Agenda setting: Setzen eines Problems auf die politische Tagesordnung relevanter Entscheidungsträger.

Allianz (Bündnis): Zusammenschluss von Staaten zur Verbesserung individueller und kollektiver Verteidigung.

Allmende: »unreines« → öffentliches Gut, das das Kriterium der Nichtausschließbarkeit, aber nicht das der Nicht-Rivalität erfüllt.

Analyseebenen: Einteilung und Zuordnung von Ursache- und Wirkungsfaktoren einer Analyse auf drei oder mehr Ebenen, meist Individuum, Staat, internationales System.

Anarchie: internationales System ohne den Einheiten übergeordnete, mit Gewaltmonopol ausgestattete Herrschaft.

Anarchisches Selbsthilfesystem: internationales System, das die Einheiten aufgrund von Anarchie zur Selbsthilfe für die Erzielung von Sicherheit/Überleben zwingt.

Antinomie: Ambivalenz einer vermuteten Ursache-Wirkung-Beziehung, weil die Ursache eine Wirkung erzeugen kann, die das Gegenteil der in der Vermutung behaupteten Wirkung ist.

Armut: Mangel an lebenswichtigen Gütern und Ressourcen.

Asyl: Gewährung von Schutz für Verfolgte vor ihren Verfolgern.

Ausländische Direktinvestition: Anlage eines → Investors direkt in Unternehmen im Ausland.

Austerität: Disziplin, Strenge und Sparsamkeit; zielt auf einen ausgeglichenen Staatshaushalt über Steigerung der Staatseinnahmen und/oder Kürzung staatlicher Leistungen.

B

Balancing: dem → Neorealismus zufolge schließen sich kleinere/schwächere Staaten zu einer → Allianz zusammen, um die überragende Macht eines → Hegemons auszugleichen und wieder ausgewogene Machtverhältnisse im internationalen System herzustellen.

Bandwagoning: dem → Neorealismus zufolge schließen sich ein oder mehr kleinere/schwächere Staaten einer Großmacht an, die ihnen ihre Sicherheit garantiert und sie an Zugewinnen beteiligt.

Barter: geldfreier Tauschhandel, bei dem Waren oder Dienstleistungen direkt gegen andere Waren und/oder Dienstleistungen getauscht werden.

Bewaffneter Konflikt: → Krieg.

Bumerang-Effekt: Innerstaatliche Akteure beziehen transnationale Akteure im Ausland in die

Ausübung von Druck auf die eigene Regierung zur Durchsetzung von Menschenrechten ein; dabei üben transnationale Akteure Druck auf ausländische Regierungen aus, der dann auf die heimische Regierung zurückwirkt.

Bürgerkrieg: innerstaatliche, organisierte Gewaltanwendung oberhalb einer Mindestschwelle an Opfern pro Jahr, die entweder zwischen staatlichen und nichtstaatlichen Organisationen oder zwischen zwei oder mehr nichtstaatlichen Organisationen ausgetragen wird.

D

Delegation: Ermächtigung von Akteuren, umschriebene Kompetenzen wahrzunehmen.

Depression: länger anhaltender Rückgang der Wirtschaftsleistung in ein oder mehr Volkswirtschaften, der erheblich über das Maß einer → Rezession hinausgeht.

Diskurs: nach außen von anderen Diskursen abgrenzbarer Zusammenhang von Kommunikation jenseits situativer oder singulärer Äußerungen, die soziale Wirklichkeit konstruiert.

Dumping: Verkauf von Waren oder Dienstleistungen zu Preisen, die unter den Herstellungskosten liegen; das Ziel ist, Konkurrenten aus dem Markt zu drängen und eine Monopolstellung zu erreichen.

Dyade: Paarung von Staaten mit bestimmten Eigenschaften, z. B. Demokratie oder Diktatur, die der Forschung zum demokratischen Frieden zugrunde liegen (→ Monade).

E

Einfache Armut: wirtschaftlicher Status einer Person, die 2,50 US Dollar pro Tag (kaufkraftangepasste Preise für 2005) zum Leben zur Verfügung hat.

Empirisches Gesetz: beobachtbarer Ursache-Wirkung-Zusammenhang in einem bestimmten Satz von Fällen, von dem es keine Ausnahme gibt.

Ende der Geschichte: Postulat, demzufolge die Menschheit mit der Universalisierung westlich-liberaler Werte und der Demokratie ihre finale Regierungsform gefunden hat, weil die großen geistesgeschichtlichen Konflikte beendet wurden.

Entwicklung: Schaffung menschenwürdiger Lebensverhältnisse in der Welt.

Entwicklungsbanken: meist staatliche oder internationale Banken, die Entwicklungshilfe bündeln, um bedürftigen Staaten Kapital meist in Form von Krediten zur Verfügung zu stellen.

Entwicklungsländer: Staaten, deren Wirtschaft vorwiegend nicht auf arbeitsteilig organisierter Industrieproduktion beruht und die allgemein gesprochen als verhältnismäßig arm gelten.

Entwicklungszusammenarbeit: staatliche Gesamtbeziehungen von Industrieländern mit Entwicklungsländern mit dem Ziel, die (wirtschaftliche) Leistungsfähigkeit der Letzteren zu steigern.

EU-Primärrecht: alle geltenden völkerrechtlichen Verträge zwischen den Mitgliedstaaten, die Angelegenheiten der Europäischen Union (EU) regeln.

Export: Ausfuhr von Waren oder Dienstleistungen.

Exportorientierte Industrialisierung: Strategie zur Entwicklung, bei der Waren und Dienstleistungen vorwiegend für den Export hergestellt werden; das auf diese Weise erzielte Wirtschaftswachstum kann dann zur Verbesserung der Lebensverhältnisse der Einwohner genutzt werden.

Externalisierung: Abwälzen von Kosten, die bei bestimmten Handlungen entstehen, auf unbeteiligte Akteure.

Externalität: Handlungen eines verursachenden Akteurs bewirken Folgen und/oder Kosten für einen anderen Akteur.

Extreme Armut: wirtschaftlicher Status einer Person, die 1,25 US Dollar oder weniger pro Tag (kaufkraftangepasste Preise für 2005) zum Leben zur Verfügung hat.

F

Flüchtling: Person, die der Verfolgung ausgesetzt ist und internationale Rechtsstellung aufgrund der Genfer Flüchtlingskonvention (1951) sowie weiterer Verträge genießt.

Folter: völkerrechtlich ausnahmslos geächtetes gezieltes Zufügen von physischem oder psychischem Leid meist zu dem Zweck, eine Person gefügig zu machen, ihren Widerstand zu brechen und/oder Informationen, Geständnisse oder Widerrufe zu erwirken.

Freizügigkeit: Recht natürlicher Personen, sich innerhalb eines bestimmten Gebietes aufzuhalten, frei zu bewegen und zu betätigen.

Friedensbund: nach Immanuel Kant eine Gemeinschaft von Staaten, deren Zweck es ist, Krieg unter den Mitgliedern zu verhindern, indem institutionalisierte Kontakte gepflegt, wechselseitiges Vertrauen geschaffen und Gewaltverzicht verabredet wird.

FRONTEX: gemeinsame Grenzschutzagentur der Mitglieder des → Schengenraumes, die die

Mitgliedstaaten bei der Sicherung der Außengrenzen dieses Raumes unterstützt.

G

Gemischte Motive: dem Institutionalismus zufolge verfolgen Staaten gleichzeitig gemeinsame und konkurrierende Interessen, so dass ihre Motive immer sowohl Kooperation als auch Konflikt umfassen.

Gläubiger: private oder juristische Person, die gegenüber einer anderen Person (→ Schuldner) einen Anspruch oder eine Forderung geltend macht.

Glaubwürdigkeit von Botschaften: beschreibt das Maß an Ernsthaftigkeit der Signale von Akteuren (z. B. Drohungen, Konzessionen), das andere Akteure diesen Signalen zumessen.

Glaubwürdigkeits- und Verpflichtungsproblem: Einschätzung eines Akteurs, dass sich ein anderer Akteur nicht an ein gegebenes Versprechen, ein Abkommen oder einen Vertrag halten wird (→ Nicht-Einhaltung).

Globalisierung: Entgrenzung internationaler Beziehungen durch die Verdichtung von Zeit und Raum; strittig ist, ob G. zu einer Integration oder gar Vereinheitlichung oder zu einer größeren Vielfalt und Ausdifferenzierung von Strukturen und Akteuren führt.

Governance: Wege der Bewältigung transnationaler Probleme ohne Rückgriff auf eine Weltregierung und unter Einbeziehung von internationalen und Nicht-Regierungsorganisationen

Großtheorie Internationaler Beziehungen: Sätze widerspruchsfreier Aussagen, die eine plausible Erklärung für eine große Zahl von Problemen internationaler Beziehungen liefern oder sogar beanspruchen, diese in ihrer Gesamtheit zu erklären.

Gute Regierungsführung: Institutionen und Praktiken politischer Systeme, die wohlstandsfördernd wirken und die Lebensverhältnisse der Gesellschaft verbessern.

H

Harmonie: einseitige Politikanpassung, die spontan höhere Kompatibilität zwischen zwei oder mehr Akteuren erzeugt.

»Harte« Währung: global gehandelte Währung, von der allgemein erwartet wird, dass sie der zuverlässigen und stabilen Speicherung von materiellem Wert dienen kann.

»Hartes« Recht: verbindliche (ohne Ausnahmen) und präzise formulierte Regelwerke.

Heckscher-Ohlin-Theorie: Erklärung für Spezialisierung und Arbeitsteilung internationaler Handelsbeziehungen mit Überfluss oder Mangel einzelner Produktionsfaktoren wie Land, Kapital und Arbeit.

Hegemon: Staat, der über sehr viel mehr Macht als andere Staaten verfügt und deshalb die Regeln setzen und deren Einhaltung durch andere erzwingen kann.

Hegemonialer Krieg: → Krieg zwischen einem → Hegemon und seinem Herausforderer; geführt wird er entweder, um den Hegemon machtpolitisch abzulösen oder um einen potentiellen Herausforderer zu entmachten.

I

Identität: Charakteristika von Akteuren, wie Werte oder Zugehörigkeiten zu bestimmten Gruppen, die verhaltensprägend wirken; unterschieden werden die Ausprägungen Typ-Identität und Rollen-Identität.

Import: Einfuhr von Waren oder Dienstleistungen.

Importsubstitution: Strategie (vorwiegend von Entwicklungsländern), mit der versucht wird, den Import von Waren und Dienstleistungen durch Protektionismus zu verhindern und diese durch selbst hergestellte zu ersetzen.

Industrieländer/-staaten: hoch entwickelte Staaten, Länder, Gesellschaften mit ausgereifter spezialisierter Arbeitsteilung und einem hohem Anteil von Industrieproduktion an der Wirtschaftsleistung.

INGO: international tätige Nicht-Regierungsorganisation (→ NGO).

Ingroup: soziale Konstruktion einer Gruppe, deren Mitglieder sich durch Zuschreibung untereinander als Gleichgesinnte betrachten, weil sie dieselbe → Identität besitzen und/oder sich an dieselben Normen halten.

Insolvenz: Zahlungsunfähigkeit eines → Schuldners.

Institution: Satz anerkannter und geteilter Regeln einer Gemeinschaft, mit der → Interaktionen gesteuert werden sollen.

Institutionalismus: systemische Theorie Internationaler Beziehungen, der zufolge Akteure teils gemeinsame, teils trennende Interessen verfolgen und daher von »gemischten Motiven« geleitet werden; internationale Institutionen helfen den Akteuren, die zwischen ihnen bestehenden Kooperationshindernisse zu überwinden und dadurch gemeinsame Kooperationsgewinne zu realisieren.

Institutionelles Design: Eigenschaften von → Institutionen (Regeln), die Optionen, Präferenzen oder Handlungen von Akteuren beeinflussen.

Interaktion: Dynamik, bei der die Entscheidungen von zwei oder mehr Akteuren zusammenwirken und ein Ergebnis erzeugen.

Interaktionsdichte: Grad des Ausmaßes der (Austausch-)Beziehungen zwischen zwei oder mehr Akteuren.

Interdependenz: wechselseitige Abhängigkeit von Akteure, die deren Empfindlichkeit und Verwundbarkeit verstärkt.

Interesse: Ziele von Akteuren, die durch politisches Handeln erreicht werden sollen; zu ihrer Ordnung werden häufig Rangfolgen politischer Ergebnisse, die aufgrund politischer Entscheidungen entstehen können, angelegt.

Internalisierung: Akzeptanz und Unterstützung einer Norm, die durch Ausübung (Praxis) zu einer Gewohnheit wird, deren Verfolgung keiner Überlegung oder Begründung mehr bedarf, sondern ein Routineverhalten darstellt.

Internationale Organisation: formale und materiell sichtbare internationale Behörde, die gemäß vereinbarten Regeln zu einem bestimmten Grad selbständig handeln kann.

Internationaler Handel: Austausch von Waren und Dienstleistungen über nationale Grenzen hinweg.

Internationaler Währungsfonds (IWF): internationale Organisation zur Sicherung der Stabilität internationaler Finanzbeziehungen.

Investor: Anleger, der Geld in ein Unternehmen investiert und dadurch ganz oder teilweise zum Eigentümer dieses Unternehmens wird.

J

Ius cogens: wörtlich: zwingendes Recht; umfasst jene Bestandteile des Völkerrechtes von denen keine Ausnahmen erlaubt sind und die Völkerrechtssubjekte (Staaten) binden, unabhängig davon, ob diese sich dazu selbst verpflichtet haben.

K

Kapitalverkehrskontrolle: Hürden zur Steuerung des grenzüberschreitenden Kapitalverkehrs, mit denen der freie Kapitalfluss eingeschränkt wird.

Katalytischer Schock: katastrophales Ereignis, das die Wahrnehmung eines politischen Problems durch Akteure grundlegend verändert.

Kaufkraftparität: der vereinheitlichte Wert von Waren und Dienstleistungen in einem definierten Warenkorb unterschiedlicher Währungsräume, die für einen festgelegten Geldbetrag erworben werden können.

Kausalmechanismus: theoretisches Konstrukt, mit dem plausibel gezeigt wird, wie eine vermutete Ursache die beobachtete Wirkung erzeugt.

Klimaanpassungspolitik: Politik zur Beseitigung von oder Anpassung an die Folgen des Klimawandels → Umweltfolgenpolitik.

Klimapolitik: Politik zum Schutz des Klimas durch Verhinderung eines fortschreitenden Temperaturanstiegs → Naturschutzpolitik.

Kollektive Güter: → öffentliche Güter.

Kollektives Handeln: gemeinsame Aktion von Akteuren zur Erwirtschaftung von Kooperationsgewinnen.

Komparativer Vorteil: Fähigkeit, ein Produkt oder eine Dienstleistung effizienter herzustellen als andere Produkte oder Dienstleistungen.

Konflikt: Verzicht auf Anpassung inkompatibler Politik oder Anpassung, die nicht zu höherer Kompatibilität zwischen zwei oder mehr Akteuren führt.

Konstruktivismus: → Sozialtheorie, der zufolge das Verhalten von Akteuren durch deren immaterielle Vorstellungswelten bestimmt wird.

Kontrafaktische Frage: »was wäre wenn ...?« Gedankenexperiment zur Ermittlung der Wirkung eines tatsächlich bestehenden Sachverhalts.

Kooperation: wechselseitige Politikanpassung, die zu höherer Kompatibilität zwischen zwei oder mehr Akteuren führt.

Kosten-Nutzen-Kalkulation: Kernüberlegung von Akteuren zur Abwägung/Bilanzierung von materiellen Vor- und Nachteilen, die dem → Rationalismus zufolge deren Verhalten bestimmt.

Kreditausfall (*default*): teilweise oder vollständige Einstellung von Zahlungen, die ein → Schuldner gemäß Vereinbarung an den → Gläubiger zahlen müsste.

Kreditwürdigkeit (Bonität): Bereitschaft und Fähigkeit eines → Schuldners, den → Schuldendienst zu leisten.

Krieg: Anwendung organisierter Gewalt zwischen zwei oder mehr Akteuren, deren Ausmaß eine Mindestschwelle an Opfern pro Jahr überschreitet.

Kriseninstabilität: sich zuspitzender politischer Konflikt, der in einen → Krieg überzugehen droht, weil die Vorteile einer militärischen Offensive gegenüber der Defensive für den Angreifer hoch sind (→ Präemptivkrieg).

L

Least developed countries: Gruppe von (gegenwärtig 48) Ländern, die gemäß UN-Definition am schwächsten entwickelt sind.

Liberaler Friede: hohes Ausmaß wechselseitiger Verflechtung zwischen Akteuren, deren wohlstandmehrende Wirkung die → Kosten-Nutzen-Kalkulation von → Krieg unattraktiv gestaltet.

Liberalismus: subsystemische Theorie Internationaler Beziehungen, die das Handeln von Staaten mit Hilfe innenpolitischer Willensbildungs- und Entscheidungsprozesse sowie der Durchsetzungskraft spezifischer Akteure erklärt.

Linkage: Verbindung/Verknüpfung verschiedener Politikfelder miteinander, sodass eine höhere Interaktionsdichte entsteht, die Kooperation erleichtert.

Lissabon-Vertrag: neueste Vertragsrefom der zu diesem Zeitpunkt 27 Mitgliedstaaten der Europäischen Union.

Logik der Angemessenheit: Verhaltensweise, bei der die Akteure ihr Verhalten an sozialen Normen ausrichten, die entweder der eigenen Identität entstammen oder durch soziale Gemeinschaften festgelegt wurden.

Logik der Konsequenz: Verhaltensweise, bei der Akteure gemäß materiellen Kosten-Nutzen-Kalkülen (→ Kosten-Nutzen-Kalkulation) handeln.

M

Macht: Ausübung von mindestens einer der folgenden Möglichkeiten, um eigene Ziele auch gegen Widerstand durchzusetzen: Lenkung von Ressourcen, Beherrschung von Akteuren, Lenkung von Politikergebnissen.

Machtkonfiguration: Verteilung der Macht im internationalen (Staaten-)System, so dass ein oder mehrere Machtpole (→ Polarität) entstehen.

Marktversagen: populär »stell Dir vor, es ist Markt und keiner geht hin«; vollständiger Zusammenbruch von Austauschbeziehungen zwischen Wirtschaftsakteuren aufgrund von wechselseitigem Vertrauensverlust.

Meistbegünstigungsprinzip: Grundprinzip der Welthandelsorganisation (WTO), mit dem verboten wird, in Handelspolitiken bestimmte Länder zu bevorzugen und damit andere zu benachteiligen (Diskriminierungsverbot in Handelsbeziehungen).

Menschenrechte: grundlegende Ideen über die angemessene Behandlung von Individuen, die mit deren reiner Existenz begründet sind und deren international gültige Rechtsstellung beschreiben.

Migration: Mobilität und/oder Wanderung natürlicher Personen, die ihren Wohnsitz zumindest für eine bestimmte Zeit an einen anderen Ort verlegen; sofern dabei nationale Grenzen überschritten werden, spricht man von internationaler Migration.

Mikro-Makro-Paradox: Evaluationen der → Entwicklungszusammenarbeit ergaben den paradoxen Befund, dass Einzelprojekte sehr ziel- und erfolgsorientiert betrieben werden, die Entwicklungszusammenarbeit insgesamt jedoch die wirtschaftliche Lage der betroffenen Länder nicht nachhaltig verbessert.

Millenium-Entwicklungsziele (*Millenium Development Goals*): politische Agenda nach Beschluss der Generalversammlung der Vereinten Nationen vom September 2000, in der die wichtigsten acht Entwicklungsziele bis 2015 benannt sind.

Minimale Mehrheitskoalition: Koalition aus Akteuren, die so groß ist, dass die von einer Entscheidungsregel festgelegte Mehrheit gerade noch zustande kommt.

Monade: Variante der Forschung zum demokratischen Frieden, bei der die Friedfertigkeit auf die Merkmale eines Staates zurückgeführt, anstatt als Ergebnis einer Interaktion innerhalb eines Staatenpaares (→ Dyade) betrachtet zu werden.

Moral hazard: Kooperationshindernis, dass dadurch entsteht, dass ein Akteur durch die zugesicherte Unterstützung durch andere Akteure dazu verleitet wird, sich besonders sorglos oder risikoreich zu verhalten.

N

Nachhaltigkeit: Handlungsprinzip bei der Nutzung von Ressourcen, das der Bewahrung der Eigenschaften, der Stabilität und natürlichen Regenerationsfähigkeit eines Systems (z. B. der natürlichen Umwelt) die höchste Priorität zumisst.

Naming and shaming: Handeln von Akteuren, bei dem normwidriges Verhalten benannt und als unangemessen etikettiert wird.

Naturschutzpolitik: Schutz der Natur vor Ausbeutung, Überbeanspruchung und Verunreinigung.

Neorealismus: Theorie Internationaler Beziehungen, die Akteursverhalten vorwiegend mit Merkmalen des internationalen Systems, insbesondere → Anarchie und → Machtkonfiguration, erklärt.

Neue Kriege: Typ bewaffneter Konflikte, die durch Privatisierung, asymmetrische Gewaltanwendung, Kommerzialisierung und Gewaltdiffusion gekennzeichnet sind.

NGO: Nicht-Regierungsorganisation.

Nicht-Einhaltung (*non-compliance*): Bruch eines Versprechens, Abkommen oder Vertrages, zu dessen Beachtung sich ein Akteur zuvor verpflichtet hat.

Nicht-Einmischung: Wesensbestandteil des Selbstbestimmungsrechtes der Völker, das vorschreibt, sich aus den inneren Angelegenheiten eines Staates herauszuhalten.

Nichttarifäre Handelshindernisse: Importbeschränkungen, die nicht auf Zöllen (Tarif), sondern auf Vorschriften beruhen, die Merkmale des Produktes oder dessen Produktionsprozesses beschreiben.

Nicht-Zurückweisung (*non-refoulement*): Grundprinzip der Genfer Flüchtlingskonvention (1951), das es verbietet, Verfolgte in Gegenden zurückzusenden oder abzuschieben, wo ihnen Verfolgung droht.

Normakzeptanz: Grad zu dem eine soziale Norm allgemein anerkannt oder sogar internalisiert ist (→ Norminternalisierung) und dadurch eingehalten wird.

Norminternalisierung: Zustand, in dem eine soziale Norm beachtet wird, ohne dass die Einhaltung noch bedacht oder begründet wird.

Normunternehmer: Erfinder, Entwickler und Verbreiter sozialer Normen.

Normzyklus: Modell, das beschreibt, wie internationale Normen entstehen, sich verbreiten und schließlich internalisiert (→ Norminternalisierung) werden.

O

Öffentliche Güter: Güter, von deren Nutzen niemand ausgeschlossen werden kann (Nichtausschließbarkeit) und die durch Gebrauch nicht abgenutzt oder unbrauchbar werden, so dass sie uneingeschränkt von allen genutzt werden können (Nicht-Rivalität).

Ökumene: universales System von Wissen und Praktiken, das die zivilisatorische Einheit fördert.

Opfersensibilität: Ausmaß, in dem Akteure, einschließlich der Gesamtbevölkerung, bereit sind, die menschlichen und/oder zivilen Kosten eines Krieges zu akzeptieren.

Originäre (Menschen-)Rechte: allgemeine (allen zustehende) und im gleichen Umfang geltende Rechte, die Individuen aufgrund ihrer Existenz zukommen und deshalb nicht verliehen werden oder entzogen werden können.

Outgroup: soziale Konstruktion einer Gruppe, die aus Menschen besteht, die von einer → *ingroup* durch Zuschreibung als Nicht-Mitglieder identifiziert und zusammenfasst werden, weil sie nicht dieselbe Identität besitzen und/oder sich nicht an dieselben Normen halten.

Overlap: Bereich auf einem Spektrum möglicher Positionen von Staaten, in dem sich → *Win-sets* überschneiden.

P

Polarität: Ergebnis der Anhäufung von Macht (→ Machtkonfiguration) im internationalen System, die insbesondere von der neorealistischen Theorie (→ Neorealismus) für wirksam erachtet wird; unterschieden werden die Ausprägungen Unipolarität, Bipolarität und Multipolarität.

Politikfeldverknüpfung (*linkage*): Herstellung eines Zusammenhanges zwischen zwei oder mehr Problemen und/oder Politikfeldern vorwiegend in Verhandlungen mit dem Ziel, → Kooperation herzustellen.

Portfolioinvestition: indirekter Erwerb von Anteilen an einem Unternehmen in Form von Aktien, Anteilsscheinen oder Wertpapieren, die an Börsen gehandelt werden.

Präemptivkrieg: Auslösung eines bewaffneten Konfliktes der unmittelbar vor dem Ausbruch steht; die Auslösung erfolgt, weil der auslösende Akteur sich einen großen militärischen Vorteil von der eigenen Offensive verspricht, der im Falle der Defensive nicht entstünde.

Präventivkrieg: Auslösung eines bewaffneten Konfliktes in der Absicht, den Gegner daran zu hindern, stärker zu werden und diese Stärke zu einem späteren Zeitpunkt zum eigenen Vorteil zu nutzen.

Präzision: Merkmal von Regeln; es beschreibt den Grad der Eindeutigkeit, mit der Regeln formuliert sind.

Private Güter: Güter, die die beiden Kriterien von → öffentlichen Gütern – Nicht-Ausschließbarkeit und Nicht-Rivalität – *nicht* erfüllen.

Privilegierte Gruppe: die Mitglieder einer solchen Gruppe profitieren vom Gebrauch eines oder mehr → öffentlicher Güter derart stark, dass sie bereit sind, die Kosten für die Produktion dieser Güter alleine zu tragen.

Protektionismus: Politik der Einführung von Handelshemmnissen wie → Zölle, → Quota oder

→ nichttarifäre Hindernisse zur Beschränkung von → Importen und Schutz heimischer Produzenten.

Q

Quota (Quoten): quantitative Beschränkungen der Stückzahlen von Waren, die in einem bestimmten Zeitraum maximal eingeführt oder ausgeführt werden dürfen.

R

Ratifikation: Ausfertigung von Urkunden, durch die ein Staat sich verpflichtet, die in der Urkunde genannten internationalen Abkommen einzuhalten; die Ausfertigung setzt voraus, dass zuvor bestimmte Staatsorgane meist mit festgelegten Mehrheiten ihre Zustimmung zu den Abkommen erteilt haben, sodass diese Bestandteil innerstaatlichen Rechts werden.

Rationalismus: → Sozialtheorie, der zufolge das Verhalten von Akteuren durch deren materielle Kosten-Nutzen-Kalküle bestimmt wird.

Rätsel der Forschung: Beobachtungen von Realität, die nicht intuitiv verstanden und/oder erklärt werden können.

Relative Armut: geringer wirtschaftlicher Status einer Person gemessen am durchschnittlichen Lebensstandard der jeweiligen Gesamtgesellschaft.

Relative Gewinne: gleiche Verteilung von Kooperationsgewinnen auf alle Kooperationspartner.

Remittance: Kapitalströme, die durch Geldüberweisungen von im Ausland lebenden Personen in deren Heimatländer entstehen.

Ressourcenfluch: mit Rohstoffen zusammenhängende Gründe, die es rohstoffreichen Ländern verunmöglichen, den natürlichen Reichtum des Landes für die wirtschaftliche und soziale Entwicklung der Gesellschaft zu nutzen.

Rezession: Rückgang der Gesamtleistung einer Volkswirtschaft (negatives Wachstum) in zwei aufeinanderfolgenden Quartalen.

S

Salienz: Herausragen eines Problems/Politik aus der Menge aller Probleme oder Politiken auf der Tagesordnung (→ *agenda setting*).

Sanktion: Maßnahme gegen Akteure, um diese für spezifische Handlungen zu bestrafen und/oder um die Rücknahme solcher Maßnahmen zu erwirken.

Schatten der Zukunft: Erwartung von Akteuren über das zukünftige Kooperationsverhalten ihrer Partner, die das gegenwärtige Verhalten prägt.

Schengenraum: territorialer Gültigkeitsbereich des Schengen-Abkommens der EU, das die interne Freizügigkeit und Mobilität von natürlichen Personen sowie die gemeinsame Sicherung der Außengrenzen regelt.

Schuldendienst: termingerechte Zahlung des → Schuldners von → Zins und/oder → Tilgung an den → Gläubiger.

Schuldner: eine Person, die zu einem → Gläubiger in einem Schuldverhältnis steht, das ihn verpflichtet, dem Gläubiger die vereinbarte Leistung zu erbringen.

Selbstfesselung: Festgelegtheit eines Akteurs in seinem Verhalten durch die Erwartungen, die er durch seine Aussagen bei anderen erzeugt hat.

Selbsthilfe: aus der → Anarchie folgende Herausforderung für Staaten, für ihre eigene Sicherheit sorgen zu müssen, weil sie sich dabei nicht auf die Unterstützung durch andere Akteure verlassen können.

Selbstregierung: Form des Regierens in internationalen Beziehungen, weil eine übergeordnete Autorität fehlt und die beteiligten Akteure (vorwiegend Staaten) auf die selbständige Ausgestaltung und Regelung ihrer Beziehungen und Interaktionen angewiesen sind.

Selektorat: Untergruppe einer größeren Gemeinschaft, die über einen höheren politischen Einfluss verfügt als die Gemeinschaft selbst; ein Selektorat kann in weitere Untergruppen aufgeteilt sein.

Sicherheitsdilemma: Folge des anarchischen Selbsthilfesystems (→ Anarchie; → Selbsthilfe), weil die Sicherheitsvorsorge des einen Staates die Sicherheit der anderen verringert und umgekehrt.

Sicherheitsgemeinschaft: Gemeinschaft von Nationen, die auf dem Fundament geteilter Überzeugungen und Werte beruht und in der Konflikte gewaltfrei ausgetragen werden.

Side-payments (Kompensationen): Kompensationen an die Benachteiligten einer internationaler Vereinbarung oder einer Politik (z. B. Freihandel) mit dem Ziel, deren politischen Widerstand zu brechen.

Situationsstruktur: Beschreibung eines (spieltheoretischen) Kooperationsproblems mit unterschiedlich hohen Kooperationshindernissen als Folge von Präferenzen und Handlungsoptionen der Akteure; die S. ermöglicht die Identifikation unterschiedlicher Maßnahmen zur

Überwindung von situationsspezifischen Kooperationshindernissen.

Sklaverei: völkerrechtlich uneingeschränkt geächtetes Verhalten, bei dem Menschen als Eigentum anderer Menschen behandelt werden; im weiteren Sinne auch Freiheitsberaubung und/oder Nötigung.

Souveränität: Handlungs- und Steuerungsfähigkeit von Staaten nach innen und außen.

Sozialidee: nach Hugo Grotius eine übernationale Verbundenheit der Menschen in der umfassendsten Gemeinschaft, für die gewisse bindende Sätze des Naturrechtes Gültigkeit besitzen.

Sozialtheorie: Sätze widerspruchsfreier Aussagen über das Wesen sozialen Lebens und des sozialen Wandels.

Staatszerfall: ein Staat entwickelt sich von einem Dienstleister für die Allgemeinheit zu einem Machtinstrument einer kleinen Gruppe/Elite; statt allgemein verfügbare Güter (→ öffentliche Güter) werden nur noch gruppenspezifische → private Güter erzeugt; häufig geht dadurch das Monopol der gewaltsamen Machtausübung verloren.

Standard operating procedure (SOP): bürokratische Routineverfahren, die kollektiv nützliches Verhalten einzelner Akteure herbeiführen sollen.

Stolper-Samuel-Theorem: beschreibt auf der Grundlage der → Heckscher-Ohlin-Theorie Interessen von Akteuren in der Handelspolitik sowie Gewinner und Verlierer von Freihandel oder Protektionismus innerhalb einer Gesellschaft.

T

Terms of Trade: Verhältnis von Import- zu Exportpreisen für Primärprodukte und Fertigwaren.

Terrorismus: Taktik nichtstaatlicher Gewaltakteure, um politische, wirtschaftliche, soziale oder religiöse Ziele durchzusetzen; die Taktik ist Folge der eigenen militärischen Schwäche, die eine direkte militärische Auseinandersetzung nicht aussichtsreich erscheinen lässt; stattdessen wird der Zweck verfolgt, bei der Zivilbevölkerung Angst und Schrecken zu verbreiten.

Theorie: widerspruchsfreier Satz von Aussagen, mit dem ein interessierendes Phänomen erklärt werden kann.

Tilgung: vollständige oder teilweise Rückzahlung einer Schuld.

Transaktionskosten: Kosten, die beim Übergang (Transaktion) von Gütern und Forderungen von einem Akteur auf einen anderen entstehen und zu entrichten sind.

Transnationale Akteure: nichtstaatliche Akteure, die grenzüberschreitend tätig sind.

Trittbrettfahren: Nutzung → öffentlicher Güter ohne eigenen Beitrag zu deren Produktion.

U

Umwelt: alles, was außerhalb eines Systems und/oder einer Untersuchungseinheit liegt, mit ihm/ihr jedoch in einer näher zu bestimmenden Weise in Beziehung steht.

Umweltfolgenpolitik: zielt auf die Linderung von Folgen der Umweltverschmutzung und die Sicherung eines risikofreien Lebens.

Umweltpolitik: Politik zum Schutz, zur Erhaltung oder Wiederherstellung von benutzen ökologischen Ressourcen und belasteten Absorptionskapazitäten; im weiteren Sinn: politische Gestaltung der Verhältnisse einer Gesellschaft zu ihrer → Umwelt.

Unbeabsichtigter Krieg: bewaffneter Konflikt als Folge einer Serie von Interaktionen, bei denen die beteiligten Akteure nicht beabsichtigt hatten, dass sie in einen → Krieg münden.

Unterernährung: Zustand einer Person, die nicht genug Nahrung zu sich nimmt, um ihren minimalen Energieverbrauch decken zu können.

V

Verbindlichkeit: Merkmal von Regeln; es bezeichnet den Grad, mit dem von einer Regel abgewichen werden kann, weil Ausnahmen erlaubt sind.

Verbundene Güter: Koppelung des Gebrauches → öffentlicher Güter an den Gebrauch privater Güter.

Verifikation: Überwachung der Einhaltung von Vereinbarungen oder anerkannten Regeln.

Vetospieler: Akteur, dessen Zustimmung notwendig ist, damit eine Entscheidung zustande kommt.

Visum: Sichtvermerk in amtlichen Reisedokumenten (Pass), der die Erlaubnis zum Grenzübertritt dokumentiert.

Völkermord: nach dem → Völkerstrafrecht das schlimmste Verbrechen, durch das eine nationale, ethnische, rassische oder religiöse Gruppe auf direkte oder indirekt Weise ganz oder teilweise zerstört wird.

Völkerrecht: überstaatliche Rechtsordnung, welche die Beziehungen zwischen den Völkerrechtssubjekten (meist Staaten) auf der Grundlage von Gleichrangigkeit regelt.

Völkerstrafrecht: umfasst alle Rechtsnormen, die die Strafbarkeit von Individuen mit Verletzung des → Völkerrechts begründen.

W

Wechselkurs: Umrechnungsrate, zu der Geld von einer in eine andere Währung umgetauscht werden kann.

»Weiche« Macht (*soft power*): Ausüben einer Vorbildfunktion durch einen Akteur, die andere Akteure zur Nachahmung veranlasst.

»Weiches« Recht: unverbindliche, viele Ausnahmen ermöglichende sowie unpräzise formulierte Regelwerke.

Weltbank: Gruppe internationaler Organisationen mit dem Zweck, bedürftige Länder mit Finanzierungsinstrumenten für Entwicklungs- und Aufbauprojekte der Realwirtschaft zu unterstützen.

Winset: Spanne aller auf nationaler Ebene mehrheitsfähigen Übereinkunftsmöglichkeiten zwischen zwei oder mehr Staaten.

Z

Zins: zwischen → Gläubiger und → Schuldner vereinbarter Anteil an der Schuld, den der Schuldner in bestimmten Zeitabständen an den Gläubiger zu zahlen hat.

Zoll: Steuer auf Importe oder Exporte, die an der Grenze erhoben werden.

Zusammenprall (*clash*) der Zivilisationen: der Forschung entstammende Festlegung einer neuen Hauptkonfliktlinie in der Weltpolitik, die durch den Gegensatz zwischen vor allem religiös geprägten Zivilisationen als höchsten Ebenen sozialer Gemeinschaften besteht.

Zweitschlagsfähigkeit: Fähigkeit eines Kernwaffenstaates nach einem nuklearen Angriff eines anderen Kernwaffenstaates diesem mit den verbliebenen eigenen Nuklearwaffen einen inakzeptabel hohen Schaden zufügen zu können; diese Fähigkeit gilt im Nuklearzeitalter als Voraussetzung, um → Kriseninstabilität als Kriegsursache zwischen Kernwaffenmächten auszuschalten.

Namens- und Sachregister